개정3판

처음 만나는 인공지능

Welcome to the A.I. World

김대수 · 김경동 지음

생능출판

저자 소개

김대수(金大洙)

미국 University of South Carolina의 Computer Science 학과에서 1990년 인공지능과 신경망 분야로 Ph. D(박사) 학위를 받은 컴퓨터공학 박사이다. 주요 연구 분야로는 인공지능, 신경망, 지능시스템, 로보틱스 등으로 인공지능 맨이다. 서울대학교 사대 수학과와 동 대학원을 수료한 후 미국에서 다시 석사와 박사 과정에서 컴퓨터공학을 전공하였다. 미국 Intelligent Systems Laboratory에서 Researcher로 근무하였고, 대한민국 해외유치 과학자로서 ETRI 컴퓨터연구단에서 인공지능 개발을 수행하였다. 한신대학교 컴퓨터공학과 교수를 거쳐 현재 명예교수이며, SCI 국제논문을 비롯한 수십 편의 논문을 발표하였다. 그동안 한국지능시스템학회 부회장과 국제학술대회 의장 등을 역임했다. 지금까지 1992년 『신경망 이론과 응용(I)』, 1993년 『신경망 이론과 응용(II)』을 비롯한 십여 편의 책을 저술하였고, 대한민국학술원 우수학술도서를 비롯하여 다수의 우수학술 도서에 선정된 바 있다. 또 인공지능 관련 일간지 칼럼니스트로도 오랫동안 활동한 바 있다.

E-mail: daekim@hs.ac.kr

김경동(金敬東)

컴퓨터 소프트웨어 개발에 오랫동안 종사해온 IT 전문가로서 헬스케어 개발 분야의 서비스와 플랫폼 개발 등에 활동했으며, 모바일 프로그래밍 개발의 경험도 많다. 현재 다양한 영역의 IT 및 소프트웨어 개발과 관련된 전문가로 활동 중이며, 컴퓨터와 관련된 여러 응용 중 특히 인공지능을 이용한 분야와 최근에 주요 화두로 대두되고 있는 블록체인을 비롯한 암호화폐와 NFT 플랫폼 등의 분야에서 활동하고 있다. 저서로는 『인공지능 시대의 선형대수학(개정3판)』, 『처음 만나는 인공지능(개정3판)』, 『인공지능 시대의 컴퓨터 개론(개정8판)』, 『창의공학설계(개정판)』 등의 공저가 있다.

처음 만나는 인공지능

초판발행 2020년 1월 6일
제3판2쇄 2024년 7월 25일

지은이 김대수, 김경동
펴낸이 김승기, 김민수
펴낸곳 (주)생능출판사 / **주소** 경기도 파주시 광인사길 143
출판사 등록일 2005년 1월 21일 / **신고번호** 제406-2005-000002호
대표전화 (031)955-0761 / **팩스** (031)955-0768
홈페이지 www.booksr.co.kr

책임편집 신성민 / **편집** 이종무, 최동진 / **디자인** 유준범, 노유안
마케팅 최복락, 심수경, 차종필, 백수정, 송성환, 최태웅, 명하나, 김민정
인쇄 교보피앤비 / **제본** 일진제책사

ISBN 979-11-92932-38-5 93000
정가 27,000원

개정3판을 내면서

'처음 만나는 인공지능'이 인공지능과 관련된 다양한 논제를 비교적 쉽고 포괄적으로 서술했다는 점에서 출간 이후 많은 분들의 관심과 사랑을 받았음을 깊이 감사드린다.

또 이 책이 문화관광부 2020년 세종도서 학술부문 도서로 선정되었기에 앞으로 더욱 좋은 내용의 개정판을 거듭해야 한다는 마음으로 개정판에 이어 개정3판을 출간하게 되었다.

개정3판의 주요 특징들은 다음과 같다.

첫째, 이전에 다루었던 기술들을 최신의 정보를 바탕으로 곳곳을 업데이트하였다. 새로운 관점에서 전체를 검토하였으며 필요한 내용들을 삭제, 수정, 추가함으로써 최신의 내용으로 적절하게 보완하였다.

둘째, 비교적 최근에 등장한 ChatGPT 관련 주제들을 Section 1.7에 신설하였고 관련된 여러 곳에서 최신 정보를 반영하고 업데이트하였다. 또 각 장의 순서를 바꾸어 배치하였다.

셋째, '여기서 잠깐!' 코너를 각 장의 여러 곳에 첨가하여 궁금한 이슈들을 추가로 해설하였다. 이를 통하여 보다 쉽고 풍부한 정보를 접할 수 있을 것이다.

넷째, 각 장마다 '가까운 곳에서 인공지능 경험하기'와 '인공지능 실습하기' 코너를 새로 만든 것을 중심으로 유익한 내용으로 개편하였으며 연습문제도 보완하였다.

앞에서 언급한 바와 같이 개정3판은 이전의 기술들을 새로운 관점에서 보완하여 업데이트하였고, 최신의 ChatGPT 기술과 함께 다양한 인공지능 경험하기와 실습하기를 추가하고 보완함으로써 명실공히 앞서가는 인공지능 지침서가 되도록 노력하였다.

이 책을 통해 보다 많은 분들이 인공지능과 관련된 최신의 정보와 다양한 논제들을 보다 쉽게 접하고 이해할 수 있는 계기가 되기를 바란다.

2024년 새해를 맞이하며

저자 대표 金 大 洙

머리말

최근에 도입된 ChatGPT와 더불어 인공지능의 물결이 세차게 다가오고 있다. 최근 4차 산업혁명 시대에 접어들면서 인공지능의 중요성이 더욱 커지고 있다. 미국을 비롯한 세계 각국에서 인공지능의 중요성을 강조하며, 인공지능을 차세대의 시장 질서를 주도할 수 있는 핵심 기술로 주목하고 있다.

구글과 마이크로소프트를 비롯한 전 세계의 IT 기업들이 'AI First'를 선언했다. 그리고 많은 수의 회사들이 인공지능이란 새로운 시대적 변화의 물결에 발맞추어 인공지능 관련 조직을 신설하고 역량과 자원을 집중하고 있다.

시진핑의 책상에는 인공지능 관련 서적이 여러 권 비치되어 수시로 읽는다고 한다. 미국과 중국 사이의 무역 전쟁도 인공지능을 비롯한 첨단 기술의 첨예한 대결이 핵심적인 요소라고 볼 수 있다.

인공지능 기술은 예상보다 빠르게 성장하고 있다. 이러한 성장의 배경에는 '딥러닝'이 있다. 컴퓨터가 빅데이터를 분석하여 특징을 추출하고, 인공지능은 패턴을 인식하여 프로그래밍 과정을 거치지 않고도 다양하게 학습할 수 있다.

인공지능은 많은 영역에서 우리 사회를 변화시키고 있다. 4차 산업혁명의 물결과 함께 지능형 로봇을 비롯하여 많은 산업에 인공지능의 영향력이 커지고 있다. 또 인공지능은 음악, 미술, 법률의 분야뿐만 아니라 인공지능 서비스 등 우리의 일상생활에도 다가오고 있다.

인공지능과 관련된 알기 쉬운 설명과 다양한 응용을 포함한 종합적인 안내서에 대한 요구가 커졌으며, 인공지능과 같이 복잡하고 어려운 개념을 누구나 쉽게 이해할 수 있도록 해설한 책의 필요성에 따라 이 책이 기획되었다.

이 책은 다음과 같은 주요 특징들을 가진다.

첫째, 인공지능과 관련된 최신의 지식을 포괄적으로 이해하는데 도움이 되도록 다양한 주제들과 이에 따른 응용들을 서술하였다.

둘째, 각 주제에 대해 쉽게 이해할 수 있도록 가급적 쉽고 간단명료하게 설명하였고, 일상생활에서 만날 수 있는 친근한 예를 많이 활용하였다.

셋째, 시각적인 효과를 통하여 효율적으로 이해할 수 있도록 다양한 컬러 그림, 표 형태로의 요약, 적절한 삽화 등의 멀티미디어 정보를 통해 이해의 효과를 높이도록 하였다.

넷째, '가까운 곳에서 인공지능 경험하기' 코너와 '인공지능 실습하기' 코너를 통해 점차 우리 곁으로 다가오고 있는 인공지능을 경험으로 느낄 수 있도록 하였다.

다섯째, '생각하고 토론하기' 코너에서 인공지능을 좀 더 심도 있게 생각하고 의견을 나눌 수 있도록 하였다.

이 책의 주요 내용은 다음과 같다.

제1장에서는 인공지능의 개요와 인공지능의 발달사 등을 탐구한다. 인공지능의 정의, 도전과 한계, 인간의 지능과 인공지능, 시작과 발전, 인간 두뇌 영역에 도전하는 인공지능 등을 살펴본다. 또 생성형 인공지능인 ChatGPT의 배경과 다양한 능력을 살펴본다.

제2장에서는 인공지능 기술과 최근 응용 동향을 알아본다. 인공지능 도우미와 소프트웨어, 인공지능 기술 경쟁과 인공지능 교육, 인공지능의 생활 속의 응용, 타 학문 분야에의 응용, 인공지능과 일자리 문제 등을 알아본다.

제3장에서는 인공지능 연구와 구현을 다룬다. 분류 체계를 비롯하여 연구 분야, 5개의 시스템, 인공지능 테스트, 문제 해결과 코딩, 인공지능과 소프트웨어 등을 살펴본다.

제4장에서는 인공지능을 수준별로 살펴보고 지능의 폭발과 인공지능 윤리 등을 알아본다. 수준별 분류, 약한 인공지능인 알파고와 ChatGPT, 기술적 특이점, 지능의 폭발, 윤리 강령 등을 다룬다.

제5장에서는 4차 산업혁명을 알아보고 4차 산업혁명 기술과 인공지능의 역할을 살펴본다. 4차 산업혁명, 지능형 로봇, 사물인터넷, 자율주행차와 드론, 미래 기술 등을 다룬다.

제6장에서는 규칙기반 인공지능의 추론 및 전문가 시스템과 인공지능 문제들을 탐구한다. 논리와 추론, 탐색 기법, 알고리즘, 전문가 시스템, 흥미로운 인공지능 문제들을 다룬다.

제7장에서는 인공지능의 주요 영역인 신경망의 개념과 발전 및 응용 분야들을 살펴본다. 신경망의 개요, 초기 신경망, 다층 퍼셉트론, 문자인식과 음성인식 등을 다룬다.

제8장에서는 머신러닝의 개념을 이해하고 여러 가지 학습 방법과 응용 분야들을 고찰한다. 머신러닝의 개요, 각종 학습 방법, 은닉 마르코프 모델 등을 다룬다.

제9장에서는 딥러닝 기반의 심층신경망 활용과 텐서플로 등에 관해 고찰한다. 딥러닝 심층신경망의 종류, 활용과 동향, 하드웨어와 소프트웨어 등을 다룬다.

제10장에서는 인공지능에서 음성, 영상, 자연어 처리 등의 패턴인식 등에 관해 알아본다. 패턴인식의 주요 영역인 음성인식, 영상인식, 자연어 처리 등을 다룬다.

제11장에서는 인공지능을 위한 기초 수학과 프로그래밍 주제를 다룬다. 인공지능을 위한 수학적 바탕, 함수, 벡터, 미분, 행렬, 확률, 통계, 회귀직선, 인공지능용 프로그래밍 언어들, Python 다운로드 및 프로그램 실행 예 등을 살펴본다.

제12장에서는 데이터 사이언스 영역에서의 응용이나 분석과 관련된 다양한 논제들을 탐구한다. 데이터의 수집을 비롯한 단계들, 분석, 빅데이터, 데이터 마이닝 등을 다룬다.

이 책을 통해 많은 사람들이 인공지능과 관련된 다양한 논제들을 보다 쉽게 접하고 이해할 수 있는 계기가 되기를 바라면서, 이 책이 완성되기까지 성원해주고 격려해준 사랑하는 가족들과 주위의 많은 분들께 감사드린다. 이 책의 출판을 위해 적극적으로 후원해준 생능출판사 김승기 사장님을 비롯한 임직원들께도 크나큰 감사의 마음을 전한다.

2024년 새해를 바라보며
저자 대표 金 大 洙

강의 계획안

1. 3학점의 이공계열/컴퓨터 관련학과 기준

강의 계획안은 중간고사와 기말고사를 포함하여 15주로 작성되었는데, 첫 주의 경우에는 약간의 강의 소개 시간을 두었으며, 다음 표와 같은 순서와 진도로 진행하면 무난할 것이다.

각 장의 끝부분에 있는 '가까운 곳에서 인공지능 경험하기'와 '인공지능 실습하기'의 실습 부분을 교수님 강의중의 PPT에서나 실습실이나 각자 집에서 경험하며 인공지능을 맛볼 수 있을 것이다. 또 '생각하고 토론하기'에서 2가지 주제를 중심으로 과제를 주거나 토론을 진행하는 것도 의의가 클 것이다.

참고로 각 장에서 중요도와 시간적인 측면에서의 판단에 따라 일부를 생략하는 등 다소 융통성 있게 강의 내용의 폭과 깊이를 조절하여 진행하면 좋을 것이다. 한편 전공과 관련된 학과의 경우 다소 심도 있는 강의를 원하는 경우 8장 머신러닝의 학습과 분류 단원부터 보다 자세히 다룰 수도 있다.

이런 판단은 강좌의 시간과 강의를 담당하는 교수님의 재량에 따라 융통성 있게 강의 내용의 폭과 깊이를 조절할 수 있을 것이다.

주차	해당 장	주요 내용
1	1장	강의 개요 소개 및 인공지능 개요와 발달사
2	1장	인공지능 개요와 발달사
3	2장	인공지능 기술과 최근 응용 동향
4	3장	인공지능 연구와 구현
5	4장	인공지능의 미래와 윤리
6	5장	인공지능과 4차 산업혁명
7	6장	규칙기반 인공지능
8	중간고사	

9	7장	신경망 개념과 응용
10	8장	머신러닝의 학습과 분류
11	9장	딥러닝 기반의 심층신경망과 활용
12	10장	인공지능의 패턴인식
13	11장	인공지능을 위한 기초 수학과 프로그래밍
14	12장	인공지능과 데이터 사이언스
15	기말고사	

2. 2~3학점의 인문계와 예체능 계열 기준

이 책은 원래 인공지능을 쉽게 해설하는 책으로 기획되었으므로 일부를 제외하고는 누구에게나 특별히 어려운 장은 없는 것으로 판단된다. 그 가운데서 전반부인 1장부터 5장까지는 인문 계열과 예체능 계열도 어려움 없이 이해할 수 있다.

따라서 2~3학점의 인문 계열과 예체능 계열의 경우에는 1장부터 5장에 집중하여 강의하고, 본문의 뒷부분에 있는 '가까운 곳에서 인공지능 경험하기'와 '인공지능 실습하기' 부분을 교수님 강의 중 PPT에서, 또는 각자 집에서나 실습실에서 경험하며 인공지능을 맛볼 수 있다. 또 각 장의 끝에 있는 '생각하고 토론하기'에서 2가지 주제를 중심으로 토론을 진행하는 것도 인문계와 예체능계의 경우에는 의의가 매우 클 것이다.

학습자의 수준과 시간 여유 여부에 따라 6장의 규칙기반 인공지능부터 그 이후의 신경망과 딥러닝의 기초 등을 핵심적 개념과 응용 분야를 중심으로 일부 장과 일부 내용을 선택하여 강의하거나 개괄적인 것을 알려주는 선에서 강의할 수도 있다. 특히 11장 인공지능 수학 부분이나 비교적 어렵다고 생각되는 내용은 경우에 따라 과감하게 생략할 수도 있다.

이런 판단은 강좌의 시간과 강의를 담당하는 교수님의 재량에 따라 일부 섹션의 설명은 생략할 수도 있으며, 다소 융통성 있게 강의 내용의 폭을 조절할 수 있다.

강의자료 다운로드 안내

생능출판사 홈페이지(http://www.booksr.co.kr)에 회원으로 가입하였거나 가입하는 교수나 강사들은 친절하고 깔끔하게 작성된 강의 Power Point 자료와 연습문제 전체 해답 파일 등을 다운받을 수 있습니다.

차례

CHAPTER 03 인공지능 연구와 구현

CHAPTER 04 인공지능의 미래와 윤리

CHAPTER 05 인공지능과 4차 산업혁명

CHAPTER 06 규칙기반 인공지능

CHAPTER 07 신경망 개념과 응용

CHAPTER 08 머신러닝의 학습과 분류

CHAPTER 11 인공지능을 위한 기초 수학과 프로그래밍

CHAPTER 12 인공지능과 데이터 사이언스

CHAPTER

01

인공지능 개요와 발달사

General Concept and History of Artificial Intelligence

Contents

단원의 주요 목표

인공지능의 개요와 관련된 다양한 논제들과 인공지능의 발달 등을 고찰한다.

- 인공지능을 정의하고 앞서가는 응용들을 중심으로 한 인공지능을 경험한다.
- 컴퓨터를 통한 인공지능과 발전하고 있는 인공지능의 장단점들을 알아본다.
- 인간 두뇌 능력의 근원과 인간의 지능 요소와 인공지능과의 관계를 알아본다.
- 인공지능이 시작되어 발전해온 역사적 단계들을 요약하여 이해한다.
- 그림, 시, 소설 등에서 인간 두뇌 영역에 도전하는 인공지능을 살펴본다.
- 생성형 인공지능 ChatGPT가 등장함에 따라 다양한 능력과 활용을 다룬다.

인공지능이란 무엇인가?

1 인공지능이란?

인공지능(Artificial Intelligence: AI)이란 컴퓨터를 사용하여 인간의 지능을 모델링하는 기술을 말한다. 보다 구체적으로 표현하면, 인공지능은 인간의 지능으로 수행할 수 있는 다양한 인식, 사고, 학습 활동 등을 컴퓨터가 할 수 있도록 하는 방법을 연구하는 분야이다.

인공지능을 기계 지능(Machine Intelligence)이라고도 표현하는데 컴퓨터와 같은 기계 장치들을 통해 지능을 구현할 수 있는 방법론이나 실현 가능성 등을 연구하는 분야이기 때문이다.

인공지능 영역 중의 하나인 음성인식은 [그림 1.1]과 같이 이미 스마트폰에 활용되어, 음성으로 명령하고 검색하여 그 결과를 즉시 알 수 있는 시대가 온 것이다.

[그림 1.1] 인공지능을 통한 음성인식

인공지능을 정의하는 표현은 상당히 다양한데, 그 중 공통적인 개념은 '인간의 지능 활동을 컴퓨터에 접목하는 기술'이란 점이다. 즉 컴퓨터가 인간의 언어를 인식하고, 스스로 학습하는 능력까지 갖추게 되며, 좀 더 나아가 인간의 감정까지 이해하는 것을 말한다.

[그림 1.2]는 인간과 인공지능 로봇이 악수하고, 인공지능과 인간의 지능이 대응하는 장면을 보여준다.

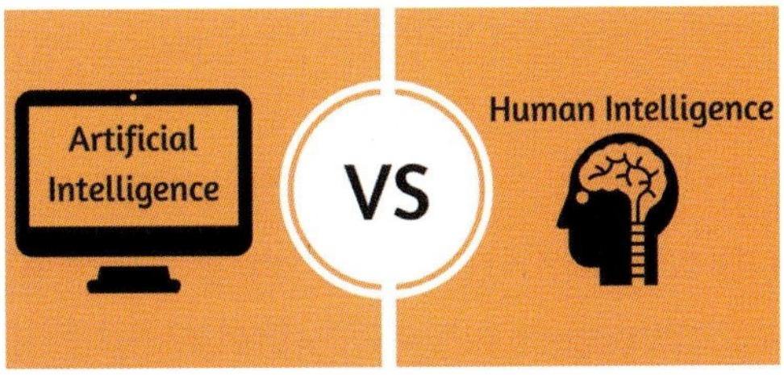

[그림 1.2] 인공지능과 인간의 지능

인공지능을 잘 이해하기 위해서는 그것이 이루고자 하는 목표를 살펴봄으로써 인공지능의 개념을 잘 파악할 수 있을 것이다. 인공지능의 주요 목표 중의 하나는 인간 두뇌와 관련 있는 '지능적인 원리를 이해하여 컴퓨터에 적용하고 현실 생활에 활용하는 것'이다.

인공지능은 컴퓨터공학과 같은 IT 계열을 비롯한 여러 학문 분야와 밀접한 관련을 맺고 있으며, 최근에는 사회과학과 인문학에 이르는 다양한 분야에도 인공지능적인 요소가 도입되어 새로운 활기를 불어넣고 있다.

인공지능은 그 외에도 영화, 미술, 음악, 문학, 법학, 인문학, 농업, 지능 로봇, 비즈니스, 광고 등 현대 사회의 거의 모든 분야와도 이미 연관성을 가지기 시작했다. [그림 1.3]은 인간의 두뇌를 닮은 지능적인 로봇을 나타낸다.

[그림 1.3] 지능적인 로봇

다음은 인공지능이나 인공지능의 시대를 표현하는 말인데, 한번 음미해볼 만하다. [그림 1.4]는 인간의 두뇌를 닮은 인공지능을 나타낸다.

- 인공지능의 시대는 이미 시작됐다. 이런 흐름은 이제 바꿀 수도 없고 막을 수도 없다.
- 인공지능은 스마트한 기계가 스스로 작동하도록 하는 고차원의 기술이다.
- 인류는 이제 인공지능을 이용하여 두뇌의 한계를 넘어서려고 한다.

- 주어진 일을 비판 없이 열심히 하면 되는 일은 이제부터 인공지능이 대체할 것이다.
- 인간은 어떤 일을 할지를 최종적으로 결정한 후 인공지능에 맡기는 사회가 올 것이다.
- 인간은 올바르게 선택하고, 인공지능은 효율적으로 작동하는 것이 중요하다.
- 인공지능은 가까운 미래에 사람의 말을 이해하고 상황에 적절한 문장을 만들 것이다.
- 인공지능을 잘 이용하는 사람이 다가오는 4차 산업혁명 시대의 경쟁에서 앞서갈 수 있다.
- 인간은 산업혁명을 통해 근육의 한계를 극복했고, 인공지능을 통해 두뇌의 한계를 뛰어넘으려고 한다.

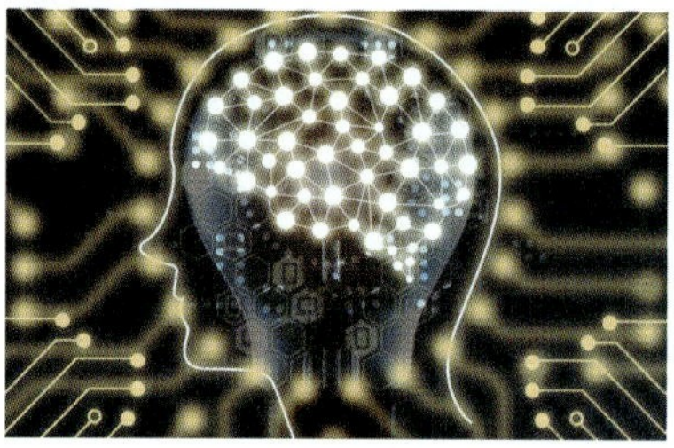

[그림 1.4] 인간의 두뇌를 닮은 인공지능

[그림 1.5]는 인간의 일을 대신 수행하는 인공지능 로봇이 토마토를 수확하는 장면을 나타낸다. 여기서 익은 토마토의 위치를 정확하게 인식하여 로봇 팔로 섬세하게 토마토를 따는 능력은 인공지능과 로봇 기술과의 결합으로 여겨질 수 있다.

[그림 1.5] 토마토를 수확하는 인공지능 로봇

2 날로 발전하는 인공지능

1950년대 중반에 시작된 인공지능에 관한 연구는 그동안 인간과 같이 생각하고, 판단하고, 학습하는 면에서 많은 발전을 이룩해왔다. 초기에는 게임이나 문제 해결과 문자 인식 등에 국한되었으나 점차 수준이 높아지고 있으며, 지금은 지식 처리 면에서 훨씬 고도화되고 음성이나 영상까지도 인식하는 단계에 이르고 있다.

그동안 인공지능은 소프트웨어적인 면에서 주로 연구되고 개발되어왔으나, 지금은 인공지능을 구현하는 하드웨어 분야도 많이 발전하여 실제로 작동하는 지능적인 로봇 기술로도 발전되고 있다.

인공지능이란 '사람이 수행했을 경우와 유사한 지능이 요구되는 기계 장치를 만드는 기술'이라는 표현과 같이 [그림 1.6]은 빛과 물체의 움직임 등을 쫓아 스스로 쳐다볼 수 있는 인공 시각을 가진 로봇을 보여주는데, 이것은 앞으로 인간과 유사한 기능을 가진 로봇이 개발될 가능성을 보여주고 있다.

[그림 1.6] 인공 시각 로봇

한편 인공지능이 적용된 지능적인 로봇은 [그림 1.7]과 같이 트럼펫과 첼로를 연주하는 단계에까지 이르고 있으며, 'Z-machine'이라는 3인조 로봇 밴드까지 출현하였다. 최근 구글에서는 로봇 작곡가 프로그램을 만들었는데, 재즈, 록, 헤비메탈, 포크, 힙합 등 어느 장르의 곡이라도 즉석에서 작곡할 수 있다고 한다.

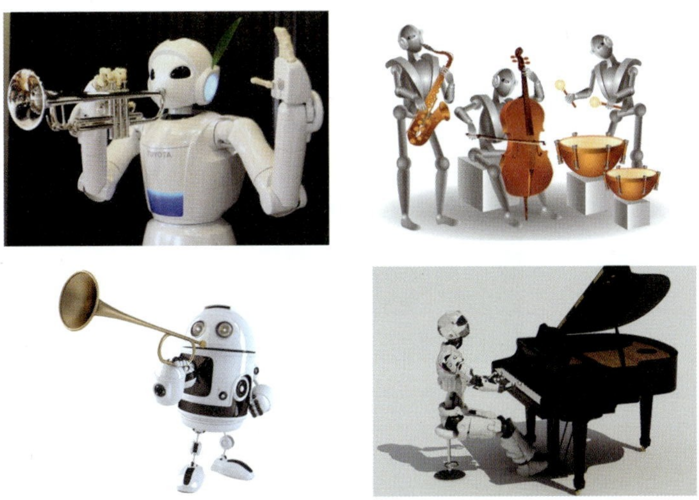

[그림 1.7] 악기를 연주하는 로봇 음악가들

일본의 유명 소프트웨어 기업인 '소프트뱅크'에서는 인간과 대화를 나누고 감정까지 느끼는 세계 최초의 감성인식 로봇인 [그림 1.8]의 '페퍼(pepper)'를 개발했다. 페퍼는 발표회장에서 사회도 무리 없이 진행하였고, 재일교포 손정의 회장의 말을 알아들을 수 있었다고 한다. 더군다나 감성 엔진을 장착하여 사람의 표정을 살피고 억양 변화로부터 감정을 유추할 수 있다고 하니 실로 놀라운 일이다.

[그림 1.8] 지능형 감성 로봇 '페퍼'

손 회장은 한국을 방문하여 인공지능은 인류역사상 최대 수준의 혁명을 불러올 것이라며, 인공지능의 중요성을 강조했다. 또한 "앞으로 한국이 집중해야 할 것은 첫째도 인공지능, 둘째도 인공지능, 셋째도 인공지능!"이라며 교육, 정책, 투자, 예산 등 인공지능 분야에 대한 전폭적 투자 및 육성을 권유한 바 있다.

미국의 어떤 인공지능 로봇은 대입 자격시험인 SAT에서 우수한 성적을 받았다고 한다. 일본에서 개발된 인공지능 로봇인 [그림 1.9]의 '도로보쿤'은 일본의 581개 사립대 중 80%에 해당하는 472개 대학에 합격할 수 있는 성적을 받았다고 한다. 이런 점으로 미루어 볼 때 인공지능 로봇의 지능이 상당한 수준으로 향상되고 있다.

[그림 1.9] 도로보쿤

그러나 도로보쿤은 일본 동경대 입학을 목표로 했다가 4년 연속 낙방해서 포기했다는 뉴스도 들린다. 아마도 독해력이 아직 까지는 부족한 것으로 알려진다.

최근에는 인공지능 기술을 적용한 자율주행차(Autonomous Vehicle) 개발이 한창 진행 중이다. [그림 1.10]과 같이 운전자가 잡지를 보고 있는 사이에 스스로 교통상황을 인식하고 제어하여 목적지까지 주행하는 것이다. 현재는 도로 시험 단계에 있으며, 머지않아 상용화 단계로 접어들 것이다.

[그림 1.10] 자율주행차

인공지능에 관한 지난 60여 년간의 연구와 개발의 성과는 날로 발전하여 다방면에 활용되고 있으며, 머지않은 미래에는 인간의 지능에 육박하는 인공지능이 실현될지도 모른다.

3 인공지능을 접하고 익혀야 하는 이유?

4차 산업혁명(4th Industrial Revolution) 시대의 현대인이라면 누구나 '미래 세계의 중심'이라 불리는 인공지능을 접하고 기본적인 내용이라도 익혀야 할 필요성이 커지고 있는데, 주요 이유는 다음과 같다.

첫째, 우리는 급속히 변화하는 시대의 흐름에 부응하는 핵심 기술 발전의 배경을 이해할 필요가 있다. 더군다나 인공지능은 앞으로 21세기를 살아가는 우리의 일상생활과 밀접한 관계가 있을 것이기 때문이다.

둘째, 인공지능은 [그림 1.11]과 같이 문제 해결을 위한 효율적인 방법의 구상에 큰 도움이 된다. 따라서 그 방법을 탐구함으로써 생각하는 힘(thinking power)을 기를 수 있다는 점이다.

[그림 1.11] 인공지능과 문제 해결

셋째, 인간의 판단 능력과 인공지능 기술과의 융합을 통해 시너지 효과를 기대할 수 있다. 머지않은 시일 내에 인간의 판단에다 인공지능적인 판단까지 종합하여 최종 결론을 도출하는 인공지능 시대가 도래할 것이다.

인간의 판단 + 인공지능의 판단 ⟶ 미래 인공지능 시대의 판단

넷째, 인공지능에 관한 지식은 빠르게 발전하는 미래 사회에의 적응에 큰 도움이 될 것이다. 인공지능과 관련된 기술은 새로운 기술이 지속적으로 발표되고 있으며, 각자의 직업에서도 인공지능의 활용이 점차 많아질 것이기 때문이다.

4 컴퓨터를 이용한 인공지능

많은 인공지능 관련 과학자들이 초창기부터 지금까지 컴퓨터를 이용하여 인간의 지능을 구현하려는 노력을 기울여왔다. 만약 컴퓨터의 개발과 지속적인 발전이 없었더라면 인공지능의 구현이 불가능했을 것이다. 그래서 인공지능을 '컴퓨터를 통한 인공지능의 구현'이라고 부르는지도 모른다.

[그림 1.12]의 세계 최초의 전자식 컴퓨터인 에니악(ENIAC)은 1946년 미국의 모클리(Mauchly)와 에커트(Eckert)에 의해 개발되었다. 인공지능은 그로부터 10년 후인 1956년에 최초로 명명되어 연구가 시작되었다. 이러한 사실로부터 인공지능은 컴퓨터를 바탕으로 발상이 시작되었을 가능성을 유추할 수 있다.

[그림 1.12] 최초의 전자식 컴퓨터 에니악

현대의 디지털 컴퓨터는 개발될 당시부터 인간의 두뇌를 모방할 수 있기를 바랐는지도 모른다. 디지털 컴퓨터는 앨런 튜링(Turing)이 이론적인 바탕을 만들고 폰 노이만(Neumann)에 의해 설계되었다. 컴퓨터에는 기억 장치, 제어 장치, 연산 장치, 입력과 출력 장치들이 있는데, 이 장치들은 〈표 1.1〉과 같이 인간의 기관들과 대응되는 것이다.

〈표 1.1〉 인간과 컴퓨터의 비교

<table>
<tr><th>기능</th><th>인간</th><th colspan="2">컴퓨터</th></tr>
<tr><td>입력 기능(외부 자료 입력)</td><td>감각 기관</td><td colspan="2">입력 장치</td></tr>
<tr><td>기억 장치(정보 기억)</td><td>두뇌</td><td colspan="2">주기억 장치</td></tr>
<tr><td>연산 기능(계산, 분류, 정렬 등의 기능)</td><td>두뇌</td><td>연산 장치</td><td rowspan="2">중앙처리 장치</td></tr>
<tr><td>제어 기능(동작의 지시 제어)</td><td>두뇌</td><td>제어 장치</td></tr>
<tr><td>출력 기능(정보 출력)</td><td>반응 기관(입, 손, 발)</td><td colspan="2">출력 장치</td></tr>
<tr><td>보조기억 기능(대량의 정보 기억)</td><td>노트</td><td colspan="2">보조기억 장치</td></tr>
</table>

기억 장치는 인간의 두뇌에 해당하고, 제어 장치와 연산 장치는 두뇌와 신경계와 관련되며, 입력과 출력 장치는 귀와 입에 해당한다. 따라서 컴퓨터는 인간의 기관과 능력의 축소판으로 여겨질 수 있다.

컴퓨터(computer)란 기억과 계산 등의 일을 빠르고 정확하게 처리해주는 기계로서, 컴퓨터란 명칭은 '계산을 수행하는 장치'라는 뜻으로부터 유래되었다. 오늘날의 컴퓨터는 여러 가지 일들을 한꺼번에 처리할 수 있으며, 인공지능 개발에 있어 꼭 필요한 핵심 장치이다. [그림 1.13]은 1980년대에 들어서며 조립되기 시작한 초창기의 개인용 컴퓨터와 최근에 개발된 엄청난 처리 속도를 자랑하는 슈퍼컴퓨터이다.

[그림 1.13] 개인용 컴퓨터와 슈퍼컴퓨터

컴퓨터는 명령을 수행하는 기계로서 주어진 일을 시키는 대로만 실행한다. 그런 의미에서 인간의 지시대로만 수행하는 컴퓨터를 과연 지능적이라고 볼 수 있는지는 의문이다. 컴퓨터가 인간의 지능적인 처리 능력과는 다르다는 것은 컴퓨터의 용량 및 연산력 등이 상당히 발달한 후에 알려졌지만, 컴퓨터를 통해 인간의 지능적인 능력을 구현하려는 노력은 지금도 계속되고 있다.

5 인공지능의 장점

급속히 발전하고 있는 인공지능은 언젠가는 인간의 지능에 근접하거나 추월할 것이라고 예상하는 전문가들이 많다. 인공지능은 계속 발달하여 [그림 1.14]와 같이 조만간 인간과 협력 가능한 수준에 도달하여 인간 생활에 많은 도움이 될 것이다.

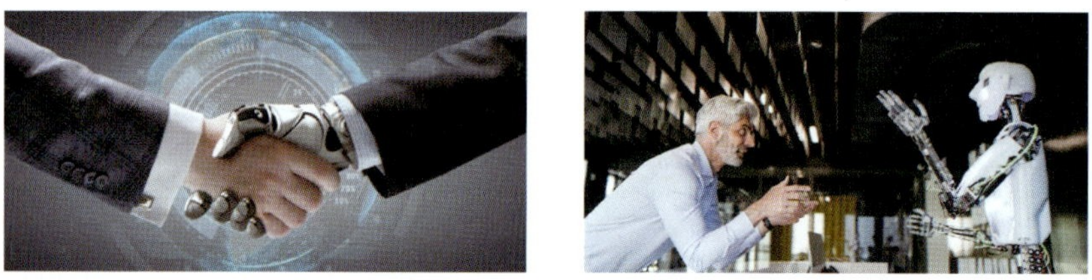

[그림 1.14] 인간과 인공지능의 협력

인공지능의 장점을 몇 가지 들면 다음과 같다.

첫째, 인공지능은 현대 생활에서 상당 부분 인간의 역할을 대신 담당할 수 있다. 인공지능은 지금 개발되고 있는 자율주행 자동차를 통해 인간 대신에 운전을 해주는 등 일상적인 업무에서 편리함을 제공한다. 또 인공지능을 활용하여 업무의 효율을 높일 수 있는 잠재력을 가지고 있으며, 로봇을 통해 생산성을 높일 수도 있다.

둘째, 인공지능은 인간의 판단과 결정에 도움을 줄 수 있다. 컴퓨터를 활용한 인공지능을 통해 복잡한 상황에서 의사결정을 할 때, 빠른 판단과 올바른 결정을 할 수 있도록 도움으로써 인간에게 혜택을 줄 수 있다.

셋째, 인공지능은 인간의 실수를 피하게 하고 위험을 줄여줄 수 있다. 수시로 실수하는 인간과는 달리 적절한 인공지능 프로그램은 실수를 피할 수 있게 한다. 그리고 요즘은 인공지능을 가진 로봇이 우주 탐사, 정교한 용접, 방사능 진단 등과 같은 위험한 일을 대역함으로써 인간이 위험에 노출되는 경우를 줄일 수 있다.

인공지능 로봇이 인간의 위험한 일을 수행하는 예는 [그림 1.15]에 나타나 있다.

[그림 1.15] 위험한 일을 하는 인공지능 로봇

〈표 1.2〉는 인공지능의 장단점을 요약하여 나타낸 것이다.

〈표 1.2〉 인공지능의 장단점

장점	단점
인간의 역할을 대신하여 편리함을 제공	인간의 일자리를 잃게 함
로봇이 24시간 일함으로써 생산성 향상	인공지능에 의지하는 습관에 종속될 가능성
빠르고 올바른 판단에 도움을 줌	인공지능에 의해 감시받거나 조종받을 가능성
인간의 실수와 위험을 줄임	연구와 개발이 어려움
개인 비서 역할 담당 가능	인간관계가 줄어들 수 있음

6 인공지능의 단점

인공지능의 발달은 인간 생활에 좋은 기능만을 가져다 주는 것은 아니다. 인공지능이 발달하면 그로 인한 여러 가지 부작용이 예상되는데, [그림 1.16]과 같이 인간이 두려워하는 인공지능의 단점을 몇 가지로 요약하며 다음과 같다.

[그림 1.16] 인공지능이 두려운 세상

첫째, 인공지능의 발달은 [그림 1.17]과 같이 인간의 일자리를 잃게 할 수 있다. 예를 들어 자율주행 자동차 시대가 오면 인간이 편리해지기는 하나 수많은 택시나 버스 운전사들이 일자리를 잃을 수 있다. 최근 일본의 어느 보험회사에서는 인공지능 프로그램이 도입되자마자 몇백 명의 직원들이 일자리를 잃었다고 한다.

[그림 1.17] 일자리를 잃게 하는 인공지능

둘째, 인공지능이 발달한 사회에서는 윤리적인 문제가 발생할 수 있고, 인공지능에 의지하다 보면 인간의 판단이 흐려질 수도 있다. 앞으로 인공지능이 지금보다 훨씬 발달하게 되면 사람들이 [그림 1.18]과 같이 인공지능에 의지하는 습관에 종속될 가능성도 없지 않다.

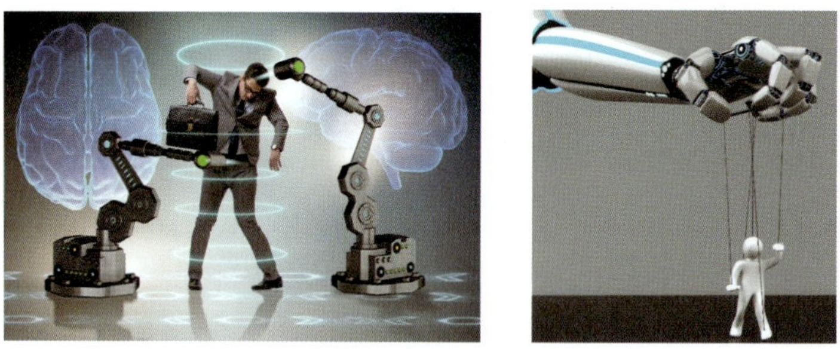

[그림 1.18] 인공지능에의 종속

셋째, 인공지능에 의해 보이지 않게 조종받을 수 있다. 미래에 인간의 힘을 뛰어넘는 슈퍼 인공지능에 의해 인간이 감시받거나 조종받을 수 있다는 우려가 있다. 즉 공상과학 영화에 나오는 이야기가 현실로 될 가능성이 염려될 수 있다. [그림 1.19]는 컴퓨터를 통해 보이지 않는 인공지능에 의해 감시받을 수 있는 상황을 묘사한 것이다.

[그림 1.19] 인공지능에 의한 감시

여기서 잠깐! **무기 체계에 동원되는 인공지능 기술**

미국, 중국, 러시아 등의 강대국들은 인공지능 핵심 기술을 군사적 무기 체계에 적용하기 시작했다. 인공지능 기술에 의한 사이버 공격, 편대를 이룬 전투 드론의 공격, 무인공격기, 자율로봇에 의한 전투, 인공지능 알고리즘에 의한 정확하고 치명적인 공격 등의 방법이 개발되고 있다니 실로 안타까운 마음이다.

7 인공지능 모르고 살아가기

노래할 때 박자와 음정이 맞지 않는 사람을 '음치'라고 하듯이 컴퓨터를 전혀 접하지 못했거나 컴퓨터를 다룰 줄 모르는 사람을 '컴맹'이라 한다. 그런데 요즘 세상에 인공지능을 전혀 모르는 사람을 '인맹'이라 칭한다고 한다.

그런데 [그림 1.20]과 같이 인공지능을 전혀 몰라도 기초적인 생활을 살아가기에는 별 지장이 없다. 가령 산속에 홀로 사는 '나는 자연인이다'란 TV 프로그램에 나오는 자연인의 경우 최신 인공지능 기능의 스마트폰이 없어도 습관이 되면 별 불편이 없다고 한다.

[그림 1.20] 인공지능이 없는 세상

다만 도시와 같은 치열한 경쟁 사회에서는 스마트폰이 없거나 인공지능을 전혀 모르면 대화에 참여하기 어려운 세상이 되었다. 더군다나 4차 산업혁명의 핵심 기술이 인공지능이므로 이에 대한 지식이 필요할 것이다.

인공지능을 모르면 인간 생활에 편리함을 주거나 위험한 일을 대신 맡게 하는 등 앞에서 언급한 인공지능의 장점들을 활용할 수 없는 아쉬움이 남을 것이다.

그렇다고 해서 누구나 인공지능 전문가가 될 필요는 없다. 일반인에게는 인공지능과 관련된 기본 지식 정도를 알고, 변화하는 기술의 추이를 이해하며, 자기 업무에 적절하게 적용할 수 있다면 충분할 것이다.

인공지능의 도전과 한계

1 인공지능 시스템의 구성

일반적으로 인공지능과 관련된 업적을 말할 때는 주로 창의적 발상의 소프트웨어와 관련된 알고리즘의 개척을 일컫는다. 그러나 최초의 신경망 시스템인 '마크 I 퍼셉트론'은 이론적인 모델로서도 유명하지만, 하드웨어적 구현으로 더욱 명성을 날린 바 있다.

그와 같은 맥락에서 몇 년 전 이세돌 9단과 바둑 대결을 벌인 알파고(AlphaGo)는 딥러닝의 방법을 적용한 소프트웨어로도 유명하지만, 모회사인 구글에서 엄청난 수의 컴퓨터가 동원되어 구현된 것으로, 그야말로 소프트웨어와 하드웨어의 조화인 셈이다.

인공지능을 구성하는 4가지 핵심 요소는 모델 형태, 하드웨어와 소프트웨어, 프로그래밍 언어, 응용 분야이다. 그중 신경망, 머신러닝 등은 인공지능의 주요 모델 형태에 속하고, GPU나 병렬처리 장치 등은 하드웨어에 속한다. [그림 1.21]은 인공지능용 하드웨어와 소프트웨어를 나타낸다.

[그림 1.21] 인공지능 하드웨어와 소프트웨어

인공지능 언어로는 Python, Lisp, Prolog 등이 사용되며, 인공지능은 음성인식이나 지식처리 등에 널리 응용되고 있으며, 점차 그 영역이 넓어지고 있다.

① 모델 형태

신경망, 머신러닝, 다층 퍼셉트론, 전문가 시스템 등

② 하드웨어와 소프트웨어

GPU, SPARK와 같은 병렬처리 장치, 클라우드 저장 장치, 컴퓨터 플랫폼, 응용 소프트웨어 패키지, 텐서플로(Tensor-flow) 등

③ 학습과 실행에 사용되는 프로그래밍 언어

Python, Java, C, Lisp, Prolog 등

④ 응용 분야

음성인식, 영상인식, 챗봇, 자연어 처리, 지식 처리, 감정 분석 등

[그림 1.22]의 GPU(Graphics Processing Unit)는 그래픽카드의 핵심 칩으로서 인공지능에서 그래픽 정보를 빠르게 처리하고 화면에 정교하게 출력시키는 일을 한다. 인공지능 시장이 성장하면서 신경망 칩인 [그림 1.22]의 NPU(Neural Processing Unit) 수요 역시 꾸준히 증가하고 있다.

[그림 1.22] GPU와 NPU

여기서 잠깐! **CPU, GPU, NPU는 어떻게 다른가?**

CPU(Centralized Processing Unit)는 일반 컴퓨터에 쓰이는 명령과 연산을 처리하는 프로세서를 말한다. GPU(Graphic Processing Unit)는 단순한 형태의 대량 연산을 CPU로부터 독립시키기 위해 고안된 그래픽 처리기로서 인공지능 연산 등에 활용되고 있다. 한편 NPU(Neural Processing Unit)는 신경망 처리 연산에 특화된 인공지능용 칩이다. 참고로 TPU는 구글에서 제작한 NPU의 이름이다.

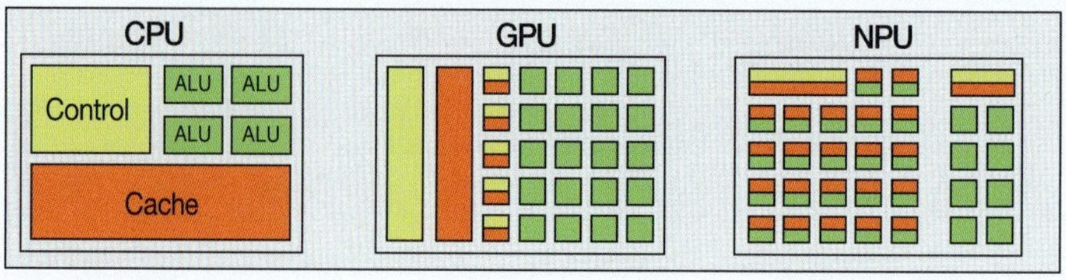

2 인공지능이란 용어 사용의 조심성

날로 발전하고 있는 인공지능 기술은 우리에게 큰 기대감을 주고 있다. 특히 인공지능이 제 4차 산업혁명의 핵심 기술로 떠오르고 있어 중요성이 더욱 커지고 있다.

요즈음 우리는 주위에서 인공지능이란 말을 흔히 들을 수 있다. 특히 [그림 1.23]과 같은 스마트폰이나 전자제품의 경우에는 인간에게 다소 편리한 기능을 몇 개만 보강했을 뿐인데도 인공지능 제품이란 말을 쓰는 경우가 있다. 그러나 엄격한 의미에서 가전제품에다 특별한 지능적인 기능도 없이 몇 가지 편리한 기능을 첨가하여 인공지능이란 말을 쓰는 것은 매우 신중해야 할 것이다.

[그림 1.23] 스마트폰과 전자제품

따라서 인공지능이란 이름이 너무 거창하지 않을까?란 생각도 든다. 그 이유 중 하나로는 지능적인 판단 능력과 같은 일부 인공지능 기술을 제외하고는. 아직 까지는 인공지능이 실제 인간의 지능에 필적하기 어렵기 때문이다.

인공지능 연구가 시작된 초창기에서는 인공지능의 미래에 대해 희망에 부풀어 매우 낙관적인 견해를 가지고 있었다. 인공지능 연구에서 매우 영향력 있는 학자인 마빈 민스키(Marvin Minsky) 같은 사람은 1960년대 중반에 '앞으로 20년 이내에 보통 인간 수준의 인공지능이 실현될 것'이라고 예언한 적이 있다. 그러나 그런 수준의 인공지능 구현은 결코 쉬운 일이 아니었으며, 50여 년이 지난 오늘날에도 그의 예측은 실현되지 않고 있다.

저명한 인공지능 관련 인물 탐구

마빈 민스키(Marvin Minsky, 1927년 ~ 2016년) 박사는 인공지능 분야를 개척한 미국인 인공지능 과학자이다. MIT의 인공지능 연구소의 공동 설립자이며, 인공지능과 관련된 다수의 책을 저술했다. 뉴욕에서 태어나 1950년 하버드 대학교에서 수학 학사학위를 받고, 1954년에 프린스턴 대학교에서 수학박사 학위를 받았으며, 1958년부터 MIT 교수로 재직했다.

1969년에는 그의 제자 페퍼트와 함께 로젠블럿의 '퍼셉트론' 모델의 단점을 지적한 유명한 책인 『퍼셉트론즈』를 저술하였으며, 1970년의 튜링상 등 수많은 상을 받았다. 그는 인공지능과 관련된 수많은 어록을 남겼으며 2016년 타계하였다.

3 인공지능에 대한 기대와 끊임없는 노력

1950년대에 시작된 인공지능에 관한 연구는 많은 사람들의 기대 속에서 출발하였으며, 지난 60여 년 동안 많은 발전을 거듭해왔다. 때로는 놀랄만한 성과로 큰 기대감에 부풀게도 하였으며, 몇 번의 침체기에는 인공지능의 겨울을 겪기도 하였다.

그간 수학적 정리 증명과 자연어 처리를 비롯하여 문자인식, 음성인식, 영상인식 등의 패턴을 인식하는 측면에서 상당한 성과를 이루었다. 지금도 인공지능은 놀랄만한 성과와 어려움을 반복하면서 발전해오고 있다.

또 비교적 최근에는 개와 고양이를 자율적으로 구별하는 결과에 많은 사람들이 환호하였다. 그러나 아직은 인공지능의 능력이 서너 살 정도 아이들의 영상인식 능력에도 미치지 못한다는 사실에 주목할 필요가 있다.

사실 인간과 유사한 지능을 가진 인공지능의 구현은 너무나 어려운 작업이다. 인공지능에 대한 성급한 기대와 그것을 만족시킬 수 없었던 점도 인공지능 연구 개발의 문제점으로 지적될 수 있다.

인공지능에 대한 환상적인 기대감으로 잠시 연구해보다가, 별 성과가 없거나 어려워지면 그만두는 자세로는 결코 획기적인 성과를 이루어낼 수 없을 것이다. 멀리 뛰려는 개구리가 잠시의 휴식 기간을 가질 수 있지 않은가?

인공지능에 관한 연구는 한두 해에 완성될 일은 결코 아니다. 위대한 창조물인 인간의 지능을 규명한다는 일 자체가 어마어마한 연구 주제이며, 마음속의 산을 향해 꾸준히 나아갈 뿐이다.

4 인공지능의 제한점과 한계

인공지능이란 인간 두뇌에서 얻을 수 있는 지능을 컴퓨터나 로봇과 같은 비생물학적 방법으로 실현하는 것이다. 인공지능은 지금까지 다양한 방면에서 큰 가능성을 보여주고 있으나 아직도 상당한 제한점을 내포하고 있다.

여기서 잠깐! **학습이란 무엇이며 왜 중요한가?**

학습(learning)이란 한번 배운 것을 두뇌에 저장하였다가 그와 관련이 있는 상황이 발생하면 지능적으로 대처할 수 있는 능력을 말한다. 인공지능이 사람처럼 풍부한 지식과 인식할 수 있는 능력을 바탕으로 상황을 판단하기 위해서는 반드시 학습이 필요하다. 따라서 인공지능에서 학습은 매우 중요하게 여겨진다. [그림 1.24]는 머신러닝(Machine Learning)을 통해 학습하는 예이다.

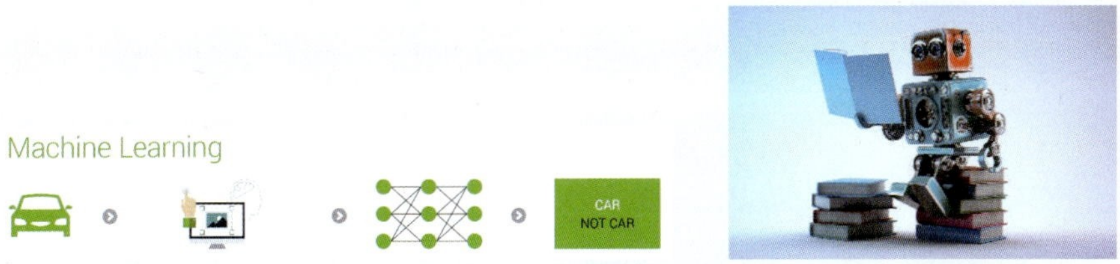

[그림 1.24] 머신러닝을 통한 학습

인공지능의 제한점과 한계는 크게 3가지로 요약될 수 있다.

첫째는 학습의 문제이다.

규칙기반 인공지능의 경우 제한된 규칙을 사용하여 실세계에 존재하는 수많은 사실을 지능적으로 처리하기가 현재 수준으로는 상당히 어려운 형편이다. 신경망 계열은 최근 딥러닝(Deep Learning)을 바탕으로 [그림 1.25]와 같이 규칙이나 영상을 어느 정도 학습할 수 있는 길이 열리고 있으나, 아직도 시간이 오래 걸리는 등의 제한점이 존재한다.

[그림 1.25] 학습하는 인공지능

둘째, 실세계 응용에서의 적용 문제이다.

인공지능 시스템은 비교적 단순한 문제를 해결하기 위해서도 많은 양의 지식이 필요하다. 따라서 복잡하고 정교한 판단이 요구되는 실세계 문제의 해결에 있어서 꼭 필요한 지식을 상당히 많이 저장하고 있는 지식베이스(knowledge-base)가 필요하다. 따라서 이러한 문제점들을 극복하기 위한 기술들이 먼저 해결되어야 한다.

셋째, 정신세계에 대한 표현이 어렵다.

특히 인지적인 측면에서는 인간의 행위가 적절하게 표현될 수 없는 경우가 허다하다. 또 인간의 고유한 능력인 [그림 1.26]과 같은 창의성은 인공지능으로 구현하기에는 상당한 한계가 있을 수밖에 없다. 인간의 행위나 정신세계를 체계적으로 분석할 수 있는 연구는 앞으로도 상당한 시일이 걸릴 것으로 여겨진다.

[그림 1.26] 창의성과 창의적 발상

5 인공지능의 구현은 신에 대한 도전인가?

인공지능 연구에 대해 오해하는 사람이 더러 있다고 한다. 만약 인공지능이 제대로 구현된다면 이것이 곧 신에 대한 도전이라 여긴다는 것이다. 그러나 이러한 관점은 현재까지의 인공지능 수준에서는 잘못된 인식이다.

만약 몇십 년 후에 개발될 인공지능이 인간의 지능 수준을 훨씬 뛰어넘는다는 '지능 폭발(Intelligence explosion)'의 시대가 온다면 예외일지도 모른다. 이러한 지능 폭발은 실현 가능성이 아직도 미지수인 가정이기 때문에 섣불리 겁먹을 필요는 없을 것이다.

다만 인공지능 기술 발달로 인한 사회적 변화에 대한 논의가 필요하고, 이에 대한 준비도 이루어져야 한다. 인공지능으로 인한 직업과 일자리의 감소, 로봇과 관련된 윤리 문제와 법률적 정비 등도 서둘러 논의할 필요가 있다.

생물학적인 탐구를 통하여 인체를 구성하고 있는 유전자에 대해 규명하는 것이 의학의 한 분야인 것과 같이, 인공지능의 연구와 구현은 절대로 신에 대한 도전이 아니다. 인간과 같이 지능적인 행위를 할 수 있는 지능적인 시스템의 구현이 바로 인공지능의 목표인 것이다.

인간 두뇌 능력의 근원

1 두뇌 연구와 인공지능 개발

인간과 같은 지능적인 능력을 갖춘 인공지능의 개발은 인간의 오랜 꿈이었다. 인공지능을 개발하기 위해서는 두뇌에 관한 탐구가 필요하다. 인간 두뇌는 [그림 1.27]과 같이 수많은 뉴런(neuron)으로 이루어져 있으며, 이들의 신비스러울 정도로 정교한 작동을 통해 고도의 두뇌 활동이 가능한 것이다.

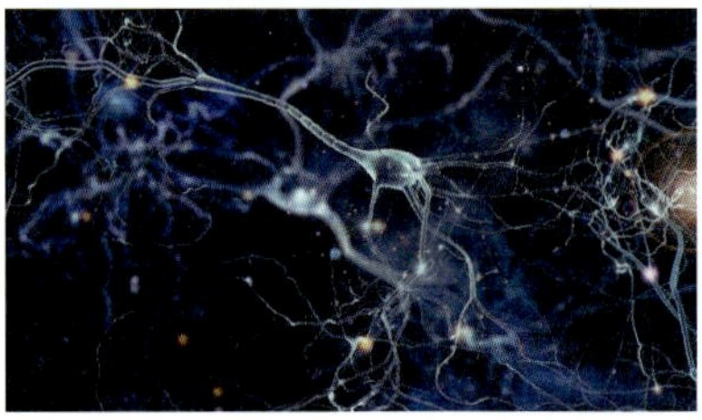

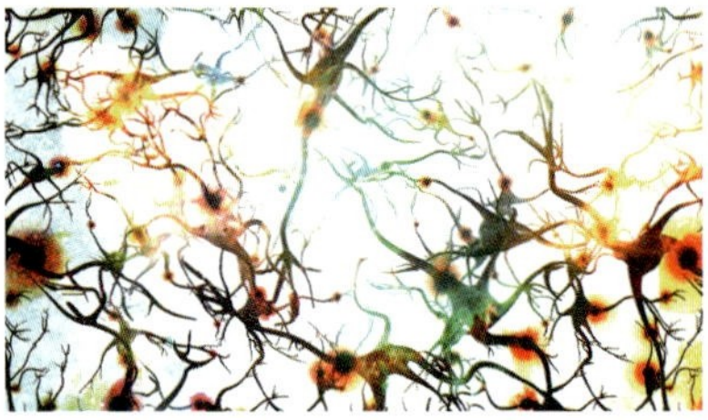

[그림 1.27] 두뇌의 뉴런

두뇌의 구조와 작용들을 오랫동안 연구한 결과, 인간의 두뇌는 수많은 뉴런들이 복잡하게 연결된 네트워크임이 밝혀졌다. 그 후 20세기 중반에 들어서면서 두뇌의 기본적인 구성 요소인 뉴런에 관한 연구가 이루어졌다. 노벨상 수상자인 영국의 호지킨(Hodgkin)과 헉슬리(Huxley)에 의해 뉴런들이 어떻게 작동하는지에 대한 이론이 제시되었으며, 실험을 통하여 입증되었다.

한편 시각적인 두뇌에 관한 연구는 1981년 노벨상 수상자인 하버드 대학의 [그림 1.28]의 허벨(Hubel)과 위젤(Wiesel)의 공로로 눈에 있는 시신경 세포의 작용과 이와 연관된 두뇌에 관한 비밀이 점차 밝혀지게 되었다.

[그림 1.28] 시신경 세포를 연구한 허벨과 위젤

두뇌의 특정 부분에서 일어나고 있는 작용들은 상당 부분 판명되고 있으나, 두뇌의 근본적인 작동 메커니즘은 아직 정확하게 밝혀지지 않고 있으며, 다만 뉴런들 사이의 호르몬 또는 전기적인 작용으로 추정되고 있을 뿐이다.

인간 두뇌의 신경 체계에 대해서는 어떤 절차와 작용에 따라 기억되고 학습되는지가 인간이 풀어야 할 과제이다. 인간 두뇌에 관한 연구가 보다 진전되면 감정이나 의식과 같은 '사람의 마음'에 관한 연구도 가능할 것이며, 인간처럼 감정을 가진 인공지능 연구도 진행될 것이다.

2 인간 두뇌와 뉴런

인간 두뇌에 관한 연구는 고대 그리스 시대까지 거슬러 올라간다. 의학의 아버지 히포크라테스는 그 당시에 이미 두뇌와 정신과의 관계를 연구하였고, 아리스토텔레스는 연상기억에 대해 고찰한 바 있다.

인간의 두뇌는 약 140억 개 정도의 뉴런이라고 불리는 신경세포들로 이루어져 있다. 이렇게 많은 뉴런이 어떻게 작동하는지는 현재로서는 자세히 알기 어려우며, 지금까지 어느 정도 규명된 것은 [그림 1.29]와 같은 뉴런의 구조뿐이다. 우리는 두뇌가 인간의 몸체를 통제하고, 지능적인 사고와 지능적인 행동의 핵심적인 요소라는 정도의 지식을 가지고 있을 뿐이다. 그러나 신경생리학자들의 끈질긴 노력으로 의문의 수수께끼가 조금씩 풀려나가고 있다.

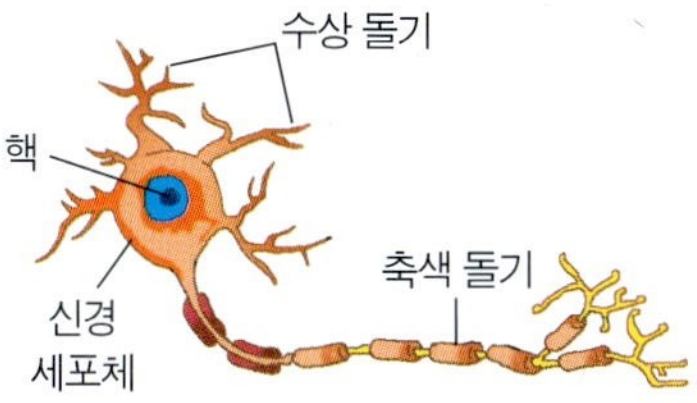

[그림 1.29] 뉴런의 구조

갓 태어난 아기 뇌의 무게는 약 400g 정도로서 성인의 평균 1,400g의 약 30%에 불과하다. 그러나 뉴런의 개수는 성인의 뉴런 개수와 같다. 아기가 점차 자라면서 뉴런의 크기, 수상돌기, 시냅스의 숫자가 증가하게 되고, 네트워크가 점점 복잡해지게 된다.

인간의 뇌세포는 태어난 이후 늘어나는 일이 없으며, 또한 한번 파괴되면 재생되지 않기 때문에 나이가 들수록 점점 줄어든다. 즉 성인이 되면서 점차 줄어들기 시작하여 80

세에는 약 37% 정도가 감소한다고 한다. 즉 인간은 20세가 지나면 매일 수만 개의 뉴런이 뇌 속에서 죽어가는 셈이 된다.

머리를 많이 쓸수록 두뇌가 발달한다는 설이 있다. 인간 지능의 기본적인 구조는 타고난 유전자에 의해 결정되지만, 주위 환경과 학습 등 후천적인 요소와의 상호 작용에 의해서도 결정된다고 할 수 있다. 인간 두뇌를 모델링하여 인간과 같이 스마트한 사고 능력을 가진 시스템의 구현이 바로 신경망이나 인공지능 연구의 목표라고 할 수 있다.

3 인간의 좌뇌와 우뇌

인간 두뇌는 좌뇌와 우뇌로 구분되는데 각각의 기능이 다르다. 좌뇌와 우뇌의 중요 특징들은 [그림 1.30]과 같다. 인간 두뇌의 왼쪽 부분인 좌뇌는 규칙이나 논리적인 사고를 따르는 순차적 정보처리 위주이고, 오른쪽 부분인 우뇌는 병렬 정보처리 위주이다.

즉 좌뇌는 규칙의 처리에 적합한 규칙기반의 인공지능과 연관이 많고, 우뇌는 학습에 적합한 신경망과 관련이 많다.

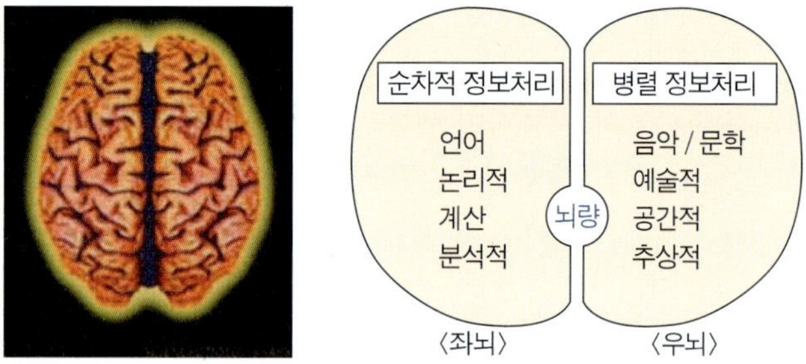

[그림 1.30] 인간의 좌뇌와 우뇌의 기능

좌뇌는 언어를 다루는 언어중추를 가지고 있으며, 합리적, 분석적, 계수적 논리 사고를 담당하는데, 언어 관련 정보, 논리적이거나 추상적인 정보처리와 관련이 많다. 따라서 계산 능력, 분석 능력, 논리적 추리, 귀납적, 논리적, 분석적인 면을 다룬다.

한편 우뇌는 '이미지 뇌'라고도 불리는데, 병렬 정보를 주로 처리한다. 우뇌는 감성적 세계와 관련이 많으며, 음악과 문학 등의 예술적 사고나 추상적인 사고를 담당한다. 또 공간적 정보, 모양 및 패턴인식, 음악, 예술 등의 정서적이고 기하학적인 정보처리와 관련이 많다.

이러한 좌뇌와 우뇌의 정보들은 뇌의 중앙에 있는 2.5억 개의 신경 다발로 이루어진 '뇌량'을 통한 끊임없는 정보 교류를 통해 종합적으로 판단된다.

인간의 지능과 인공지능

1 인간의 지능과 인공지능

인간의 지능과 인공지능의 차이는 무엇일까? 일반적으로 인공지능은 필요한 문제들의 해결에 있어 컴퓨터를 통하여 지능을 더욱 유용하게 만드는 분야로 기술된다.

그러면 지능(intelligence)이란 무엇인가? 다음과 같이 지능이 가지는 주요 능력들을 들 수 있을 것이다.

① 학습하고 논리적으로 추론할 수 있는가?
② 패턴을 인식하고 주어진 상황을 해석하는 능력을 가지고 있는가?
③ 복잡한 상황을 단순화시켜 문제의 본질을 분석할 수 있는가?
④ 다양하게 만나는 문제들을 해결할 수 있는가?

우리는 이러한 지능에 관한 탐구를 통하여 [그림 1.31]과 같이 인간 두뇌를 닮은 인공지능을 연구하여 실현할 수 있을 것이다.

[그림 1.31] 인간의 지능과 인공지능

2 인간 두뇌의 능력

우리가 원하는 수준 높은 인공지능을 구현하기 위해서는 다소 시간이 걸리더라도 [그림 1.32]와 같이 인간의 두뇌 작용을 살펴보고 끊임없이 연구하는 것이 필요하다.

지능과 관련된 인간 두뇌의 구체적인 능력을 간략하게 살펴보면 다음과 같다.

- 빠르고 정확한 계산 능력
- 이전에 일어난 수많은 일을 기억하는 능력

- 빠르고 정확하게 추론해내는 능력
- 시간이 흐른 후에도 상황을 정확하게 연상해내는 능력
- 도형의 특성을 이해하고 인식하는 공간 지각 능력
- 물체와 문자를 인식하고 이해할 수 있는 능력
- 몇 개의 실마리들로부터 전체를 유추해내는 능력
- 사리를 분별하여 해석하는 이해력
- 꿈꾸듯 상상하는 상상력

[그림 1.32] 인간의 두뇌 연구

그렇다면 창의성과 지능은 어떤 관계일까? 일반적으로 창의성과 지능은 약간의 상관관계는 있으나, 지능이 높다고 해서 반드시 창의적인 것은 아니다. 또 창의성이 뛰어나다고 해서 반드시 지능이 높다고 할 수도 없을 것이다.

3 인공지능이 따라올 수 없는 인간 두뇌 능력

인간 두뇌의 능력 중 기억력, 계산력, 사고력, 추리력, 추론 능력, 분석력 등에 해당하는 인공지능은 그간의 연구를 통하여 많은 발전이 있었다. 특히 기억력, 계산력 등은 현재 수준의 컴퓨터로도 인간 두뇌보다 훨씬 더 빠르고 정확하다. 추리력 면에서도 Lisp 인공지능 프로그래밍 언어를 사용하면 매우 빠르고도 정확하다.

그러면 어떻게 [그림 1.33]과 같은 번쩍이는 아이디어의 발상이 일어날 수 있을까?

인공지능은 지금까지 많은 발전을 이루었으나 인공지능이 인간을 따라올 수 없는 분야는 아직도 많다. 특히 상상력, 직관력, 이해력, 공간 능력, 연상 능력 등은 인간 능력에 훨씬 미치지 못한다. 상상력과 직관력은 창의성의 영역에 더 가까우므로 인공지능의 창의성은 상상력과 직관력 등에서는 제한되어 있다고 말할 수 있다.

- **상상력**: 상상의 날개를 펴는 능력은 창의성에 있어서 매우 중요하다. 미키마우스로

[그림 1.33] 인간 두뇌에서의 발상

유명한 월트 디즈니는 어린이와 같은 천진난만한 상상력을 실천에 옮긴 사람이다.

- **직관력**: 판단이나 추리 등을 거치지 아니하고 대상을 직접 파악할 수 있는 능력인데, 마치 '척 보면 아는 듯한' 능력을 말한다.
- **이해력**: 사리를 분별하여 해석하는 힘을 말하는데, 인식의 단계를 넘어 전체 상황을 충분히 아는 단계의 능력을 말한다.
- **공간 능력**: 물체가 다른 방향으로 있어도 그 물체를 인식할 수 있는 능력으로서, 숨은 그림 찾기도 공간 능력의 한 예이다.
- **연상 능력**: 어떤 정보의 일부를 입력하면 나머지 부분을 생각해내거나 입력된 정보와 관련이 있는 정보를 생각해내는 능력을 말한다.

4 인간의 지능지수

인간이 얼마나 똑똑한 지에 대해 계량적으로 판단하는 것이 과연 가능할까? 현명한 것인지, 지식이 많은 것인지, 기억력이 좋은 것인지 등의 판단에서 평가자의 주관이 많이 포함될 것이다.

우리가 지능을 평가하는 기준으로는 통상 지능지수(Intelligence Quotient: IQ)를 사용한다. IQ가 인간의 지능을 판단하는 전부는 될 수 없지만, 어느 정도 판단의 기준은 될 수 있다.

지능검사는 연령대별로 구분된 계산력, 기억력, 어휘력 등의 문제들로 테스트하는데, IQ는 유전적 요인보다도 교육, 환경, 훈련 등에 의해 계발될 가능성이 훨씬 크다고 한다. IQ는 정신연령을 실제 생활연령으로 나누어 100을 곱한 수이다.

$$IQ = \frac{\text{정신연령}}{\text{생활연령}} \times 100$$

IQ는 [그림 1.34]와 같이 평균 100을 기준으로 정규 분포를 하는데, 수치가 85~115인 구간인 68.2%가 정상 구간에 속한다. 일반적으로 수치가 115~130 사이는 다소 높은 편이고, 140을 넘으면 준천재급으로 분류하기도 한다. 그러나 지능지수가 높다고 해서 학업 성적이 그대로 비례하는 것은 아닐 것이다.

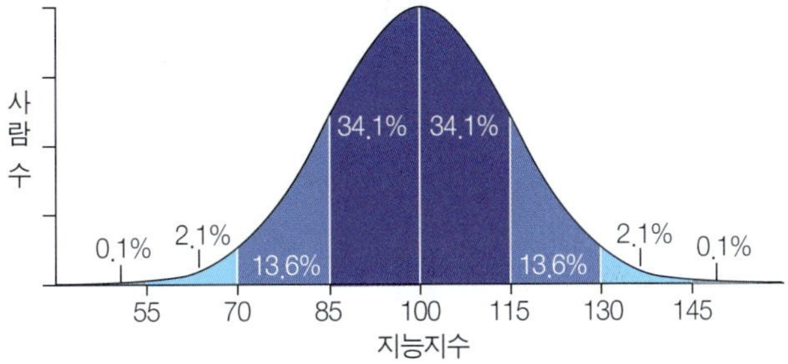

[그림 1.34] IQ의 정규 분포

미국의 신경과학자인 리처드 하이어는 "두뇌가 명석한 사람은 체계적이고도 효과적인 사고의 틀을 가지고 있으며, 따라서 지능적인 문제를 다루는데 훨씬 유리하다."라는 견해를 발표하였다. 인간의 지능은 인간 두뇌가 가진 다양한 능력들이 종합적으로 평가되어야 한다.

5 동물의 지능지수

동물의 지능지수는 인간보다 훨씬 낮다. 동물 중에서 가장 두뇌가 발달한 머리 좋은 돌고래의 지능지수를 인간의 아이큐로 측정해보면 최대 70 정도라고 한다. 인간의 반려동물인 개와 고양이의 경우에는 아이큐가 50 정도이며, 닭의 경우에는 아이큐가 10 정도라고 한다.

그러면 원숭이도 컴퓨터를 활용할 수 있을까? 원숭이의 지능지수는 보통 50~60 정도인 것으로 추측되며, [그림 1.35]와 같이 단순히 컴퓨터를 만지며 노는 것은 가능하지만 컴퓨터의 활용은 불가능할 것이다.

[그림 1.35] 원숭이의 지능 수준

인공지능의 시작과 발전

1 인공지능은 최근의 기술인가 오래된 것인가?

최근 들어 많은 사람들이 인공지능에 대해 큰 관심을 가지기 시작했다. 그 계기는 딥러닝을 통한 영상인식 기술 등의 비약적인 발전과 알파고를 통한 지식의 학습에 대한 매스컴의 보도가 큰 영향을 끼쳤을 것이다.

인공지능은 현대 사회의 과학, 의학, 교육 및 산업 등을 포함한 전 분야에 깊숙이 관련되어 있고, [그림 1.36]과 같이 인공지능이 4차 산업혁명의 핵심 기술로 중요하게 여겨지고 있다. 따라서 인공지능이란 단어를 처음 접하는 사람들에게 있어서 인공지능은 새로운 최신의 기술로 여겨질 것이다. 그러나 실은 인공지능이 1950년대 후반부터 시작되어 어려운 고비를 넘기면서 꾸준히 발전되어 온 오래된 기술이기도 하다.

[그림 1.36] 로봇을 통한 인공지능의 구현

2 인공지능의 역사 요약

인공지능은 20세기 중반에 시작되어 지금까지 꾸준히 발전되어 왔다. 인공지능의 역사를 시작부터 지금까지 요약 정리하면 〈표 1.3〉과 같이 7단계로 나눌 수 있다. 1956년 여름 다트머스 회의에서 인공지능이란 이름이 탄생한 이후의 요람기를 비롯하여 두 번의 겨울을 맞으면서 현재의 부흥기로 발전해온 것이다.

〈표 1.3〉 인공지능의 간략한 역사

연도	구분	주요 내용	기타
1943년 ~ 1956년	준비기	맥컬럭과 피츠 앨런 튜링 프린츠	명제 논리의 개념 튜링 테스트 최초의 체스 프로그램 작성
1956년 ~ 1974년	요람기	다트머스 회의 로젠블럿 매카시 와이젠바움 민스키와 페퍼트	'인공지능'이란 이름 탄생 '마크 I 퍼셉트론' 신경망 개발 Lisp 언어 개발 ELIZA 발표 『퍼셉트론즈』란 책 출간
1974년 ~ 1980년	첫 번째 겨울기	미국과 영국	『퍼셉트론즈』 이후 신경망 쇠퇴로 연구 기금 급격히 줄어듦
1980년 ~ 1987년	발전기	DEC사 일본 러멜하트 등	'XCON'이란 전문가 시스템 개발 제5세대 컴퓨터 프로젝트 수행 다층 신경망으로 부활
1987년 ~ 1993년	두 번째 겨울기	신경망의 정체 미국 미국방성(DARPA)	제한적 성능과 컴퓨팅 파워 부족 300개 이상 인공지능 시장 붕괴 인공지능 관련 정부 연구 기금 고갈
1993년 ~ 2011년	안정기	IBM Deep Blue IBM Watson	세계 체스 챔피언 제퍼디 퀴즈쇼 챔피언
2011년 ~ 현재	부흥기	힌튼 앤드류 응 구글의 알파고 OpenAI의 ChatGPT	딥러닝 기반의 ImageNet 고양이 인식 구글 프로젝트 딥러닝 기법의 세계 바둑 챔피언 생성형 대화 전문 인공지능 챗봇

3 인공지능의 준비기(1943년 ~ 1956년)

1943년 미국의 워렌 맥컬럭(Warren McCulloch)과 월터 피츠(Walter Pitts)는 인간의 두뇌를 논리적 서술을 구현하는 이진 원소들의 집합으로 추측했다. 그들은 인공의 뉴런을 AND, OR, NOT 명제로 연결하면 인간의 두뇌에서 작동하는 아주 간단한 기능을 흉내 낼 수 있다는 것을 입증하였다.

그 후 1949년에는 캐나다의 심리학자인 도널드 헵(Donald Hebb)이 뉴런 사이에 반복적인 점화(firing)가 발생할 때 뉴런들 사이의 학습효과가 있음을 주장하였다.

1950년 앨런 튜링(Alan Turing)은 "기계가 생각할 수 있는가?"라는 질문과 함께 기계가 인간과 얼마나 비슷하게 대화할 수 있는지를 통해 기계의 지능을 판별하는 튜링 테스트(Turing test)를 제안함으로써 인공지능을 실질적으로 정의하고 기계의 지능을 판별하는 방법을 제시하였다.

4 인공지능의 요람기(1956년 ~ 1974년)

컴퓨터가 인간의 지능적인 활동을 하도록 하는 인공지능의 역사는 1956년 미국 뉴햄프셔주에 있는 [그림 1.37]의 다트머스 대학(Dartmouth college)에서 수학자, 생물학자, 심리학자 등 10명의 과학자가 모여 인공지능에 관한 '하계 워크숍'을 가진 것이 그 시초라고 할 수 있다.

[그림 1.37] 다트머스 워크숍에 모인 10명의 과학자들

이 워크숍을 공동 주관한 존 매카시(John McCarthy)는 앞으로 개발될 '생각하는 컴퓨터'를 인공지능(Artificial Intelligence: AI)으로 부르기를 제안하였으며, 그 이후 인공지능이란 용어가 사용되고 있다. 그들은 컴퓨터를 통한 인공지능 연구에 관해 다시 의견을 교환하기로 하고 여러 날에 걸친 회의를 마쳤다.

[그림 1.38]은 그날 이후 50년만인 2006년에 다시 만난 5명의 다트머스 회의 참석자들이다. 왼쪽에서 2, 3번째가 인공지능의 탄생과 발전에 큰 업적을 남긴 매카시와 민스키이다.

[그림 1.38] 5명의 인공지능 초기 모임 학자들

그 후 미국의 MIT, 하버드, 카네기멜런 등의 대학을 중심으로 인공지능에 관한 연구가 시작되었다. 초기에는 컴퓨터를 통해 주로 간단한 게임이나 수학적 정리의 증명을 하

도록 하는 실험적인 성격이 강했다.

1957년에는 미국의 로젠블럿(Frank Rosenblatt)에 의해 [그림 1.39]의 '마크 I 퍼셉트론'이란 신경망 모델이 만들어져 A, B, C와 같은 문자를 인식할 수 있어 각계의 엄청난 환호를 받았다. 이를 두고 어떤 과학자는 추후 20년 내로 사이버 인공지능 사회가 올 것이라고 단언하기도 하였으나 실현되지는 못했다.

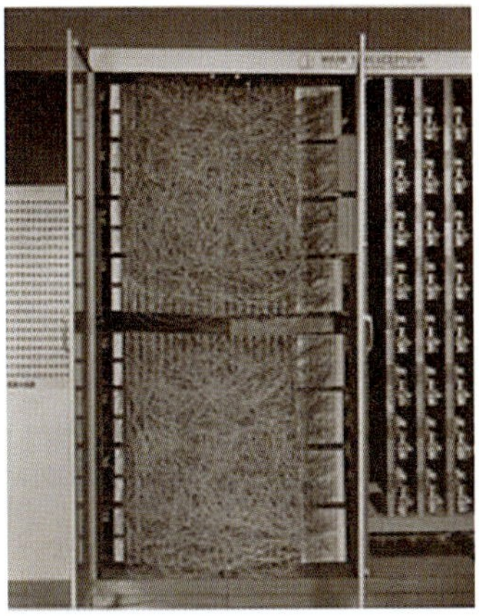

[그림 1.39] 마크 I 퍼셉트론

1962년에 매카시는 최초의 인공지능 프로그래밍 언어인 Lisp을 개발하여, 지금까지 지식을 처리하는 규칙기반 인공지능 프로그래밍에 크게 기여하고 있다.

1965년에는 세계 최초의 전문가 시스템(Expert system)인 DENDRAL이 개발되었으며, 1966년에는 엘리자(ELIZA) 프로그램이 개발되어 큰 관심을 끌었다.

1969년 민스키(Minsky)와 페퍼트(Pappert)가 『퍼셉트론즈』라는 책을 출판하여 그 당시에 큰 인기를 끌던 로젠블럿의 퍼셉트론 모델의 결정적인 문제점을 밝혀내었고, 그 후 신경망 연구는 한동안 침체기에 빠져들게 되었다.

5 인공지능의 첫 번째 겨울기(1974년 ~ 1980년)

1960년대에 많은 사람들의 관심을 끌었던 인공지능은 1974년 무렵부터는 상당한 어려움에 봉착하였다. 이런 침체의 근본적인 원인은 인공지능 연구에 대한 지나친 낙관과 기대에 대한 실망감 때문이었다.

인공지능 1세대 핵심 연구자들이자 1975년 영예의 튜링상(Turing Award)을 받은 [그림

1.40]의 사이먼(Simon)과 뉴웰(Newell), 그리고 초기 인공지능의 대가로 손꼽히는 민스키의 인공지능에 대한 낙관적인 견해는 다음과 같다.

- 1958년 사이먼과 뉴웰은 "디지털 컴퓨터는 10년 안에 체스 세계챔피언이 될 것이다."
- 1965년 사이먼은 "기계는 20년 안에 사람이 할 수 있는 일을 할 수 있을 것이다."
- 1970년 마빈 민스키는 "앞으로 3년에서 8년 사이에 인간의 지능을 가진 기계가 만들어질 것이다."

[그림 1.40] 사이먼과 뉴웰

그러나 이런 기대와는 달리 인공지능 연구는 상당한 어려움에 봉착했고 첫 번째 겨울을 맞이하게 되었다. 따라서 이 기간에는 특정 분야에서 인간 전문가를 대신할 수 있는 전문가 시스템 분야로 방향을 바꾸어 연구가 진행되었다.

6 인공지능의 발전기(1980년 ~ 1987년)

1980년대 인공지능계의 최대 화두는 신경망(Neural network)의 부활이다. 1969년 민스키와 파퍼트에 의해 결정적인 문제점이 밝혀진 이후 사라진 '단층 퍼셉트론' 모델이 '다층 퍼셉트론'으로 화려하게 컴백한 것이다.

1980년대 중반에는 단층 퍼셉트론의 제한점을 극복한 다층 퍼셉트론 모델에 쓰이는 [그림 1.41]과 같은 역전파(backpropagation) 알고리즘이 러멜하트(Rumelhart)를 비롯한 PDP 그룹에 의해 고안되어 패턴인식을 위한 신경망 연구가 다시 점화되었다.

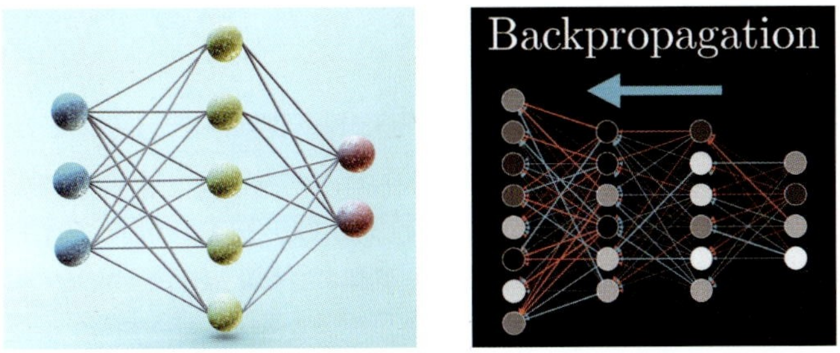

[그림 1.41] 다층 퍼셉트론 모델과 역전파 알고리즘

신경망은 인간의 두뇌 세포인 뉴런들 사이의 연결 강도를 조절하여 문제를 해결하는 방식인데, 패턴인식을 통하여 문자인식과 영상인식 등에서 큰 발전을 이루었다.

7 인공지능의 두 번째 겨울(1987년 ~ 1993년)

1987년부터 인공지능 연구는 두 번째 겨울을 맞이하게 된다. 기대를 모았던 다층 신경망의 제한적 성능과 컴퓨터의 속도가 느린 탓으로 매우 복잡한 계산이 필요한 신경망 연구가 정체되기 시작했다.

미국에서는 전문가 시스템을 중심으로 한 300개 이상의 상업용 인공지능 관련 회사가 사라졌다. 특히 인공지능이 새로운 물결이 아니라는 주장과 함께 미국방성을 비롯한 정부의 인공지능 관련 연구 기금의 대폭 축소로 인해 인공지능은 다시 두 번째 겨울에 접어들게 되었다.

8 인공지능의 안정기(1993년 ~ 2011년)

1997년 IBM이 개발한 체스 전용 슈퍼컴퓨터인 딥 블루(Deep Blue)가 러시아의 체스 세계 챔피언과 대결하여 2승 1패 3무로 승리했다. 그때 많은 사람들이 인공지능이 곧 실현될 것 같은 분위기에 빠졌으나, 딥 블루는 인간의 지능 중 체스 게임이라는 한 측면만을 구현한 것뿐이었다.

2004년 제프리 힌튼(Hinton) 교수는 RBM이란 새로운 딥러닝 기반의 학습 알고리즘을 제안하였다. 그는 그 후 딥러닝의 선구자격인 구글에서 여러 학자들과 함께 인공지능을 개발하고 있다. 딥러닝은 주로 사진, 동영상, 음성 정보를 분류하는 분야에 많이 활용된다.

> **저명한 인공지능 관련 인물 탐구**
>
> 제프리 힌튼(Geoffrey Hinton, 1947년 ~) 교수는 인공지능 영역 중 딥러닝 분야를 개척한 영국 출신의 캐나다 컴퓨터과학자이자 인지심리학자이다. 그는 영국의 캠브리지 대학에서 실험심리학을 전공했으며, 에딘버러 대학에서 인공지능으로 박사학위를 받았다. 그 후 미국으로 건너와 1984년에는 볼쯔만 머신이란 신경망 모델을 제안하였으며, 러멜하트 등과 다층 신경망에서의 학습 알고리즘인 역전파 알고리즘의 논문 공동 저자이기도 하다. 그는 토론토 대학교 교수이자 2013년부터 구글에서 딥러닝 프로젝트에서 큰 역할을 담당하고 있다. 그는 딥러닝의 창안자로서 '딥러닝의 대부'라고 불린다.
>
> 
>
> 
>

2011년 IBM이 만든 슈퍼컴퓨터인 '왓슨(Watson)'은 자연어로 진행된 미국의 TV 퀴즈쇼에서 인간 우승자들과의 대결에서 승리했다.

그 후 1990년대에는 인간이 원하는 것을 대신하여 지시해 주는 지능형 에이전트(Intelligent agent) 연구가 시작되었으며, 베이지안 네트워크, 은닉 마르코프 모델, 확률적 모델링 등 머신러닝이 인공지능 연구에 도입되었다.

9 인공지능의 부흥기(2011년 ~ 현재)

2012년 미국의 세계적인 소프트웨어 회사인 구글(Google)은 앤드류 응(Ng) 교수와 함께 1만 6천 개의 컴퓨터로 무려 10억 개 이상의 신경망을 구성하여 심층신경망(DNN)을 구현하여 유튜브에 등록된 동영상들로부터 심층신경망의 고양이 영상인식에 성공했다. 페이스북도 2014년 3월 딥러닝 기술을 적용하여 [그림 1.42]의 '딥페이스'라는 얼굴인식 알고리즘을 개발하였다.

[그림 1.42] 딥페이스

[그림 1.43]의 딥러닝이 탄생하게 된 이유는 크게 세 가지로 꼽힌다. 첫째, 기존 신경망 모델의 단점이 극복되어 그대로 활용할 수 있었다는 점이다. 둘째, 하드웨어의 급격한 발전인데 딥러닝에서의 복잡한 행렬 연산 시간을 강력한 GPU가 크게 단축할 수 있다는 점이다. 셋째, 다량의 자료와 태그(tag) 정보를 가진 '빅데이터'가 학습에 활용될 수 있었다는 점이다.

[그림 1.43] 딥러닝

2016년 3월은 인공지능에 관한 큰 관심을 불러일으킨 역사적인 달이다. 인공지능 바둑 프로그램인 알파고(AlphaGo)와 우리나라 프로기사인 이세돌 9단의 바둑 대결이 벌어졌는데, 그 결과 알파고의 4대 1 승리였다. 전 세계인의 관심 속에 벌어진 바둑 대결이 끝난 뒤 인공지능에 대한 기대와 관심이 폭발적으로 커지게 되었다.

2022년 11월 말에 OpenAI가 공개한 생성형 대화 전문 인공지능 챗봇인 ChatGPT가 처음 공개된 후 크게 주목받고 있다. 'GPT-3.5' 버전 이후 'GPT-4' 버전이 개발되어 활용되고 있는데, 문장의 작성과 요약, 시와 소설 쓰기, 그림 그리기, 영상인식 등 다양한 영역에 활용되고 있다.

인간 두뇌 영역에 도전하는 인공지능

1 인공지능의 다양한 분야에의 도전

최근 들어 매우 빠른 속도로 발전하고 있는 인공지능 기술은 우리가 생활하는 영역에서 많은 것을 바꾸고 있다. 얼마 전까지만 해도 인공지능이 아무리 발전하더라도 예술이나 문학 분야에서만큼은 인간을 따라가지 못할 것이라는 전망이 많았다.

하지만 현재의 인공지능은 인간의 능력에는 훨씬 미치지 못하지만, 다방면에 걸쳐 인간 생활에 활용되고 있다. 기사를 작성하고, 예술 방면에서는 시와 소설을 쓰고, 음악을 작곡하고, 그림을 그리는 단계까지 이르고 있다. 머지않은 미래에는 인공지능이 [그림 1.44]와 같은 예술 장르에 본격적으로 도전할 것 같다.

[그림 1.44] 인공지능이 만들어내는 예술 작품

그러면 인공지능이 만든 창작물의 저작권은 누구에게 속할 것인가? 사람이 인공지능을 이용하여 창작물을 만든다면 저작권은 당연히 그것을 만든 사람의 것이 될 것이다. 그러나 인공지능이 스스로 만든 창작물은 누구에게 속할 것인지에 대한 관련 법 체제도 준비해야 할 것이다.

한편 인공지능은 언젠가는 [그림 1.45]와 같이 기발한 아이디어에 기반한 창의성(creativity)에도 도전할 것 같다. 그러나 인공지능에 의한 창의성의 구현에는 상당한 시일이 소요될 것이다. 그런 날이 빨리 오기를 바라면서도, 동시에 그런 날이 늦게 오기를 바라는지도 모른다. 왜냐면 창의성은 인간이 특권으로 가지는 마지막 보루일지도 모르니까.

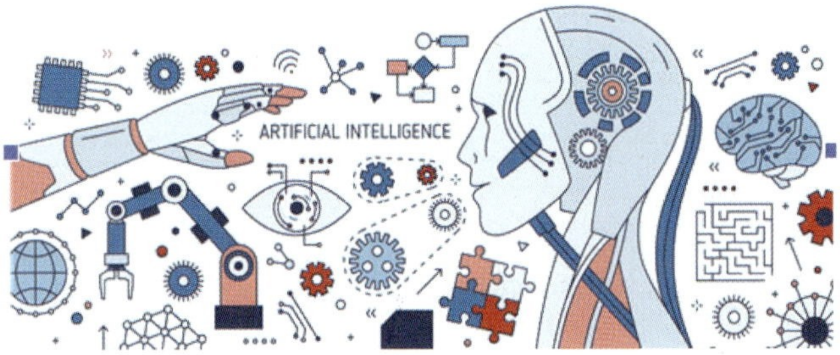

[그림 1.45] 인공지능과 창의성

2 기자를 대신해서 기사를 작성하는 인공지능

인공지능 기술의 발달로 [그림 1.46]과 같이 기사를 작성할 수 있는 '로봇 저널리즘'이라 불리는 인공지능 소프트웨어 로봇의 출현으로 기자의 직업이 위협받을 수도 있다. 미국의 경제잡지 포브스(Forbes)에서는 매일 수십 건의 주식시황 기사를 기자 대신 인공지능 소프트웨어가 작성하고 있는데, 특정 정보에 국한된 기사의 경우에는 기자가 쓴 기사와 소프트웨어가 쓴 기사를 거의 구분할 수 없을 정도라고 한다.

[그림 1.46] 로봇 저널리즘과 기사

최근에 나온 로이터의 '트레이서'와 같은 인공지능은 데이터 마이닝과 머신러닝을 활용하여 기사를 작성하기도 한다. 〈표 1.4〉는 각국 언론사에서 로봇 기자를 이용하는 현황을 나타낸다.

〈표 1.4〉 각국 언론사의 로봇기자 이용 현황

언론사	프로그램 이름	활용 분야
포브스	퀼(Quill)	증권 시황과 스포츠 경기의 결과를 바탕으로 기사 작성
AP 통신	워드스미스	1분기당 4,300여 개의 기업 실적 기사 작성
로이터	트레이서	소셜미디어를 이용한 속보 작성
아사히 신문	오토리	고교야구의 경기평가 기사 작성
서울경제신문	서경 뉴스봇	증권 시장 분석 뉴스

요즘 우리나라 언론사에서도 로봇 기자가 다양한 분야의 기사를 작성한다. 증시 시황, 스포츠 경기 결과, 날씨 안내 등에 로봇 기자를 활용하는 경우가 점차 많아지고 있다.

한편 [그림 1.47]은 TV 뉴스를 자연스럽게 진행하고 있는 인공지능 저널리스트를 나타낸다.

[그림 1.47] 인공지능 저널리스트

3 인공지능이 시를 쓸 수 있을까요?

인공지능이 시를 쓸 수 있다는 사실은 그리 놀랄만한 일은 아니다. 인공지능이 시를 쓰는 것은 1960년대에 처음 시도되었는데, 그 후 시간이 흐름에 따라 어느 정도 수준으로 향상되고 있다. 우리는 인공지능 컴퓨터가 쓴 시를 '컴퓨터 시(Computo-poem)'라고 부른다.

저자도 1980년대 중반에 미국에서 시를 짓는 인공지능 프로그램을 작성해본 경험이 있다. BASIC이란 프로그래밍 언어로 작성하였는데, 많은 시행착오를 거쳐 프로그램을 완성했던 기억이 떠오른다. 그때 인공지능 프로그램을 통해 작성된 시를 보고 뿌듯한 마음과 함께 인공지능의 힘을 느끼게 되었다.

시를 쓸 수 있는 가장 핵심적인 사항은 먼저 구문(syntax)에 맞게 문장을 생성하는 것이고, 둘째는 의미(semantics)가 통하는 문장을 만드는 것이다. 가령 "강아지가 빵을 먹는다."라는 문장은 가능하지만 "빵이 강아지를 먹는다."란 문장은 글로서 적합하지 않다. 이것은 '주어 + 보어 + 목적어'란 문장 형식에는 맞으나 의미가 통하지 않는다는 점이다.

몇 년 전 마이크로소프트와 일본의 교토대학 연구진들이 공동으로 시를 짓는 인공지능을 개발했는데 그 수준이 상당하다고 한다. [그림 1.48]은 인공지능이 작성한 2편의 간단한 시를 나타낸다.

the sun is a beautiful thing

in silence is drawn

between the trees

only the beginning of light

this realm of rain
grey sky and cloud
it's quite and peaceful
safe allowed
And, arguably, worse:
I am a coal-truck
by a broken heart

[그림 1.48] 인공지능 프로그램이 작성한 시

최근에는 ChatGPT 인공지능 프로그램에다 주제를 입력하면 거기에 해당하는 상당히 유려한 시를 쓰는 것을 볼 수 있다.

4 인공지능이 소설을 쓸 수 있을까요?

2016년 3월 일본경제신문이 주최한 일본의 '호시 신이치 문학상' 1차 심사를 통과한 작품 중 하나로 인공지능이 쓴 '컴퓨터가 소설을 쓰는 날'이 선정됐다.

인공지능이 쓴 소설은 일명 '로봇 소설'이라고도 불리는데, 그중 일부를 소개하면 "그날은 구름이 낮게 드리운 잔뜩 찌푸린 날이었다. 소파에 앉아 시시한 게임으로 시간을 보내고 있다. 하지만, 내게 말을 걸지는 않는다. 따분하다."라는 문장으로 시작하는 3페이지 분량의 단편 소설이다.

이 인공지능 소설가는 일본 소설 천여 편을 학습하였으며, 문장을 만드는 기본적인 요소를 학습하였다고 한다. [그림 1.49]는 인공지능 소설이 작성된 경위를 설명하는 장면이다.

[그림 1.49] 인공지능 소설에 대한 설명

컴퓨터를 이용한 인공지능이 스스로 이야기까지 만들어낼 상상력과 창의력을 발휘하여 소설을 쓴다는 것은 기대하기 어려운 일이다. 다만 인공지능이 의미 있는 단편 소설을 작성한 사실에 큰 의미를 부여할 수 있을 것이다.

5 주식투자와 투자 시스템에 활용되는 인공지능

인공지능은 대규모 데이터를 빠르고 정확하게 분석할 수 있으므로 최근 주식투자에도 많이 활용되고 있다. 인공지능은 [그림 1.50]과 같이 주식 시장의 동향, 개별 주식의 성과, 경제 지표, 뉴스 기사 등 다양한 정보를 신속하게 처리하고 이를 바탕으로 미래의 주식 가격을 예측하기도 한다.

[그림 1.50] 인공지능의 시장 동향 분석과 투자 예측

또 인공지능은 자동화된 투자 시스템을 만드는 데도 사용된다. 이러한 시스템은 주어진 규칙에 따라 자동으로 주식을 매수하거나 매도하는 알고리즘을 실행하는데, 이는 시장의 변동성을 이용하여 이익을 창출하거나 위험 관리에 효과적이다. 그러나 인공지능은 예측할 뿐이고 그 결과에 대한 책임을 지지 않는 점에 유의해야 한다.

6 자율주행차에 활용되는 인공지능

자율주행차란 사람이 운전하지 않아도 주변 환경을 인식하고 주행 상황을 판단하여 스스로 목적지까지 주행하는 자동차를 말한다. [그림 1.51]과 같은 자율주행차는 유명 자동차 회사들에서 개발 중인데 시험주행 단계에 있다.

자율주행차에 적용되는 인공지능 기술은 매우 다양한데, 먼저 주행 중 만나는 물체를 빠르고 정확하게 인식하는 영상인식 기술을 들 수 있다. 이를 통해 장애물이나 선로를 인식하여 차선 이탈을 방지하는 역할 등도 수행한다. 그 외에도 다양한 센서들과 네트워크 기술을 활용한다.

[그림 1.51] 인공지능 기술을 활용한 자율주행차

7 인공지능은 어떤 그림을 그릴 수 있을까?

2018년 10월 뉴욕 크리스티 경매장에서 인공지능이 그린 그림이 경매에 나와 약 5억 원이란 거금에 낙찰되었다. 프랑스의 연구자들이 개발한 인공지능 화가 오비어스(Obvious)가 그린 [그림 1.52]의 초상화 '에드몽 드 벨라미(Portrait of Edmond Belamy)'였다.

오비어스는 서양화 1만 5,000여 작품을 데이터베이스로 만들고, 그들의 이미지를 분석해 초상화를 학습한 뒤 규칙을 찾아내어 작품을 만들었다. 이 그림의 오른쪽 아래에는 화가의 서명 대신 작품 생성 알고리즘이 적혀 있다.

[그림 1.52] 에드몽 드 벨라미

이 작품은 딥러닝 학습 알고리즘에 의해 만들어졌는데, 이처럼 인공지능을 이용한 미술 창작품은 점차 큰 주목을 받고 있다. 앞으로 인공지능 기술이 더욱 발전한다면 예술 창작과 관련된 영역에서도 큰 역할을 할 것으로 추정된다.

트위터(Twitter)에서는 '딥포저(Deep Forger)'란 인공지능 그림 프로그램을 개발하였다. [그림 1.53]의 왼쪽 그림은 오른쪽 위에 있는 디즈니 만화에 나오는 '구피'를 오른쪽 아래에 있는 고흐의 작품 '별이 빛나는 밤에'의 화풍으로 바꾼 그림이다.

사용자가 트위터에서 @DeepForger에 사진을 보내면 고흐나 피카소 등 유명 화가의 화풍으로 질감을 변형시켜 주는 서비스를 제공하고 있다. 관심 있는 분은 누구든지 한번 시도해 보기를 권한다.

[그림 1.53] 딥포저를 적용한 그림

구글에서는 '딥드림(Deep Dream)'이란 인공지능 화가를 개발하였는데, 심층신경망에서 딥러닝 알고리즘으로 학습시켰다고 한다. 가령 사용자가 [그림 1.54]의 왼쪽 위의 이미지를 업로드(upload)하면 그 그림의 스타일을 해석하여 오른쪽 아래 이미지 스타일의 추상적인 이미지로 바꾸어 주는 기술이다.

[그림 1.54] 원본 이미지와 딥드림을 적용한 이미지들

[그림 1.55]는 딥드림이 그린 그림을 나타낸다.

[그림 1.55] 딥드림이 그린 그림

한편 국내에서도 최근 '인공지능 그림' 전시장이 처음으로 개장되었다. 독도 사진 수천 장을 학습하여 그린 [그림 1.56]과 같은 그림이 작품 당 500만 ~ 1,000만원으로 가격이 책정되었다고 한다.

[그림 1.56] 독도 사진을 학습하여 그린 인공지능 그림

8 인공지능이 작곡하는 K-pop

최근 미국의 「포춘(Fortune)」지에 따르면 작곡에도 인공지능 시대가 도래했다고 한다. 요즘 음악 전문가들은 인공지능 프로그램을 이용하여 악기별 연주를 구성하고, 장르 별로 편곡까지 한다고 한다.

전문가들은 10년 후에는 인기 상위 차트곡 20% 정도가 인공지능 소프트웨어에 의존할 것으로 전망하고 있다. 구글에서는 마젠타 프로젝트에서 [그림 1.57]과 같은 머신러닝으로 작곡한 피아노곡을 발표했다.

[그림 1.57] 인공지능이 작곡한 음악 샘플

요즘은 [그림 1.58]과 같이 인공지능 작곡이 K-pop에도 적용되고 있다. 영국의 한 벤처 회사가 개발한 K-pop 인공지능 프로그램은 원하는 장르와 분위기, 그리고 악기 구성을 입력하면 불과 30초 만에 곡 하나를 완성한다. 13개 장르의 1만여 곡을 학습한 이 프로그램은 작곡 원리를 조합하여 사용자가 원하는 음악을 즉석에서 만들어낸다니 실로 놀라운 일이다.

[그림 1.58] 인공지능 작곡가

9 인공지능 챗봇에의 활용

인공지능 챗봇은 인공지능 기술을 활용하여 사용자와 대화하고 응답하는 소프트웨어나 시스템을 말한다. 이 프로그램은 텍스트나 음성을 통해 사용자와 상호 작용하며 질문에 대답하고 문제를 해결한다.

챗봇은 [그림 1.59]와 같이 연중무휴로 시간의 제약 없이 고객에게 서비스를 제공하는데, 고객의 질문이나 요청사항을 온라인으로 신속하게 해결한다. 또 반복적이고 간단한 작업을 자동화하여 직원의 업무 부담을 줄이고, 고객의 요구에 맞게 맞춤 서비스를 제공하며 생산성을 높이는 장점이 있다.

[그림 1.59] 인공지능 챗봇

10 인공지능의 외국인과 음성 대화에의 활용

우리가 외국 여행 시나 국내에서 외국인과 대화할 때 언어가 달라 서로의 말을 정확하게 이해하지 못하는 경우가 많다. 이때 인공지능을 적용한 우리나라의 Naver가 개발한 'Papago'와 같은 번역 앱에서 첫 번째 '음성' 부분을 이용하면 즉석에서 영어, 일본어, 중국어, 베트남어 등 대부분 언어의 음성으로 어느 정도 대화가 가능하다.

예를 들어 [그림 1.60]과 같이 한국어로 "안녕하십니까"를 말하면 일본어에 해당하는 글이 나오면서 "오하이오 고자이마스"라고 말한다. 또 베트남어인 경우에도 같은 맥락으로 서로 대화할 수 있다. 즉 인공지능 앱을 이용하면 외국에 여행 가서도 대화 시 기본적인 소통에는 별로 애로 사항이 없을 것이다.

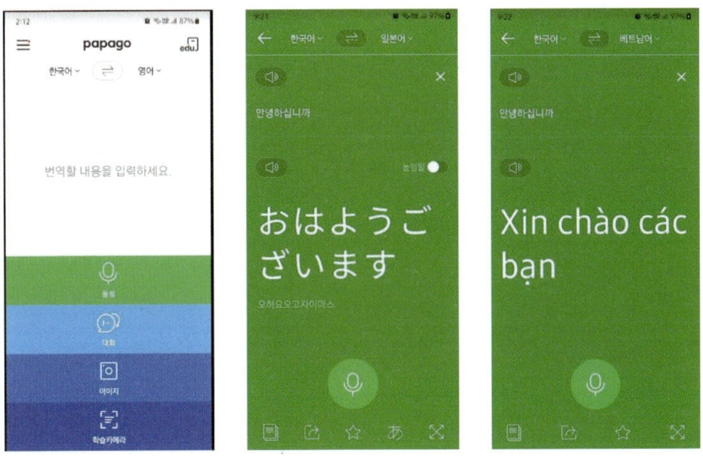

[그림 1.60] 인공지능 앱을 통한 외국인과의 음성 대화

11 인공지능의 예술 분야에서의 발전 예측

만약 인공지능이 다양한 예술 분야에서 활동하여 두각을 나타낸다면 인간 예술가의 역할은 없어질까? 당연히 그렇지 않을 것이다. 그 대신에 '컴퓨터 예술(Computer Art)'이라는 새로운 장르가 생겨날 것이다.

사실 인공지능 예술가는 주어진 알고리즘에 따라 작품을 생성할 뿐 작품에 대한 감성이나 의식이 없다. 따라서 지능이 폭발하는 시대가 되어 인공지능이 의식을 가지기 전까지는 인간만이 인공지능이 만든 그림의 아름다움을 평가할 수 있을 것이다. 미래의 예술가들은 인공지능과 신경망을 활용하여 인간이 느낄 수 있는 예술적인 작품을 만들기 위해 활동할 것이다.

[그림 1.61] 인공지능이 작곡하는 팝송

미국의 인공지능 전문가들은 2026년이 되면 인공지능이 고등학생 수준의 글쓰기가 가능해지고, 2028년 무렵에는 40위 내에 드는 [그림 1.61]과 같은 팝송 음악을 작곡할 수 있을 것으로 예상한다.

미국에서 인공지능 전문가 350명에게 창의적인 작업과 관련된 달성 가능한 연도에 대해 조사한 결과는 〈표 1.5〉와 같다.

〈표 1.5〉 인공지능의 창의적인 작업 예상

연도	달성 예상
2026년	고등학교 수준의 글쓰기
2027년	작곡가의 음악 모방 수준
2028년	40위 내에 드는 팝송 음악 작곡
2029년	창의적인 비디오 생성
2049년	뉴욕타임즈 베스트 셀러급 작품 저술

- 인공지능 역사부터 전반에 관한 좋은 미국 동영상(4시간 52분, 선별적 부분 시청도 좋음) https://www.youtube.com/watch?v=JMUxmLyrhSk

생성형 인공지능 ChatGPT의 등장

1 ChatGPT란 무엇인가?

ChatGPT는 미국의 인공지능 개발 전문업체인 OpenAI가 2022년 11월 말에 공개한 생성형 대화 전문 인공지능 챗봇(chatbot)이다. 여기서 챗봇이란 채팅이 가능한 인공지능 로봇을 말한다. [그림 1.62]의 ChatGPT가 처음 발표될 때는 'ChatGPT-3.5' 버전의 언어 기술을 기반으로 하였으며, 그 후 'ChatGPT-4' 버전이 개발되어 활용되고 있다. GPT는 'Generative Pre-trained Transformer'의 약자로서 '생성형 사전 훈련 변환'인데, 자연어 처리 분야에서 중요한 역할을 하는 대규모 언어 모델이다.

[그림 1.62] OpenAI가 개발한 ChatGPT

사용자가 대화창에 텍스트로 질의하면 ChatGPT가 응답하면서 대화가 시작된다. ChatGPT는 불과 공개 5일 만에 하루 이용자가 100만명을 돌파하며 돌풍을 일으켰는데, 논문작성, 번역, 작사, 작곡, Python 프로그램 코딩 등도 가능하며 그 영역이 점차 확대되고 있다. ChatGPT는 구글의 검색 기능과는 달리 이전의 대화 내용을 기억하고 있다가 이를 반영한 결과값을 보여주는 학습 능력이 큰 장점이다.

2 ChatGPT의 개발 단계

ChatGPT는 발표되자마자 어마어마한 파급 효과를 일으켰다. 초기에는 테슬라 회장인 일론 머스크 등이 투자에 참여하였으나, 현재는 마이크로소프트(MS)가 대규모로 투자하며 좋은 협력 관계를 맺고 있다.

ChatGPT 3.5는 무료 버전으로 시작되었는데 곧바로 월 사용자가 수 억명을 돌파했다. 2023년 3월에는 월 $20의 유료 버전인 'ChatGPT Plus'가 출시되었다. 유료 구독자는 24시간 편리하게 접속할 수 있고 ChatGPT-4의 사용이 가능하다. ChatGPT-3.5 무료 버전은 현재도 계속 지원되고 있으며, 너무 많은 사람들이 사용할 때 오류가 나는 경우도 있다. [그림 1.63]은 ChatGPT의 개요를 나타낸다.

분류	LLMs 대화형 인공지능
개발사	OpenAI
서비스	부분적 유료
출시일	2022년 11월 30일 (초기 베타) 2023년 5월 24일 (안정화 베타)
모바일	Android [1] | iOS [2] | iPadOS [3]
기반	GPT-3.5, GPT-4 [4]
사용자	2억 명 (2023년 2월 / 추정치)
구독자	100만 명 (2023년 2월 / 추정치)
링크	| (블로그) | |

[그림 1.63] ChatGPT의 개요

3 ChatGPT의 능력과 활용

ChatGPT는 에세이 작성, 시나리오 작성, 문장 요약, 시와 소설 쓰기, 그림 그리기, 작곡, 음성인식, 영상인식 등 실로 다양한 영역에 활용될 수 있으며, 점차 그 활용 영역을 넓혀 가고 있다. [그림 1.64]는 ChatGPT가 그린 그림을 나타낸다.

[그림 1.64] ChatGPT가 그린 그림

ChatGPT는 수준 높은 능력을 보여주고 있다. ChatGPT가 작성한 우수한 리포트와 에세이 대필로 미국과 한국에서 논쟁이 되었으며, 시를 쓰거나 작곡하는 솜씨도 수준급으로 여겨진다.

ChatGPT-4는 2023년 3월에 발표되었는데, 미국 모의 변호사 시험 상위 10%, 미국 수능 시험에 해당하는 SAT 독해와 수학에서 각각 상위 7%, 11% 내에 드는 수준이었다, 또 미국 의사 면허까지 통과하는 능력을 보유하였으며, 이미지를 텍스트로 인식하는 기능 등도 보강되었다.

그러나 ChatGPT는 잘못된 정보를 제공할 수 있으며, 문장이 불완전하거나, 유해하거나 편향적인 정보를 제공할 수도 있다. 또 2021년 9월 이후의 지식이 버전에 따라 제한되기도 하는 단점도 가지고 있다.

4 ChatGPT 기술의 확산과 API

ChatGPT 기술을 활용한 다양한 응용의 확산은 ChatGPT API(Application Programming Interface)를 통해 이루어진다. API라는 응용 프로그램 인터페이스는 여러 인터페이스와 함수를 모아놓아 개발자들이 쉽게 가져다 연결하여 쓸 수 있도록 만든 것인데, 이를 이용함으로써 빠른 활용이 가능하다. 따라서 머지않아 다양한 영역에서 인공지능 플랫폼이 ChatGPT API를 이용하여 만들어질 것으로 보인다.

[그림 1.65] ChatGPT API

인공지능 개발 기업들은 [그림 1.65]와 같은 ChatGPT API를 가져와 접속하기 때문에 오랜 시일이 걸리지 않고도 다양한 응용의 개발이 가능하다. 우리나라에서도 삼성, 카카오, 네이버 등 수많은 기업에서 ChatGPT API를 구입하여 각자의 응용에 맞게 적용하기 시작하였다. 카카오의 카카오톡에서는 ChatGPT를 이용한 AskUp(아숙업) 서비스를 시작하였는데, 최근에는 이미지까지 활용할 수 있게 되었다.

5 생성형 인공지능

생성형 인공지능(Generative Artificial Intelligence)은 프롬프트에 대응하여 텍스트, 이미지, 기타 미디어를 생성할 수 있는 인공지능 시스템이다. 생성형 인공지능은 입력된 트레이닝 데이터의 패턴과 구조를 학습한 다음 유사 특징이 있는 새로운 데이터를 만들어낸다.

잘 알려진 생성형 인공지능 시스템으로는 ChatGPT, Bing의 챗봇, 구글의 바드(Bard), 메타가 개발한 라마(LLaMa) 등이 있다.

그 밖의 생성형 인공지능 모델로는 [그림 1.66]과 같이 텍스트를 그림으로 변환시키는 인공지능인 스테이블 디퓨전(Stable Defusion), 미드저니(Midjourney), 달이(Dall-E) 등의 인공지능 아트(art) 시스템들이 포함된다.

스테이블 디퓨전은 제3장의 [인공지능 실습하기]에서 접속하여 안내에 따라 실습할 수 있다.

[그림 1.66] 스테이블 디퓨전과 미드저니가 각각 생성한 그림

생성형 AI는 예술, 작문, 소프트웨어 개발, 의료, 금융, 게임, 마케팅, 패션을 포함한 다양한 산업 부문에 걸쳐 응용되고 있다. 그러나 생성형 인공지능의 잠재적 오용에 대한 우려도 있는데, 예를 들어 사람을 속이기 위해 사용할 수 있는 가짜 뉴스나 딥페이크를 만드는 것을 들 수 있다.

6 여러 생성형 인공지능의 출현과 경쟁

2022년 11월말 OpenAI가 ChatGPT를 발표하여 돌풍을 일으키자 마이크로소프트(MS)는 자사 검색엔진인 'Bing'에 GPT-4를 탑재하여 선풍을 일으켰다. 이에 따라 검색계의 최강자인 구글이 비상 걸려 대항마 인공지능인 '바드(Bard)'를 발표하면서 경쟁에 뛰어들었고, 그 후 메타(Meta)가 라마2(LLaMa2)를 발표하여 생성형 인공지능에서 치열한 경쟁을 벌이고 있다.

[그림 1.67]은 주요 생성형 인공지능의 로고를 나타내고, 〈표 1.6〉은 주요 4가지 생성형 인공지능 모델의 특징을 비교한 것이다.

[그림 1.67] 주요 생성형 인공지능의 로고

〈표 1.6〉 주요 생성형 인공지능 모델의 특징 비교

	ChatGPT	Bing '챗봇'	바드(Bard)	라마(LLaMa)
개발회사	OpenAI	마이크로소프트	구글	메타
사용방식	오픈AI 홈페이지	검색창에 탑재	검색창에 탑재	대학, 기관, 연구소 등 (비영리 기관)
인공지능	GPT-3.5/ GPT-4.0(유료)	GPT-4.0	람다(LaMDA)/ PaLM2	라마2(LLaMa2)
매개변수	1,750억 개/ 5,000억 개(추정)	5,000억 개(추정)	1,350억 개/ 3,400억 개(추정)	70 ~ 650억 개 (4가지)
사용료	GPT-3.5(무료) GPT-4.0(20$/월)	무료	무료	비영리기관에서만 사용 가능(무료)

7 ChatGPT의 시 짓기와 문장 요약

다음은 꽃과 나비를 주제로 한 3줄짜리 시와, 사랑과 이별을 주제로 한 시를 요청했을 때 ChatGPT가 쓴 시이다.

> DA 꽃과 나비를 주제로 3줄짜리 시를 써주세요.
>
> 꽃들이 미소 지으며 핀 정원,
> 나비가 춤추며 유유히 날아.
> 자연의 미와 자유로움이 만나는 순간.

> DA 사랑과 이별을 주제로 시를 써주세요.
>
> 사랑은 봄의 따뜻한 햇살처럼,
> 심장을 가득 채우고 희망을 심어.
> 그러나 이별은 가을의 시린 바람처럼,
> 잎들을 떨어뜨리고 아픔을 안겨.
>
> 언젠가 우리의 이야기 마칠 때,
> 추억은 우리 마음 깊이 남을 것.
> 사랑과 이별, 삶의 두 극과 같아도,
> 우리는 그 속에서 성장하리라 믿어.

다음은 인공지능의 미래를 5문장 정도로 묻고, 그 글을 ChatGPT에게 2문장 정도로 요약하라고 요청한 결과이다.

> DA 인공지능의 미래를 5문장 정도로 말하시오.
>
> 인공지능의 미래는 더 강력하고 정교한 기술로 다양한 분야에 혁신을 가져올 것으로 전망됩니다. 인간과 인공지능의 협력이 중요해지며, 새로운 일자리와 산업 분야가 발전할 것이지만, 일자리 변화와 교육의 혁신은 주요 도전 요인입니다. 동시에 인공지능의 윤리와 규제 문제도 중요한 관심사로 부상하며, 인공지능은 의료와 생명 과학 분야에서 활용이 늘어나고 있습니다. 결국, 인공지능은 우리의 사회, 경제, 문화, 및 일상생활을 긍정적으로 형태변화시킬 것으로 기대됩니다.

DA 위의 글을 2문장 정도로 요약하시오.

인공지능의 미래는 강력한 기술 혁신과 인간-인공지능 협력으로 이루어져 있으며, 일자리, 교육, 윤리/규제, 의료 분야에서 중요한 역할을 할 것으로 예측됩니다. 이러한 발전은 사회, 경제, 및 일상생활에 긍정적인 영향을 미칠 것으로 기대됩니다.

ChatGPT의 가입과 계정 만들기, 그리고 단계별 사용법은 제4장의 [가까운 곳에서 인공지능 경험하기] 코너에서 살펴보고, [인공지능 실습하기] 코너에서는 ChatGPT의 여러 기능들을 안내에 따라 실습할 수 있다.

가까운 곳에서 인공지능 경험하기

'가까운 곳에서 인공지능 경험하기'는 실생활에서 만나는 인공지능 주제들을 경험해 볼 수 있는 예로서 각 장에 하나씩 포함되어 있다. 인공지능 TV, 꽃 이름 알아내기, 구글 어시스턴트 작동, ChatGPT 시작과 로그인, AskUp 챗봇, 인공지능 지도 앱 등 다양한 예를 통해 생활 속에서의 인공지능 능력을 활용할 수 있는 계기가 되길 바란다.

1. 인공지능 TV 셋톱박스를 이용한 음성인식 검색과 채널 찾기

케이블 TV 셋톱박스를 통해 인공지능 기술 중의 하나인 음성인식으로 채널 변경과 검색 등을 할 수 있다. 그것을 경험하고 모르는 가족들에게도 알리자.

케이블 TV 회사에 따라 인공지능 TV 셋톱박스의 기능이 각각 다르므로 각자의 집에서 실행해보자. 가령 KT의 경우에는 "지니야! BTS가 나오는 영화 찾아줘." 등의 음성인식을 통한 검색이 가능하다.

2. 인공지능 스피커 활용하기

가정에 인공지능 스피커가 있으면 이것을 잘 활용할 수 있는 기능 등을 살펴보자.

생각하고 토론하기

1. 우리 생활 주변에서 인공지능 기술이 적용된 가전제품이나 기술을 알아보자. 또 앞으로 적용될 수 있는 인공지능 기술과 기기들을 생각해보고 의견을 나누어보자.

✔ **아이디어 포인트** 인공지능 에어컨, 집안 전체 가전제품을 통제하는 인공지능 등

2. 최근 일본의 손정의 회장이 한국을 방문하여 "첫째도 인공지능, 둘째도 인공지능, 셋째도 인공지능!"이라고 강조한 의미는 무엇일까?

✔ **아이디어 포인트** 한국의 미래 산업에서 차지하는 인공지능 연구 개발의 필요성과 중요성 등

인공지능 실습하기

인공지능 실습 예제는 인공지능의 주제 중 주로 규칙기반 인공지능, 신경망, 머신러닝 등을 구현한 것으로, 텐서플로 등을 통해 인공지능의 실현을 체험할 수 있는 각 장당 1개의 실습 예제들이다. 실습 장소는 실습실에서 단체로 실습해도 되고, 각자 집에서 URL과 해설을 보고 실습해도 무방할 것이다. 이를 통해 인공지능의 능력을 감상하고 특징을 파악할 수 있는 좋은 계기가 되길 바란다.

실습 1 숫자를 인식해주는 인공지능

사람이 마우스로 적는 숫자를 인공지능이 인식하여 그 결과를 알려준다.

- https://erkaman.github.io/regl-cnn/src/demo.html

| 실행방법 | 네모 박스 안에 마우스를 대고 숫자를 적은 후 "Recognize"를 누르면 그 결과를 알려준다. 다른 숫자를 적을 경우 "Clear"를 누른 후 다시 시도한다. 상당히 애매한 경우에도 비교적 정확하게 인식함을 알 수 있다.

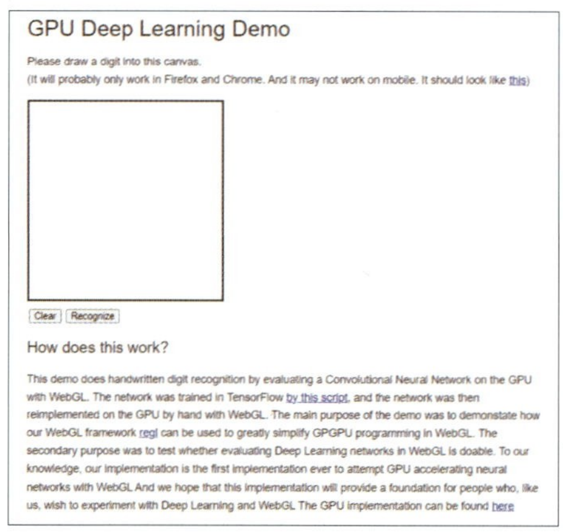

| 실행결과 | 마우스에 다양한 숫자들을 적으며 인식 여부를 확인한다.

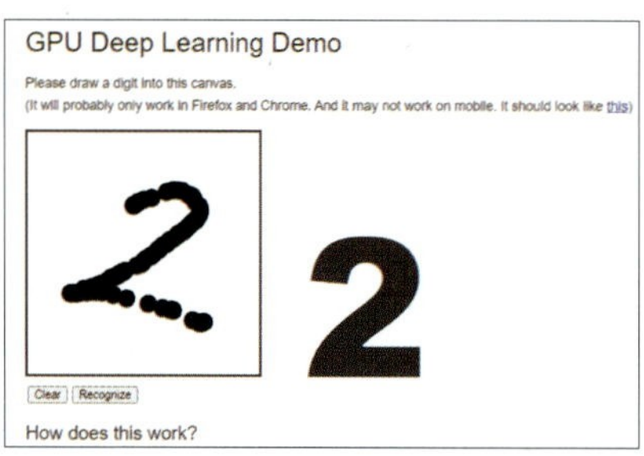

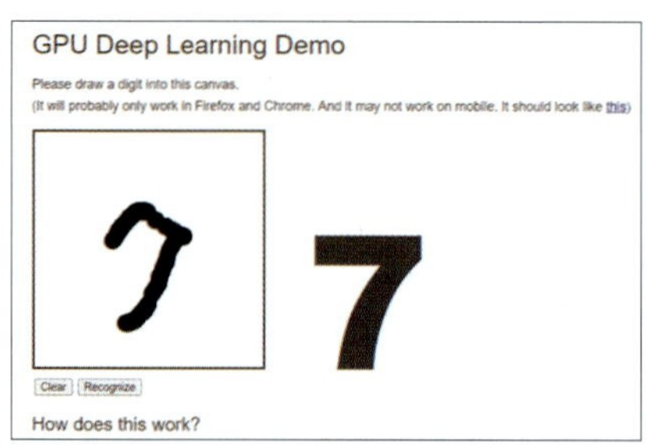

연습문제

진위 문제

1. 인공지능이란 인간의 지능 활동을 컴퓨터에 접목하는 기술로 생각할 수 있다.( )
2. 인공지능의 역사는 그리 오래되지 않았으나, 약 150년 정도의 전통을 가지고 있다.( )
3. 4차 산업혁명은 인공지능 기술과 매우 관련이 깊다.( )
4. 최근 인간 두뇌를 구현하기 위한 인공지능에 관한 연구가 진전되어, 이미 감정이나 의식을 가진 인공지능이 개발되어 있다.( )
5. 좌뇌는 음악과 문학 등의 예술적 사고나 추상적인 사고를 담당한다.( )
6. 민스키는 비교적 초기 인공지능 연구자에 속하는 인물로서 인공지능 연구에 큰 공헌을 하였다.( )
7. 인공지능 바둑 프로그램인 알파고는 인공지능의 초창기인 1970년대에 개발되었다.( )
8. 인공지능이 만드는 문장에서 가장 핵심적인 사항은 구문도 맞고, 의미가 통해야 한다.( )
9. 인공지능 소프트웨어 기자인 기자 로봇은 현재 미국에서 주식 시황이나 스포츠 기사를 실제로 작성하며 활동하고 있다.( )
10. 자율주행 자동차는 현재 상업용으로 활발하게 이용되고 있다.( )
11. 고등학생 수준의 인공지능 글쓰기는 미국에서는 이미 가능하다.( )
12. 인공지능이 그린 미술 작품 중 실제 5억 원이란 거금으로 경매로 거래되는 것도 있으며, 서명 대신에 생성 알고리즘이 적혀 있다.( )

단답식/선택식 문제

1. 그래픽카드의 핵심 칩으로 인공지능 프로그램에서 그래픽 정보 등을 빠르게 처리하는 것은?
2. 1957년 로젠블럿이 개발하여 A, B, C 등 문자를 인식할 수 있었던 시스템은?
3. 생각하는 기계에 대한 논리를 구상하고 튜링 테스트를 처음으로 제안한 사람은?
4. 인간 두뇌는 수많은 (　　)으로 이루어져 있으며, 이들의 정교한 작동을 통해 고도의 두뇌 활동이 가능하다.

5. 좌뇌는 규칙의 처리에 적합한 규칙기반의 인공지능과 연관이 많고, 우뇌는 (   )에 적합한 신경망과 관련이 많다.

6. 1957년 다트머스 대학에서의 워크샵에서 인공지능이란 용어를 처음으로 제안한 사람은 (   )이다.

7. 1997년 IBM이 개발한 체스 전용 컴퓨터는 (   )이다.

8. 인공지능 기술의 발달로 (   )가 머지않아 상용화되면 택시나 버스 운전사들의 일자리가 줄어들 수 있다.

9. 인공지능 주제와 관련이 비교적 적은 것은?

① 인간의 지능을 모델링하는 기술
② 인간 두뇌에 도전하는 기술
③ 지능적인 원리를 컴퓨터에 적용하는 기술
④ 현재 대부분의 문제 해결이 가능한 기술

10. 다음의 컴퓨터 장치 중 인간 두뇌와 관련이 가장 적은 기능은?

① 연산 기능 ② 출력 기능 ③ 제어 기능 ④ 기억 기능

11. 인공지능이 도전하여 아직은 가능성이 별로 크지 않는 분야는?

① 시 ② 소설 ③ 창의적 작품 ④ 미술

12. 다음 중 ChatGPT와 가장 관련이 있는 것은?

① 알파고보다 먼저 개발됨 ② 생성형 인공지능
③ 모두 무료로 사용 가능 ④ 구글에서 개발됨

주관식 문제

1. 인공지능이란 무엇인지 각자 나름대로 2줄 정도로 정의해 보시오.
2. 인공지능이 인간을 따라올 수 없는 인간의 능력은 어떤 것들인가?
3. 1956년에 인공지능이란 이름으로 연구가 시작된 계기는 무엇인가?
4. 인공지능에서 사용되는 소프트웨어와 하드웨어를 간단히 나타내시오.
5. 인공지능에서 학습이 필요한 이유를 말하시오.
6. ChatGPT가 활용될 수 있는 여러 가지 분야를 적으시오.

CHAPTER

02

인공지능 기술과 최근 응용 동향

AI Technology and Recent Applications Trends

Contents

단원의 주요 목표

인공지능 도우미, 기술 경쟁과 교육, 최근 다양하게 응용되는 동향 등을 고찰한다.

- 인공지능 도우미와 인공지능 소프트웨어 공개 동향을 살펴본다.
- 인공지능 시장 전망을 비롯하여 인공지능 관련 특허 사항을 알아본다.
- 치열한 인공지능 기술 경쟁과 세계 각국의 인공지능 교육 현황을 다룬다.
- 서비스 로봇 등에서 나타나는 인공지능의 생활 속의 다양한 응용을 알아본다.
- 인문학과 법률 등 타 학문 분야에서의 인공지능 응용들을 파악한다.
- 인공지능 발달에 의한 새로운 산업의 생성과 일자리 문제를 다룬다.

인공지능의 도우미와 소프트웨어 공개 동향

1 인공지능 도우미들

스마트폰이나 컴퓨터를 보다 편리하게 사용하거나 다양하게 활용할 수 있는 '전자 비서'라고도 불리는 인공지능 도우미(Assistants)들이 등장하고 있다. 이는 [그림 2.1]과 같이 인간과 전자기기 사이의 음성인식을 통한 대화를 통하여 이용자의 편의성을 제공하는 것이다.

인공지능 도우미는 사용자가 인공지능 도우미를 켜자마자 반갑게 인사하고, 사용자가 원하는 성향까지 파악하여 필요한 정보를 검색하여 알려주는 친절한 시스템이다.

주요 인공지능 도우미들은 다음과 같다.

- 구글의 '구글 어시스턴트'
- 마이크로소프트의 '코타나'
- 애플의 '시리'
- 페이스북의 '챗봇'
- 아마존의 '알렉사'
- 삼성전자의 '빅스비'

[그림 2.1] 인공지능 도우미들

① 구글의 구글 어시스턴트

'구글 어시스턴트(Google Assistant)'는 구글이 개발하여 2016년에 발표한 인공지능 비서 시스템이다. 구글 어시스턴트는 사용자의 음성을 인식하여 질문을 파악하고, 음악 재생, 예약, 일정 조회, 메시지 전송 등을 수행한다.

구글 어시스턴트는 [그림 2.2]와 같이 스마트폰 이용자를 위해 e-메일을 읽고, 이용자의 동작을 파악하며, 질문을 검색하여 그 결과를 이용자에게 알려 주며, 양방향 대화에 참여할 수 있다. 그 외에도 구글은 사물인터넷 허브인 '구글 홈' 등 인공지능을 활용한 서비스를 제공하고 있다.

[그림 2.2] 구글 어시스턴트

② 마이크로소프트의 코타나

'코타나(Cortana)'는 마이크로소프트에서 개발하여 2014년에 처음 공개한 지능형 개인 비서 소프트웨어로서, 윈도우즈 기반 PC와 모바일 등을 위해 개발되었다.

코타나는 사용자의 명령을 수행할 뿐만 아니라 실제 비서와 같이 일정을 관리하고 알림 기능도 수행한다. 코타나는 음성인식을 기반으로 마이크로소프트의 검색 엔진인 빙(Bing)에서 검색을 수행하고 이메일과 문자 등을 전송할 수 있다.

코타나는 현재 한국어를 지원하지 않으며, 음성으로 "헤이 코타나(Hey Cortana)"라고 부르면 [그림 2.3]과 같이 활성화되어 음성을 인식하여 주어진 명령을 수행한다.

[그림 2.3] 마이크로소프트의 코타나

코타나를 작동시켜 오늘의 할 일을 묻고 내일 일을 예약하는 대화는 다음과 같다.

DaesuKim: "Hey Cortana, What do I have for today?"

Cortana: "You have 2 events today" "Lunch meeting and Dinner"

DaesuKim: "Remind me to call Mom tomorrow"

Cortana: "At what time?"

DaesuKim: "1:00 P.M"

Cortana: "Ok! I'll remind you to call your Mom tomorrow 1:00 P.M"

③ 애플의 시리

'시리(Siri)'는 애플사의 인공지능 비서 역할을 하는 애플 스마트폰용 소프트웨어로서, 2011년 아이폰4S와 함께 세상에 소개된 애플의 음성인식 서비스이다.

시리는 스마트폰 사용자의 음성명령을 인식하여 실행하고 간단한 대화까지 가능하다. 가령 [그림 2.4]와 같이 음성명령으로 문자메시지를 전송하거나 조건에 맞는 식당을 검색하여 길을 안내해주는 등 개인 비서 역할을 할 수 있다.

[그림 2.4] 애플의 시리

④ 페이스북의 챗봇과 아마존의 알렉사

페이스북은 2013년에 인공지능연구소를 설립하고, 10억 명의 페이스북 이용자를 위한 인공지능 채팅 플랫폼인 '챗봇(Chatbot)'을 공개했다. 한편 아마존에서는 2014년에 '알렉사(Alexa)'라는 인공지능 플랫폼을 개발하였다. 알렉사 사용자는 아마존 에코를 이용해 알렉사와 의사소통을 할 수 있으며, 알렉사는 음악 재생과 알람 설정이 가능하고, 날씨와 교통정보 등을 제공해준다. [그림 2.5]는 페이스북의 챗봇과 아마존의 알렉사를 나타낸다.

[그림 2.5] 페이스북의 챗봇과 아마존의 알렉사

⑤ 삼성전자의 빅스비

'빅스비(Bixby)'는 2017년 3월에 공개된 삼성전자의 갤럭시S8 이후에 탑재된 인공지능 가상 비서 소프트웨어인데, [그림 2.6]의 빅스비는 음성뿐만 아니라 카메라로 이미지, 텍스트, QR 코드 등을 인식하여 유용한 정보를 주기도 한다.

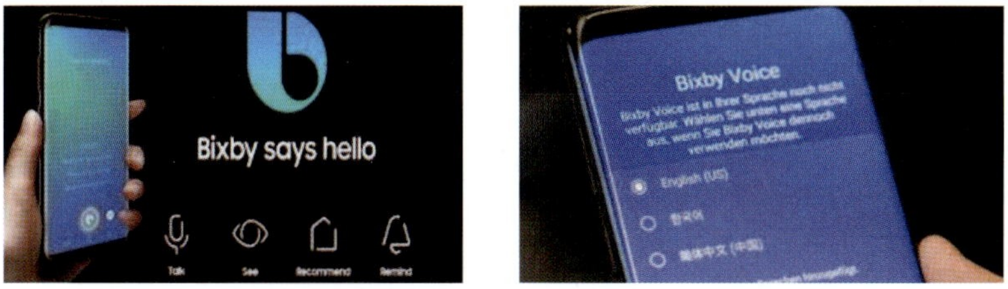

[그림 2.6] 빅스비와 빅스비의 언어 선택

2 인공지능 소프트웨어 공개 동향

세계적인 글로벌 IT 기업들이 인공지능 생태계를 만들어 선도하기 위해 인공지능용 소프트웨어를 [그림 2.7]의 오픈소스로 속속 공개하고 있다. '오픈소스(open source)'란 핵심 기술의 원천인 프로그램의 소스 코드(source code)를 누구에게나 무료로 공개하는 것이다.

[그림 2.7] 오픈소스

주요 회사들의 오픈소스 현황은 다음과 같다.

① 마이크로소프트의 코타나 오픈소스

마이크로소프트는 인공지능 코타나와 스카이프(Skype) 번역 음성인식 기술 등을 오픈소스로 공개했다.

② 구글의 텐서플로 오픈소스

구글은 텐서플로(TensorFlow)란 인공지능 소프트웨어를 오픈소스했다. 텐서플로는 언어인식, 웹 검색, 번역 등에 머신러닝과 딥러닝 기술을 활용할 수 있게 해준다.

③ 페이스북의 빅서 공개

페이스북도 인공지능 기술을 위한 오픈소스 하드웨어인 빅서(Big Sur)를 공개했다. 빅서는 [그림 2.8]과 같이 머신러닝 데이터를 학습할 때 사용되는 서버로서 데이터 처리 속도를 상당히 높일 수 있다.

[그림 2.8] 인공지능 하드웨어 빅서

④ 바이두의 WARP-CTC 공개

구글의 인공지능 분야를 이끌었던 앤드루 응(Ng) 교수를 영입한 중국의 바이두도 미국의 실리콘밸리에서 개발한 인공지능 소프트웨어를 오픈소스로 공개했다. 바이두의 인공지능 기술인 WARP-CTC는 언어인식에 머신러닝 기술을 적용한 것이다.

3 인공지능 시장 전망

최근 시장 조사분석 전문기관인 Tractica에 따르면 세계 인공지능 소프트웨어 시장은 [그림 2.9]와 같이 2018년 95억 달러에서 2025년에는 1,186억 달러로 급속한 속도로 성장할 것으로 전망된다. 이러한 인공지능 시장은 자연어 처리, 언어 번역, 로봇의 자동화, 머신러닝 등의 응용을 모두 포함한 것이다.

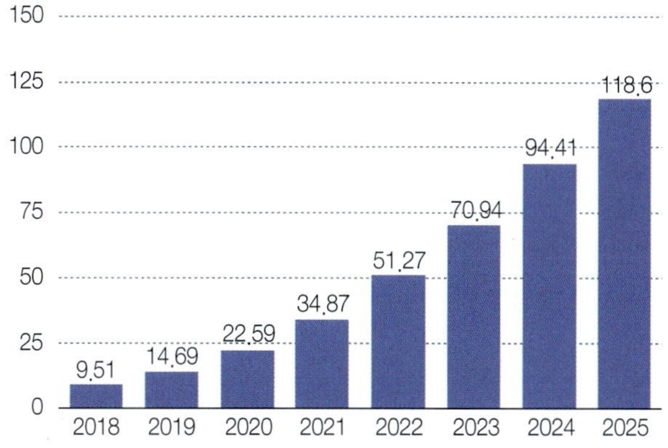

[그림 2.9] 인공지능 세계시장 전망(단위 10억 달러)

4 인공지능 관련 특허와 국가별 인공지능 역량 순위

인공지능 기술의 발전과 함께 관련 특허의 수도 급증하고 있으며, 세계적 IT 기업들이 자신이 개발한 첨단의 인공지능 기술을 보호하고 경쟁 우위를 확보하기 위해 경쟁적으로 많은 특허를 출원하고 있다. 주요 기술 분야로는 머신러닝, 신경망, 자연어 처리, 인공지능 칩, 영상인식 및 음성인식 등이다.

그중에서 마이크로소프트, IBM, 삼성전자 등은 인공지능 연구 개발에 엄청난 연구비를 투자하고 있으며, 많은 수의 인공지능 특허를 보유하고 있다. 그 외 구글, 퀄컴, 필립스, 지멘스, 소니, 인텔, 페이스북 등이 보유하고 있는 인공지능 특허도 많다. 최근에는 바이두, 알리바바, 텐센트 등 중국 기업들도 많은 특허를 취득하고 있다.

국가별 인공지능 개발 역량은 미국을 100점 기준으로 했을 때 각 나라의 인재, 인프라, 운영 환경, 연구비, 개발, 정부 전략, 상업적 벤처 등에 각각 점수를 부여하여 종합 순위를 매긴 것이다. 〈표 2.1〉에 나타난 'The Global AI Index'는 영국의 Tortois Media가 2019년부터 국가별 AI 역량을 평가해오고 있다.

한국은 캐나다와 40점 동점으로 5~6위의 순위이다. 특히 주목되는 점은 2위의 중국이 1위 미국과는 상당한 격차를 보이고 있으나 혁신과 투자 면에서는 상당히 주목받고 있다. 또 이 지표에서 일본이 10위권에 들지 못한 점도 특기할만한 일이다.

〈표 2.1〉 2023년 'The Global AI Index' 순위

순위	국가	점수	순위	국가	점수
1	미국	100	6	한국	40
2	중국	61	7	이스라엘	-
3	싱가포르	50	8	독일	-
4	영국	41	9	스위스	-
5	캐나다	40	10	핀란드	-

인공지능 기술 경쟁과 인공지능 교육

1 인공지능 기술의 치열한 경쟁

인공지능 기술 개발의 국가 간 경쟁이 매우 치열하다. 현재 미국, 중국, 일본, 프랑스, 독일 등 주요 국가 정상들이 일제히 전면에 나서 인공지능 정책을 진두지휘하고 있다. 핵심 인공지능 기술에서 밀리면 첨단 산업 분야뿐만 아니라 국가의 안보까지 위협받을 수 있다는 위기에 대한 절박함 때문일 것이다.

미국의 트럼프 대통령은 미국이 중국을 비롯한 다른 국가들의 야심 찬 인공지능 기술 개발 추진에 뒤질 수 있다는 보고를 받고, [그림 2.10]과 같이 중국 등과의 인공지능 전쟁에서 미국의 주도권 유지를 위한 행정명령에 서명했다. 그 후 국가적 차원에서 서둘러 인공지능 전략을 수립하고 있으며, 인공지능 기술의 국외 유출을 방지하기 위한 여러 가지 조치를 하고 있다. 그 뒤를 이은 바이든 대통령도 중국에의 기술 유출에 강경하게 대처하고 있다.

[그림 2.10] 미국과 중국의 인공지능 전쟁

중국은 국가 차원에서 '차세대 인공지능 발전 계획'을 추진한 결과 2025년에는 미국의 인공지능 수준을 넘어설 꿈을 가지고 있었다. 특히 시진핑 국가주석이 인공지능 기술 개발을 주도적으로 이끌고 있으며, 엄청난 금액의 인공지능 연구개발비와 보조금을 쏟아붓고 있다. 그러나 미국의 견제 중 특히 첨단 반도체 개발 장비와 인공지능 반도체의 중국 수출 규제로 목표 달성에 큰 어려움을 겪고 있다.

미국과 중국의 패권 다툼의 틈새에서 프랑스, 독일, 일본 등도 인공지능 개발에 국가적 차원에서 대응하고 있다. 프랑스의 마크롱 대통령은 프랑스를 전 세계 인공지능의 중심국가로 만들겠다는 목표 아래 삼성전자가 파리에 연구소를 설립하도록 유치했으며, 파리 외곽의 기차역을 개조하여 스타트업(start-up) 기업을 지원하는 'Station F'를 오픈하여 지원하고 있다. 독일은 제조업에 인공지능을 접목한 '인더스트리 4.0'으로 승부를 걸고 있다.

2 일본의 인공지능 교육

최근 일본 정부도 인공지능 혁명에 나섰다. 일본은 [그림 2.11]과 같이 인공지능 인재 육성 전략을 발표하였다.

일본 정부의 인공지능 인재 육성 전략

- 전국의 고등학생과 대학생들에게 인공지능 기초 교육 실시
- 연간 25만 명의 인공지능 전문 인력 양성
- 대학에 사회인 인공지능 전문 과정 설치

[그림 2.11] 일본의 인공지능 인재 육성 전략

일본 정부는 <표 2.2>와 같이 초등 과정부터 평생교육에 이르기까지 피라미드식으로 인공지능 인재를 육성하기로 했다. 2020년부터 초등학생에게 인공지능 교육을 의무적으로 시작하고, 문과나 이과를 가리지 않고 대학교 신입생 60만 명 모두에게 인공지능 기초 교육을 하기로 했다.

<표 2.2> 일본 교육개혁 주요 정책

구분	초중교육	고등교육	대학교육	평생교육
교육 형태	기초정보 능력	수리와 데이터 교육	인공지능과 데이터 사이언스	인공지능 기술 습득
목표 인원	연 100만 명	연 100만 명	연 50만 명	연 전문가 2천 명
인공지능 관련	인공지능 기초 개념	인공지능 기초 실습	인공지능 복수 전공	인공지능 직업 훈련

또 머신러닝과 딥러닝에 대한 알고리즘의 이해 등 전문 지식을 집중적으로 가르쳐 연간 25만 명의 인공지능 전문 인력 양성에 나섰다. 이를 통해 빅데이터, 로봇 등 인공지능을 기반으로 한 4차 산업혁명을 이끌어갈 전문 인력을 육성할 예정이다. 또 경제학, 경영학, 인문학 등 다양한 분야에서 인공지능이나 데이터와 관련된 교육도 실시하기로 하였다.

3 북한의 인공지능 교육과 연구

북한에서도 최근 들어 인공지능에 관한 관심이 커지고 있는 것으로 알려졌다. 인공지능 교육과 연구가 인공지능연구소를 비롯하여 김책공대 등 북한 주요 대학에서 중점적으로 이루어지고 있는데, [그림 2.12]는 북한의 인공지능 기술 전시를 나타낸다.

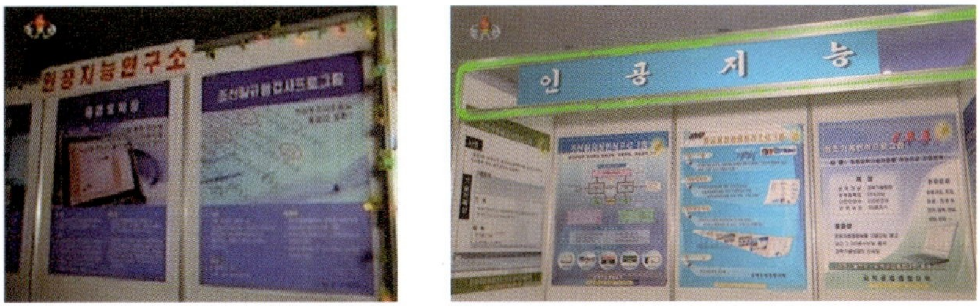

[그림 2.12] 북한의 인공지능 기술 전시

초기에는 인공지능 바둑 프로그램이 개발되었으며, 최근에는 인공지능 기술이 응용된 여러 가지 인식 프로그램이 개발되고 있다. 주요 개발 분야로는 음성인식, 문자인식. 얼굴인식, 동시통역기, 인공지능 스피커 등인데, [그림 2.13]은 북한의 음성인식과 얼굴인식을 나타낸다. 북한은 2019년 9월 지문 및 얼굴인식 기능이 있는 스마트폰 '길동무'를 출시했다고 발표했다.

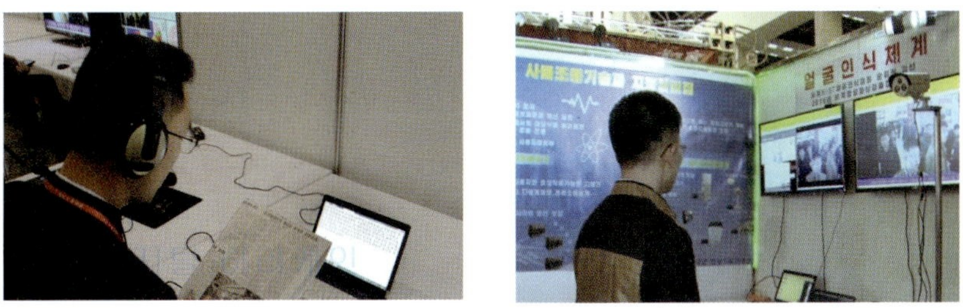

[그림 2.13] 북한의 음성인식과 얼굴인식

4 중국의 인공지능 교육

중국은 국가 차원에서 인공지능 분야의 연구 개발을 주도하여 막대한 자금을 투입하며 세계 최강의 인공지능 국가가 되기 위해 노력하고 있다.

중국은 2025년까지 인공지능 기술 혁신을 이루어 혁신 산업 발전의 주요 원동력이 되기 위한 목표를 가지고 있으며, 2030년에는 중국이 인공지능 이론과 응용 면에서 세계 최고의 국가로 우뚝 설 목표를 가지고 있다.

이처럼 인공지능 기술에서 세계 선두를 꿈꾸는 중국에서는 인공지능 교육에 대한 열풍이 뜨겁다. 2018년에 중고등학교용 '인공지능 기초'란 교과서가 세계 최초로 발간되어 많은 고교에서 인공지능 수업이 진행되고 있다고 한다.

[그림 2.14]의 인공지능 교과서에는 앨런 튜링, 민스키를 비롯한 인공지능의 역사가 자세하게 소개되어 있으며, 음성인식, 영상인식, 신경망과 딥러닝을 통한 분류와 클러스터링, 알파고 등이 170페이지에 걸쳐 소개된 것을 보고 잠시 놀란 적이 있다.

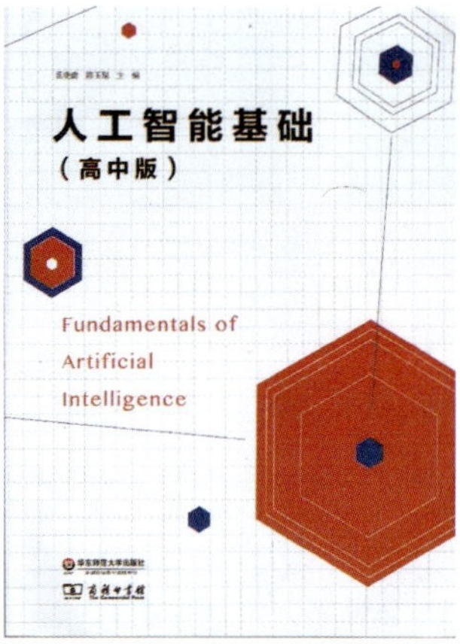

[그림 2.14] 중국의 인공지능 교과서

중국은 인공지능 분야에서 미국을 제치고 세계 선두로 올라서겠다는 야망 아래 2019년도에 난징대학 등 35개 대학에 '인공지능학과'를 신설하고 인공지능 관련 학과들을 대거 신설할 수 있도록 허용했다. 101개의 '로봇공정학과', 203개의 '데이터 과학과 빅데이터 기술', 25개의 '빅데이터 학과'를 만들었다.

5 미국 MIT의 인공지능대학 설립

세계적으로 유명한 미국의 MIT 대학에서 10억 달러(1조 2천억 원)란 거금을 들여 50명의 교수진으로 구성된 '인공지능대학' 설립을 발표했다. 2020년 가을에 개강하며 추후 새 건물을 지어 옮길 예정이라 한다.

이는 [그림 2.15]의 MIT가 인공지능 시대에 대응하는 새로운 인재양성 계획을 실천에 옮기는 것이다. 이에 필요한 자금은 모금형식으로 충당하며 이미 상당한 금액이 모금되었다고 하니 상당히 부러운 마음이다.

[그림 2.15] MIT 전경

MIT는 인공지능, 머신러닝 및 데이터 과학을 생물학, 화학, 정치, 역사, 언어학 등 다른 학문 분야와 연계하여 연구를 수행할 예정이다.

6 한국의 인공지능 교육

선진국들이 인공지능 교육에 큰 관심을 보이며 국가적 차원에서 적극적인 인공지능 교육 방안을 마련하고 있는데 비해, 우리나라의 인공지능 교육은 아직도 가시적인 대응은 본격적으로 나타나지 않고 있다.

몇 년 전 정부의 지원을 받는 '인공지능 대학원' 설립 공모사업에 많은 대학교가 지원했으나 1차에 5개 대학에만 인공지능 대학원 인가가 났으며, 학년당 인원도 모두 합해 100여 명 정도다. 그 후 추가로 몇몇 대학원이 인가되었고, 기존의 인공지능 관련 대학원이 여럿 있기는 하지만 충분하지 못하다.

인공지능 관련해서는 몇몇 대학이 인공지능이나 데이터 사이언스를 교양과목으로 선정하고 있는 정도이다. 그러나 앞으로는 많은 대학에서 인공지능 교양과목이 개설되는 추세이다. 우리나라도 일본이나 중국처럼 인공지능 교육을 대학뿐만 아니라 고등학교 아래에까지 확산시켜야 할 필요성이 매우 크며 당국의 적극적인 계획과 실천이 절실한 때이다.

최근에야 정부는 인공지능 육성에 적극적으로 나서며 인공지능을 국가적 정책으로 확정했다고 한다. 조만간 전 산업과 사회에서 인공지능을 활용하고 이를 위한 인재양성 그리고 윤리 등 미래 이슈에 대한 대처방안을 포함한 종합전략인 'AI 국가전략'을 마련하였다.

주요 목표로는 인공지능 경쟁력 혁신, 인공지능 활용 전면화, 인공지능과 조화 및 공존, 인공지능 반도체 분야 육성 등이다. 인공지능과 데이터 활용 분야에서의 육성책은 〈표 2.3〉과 같으며, 인공지능 연구개발을 위한 정부의 보다 과감한 지원이 기대된다.

〈표 2.3〉 우리나라 인공지능 관련 육성책

〈데이터와 AI〉	
데이터 가치사슬 활성화	• 지능형 사회보장 정보시스템, 문화 · 통계 큐레이팅, 민원용 챗봇 · 국민비서 등 공공서비스 접목 • 공공데이터 개방 확대 및 품질개선
AI 생태계 조성	• 산학연 연계, 도전 · 경쟁형 AI R&D 확대, 포스트 딥러닝의 원천기술 확보를 위한 R&D • AI 고급 · 실무인재 확충을 위한 AI 대학원 확대 • AI 바우처 도입, AI · 빅데이터 기반 신제품 · 서비스 개발 지원
데이터 · AI 융복합 · 활용 촉진	• 인공지능 중심 융복합단지 조성 • 클라우드 기반 AI 로봇 기술개발, 지능형 로봇 보급확산, 설계 자동화 등 스마트 건설

7 미래 교육과 인공지능

과거 대량 생산의 시절에는 학교에서 배운 일반적인 지식을 활용하여 일반 직장에 무난히 취업하고 오랫동안 무난하게 일할 수 있었다. 그러나 최근 인공지능 시대가 도래함에 따라 인공지능과 관련된 스마트한 지식이 필요해졌고, 문제 해결을 위한 새로운 사고 방법이나 프로그래밍과 관련된 코딩 지식도 필요하게 되었다.

인공지능 시대의 새로운 교육 트렌드로는 첫째, 시간과 장소에 구애받지 않는 온라인 교육이다. 둘째, 유튜브, 블로그, 트위터, 검색 엔진을 통한 지식 습득의 다양화이다. 셋째, 영상통화, 이메일, 쌍방향 커뮤니케이션을 통한 소통이다.

[그림 2.16] 구글 Meet와 구글 Zoom

코로나-19로 인해 교육에도 [그림 2.16]의 구글의 미트(Meet)나 줌(Zoom)을 이용한 비대면 영상교육이 많이 활용되었다. 이러한 추세의 온라인 소통과 영상교육은 앞으로의 인공지능 시대에도 꾸준히 활용될 전망이다.

1 인공지능의 광고에서의 활용

요즘에는 인터넷으로 신문 기사를 읽는 중간에 그 사람이 과거에 여러 번 검색하며 관심을 가졌던 주제와 관련된 중간 광고가 나타난다. [그림 2.17]의 경우에는 인공지능과 딥러닝에 관한 중간 광고가 화면상에 뜨는 경우이다.

[그림 2.17] 신문을 보는 중의 중간 광고

유튜브(YouTube)에서도 인공지능이 사용자가 평소에 자주 찾는 프로그램의 경향을 분석하여, 그 사람이 편하게 관련 동영상을 다시 볼 수 있게 한다. [그림 2.18]과 같이 저자는 강주미씨의 바이올린 연주를 자주 듣다 보니 유튜브를 켜면 그런 프로그램들이 화면의 오른쪽에 나타나는데, 이와 같은 방법은 인공지능 동영상 추천 시스템이라 할 수 있다.

[그림 2.18] 유튜브의 동영상 추천 시스템

이와 같은 중간 광고, 도서 검색 경험, 유튜브의 동영상 추천 기능 등은 제8장 머신러닝에 나오는 추천 시스템과 관련이 많다.

2 인공지능의 사물인식

인공지능 기술 중 신경망과 딥러닝 기술의 발전은 얼굴인식과 사물인식 기술에 이르기까지 다양한 분야에서 점차 실용화 단계에 들어서고 있다.

최근 중국의 베이징대에서는 인공지능 신입생 등록 시스템을 도입하여 신입생들이 [그림 2.19]와 같은 얼굴인식기와 신분증 인증 시스템을 통해 간편하게 등록할 수 있도록 했다고 한다.

[그림 2.19] 얼굴인식기

한편 중국의 칭화대 실험실에서 창업한 어느 벤처기업은 [그림 2.20]과 같이 사물인식 중 특히 얼굴인식에서 매우 높은 정확도를 보인다고 한다. 이를 바탕으로 중국의 대형 마트 등에서는 얼굴인식으로 결제한다고 한다.

[그림 2.20] 사물인식과 얼굴인식기

3 인공지능 로봇 심판의 출현

어떤 스포츠 경기에서나 심판의 공정성 시비가 끊이지 않는다. 따라서 인공지능 기술을 가진 '로봇 심판'이 등장하고 있다. 최근 [그림 2.21]의 미국의 독립리그인 애틀랜틱 리그 올스타전에서 로봇 심판이 처음으로 등장하였다. 로봇 심판이 레이더 방식으로 공의 움직임을 추적하여 스트라이크나 볼을 판정하고, 이 정보를 이어폰으로 전달받은 주심이 판정을 선언하는 방식이다.

[그림 2.21] 로봇 심판이 심판을 본 첫 야구경기

그 결과 오심이 사라지고 볼의 판정 시비가 일어나지 않아 선수나 감독의 불만이 줄어드는 장점이 있다. 그러나 전통적으로 이어온 심판 판정이 사라져서 허전하다는 단점도 있다. 앞으로 실제 인공지능 로봇이 심판을 전적으로 담당한다면 심판의 자리는 영영 없어질 것인가?

4 인공지능 가사도우미

인공지능 기술의 이용은 우리의 가사에도 많은 변화를 가져오고 있다. [그림 2.22]와 같이 둥그렇게 생긴 인공지능 청소기가 집안을 돌아다니며 먼지나 작은 알맹이들을 흡입하며 청소하는 것이다.

특히 요즘에는 스마트폰을 이용한 원격조정도 가능하므로 가사 노동에 드는 시간이 줄어들고, 따라서 가정에서 여가를 즐길 시간이 늘어나는 추세이다.

[그림 2.22] 인공지능 청소기

[그림 2.23]은 KIST에서 개발한 휴머노이드 가사도우미 로봇인 '마루 Z'인데 자율보행 능력을 갖추고 있으며, 물건을 정확하게 집어 이동시킬 수도 있다.

[그림 2.23] 가사도우미 로봇 '마루 Z'

5 인공지능 서비스 로봇

인공지능 로봇은 서비스업에도 활용되고 있다. 독일의 맥주 바에서 종업원이 주문을 받으면 로봇이 [그림 2.24]와 같이 맥주를 잔에다 채워서 종업원에게 전달한다. 바텐더 로봇(Robot bartender)은 맥주병과 맥주잔의 기울기가 자동으로 조절되어 맥주가 넘치지 않도록 정교하게 설계되어 있다. 또 바텐더 로봇은 섬세하게 커피를 따르기도 한다.

[그림 2.24] 맥주와 커피를 따르는 바텐더 로봇

인공지능 서비스 로봇은 식당에도 활용되고 있다. [그림 2.25]는 식당에서 음식을 날라다 주는 인공지능 서비스 로봇이다.

[그림 2.25] 식당에서의 서비스 로봇

이와 같은 서비스 로봇은 특히 유럽이나 일본에서 점차 증가하고 있으며, 인간의 서비스 영역이라 여겨졌던 직업들도 인공지능 로봇이 그 역할을 담당하기 시작하고 있다.

6 우리나라의 로봇 카페

우리나라에 로봇이 케이크 위에 그림을 그려주고 커피를 추출하는 '로봇 카페'가 오픈했다. 최근 서울 성수동에 4대의 로봇과 인간이 공존하는 이국적인 공간인 '카페 봇(cafe.bot)'이 문을 연 것이다.

이 카페의 '디저트 봇'은 [그림 2.26]과 같이 케이크 위에 그림과 글을 새겨 넣는다. 물론 사전에 입력된 데이터에 따라 움직인다. 고객은 케이크 종류를 먼저 고르고 카운터 앞에서 원하는 그림의 스티커를 직원에게 건넨 후, 로봇이 직접 케이크 위에 그림 그리는 모습을 감상할 수 있다.

[그림 2.26] 케이크에 그림을 그리는 로봇

또 이 카페의 '바리스타 봇'은 [그림 2.27]과 같이 5분 동안에 3잔의 커피를 추출할 수 있다.

[그림 2.27] 커피를 추출하는 로봇

7 인공지능 스피커

인공지능 스피커는 인공지능 알고리즘을 이용하여 사용자와 음성으로 의사소통을 할 수 있는 스피커 장치이다. 따라서 인공지능 스피커를 이용하면 음성인식을 통해 집안의 기기를 목소리만으로 간편하게 제어할 수 있다.

음악 감상이나 라디오 청취에 활용되던 초기의 스피커가 음성인식 기술과 만나 발전하여, [그림 2.28]과 같이 음성으로 간편하게 노래를 재생하거나 통신망에 연결된 가전기기를 제어할 수 있는 인공지능 스피커로 진화하였다.

[그림 2.28] 인공지능 스피커

구글 '홈 허브'의 경우에는 [그림 2.29]와 같이 7인치 디스플레이를 화면을 장착하여 날씨와 뉴스, 일정, 지도 등의 기능을 사용할 수 있는 것이 특징인데, 그 후 홈 허브보다 더 큰 10인치 디스플레이를 장착한 '구글 네스트 허브 맥스'를 공개했다.

[그림 2.29] 인공지능 스피커 구글 '홈 허브'

SK텔레콤은 [그림 2.30]과 같이 7인치 디스플레이를 탑재한 인공지능 스피커 '누구(NUGU) 네모'를 출시했다. 누구 네모는 음성 기반 인공지능 스피커보다 정확하게 정보를 전달하고 표현할 수 있다.

[그림 2.30] 인공지능 스피커 '누구 네모'

인공지능의 타 학문 분야에의 응용

1 인문학과 인공지능

인공지능 열풍은 컴퓨터를 포함한 관련 분야뿐만 아니라 우리의 일상생활에도 큰 변화를 불러일으키고 있다. 미술을 비롯하여 음악, 문학, 철학, 경제, 법 등의 영역에 많은 영향을 미치고 있으며, 인문학도 예외가 아니다.

인문학(humanities, 人文學)이란 인간의 사상 및 문화를 연구하고 탐구하는 학문 영역으로서, 문학, 역사학, 언어학, 철학, 종교학, 신학, 고고학, 예술학, 공연예술학, 미술사학 등의 분야들로, 인간을 내용으로 하는 학문을 포함한다.

인문학은 자연과학과 사회과학이 경험적인 접근 방법을 주로 사용하는 것과는 달리, 분석적이고 비판적인 방법을 폭넓게 사용한다. 따라서 인문학을 통해 사고의 깊이와 통찰력 향상을 기대할 수 있을 것이다.

이러한 통찰력을 바탕으로 인문학도들은 인공지능에 대해 빠르게 이해할 수 있을 것이며, 반대로 인공지능적인 사고를 익힘으로써 인문학에 대한 이해가 더욱 깊어질 수 있을 것이다.

최근 미국 스탠퍼드 대학에서는 인간 중심의 인공지능 기술 및 응용 프로그램을 연구개발하기 위해 [그림 2.31]의 인간중심 인공지능연구소(Human-Centered AI Institute, HAI)를 설립했다고 한다. HAI에서는 인공지능 개발자와 더불어 인문학자와 사회과학자가 협업하여 인류 발전을 위한 연구를 진행한다.

[그림 2.31] 인간중심 인공지능연구소

이것은 인공지능이 인문사회학과 더불어 발전할 수 있는 학제 간의 연구 수행에 참여한다는 데 큰 의의가 있다. 인문학과 함께 하는 인공지능 연구를 통해 인간의 사고를 더욱 다양하고 폭넓게 할 수 있는 계기가 될 것으로 생각된다.

2 법률과 인공지능

인공지능에 기반한 법률 서비스 시대가 도래하고 있다. 세계 법률 시장에 법과 기술이 결합한 이른바 '리걸테크(LegalTech)' 바람이 세차게 불고 있다. 리걸테크는 법률(legal)과 기술(technology)의 합성어다. 즉 기술을 활용하여 법적 문제 해결을 돕는 서비스인데, 여기서 말하는 기술은 다름 아닌 인공지능에 기반한 기술이다.

사실 법률은 일반인들이 쉽게 접하지 못하는 전문 영역이어서 용어부터 매우 어렵고 절차도 매우 까다로운 편이다. 따라서 많은 사람들이 [그림 2.32]와 같은 인공지능이 법률전문가인 변호사를 대체할 가능성에 대해 궁금증을 가지고 있다.

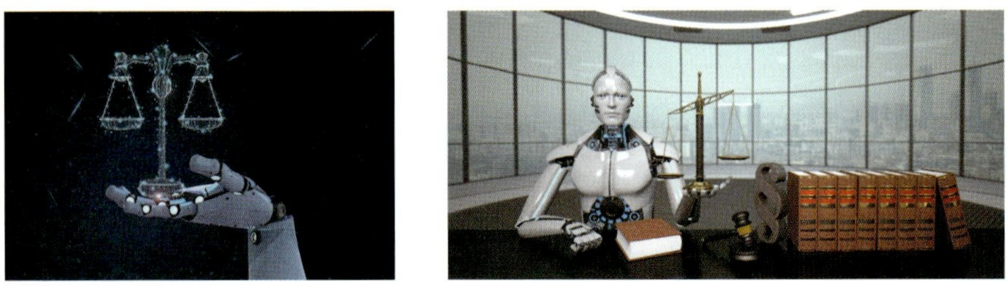

[그림 2.32] 인공지능과 법률

미국의 온라인 법률자문 서비스 회사 중 선두를 달리는 '리걸줌'은 가입자가 수백만 명이 넘는다고 한다. 또 미국의 '로스'라는 인공지능 변호사는 IBM의 인공지능 컴퓨터인 '왓슨'의 지식을 기반으로 판례에 관한 정보를 제공하며, 자연어로 고객과 대화하며 간단한 기초적인 법률 서비스를 제공하고 있다.

[그림 2.33] 알파로 경진대회

우리나라에서는 2019년 8월에 개최된 [그림 2.33]의 '제1회 알파로(Alpha Law) 경진대회'에서 인공지능 변호사와 인간 변호사들이 팀을 이루어 법률자문 대결을 벌였다. 그 결과 12개 팀 중 인공지능과 짝을 이룬 3개 팀이 1~3등을 모두 차지해, 변호사들로만 구성된 9개 팀을 눌렀다고 한다. 심지어 변호사 자격이 없는 참가자가 인공지능과 팀을 이루어 법률자문 대결에서 변호사팀을 이긴 것이다.

최근 우리나라에도 자연어 검색이 가능한 변호사용 인공지능 챗봇이 등장했으며, 인공지능과 접목된 리걸테크 바람이 불어오고 있다. 상당수의 판사와 변호사들이 인공지능의 도움을 받아 판결하고 변론하는 시대가 되었다.

3 의학과 인공지능

최근 들어 인공지능의 의학 분야에서의 활용도 늘어나고 있다. IBM의 인공지능 컴퓨터인 '왓슨'은 의료 분야에서도 놀라운 성과를 거두고 있다. 왓슨은 암 환자의 데이터와 각종 의료 데이터를 이용하여 암 발견과 최적의 암 환자 치료를 수행하는 시스템으로 발전하고 있다. [그림 2.34]는 인공지능 로봇을 이용하여 수술하는 장면이다.

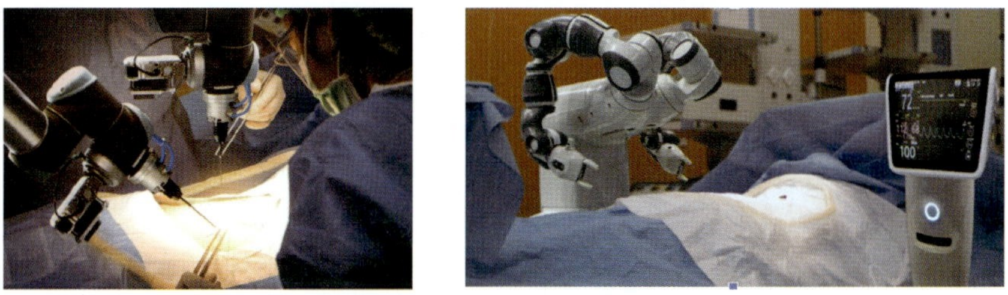

[그림 2.34] 인공지능 로봇에 의한 수술

우리나라의 인공지능 영상진단 기업인 Lunit에서는 [그림 2.35]와 같은 X-ray 영상을 진단하는 인공지능 시스템과 MRI 영상의 인공지능적인 분석 시스템을 개발한 바 있다.

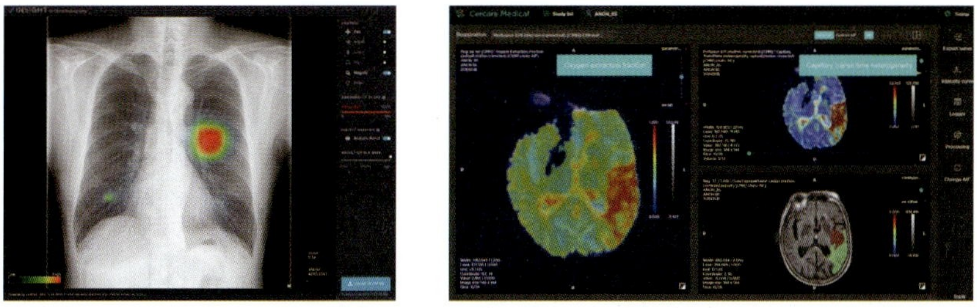

[그림 2.35] 인공지능 영상진단 시스템들

미국에서는 이미 인공지능 의사의 명성이 여러 진료 부문에서 상당히 높은데, 수많은 논문과 관련 데이터를 종합한 인공지능 암 진단 등에서 매우 정확한 진단을 하는 경우가 많기 때문일 것이다. 인공지능 기술은 이미 의학 분야에도 많이 도입되어 상당한 영향을 미치기 시작했다.

4 로봇공학과 인공지능

인공지능은 '로보틱스(robotics)'라고도 부르는 지능형 로봇공학과도 밀접하게 관련되어 있다. 즉 인간 수준에 도달하려고 노력하는 인조인간을 만드는데 인공지능 기술이 꼭 필요한 것이다.

최근 인간과 비슷한 모습을 갖추고 인간과 교감을 할 수 있는 '휴머노이드(humanoid)'인 '소피아(Sophia)'라는 지능형 로봇이 제작되었다. [그림 2.36]의 소피아는 사람 피부와 유사한 질감의 소재와 인공지능 알고리즘을 활용하여 60여 개 감정을 표현하며 사람과 대화할 수 있다.

[그림 2.36] 지능형 휴머노이드 '소피아'

로봇과 인간의 관계는 로봇이 인간 명령체계에 순응하는 지금까지의 수직적 관계에서 점차 로봇과 인간과의 공존 및 협조의 관계로 진전될 것이다. 이러한 관계의 진전은 인간과 컴퓨터의 대화 기술이 발전함에 따라 상당한 진전을 보일 것이다.

5 간호 의료와 인공지능

지능형 로봇은 머지않아 우리의 일상생활 안으로 성큼 다가설 것이다. 특히 조만간 사물인터넷의 발달로 네트워크가 원활하게 연결되면 지능형 로봇의 응용은 대폭 확대될 것이다.

예를 들면 집에 도둑이 침입했거나 가스 누출 사고가 발생했을 때 주인의 스마트폰이나 119로 전화를 걸어 줄 수 있다. 또 상냥하게 대화하며 외로운 사람에게 친구가 되어 줄 수도 있으며, [그림 2.37]과 같이 병원에 입원해 있는 환자의 얼굴과 음성을 인식하고 자세 이동까지 도와줄 수 있다.

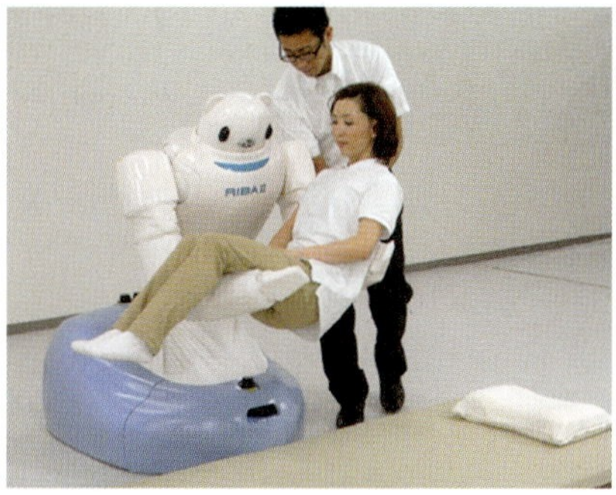

[그림 2.37] 로봇 간호사

최근에는 우리나라에서 [그림 2.38]과 같이 원격회의와 치매 관리를 할 수 있는 지능형 간호 로봇인 '실벗 3(SILBOT 3)'이 개발되었다.

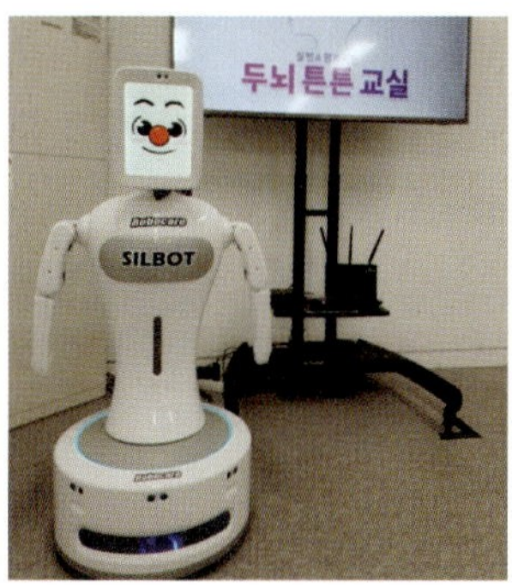

[그림 2.38] 지능형 간호 로봇

6 비즈니스와 인공지능

인공지능은 [그림 2.39]와 같이 다양한 비즈니스에도 상당한 영향을 미치고 있는데, 비즈니스 분야에서의 인공지능에 관한 관심과 기대감이 커지고 있다. 특히 원활한 경영을 위해 인공지능을 활용하는 경우가 늘어나고 있다.

최근 들어 인공지능을 통해 급격하게 변화하는 국제유가의 변동성을 예측하거나, 빅데이터에 의한 소비자 패턴 분석을 통한 신상품의 개발과 출고 조절 등은 기업의 경쟁력을 높이는데 상당히 기여하고 있다.

[그림 2.39] 비즈니스에 활용되는 인공지능

인공지능은 [그림 2.40]처럼 주식 시장에서도 두각을 나타내고 있다. 과거의 패턴을 살펴보고, 매출액과 순이익 증감, 그리고 미래의 가능성을 종합적으로 분석하여 어떤 주식을 사는 것이 유리한 지를 알려주는 인공지능 분석가로서 활약하고 있다.

[그림 2.40] 인공지능에 의한 주식 분석

7 농업과 인공지능

최근 들어 인공지능의 농업 분야에서의 활용도 늘어나고 있다. 그중에서 인공지능 기술을 적용한 농업용 로봇과 스마트 농업 기술의 활용을 예로 들 수 있다. 인공지능 로봇은 [그림 2.41]과 같이 물이나 영양제를 뿌리고 과일을 수확하는 일에도 활용되고 있다.

[그림 2.41] 인공지능 로봇과 농업

또 [그림 2.42]와 같이 축산에 있어서 사료를 공급하는 역할도 하고 있다.

[그림 2.42] 축산에 활용되는 인공지능

스마트팜(smart farm)이란 비닐하우스 등에 인공지능과 사물인터넷을 적용하여 스마트폰이나 컴퓨터를 통해 원격으로 생육환경을 적절하게 유지하고 관리할 수 있는 농장을 말한다. 이를 위해 [그림 2.43]과 같이 사물인터넷을 이용하여 온도, 습도, 일사량 등의 생육환경 정보를 자동으로 수집하고, 인공지능 소프트웨어를 통해 수분 공급, 온도 조절, 창문 개방 등을 관리하게 된다.

[그림 2.43] 스마트팜

8 방역과 인공지능

인공지능은 DNA 구조 확인과 분석을 통해 여러 가지 질병에 대한 백신(vaccine)을 개발하는 데에도 기여하고 있다. 특히 2020년부터 몇 년 동안 큰 사회적 파문을 일으킨 코로나(COVID-19) 전염병의 백신과 치료제 개발에도 매우 중요한 역할을 담당했다.

[그림 2.44] 인공지능을 이용한 백신 개발과 코로나 방역 로봇

[그림 2.44]의 오른쪽은 SK텔레콤 등이 개발한 코로나-19 방역 로봇인데 인공지능 기술을 적용하여 5세대(5G) 네트워크를 이용해 서버와 실시간으로 데이터를 주고받으며 체온 검사, 방역, 자율주행 등 다양한 역할을 수행하였다.

인공지능과 일자리 문제

1 인공지능의 발달로 인한 일자리 감소

최근의 OECD 보고서에 의하면 앞으로 20년 이내에 로봇, 자동화, 인공지능 기술의 영향으로 현재보다 약 14% 정도의 일자리가 감소할 것으로 전망했다. 따라서 많은 기존 직업들이 사라질 것이며, [그림 2.45]와 같이 일자리를 찾아 줄을 서는 경우가 흔할 것이다.

[그림 2.45] 일자리 찾아 줄서기

영국의 옥스퍼드대학 연구팀은 '앞으로 20년 이내에 로봇이 대체할 일자리를 연구한 결과 인공지능의 발달로 20년 이내에 현재의 직업 중 47%가 사라질 것'으로 전망했다. 또 세계경제포럼은 인공지능이 2022년까지 1억 3,300만 개의 새로운 일자리를 만들고, 7,500만 개의 기존 일자리를 대신할 것으로 예측했다.

앞으로 공장의 단순 조립 생산직원이나 지게차 업무에 종사하는 일자리는 로봇에 의한 자동화 시스템으로 대체되어 일자리가 급감할 것이다. 특히 전화로 영업하는 텔레마케터, 각종 운동경기의 심판, 배달업무를 하는 물류 직원 등은 99% 대체될 수 있다고 한다. 그 외에 전화 교환원, 교통 감시원, 주차요원 등의 직업도 사라질 가능성이 매우 크다고 한다.

[그림 2.46]은 산업체에서 컨베이어 벨트의 상자를 자동으로 옮기는 운반 로봇인데 인간을 대신하기 때문에 인간의 일자리가 자연히 줄어들거나 없어지는 것이다.

[그림 2.46] 로봇에 의해 조종되는 무인 운반 장치

앞으로 20년 이내에는 외국어를 배울 필요도 줄어든다. 인공지능 자동번역 서비스가 단순 번역 업무를 담당할 것이다. 간단한 통역서비스 역시 인공지능 번역기 때문에 일자리가 줄어들 것이다.

2 로봇이 만드는 피자와 일자리 감소

[그림 2.47]과 같이 인공지능 로봇이 피자를 만드는 데 참여하고, 배달 차에 오븐을 달아 고객의 집 앞에서 피자를 구워 전달하는 '줌 피자(Zume pizza)'라는 피자 회사가 미국에서 크게 주목받고 있다.

로봇이 지루하고 반복적이면서 위험한 일을 인간 대신 맡게 되는 셈이지만, 어쨌든 인간이 일할 수 있는 일자리가 줄어드는 셈이다.

[그림 2.47] 피자를 굽는 인공지능 로봇

3 자율주행 로봇 택시와 택배 드론

인공지능을 중심으로 한 4차 산업혁명이 본격적으로 무르익는 2030년 무렵에는 운전자 없이도 로봇 소프트웨어가 스스로 운행하는 [그림 2.48]의 자율주행 로봇 택시가 등장

하면 택시기사의 수도 크게 감소할 것이다.

[그림 2.48] 자율주행 로봇 택시

또 택배 드론이 등장하면 물품을 배송하는 택배원의 수가 점차 줄어들 것이다. 미국의 온라인 쇼핑몰인 아마존과 대형 유통 체인인 월마트도 [그림 2.49]와 같이 택배 드론을 이용한 시험 배송을 하고 있기 때문이다.

[그림 2.49] 택배 드론

4 인공지능 시대의 일자리 논쟁

중국과 미국의 이름난 혁신가인 마윈(Ma Yun) 회장과 일론 머스크(Elon Musk) CEO가 중국 상하이에서 열린 '제2회 세계인공지능대회'의 대담장에서 [그림 2.50]과 같이 인공지능 시대의 미래 일자리 논쟁을 벌였다.

마윈은 중국 최대 전자상거래 업체인 알리바바를 창업했고, 머스크는 세계적인 전기자동차 기업인 테슬라의 최고 경영자이다.

마윈은 인공지능의 미래를 긍정적으로 생각하는 낙관파이다. 마윈은 특히 인공지능으로 인한 미래의 직업 문제는 전혀 염려할 것이 없고, 오히려 인공지능 기술의 발전으로 하루에 서너 시간만 일해도 충분한 시대가 올 것이라는 견해를 피력했다.

[그림 2.50] 마윈 회장(왼쪽)과 머스크 CEO(오른쪽)의 대담

한편 머스크는 인간의 능력에 대해 마윈만큼 낙관적이지 않다. 머스크는 테슬라가 개발한 자율주행차에 인공지능 기술을 쓰긴 하는데, 상당한 위험성을 내포하고 있으므로 제대로 알고 활용해야 한다는 의견이다.

따라서 인공지능 시대가 오면 자동차 운전도 인공지능이 할 것이고, 심지어 최고로 어려운 인공지능 프로그래밍조차 인공지능이 스스로 개발해버리면 인간의 할 일이 없어진다는 것이다. 따라서 지구가 통제 불가능한 상황이 생기거나 대량의 일자리가 없어지는 상황이 오면 인간이 화성으로 이주해야 한다는 견해를 밝힌 것이다.

대담이 끝난 얼마 후 중국 최대의 거부인 마윈 회장은 창업 20년 만에 후계자에게 알리바바 회장직을 물려주고 사임하였다. 앞으로 그는 공익사업에 몰두할 것이라고 한다.

5 인공지능 시대의 인기 있는 일자리들

인공지능 시대에는 직업의 변화가 심할 것이다. 지금 초등학교에 입학하는 어린이들이 사회에 진출할 무렵에는 그들 중 65%가 지금은 세상에 존재하지 않는 직업에 종사할 것이라고 한다. 그만큼 인공지능이 직업에 미치는 영향력이 크다는 것을 나타낸다.

앞으로의 인공지능 시대에 수요가 증가하고 인기 있는 직업 분야는 다음과 같이 예상된다.

첫째는 [그림 2.51]과 같이 인공지능과 지능 로봇을 개발하고 응용하며 관리하는 인공지능 기술자가 인기를 끄는 직업으로 떠오를 것이다.

[그림 2.51] 인공지능 전문가

둘째는 빅데이터 시대가 열림에 따라 데이터를 전문적으로 다루고 분석하는 데이터 과학자가 많이 필요할 것이다. 특히 빅데이터에 의한 동향 분석은 경영이나 판매에 매우 필요한 요소가 될 것이기 때문이다.

셋째로는 인공지능 기술을 현재의 직업과 결합하여 다른 산업에 응용할 수 있는 사람들이 많이 필요할 것이다. 따라서 기존의 학문에다 인공지능 지식을 습득하고 활용할 수 있는 융합형 인재가 많이 필요해질 것이다.

여기서 잠깐! 인공지능 시대의 변화하는 직업들

인공지능 기술의 발달로 장차 우리의 직업 판도에도 큰 변화가 일어날 것이다. 먼저 유망 직업으로는 인공지능 관련 전문가, 로봇 관련 직업, 소프트웨어 개발자, 머신러닝 전문가, 데이터 과학자, 데이터 분석가 등이다. 앞으로 점차 줄어드는 직업으로는 텔레마케터, 은행원, 회계사, 운전기사, 택배기사 등과 같은 직업들을 꼽을 수 있다. 한편 인간의 감성과 관련된 예술 분야 직업들은 큰 영향을 받지 않을 것이다. 앞으로는 이런 점을 고려해서 직업을 선택해야 하는 시대가 되었다.

6 인공지능 시대의 일자리 문제와 대책

인공지능 시대가 도래함에 따라 다양한 직업군들이 영향을 받을 것으로 전망된다. 기존의 일부 직업들이 없어지거나 줄어들고, 인공지능 시대에 적합한 새로운 직업들이 많이 생겨날 것이다.

인공지능이 불러일으킨 제조업 혁명으로 지능 로봇들이 뛰어난 시각적 능력을 갖추고 자율 동작 능력까지 갖추게 되면 인간의 일자리는 점차 줄어들게 된다. 특히 로봇은 24시간 가동할 수 있으므로 비용과 생산성 면에서도 경쟁이 어렵다.

[그림 2.52]는 인공지능이 나의 일을 대체하는 상황을 부정하는 사람의 마음을 나타내

지만, 이와 같은 흐름은 거스를 수 없는 대세로 여겨진다.

[그림 2.52] 인공지능과 일자리 문제

만약 우리가 인공지능 시대의 이런 변화와 흐름을 알아채지 못한다면 남들보다 뒤처질 수밖에 없다. 따라서 우리는 새롭게 전개되는 인공지능 시대의 흐름을 잘 이해하고, 이러한 환경에 잘 적응할 수 있도록 인공지능 관련 지식을 익혀서 대응해야 할 것이다.

가까운 곳에서 인공지능 경험하기

각자의 스마트폰에서 인공지능 비서 역할을 하는 소프트웨어들을 찾아보고, 편리한 기능들을 활용하여 경험해보자.

1. 삼성전자의 인공지능 비서 빅스비(Bixby)

빅스비는 사용자의 음성 명령을 인식하여 문맥으로 파악해 스마트폰에서 정보를 검색하고, 응용 프로그램을 구동할 수 있게 해준다. "하이! 빅스비"라고 부르면 음성인식을 시작한다. 바로 뒤 2장의 "인공지능 실습하기"에서 실제로 실습해보자.

2. 구글 어시스턴트

안드로이드 운영체제를 사용하는 삼성, LG 스마트폰 등에서 사용할 수 있다. 구글 어시스턴트를 작동시키니 다음과 같은 메시지가 나오는데, 약간의 대화는 다음과 같다.

Assistant: "안녕하세요, 대수님 무엇을 도와드릴까요?"
사용자: "날씨를 알려줘."
Assistant: "네 알려드리겠습니다.", "토요일 바우뫼로, 18도, 대체로 흐림, 최고 21도 최저 12도, 강수 10%"
사용자: (음성 모드로 바꾸어 음성으로) "내일 날씨는 어때?"
Assistant: "네 내일은 다소 흐리겠네요."

3. 애플의 시리

"헤이, 시리(Hey, Siri)"라고 부르면 음성인식이 활성화되는데, 2012년 말부터 한국어가 지원되고 있다.

생각하고 토론하기

1. 미국의 스텔스기의 경우에서 보듯이 첨단기술일수록 승자독식(winner takes all)의 경우가 많고, 일단 한번 뒤처지면 따라잡기가 매우 어렵다. 인공지능 기술도 그럴 가능성이 매우 큰데, 우리나라가 인공지능 분야에서 강자가 되는 방법을 생각해보고 의견을 나누어보자.

✔ 아이디어 포인트 인공지능 교육, 과감한 연구 지원과 투자 등

2. 인공지능 시대에는 기존 학문과 인공지능 관련 지식의 융합이 필요하다. 자기 전공 분야와 관련하여 인공지능과 융합할 가능성을 생각해보고 의견을 나누어보자.

✔ 아이디어 포인트 각자 전공과의 융합. 예를 들면 음대에서는 인공지능 작곡이나 편곡, 전자공학과에서의 인공지능 로봇의 구현 등

인공지능 실습하기

실습 2 빅스비(Bixby): 삼성전자의 인공지능 음성비서 시스템

빅스비의 음성 명령을 인식하고 비서가 할 수 있는 다양한 기능들을 실습해본다.

| 실행방법 | 삼성전자 스마트폰에서 '오른쪽 측면 하단 버튼'을 누른 상태이거나, 빅스비 앱을 작동시킨 다음 "하이! 빅스비"라고 부른다. 이때 영어판/한국어판의 선택도 가능하다. 그러면 화면 아래 부분에 '빅스비 알아보기' 창이 나타난다.

빅스비 버튼을 누른 상태에서 "하이 빅스비"라고 부르고, 누른 버튼을 놓는다. 질문할 때 유의할 점은 반드시 오른쪽 측면 하단 버튼을 누른 채 말하고, 질문이 끝나면 버튼 하단에서 손을 떼어야 한다.

| 실행결과 | 사용자가 말한 음성을 인식하여 다양한 기능을 수행한다.

"하이! 빅스비"라고 부르면,
"네, 김대수님! 우리 다양한 일을 함께 해봐요" 또는
"네, 김대수님! 어떤 일을 함께 해볼까요?" 등의 응답을 한다.

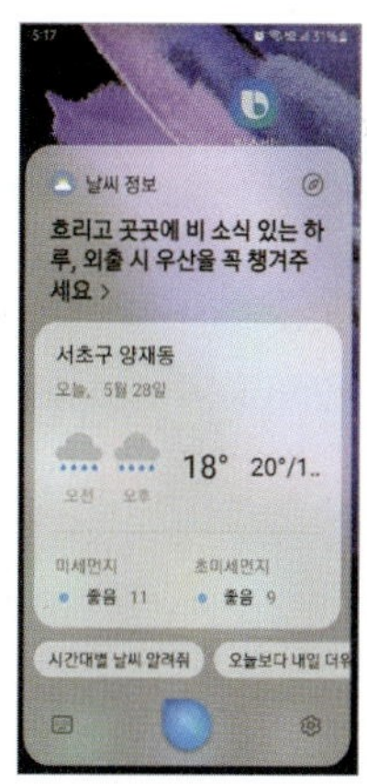

버튼을 누르면서 음성으로 명령을 내리는데, 가령 "오늘 날씨 어때?"를 말하고 손에서 누른 버튼을 놓으면 "오늘 서초구 양재동은 ~~~"라면서 답변을 한다. 또 "안녕하세요?"라고 말하면 "안녕! 즐거운 오후네요" 등의 답변을 한다. "네 알겠습니다"라고 말하면, "그렇다면 빅스비도 오케이!"와 같은 응답이 오며 대화를 계속할 수 있다.

그 외 "날씨", "손전등 켜줘", "손전등 꺼줘", "스크린샷 찍어", "이 전화 받기", "oo에게 전화해줘", "내일 일정 공유해줘", "스무고개 해볼까요?", "한라산의 높이는 얼마예요", "BTS의 생일은?" 등의 질의응답도 가능하다.

빅스비를 통해 여러 가지 간단한 인공지능의 수준을 맛볼 수 있으므로 다양한 질의를 시도해보자.

연습문제

진위 문제

1. 코타나는 마이크로소프트의 인공지능 도우미이다.( )
2. 인공지능 관련 특허에서 한국 기업은 아직 세계 10위권에도 들지 못하고 있다.( )
3. 인공지능 기술의 핵심들인 신경망과 딥러닝 알고리즘은 소프트웨어에 속하지 않는다.( )
4. 중국이나 일본 등에서는 국가 차원에서 인공지능 교육을 강화하고 있다.( )
5. 얼굴인식을 바탕으로 중국의 대형마트 등에서는 얼굴인식으로 결제한다고 한다.( )
6. 인공지능은 로봇공학과 결합하여 인간과 교감하는 휴머노이드 개발이 진행중이다.( )
7. 인공지능 컴퓨터인 왓슨은 암 발견과 치료를 수행하는 시스템으로 발전하고 있다.( )
8. 가사도우미 로봇인 소피아는 60여 개 감정을 표현하며 사람과 대화할 수 없다.( )
9. 인공지능은 인문학과 법학과는 관계가 없다.( )
10. 미국에서는 인공지능 변호사가 법조인의 업무를 보조하는 역할은 합법적이다.( )

단답식/선택식 문제

1. (   )란 기술의 원천인 프로그램의 소스 코드를 누구에게나 무료로 공개하는 것이다.
2. 삼성전자의 인공지능 도우미인 (   )는 음성뿐만 아니라 이미지나 QR 코드까지 인식할 수 있다.
3. 애플의 인공지능 도우미는 시리이고, 구글의 인공지능 도우미는 (   )이다.
4. 구글은 (   )란 매우 편리한 인공지능 소프트웨어를 일반인에게도 널리 개방하였다.
5. 인공지능 스피커의 (   ) 기능을 통해 집안의 기기를 목소리로 제어할 수 있다.
6. '칵테일 바텐더 로봇'과 '바리스타 봇' 등은 인공지능 (   ) 로봇에 속한다.
7. (   )이란 비닐하우스 등에 인공지능과 사물인터넷을 적용하여 스마트폰이나 컴퓨터를 통해 원격으로 생육환경을 적절하게 유지하고 관리할 수 있는 농장을 말한다.
8. 국가별 인공지능 개발 역량의 순위는 미국이 1위이고, 2위는 (   )이다.

9. 유튜브와 같은 데서 인공지능이 사용자가 평소에 자주 찾는 프로그램의 경향을 분석하여, 그 사람이 편하게 관련 동영상을 다시 볼 수 있게 하는 방법을 인공지능 동영상 (　) 시스템이라 한다.

10. 인공지능에 기반한 기술과 법률 지식이 결합한 합성어를 (　)라고 한다.

11. 다음 중 인공지능의 활용과 비교적 관련이 적은 것은?

① 인물 검색　　② 법률 자문
③ 간호 업무　　④ 주식 분석

12. 다음 중 우리나라가 인공지능 강국이 될 수 있는 방법과 가장 관련이 적은 것은?

① 인공지능 제품의 상용화　　② 인공지능 연구와 개발
③ 인공지능 용어 검색　　④ 인공지능 교육의 강화

13. 인터넷으로 신문 기사를 읽는 중간에 나타나는 추천 시스템의 대상이 아닌 것은?

① 자주 검색한 상품　　② 알렉사
③ 감상한 유튜브의 동영상　　④ 검색한 도서

주관식 문제

1. 인공지능 시장에서의 주요 응용들을 3가지 이상 적으시오.

2. 인공지능 스피커는 점차 '스마트 디스플레이'로 진화하고 있다. 이들의 예를 3가지 정도 들어보시오.

3. 우리나라가 인공지능 분야에서 앞서가는 나라가 되기 위해 어떤 노력을 기울여야 할지를 생각해보시오.

4. 현재 스마트폰이나 컴퓨터에서 음성인식을 통한 대화를 통해 전자비서 역할을 할 수 있는 주요 인공지능 도우미를 알아보시오.

5. 인공지능은 광고를 비롯한 다양한 분야에 응용되고 있는데, 이들 분야를 5개 정도 적으시오.

6. 인공지능 시대와 관련된 새롭게 떠오르는 직업들을 조사해보시오.

CHAPTER

03

인공지능 연구와 구현

AI Research and Implementation

Contents

단원의 주요 목표

인공지능 분류 체계, 인공지능 테스트, 문제 해결과 소프트웨어 등을 고찰한다.

- 인공지능의 분류 체계인 규칙기반 인공지능과 신경망의 관계를 알아본다.
- 인공지능의 연구 분야를 전반적으로 알아보고, 전체적인 흐름을 살펴본다.
- 인공지능을 10년 단위의 시대별 연구로 요약하여 핵심적인 사항을 파악한다.
- 혁신적인 6개의 인공지능 시스템의 주요 특징과 그 중요성의 의미를 알아본다.
- 인공지능에서의 앨런 튜링의 발상과 인공지능 테스트를 조사해본다.
- 인공지능에서의 문제 해결 방법과 코딩 및 인공지능 소프트웨어를 살펴본다.

인공지능의 분류 체계

1 규칙기반 인공지능

인공지능은 크게 규칙기반 인공지능과 신경망 기반 인공지능으로 나누어진다. 이 두 가지 방법은 접근 방식과 응용 분야가 다르나, 인간의 두뇌를 표현하는 인공지능에서의 양대 산맥을 이루고 있다.

규칙기반(rule-based) 인공지능은 전통적인 의미의 인공지능으로서, 기본적으로 기호(symbol)와 논리(logic)를 위주로 하는 시스템적 접근 방식의 인공지능이다. 많은 사람들이 이를 초기의 인공지능 또는 '좁은 의미의 인공지능'이라 부르기도 한다.

대표적인 인물로는 1956년 다트머스 대학에 모여 인공지능을 선포한 매카시, 민스키, 사이먼, 뉴웰 등이다. [그림 3.1]의 규칙기반 인공지능은 수학적 정리 증명, 자연어 처리, 기계 추론, 문제 해결, 게임, 의사결정 시스템, 전문가 시스템 등이 주된 관심 분야다.

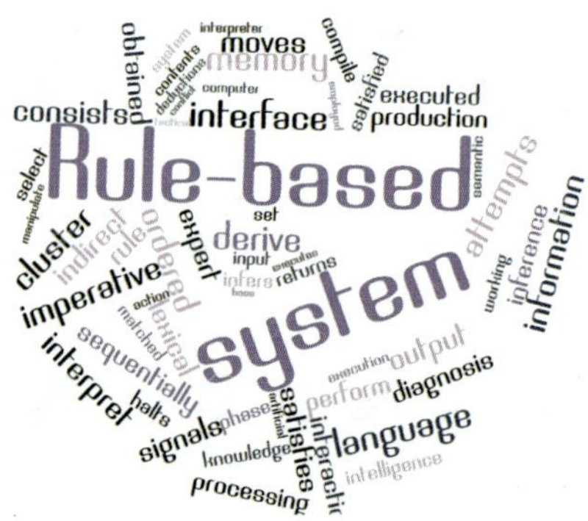

[그림 3.1] 규칙기반 인공지능

이들이 꿈꾸던 인공지능은 초기에는 상당한 성과를 거두었으나, 시간이 흐름에 따라 인간이 추구하던 학습(learning)을 통한 인공지능 구현의 어려움을 느끼게 되었다. 특히 문자, 음성, 그리고 영상을 인식할 수 있는 패턴인식(pattern recognition) 면에서의 한계성을 느끼게 된 것이다.

그들은 규칙을 이용한 인공지능이 추구하던 문제 해결을 위한 알고리즘 개발은 어느 정도 성과를 내어, 선험적 규칙이라고도 불리는 '휴리스틱(heuristic)' 방법을 개발하기도 하였다. 그러나 1980년대 초반부터 그런 방법으로는 상당한 한계를 느끼게 되어 규칙을 기반으로 하는 전문가 시스템으로의 응용으로 방향을 바꾸었다.

규칙기반 인공지능은 신경망 기반 인공지능과 같은 연결주의 인공지능과는 달리 연역 추리(deductive reasoning), 논리적 추론(logical inference), 문제 해결을 위한 알고리즘, 전문가 시스템 등에서 좋은 성과를 나타낸다.

규칙기반 인공지능은 우리가 사용하는 컴퓨터 프로그래밍과 유사하게 표현할 수 있다는 점에서 1956년부터 1980년대 중반까지 큰 인기를 끌었으나 1980년대 중반 이후 획기적인 방법론을 찾아내지 못하는 실정이다.

그 후 규칙기반 인공지능은 머신러닝과 딥러닝에게 주도권을 넘겨주었지만, 여전히 중요하다. 또 문제 해결의 결과에 대해 옳음의 입증이나 설명에 있어 신경망 기반 인공지능보다 훨씬 뛰어난 장점을 가지고 있다.

2 신경망 기반 인공지능 – 신경망

신경망 기반의 인공지능은 "인간의 지능이 인간 두뇌의 뉴런들 사이의 연결로부터 시작된다."라는 가정으로부터 출발하였다. 따라서 이를 신경망 기반 인공지능 또는 인공신경망(Artificial Neural Network)이라 하는데, 간단히 '신경망(Neural Network)'이라 부른다.

신경망 연구는 1957년 로젠블럿이 개발한 퍼셉트론으로부터 시작되었다. 로젠블럿은 맥카시나 민스키와는 전혀 다른 접근법을 사용하였다. 그는 인간 두뇌의 신경세포인 뉴런에 기반을 둔 인공적인 신경망을 바탕으로 문자를 인식할 수 있는 퍼셉트론 시스템을 구현한 것이다.

그러나 1969년 민스키와 페퍼트에 의해 퍼셉트론의 문제점을 집중적으로 파헤친『퍼셉트론즈』란 책이 출판된 후 신경망 관련 연구는 급격히 쇠퇴하였다.

1986년 러멜하트(Rumelhart) 등의 PDP 그룹이 기존의 단층으로 된 퍼셉트론을 은닉층을 첨가하여 만든 다층 퍼셉트론 모델(Multi-layer Perceptron)에다 역전파(backpropagation) 학습 알고리즘을 개발한 후 신경망은 제2의 도약을 하게 되었으며, 추후 이것은 기계학습이라고도 불리는 머신러닝(Machine Learning)의 중심이 되었다.

2000년대에 들어와서 인터넷의 발달로 대량의 데이터를 활용할 수 있게 되었으며, 신경망 개발에서 필수적인 컴퓨터의 용량과 계산 속도가 크게 발전하였다. 이러한 영향으로 2004년 제프리 힌튼 교수는 신경망 계열의 새로운 딥러닝(Deep Learning) 학습 알고리즘을 제안하였으며 지금도 많은 관심 속에 연구가 진행되고 있다.

딥러닝은 신경망 계열의 획기적인 발전 기회를 부여하였으며, 이를 통해 넓은 의미의

인공지능 부활 시대를 열고 있다. 구글을 비롯한 인공지능 연구의 선두 그룹들이 그들이 개발한 프로그램들을 공개했다. 이러한 오픈소스를 통해 신경망을 접하길 원하는 사람들이 보다 쉽게 이 프로그램들을 활용할 수 있게 되었다. 더군다나 최근 빅데이터와 클라우드 컴퓨팅 기술의 발달과 함께 신경망 계열의 발전 가능성이 점차 커지고 있다.

[그림 3.2]는 인공지능 발전의 분류 체계를 요약한 것이고, [그림 3.3]은 인공지능 발전의 흐름도를 나타낸다.

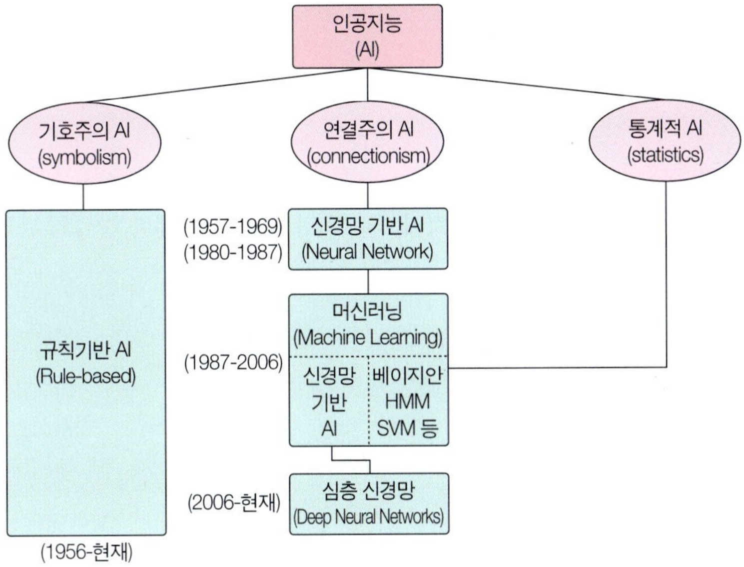

[그림 3.2] 인공지능 발전의 분류 체계

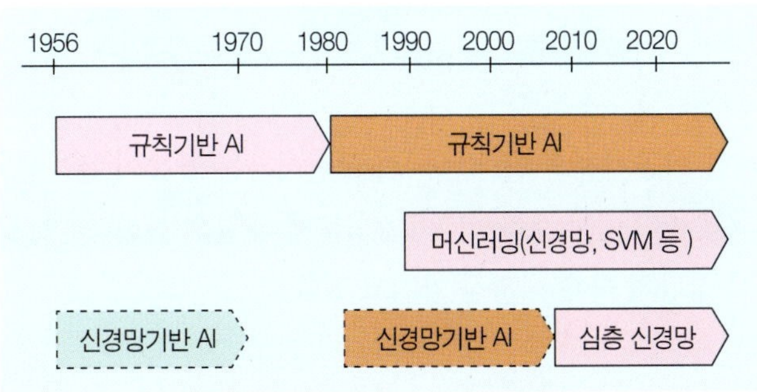

[그림 3.3] 인공지능 발전의 흐름도

기호주의 계열은 주로 기호(symbol)와 규칙(rule)을 사용하는 규칙기반 인공지능이고, 연결주의 계열은 인간 두뇌 세포인 뉴런(neuron)의 연결을 모방하는 신경망 기반 인공지능이다.

❸ 신경망과 규칙기반 인공지능과의 관계

신경망 연구는 규칙기반 인공지능과 거의 같은 시대에 시작되었다. 1950년대 후반에 많은 인공지능 관련 학자들이 '지능적인(intelligent)' 시스템을 개발하려고 했을 때 2가지 접근 방법이 대두되었다. 하나는 '두뇌가 어떻게 작동하나'에 대한 관심이었고 다른 하나는 '두뇌는 무엇을 하나'에 초점이 맞추어졌다.

그 당시엔 규칙기반 인공지능으로 발전한 '두뇌는 무엇을 하나?'란 관심이 신경망으로 발전한 '두뇌가 어떻게 작동하나?'보다 훨씬 더 선호되었다. 이런 흐름의 주요 이유 중 2가지는 다음과 같다.

① 컴퓨터 기술의 빠른 발전은 소프트웨어 모델과 시스템 개념의 테스트에 있어 유연하고 강력한 도구(tool)를 제공한다.
② 두뇌 작용에 대한 당시의 지식이 적어 두뇌 작용에 대한 상세한 지식을 획득하기 어려웠다.

신경망과 규칙기반 인공지능은 인간 두뇌의 구현이라는 공동의 목적을 이루기 위해 노력하고 있지만, 〈표 3.1〉에서 보는 바와 같이 문제 해결을 위한 영역, 도구, 핵심 기술, 응용 분야 등에서 상당히 다른 시각을 가지고 있다.

〈표 3.1〉 신경망과 규칙기반 인공지능의 비교

	신경망	규칙기반 인공지능
영역	연결주의	기호주의
도구	뉴런의 연결	기호와 규칙
대표적 개발자	로젠블럿, 힌턴 등	민스키와 매카시 등
핵심 기술	머신러닝, 딥러닝	규칙기반의 추론
응용 분야	음성인식 등 패턴인식	문제 해결, 전문가 시스템

신경망은 생물학적 시스템에 근거한 뉴런(neuron)의 연결에 바탕을 두고 있다. 신경망은 로젠블럿으로부터 시작되었으며 머신러닝의 핵심이 되었다. 최근에는 힌튼 등이 딥러닝으로 연구를 주도하고 있으며, [그림 3.4]와 같은 숫자인식을 비롯한 음성인식이나 영상인식과 같은 패턴인식이 주요 응용 분야이다.

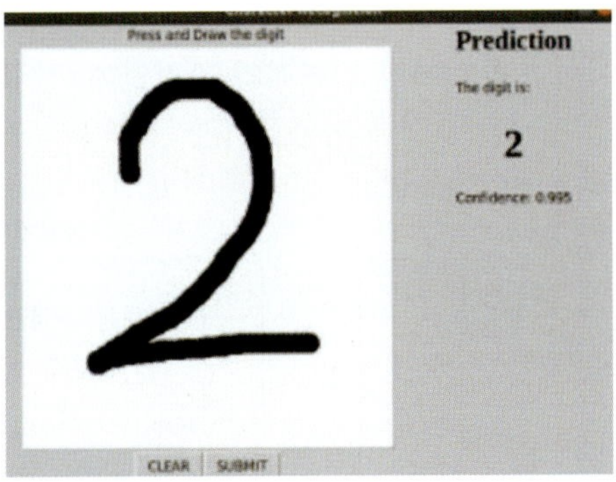

[그림 3.4] 신경망의 숫자인식

반면에 규칙기반 인공지능은 기호를 사용하여 다양한 형태의 지식을 바탕으로 If ~ then ~과 같은 규칙을 주로 사용한다. 민스키나 매카시와 같이 인공지능을 시작한 초기의 학자들이 게임과 증명 등의 문제 해결에 노력하였으며, 그 후 전문가 시스템으로 발전하였다. 그러나 학습에 관한 논제는 규칙기반 인공지능 연구의 주류는 아니다.

신경과학과 컴퓨터의 발전은 지능시스템을 추구하는 신경망 접근 방식을 더욱 가열시켰으며, 최근 수년간 신경망에 대한 인기를 비약적으로 높였다. 신경망은 학습과 병렬처리 구현에 중점을 두고 있으며 신경망과 규칙기반 인공지능과의 지능적 시스템 구현을 위한 경쟁은 지금도 계속되고 있다.

여기서 잠깐! 신경망과 규칙기반 인공지능 사이의 치열한 경쟁과 발전

인공지능 영역에서 양대 축을 이루는 신경망과 규칙기반 인공지능은 앞의 [그림 3.3]에서 보는 바와 같이 1950년대 이후 지금까지 치열한 경쟁을 벌이며 발전해왔다. 1950년대에 앞서갔던 신경망은 1969년도에 민스키가 지적한 XOR 문제점으로 인해 한동안 침묵하였는데, 그 기간에는 규칙기반 인공지능이 크게 발달하였다. 그 후 1984년 이후 신경망이 다시 발달하였다가 1990년대에 들어서며 둘 다 발전하게 된다. 요즘은 머신러닝의 개발로 신경망이 다시 득세하는 시대가 되었다.

4 인공지능의 분류

오래전부터 인공지능을 접한 사람들은 초기 인공지능 형태의 규칙기반 인공지능을 인공지능이라 생각하고 있다. 그러나 비교적 최근에 알파고를 계기로 인공지능을 접한 사람들은 신경망 기반 인공지능을 인공지능으로 여기는 사람들도 많을 것이다.

인공지능의 분류는 보는 관점에 따라 [그림 3.5]와 같이 2가지 다이어그램으로 나타낼 수도 있다. 왼쪽 다이어그램은 가장 일반적인 관점인데, 신경망을 베이지만 망이나 SVM 등과 함께 머신러닝 영역에 포함시킨 경우이다.

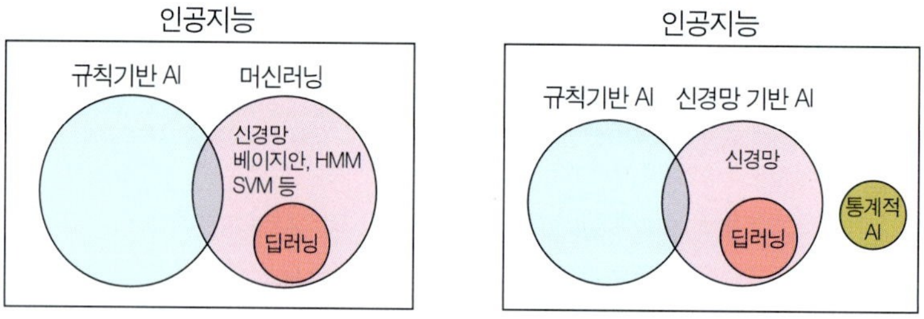

[그림 3.5] 인공지능의 포함 관계

한편 오른쪽 다이어그램은 앞에서 말한 규칙기반, 신경망 기반, 그리고 통계적 기반 인공지능을 나타낸다. 이러한 관점은 신경망이 일찍부터 시작되어 역사가 길지만, 통계적 방법의 머신러닝은 1990년 초부터 많이 활성화되었기 때문일 것이다.

여기서 규칙기반 인공지능과 머신러닝 또는 신경망을 약간 겹쳐 그려놓은 이유는 두 가지가 융합되는 경우를 나타내기 위함이다.

인공지능의 연구 분야

1 규칙기반 인공지능의 연구 분야

규칙기반 인공지능은 매카시를 비롯한 초기의 인공지능학자들이 기대하던 문제 해결(problem solving) 등의 분야에서 상당한 성과를 냈고 기대감과 가능성을 보여주었다. 그러나 지속적인 연구에도 불구하고 문제 해결을 위한 획기적인 알고리즘 발견에 어려움을 겪게 되었으며, 결론적으로 실용적 측면에서 전문가 시스템에로의 응용에 집중하게 되었다.

규칙기반 인공지능 연구와 관련된 4가지 주요 분야는 다음과 같다.

① 수학적 정리의 증명

수학적 정리(theorem) 증명은 초기 인공지능에서의 주요 목표 중의 하나였다. 인공지능은 이미 알려진 여러 가지 사실들로부터 논리적 추론을 거쳐 [그림 3.6]과 같이 새로운 정리를 만들어내고 증명하는데 상당한 성과를 보여주었다.

[그림 3.6] 정리의 증명

② 게임

인공지능 기술은 [그림 3.7]과 같은 게임(game) 분야에서 매우 유용하고 다양하게 활용되고 있다. 게임에서 플레이어가 원하는 대로 게임상의 캐릭터들이 반응하고 움직이게 만드는 데에 인공지능 기술이 적용된다. 최근에 출시되는 게임을 보면 보다 정교한 인공지능 기술이 적용되어 상당히 지능적인 수준으로 발전하고 있음을 알 수 있다.

[그림 3.7] Connect-4 게임과 최근 게임

③ 자연어 처리

자연어 처리(natural language processing)는 인간이 언어로 컴퓨터와 대화할 수 있도록 하는 기술이다. 주요 연구로는 자연어의 구문(syntax)을 분석하고, 그것의 문맥까지 이해하는 의미론(semantics)에 대한 것이다. 이를 바탕으로 [그림 3.8]과 같이 컴퓨터를 통해 서로 다른 언어들 사이의 번역을 기계번역(machine translation)이라 하는데, 아직도 인간의 수준에는 훨씬 미치지 못하므로 지속적인 연구가 진행 중이다.

[그림 3.8] 기계번역과 번역의 예

④ 전문가 시스템

전문가(expert)란 어떤 분야에서 오랫동안 그 일에 종사하여 그 분야에 상당한 지식과 경험을 가진 사람을 말한다. 따라서 인공지능을 활용한 전문가 시스템은 컴퓨터가 인간 전문가를 대신할 수 있는 유능한 시스템을 말하는데, 주로 전문적인 직업이나 업무와 관련이 많다.

예를 들면, [그림 3.9]와 같은 자동차 진단, 의사의 질병 진단, 화합물의 구조 분석, 광물의 매장량 추정, 손해 배상의 비율판정, 개인 교사 시스템 등인데 현재도 다양한 분야에서 활용되고 있다.

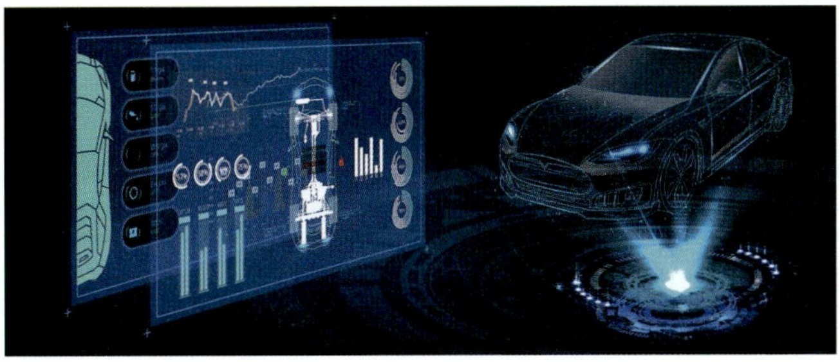

[그림 3.9] 자동차 전문가 시스템

2 신경망의 연구 분야

신경망은 인간의 두뇌 세포인 뉴런의 작용을 기반으로 모델링하는 인공지능 기법으로서, 인간의 두뇌를 모방하여 [그림 3.10]과 같이 수많은 신경망 처리기들의 네트워크로 구성된다. 신경망은 초기의 신경망, 다층 신경망, 그리고 딥러닝의 차례로 연구가 이어지고 있다.

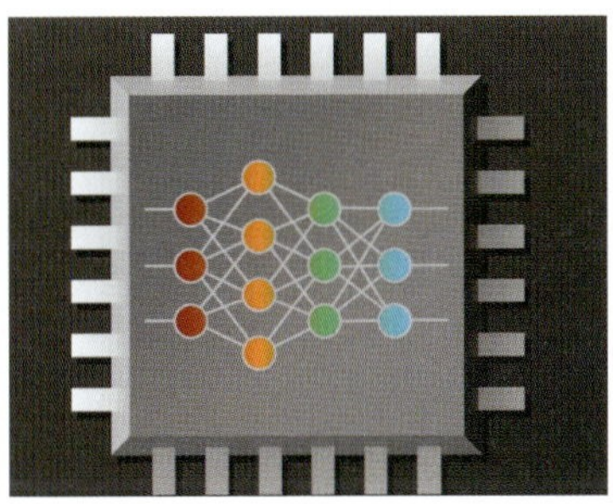

[그림 3.10] 신경망 처리기

신경망은 학습을 통한 패턴인식 분야에서 상당한 능력을 나타낸다. 문자의 인식, 음성의 인식, 영상이나 물체와 같은 패턴의 인식 등에 적합한 방법으로 여겨진다. 신경망 기법은 [그림 3.11]과 같이 목소리를 듣고 그것을 인식하여 문장으로 변환시키거나, 카메라를 통해 입력된 영상을 컴퓨터를 이용하여 영상을 분석하는 등의 일을 할 수 있다. 이러한 인식 기능은 현대의 로봇공학 등에 활용된다.

신경망 연구와 관련된 3가지 주요 분야는 다음과 같다.

① 문자인식
② 음성인식
③ 영상인식

[그림 3.11] 음성인식과 영상인식

신경망에 관한 연구는 생물학, 심리학, 물리학, 수학, 공학 등의 학문과도 밀접한 관련이 있으며 신경망 연구의 논제는 대략 다음과 같이 분류할 수 있다.

- 뉴런의 생물학적인 네트워크에 관한 연구
- 신경망 모델들의 시뮬레이션을 통한 학습 능력과 특성 등의 연구
- 신경망의 구현에 관한 연구
- 인쇄체와 필기체 문자인식
- 다양한 음성을 실시간으로 정확하게 인식하는 연구
- 영상을 인식할 수 있는 기술에 관한 연구
- 동영상에서 물체를 인식해내는 기술의 연구

3 딥러닝의 연구 분야

최근에는 신경망 계열 중에서 여러 개의 층을 할당하여 학습 기능을 강화한 [그림 3.12]와 같은 딥러닝 기술의 발달로 영상인식, 음성인식 등의 기술이 더욱 향상되고 있다. 특히 인식 기술이 정교해지고, 이전에는 구현이 어려웠던 동영상에서의 인식 기술로까지 발전하게 되었다. 자세한 내용은 제10장에 설명되어있다.

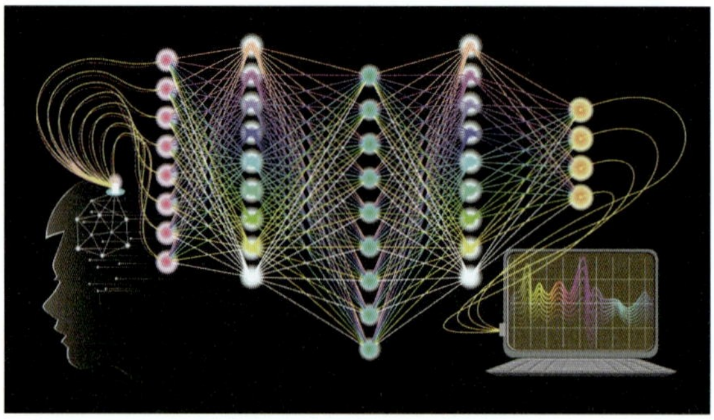

[그림 3.12] 딥러닝의 예

인공지능의 시대별 연구 요약

1 초기 인공지능 연구 분야

1960년대와 1970년대의 초기 인공지능은 시작 단계라서 수준이 그리 높지 않았다. 그 시기에는 [그림 3.13]과 같은 블록 쌓기, 수학적 정리 증명, 간단한 문제 해결, 자연어 처리, 문자의 인식 등을 중심으로 연구되었다.

그 시기에 연구된 분야는 다음과 같다.

- 새로운 수학적 정리의 증명
- 8-puzzle을 비롯한 문제 해결
- 컴퓨터를 통한 자연어의 처리 및 번역
- 체스를 비롯한 게임
- 간단한 음성인식
- 신경망을 이용한 문자와 숫자인식

[그림 3.13] 초기 인공지능의 블록 쌓기

이 기간에는 심리학, 인지과학, 신경과학, 생화학 등의 학문이 인공지능 문제 해결에 많은 공헌을 하였다. 또 인공지능은 컴퓨터과학, 전자공학, 수학, 시스템 이론 등에 있어서도 새로운 접근 방법을 통하여 많은 도움을 받았다.

2 인공지능 연구와 체스 게임

그 당시의 인공지능 연구자들은 컴퓨터가 [그림 3.14]와 같은 서양 장기인 체스(chess) 게임을 할 수 있도록 가르치기 위해 노력했다. 만약 컴퓨터 프로그램이 체스를 잘 둘 수 있으면 그 컴퓨터는 지능을 가진 인공지능이라 생각했다.

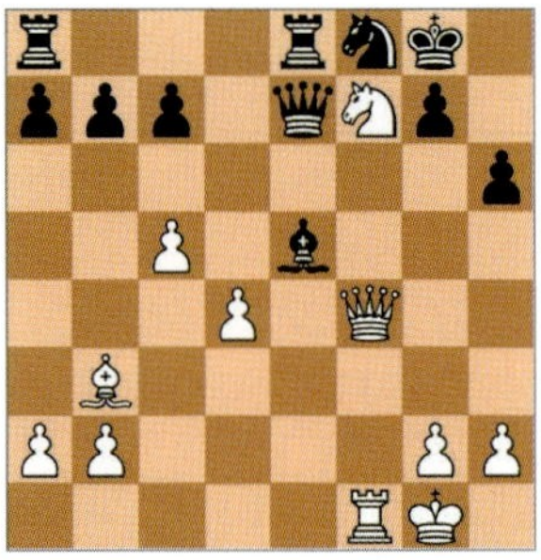

[그림 3.14] 서양 장기에 해당하는 체스

인공지능 체스는 자기에게는 최대한 유리하고 상대방에게는 매우 불리하게 만드는 수를 찾아내기 위해 모든 가능한 경우의 수와 그에 대한 상대방의 대응을 번갈아 계산하는 방법을 가르쳤다. 그때의 컴퓨터 능력은 매우 제한적이었으나 시간이 흐름에 따라 하드웨어의 발전으로 점차 빠른 연산이 가능해졌고, 기억 장치의 용량도 커짐에 따라 보다 많은 경우의 수를 다룰 수 있게 되었다.

게임은 인공지능의 수준을 평가하는 척도로 활용되기도 했다. 디트리히 프린츠(Dietrich Prinz)는 인공지능이란 단어가 나오기 전인 1951년에 체스 프로그램을 만들었다. 이로 인해 많은 사람들이 컴퓨터가 [그림 3.15]와 같은 체스 게임을 할 수 있다는 사실에 매우 신기해했고 인공지능의 시대가 가깝다는 생각을 하게 되었다. 그러나 인간 고수를 이길 수 있는 인공지능적인 프로그램을 작성하는 데는 그 후 40여 년의 세월이 더 걸렸다.

[그림 3.15] 인공지능 체스와 대결하는 인간

3 1980년 ~ 2000년 사이의 인공지능 연구 분야

1980년대에는 초기 인공지능 시대보다 훨씬 높은 수준의 인공지능 연구가 진행되었다. 음성인식의 경우 단순한 인식의 수준이 아니라 [그림 3.16]과 같이 말하는 사람과 관계없이 누구에게나 작동하는 화자독립(speaker independent) 음성인식과 단어가 끊어지지 않고 이어지는 연속(continuous) 음성인식이었다.

특히 이 시기에는 전문가 시스템의 발달로 의학 진단을 비롯한 다양한 응용 분야의 전문가 시스템이 개발되어 활용되었다.

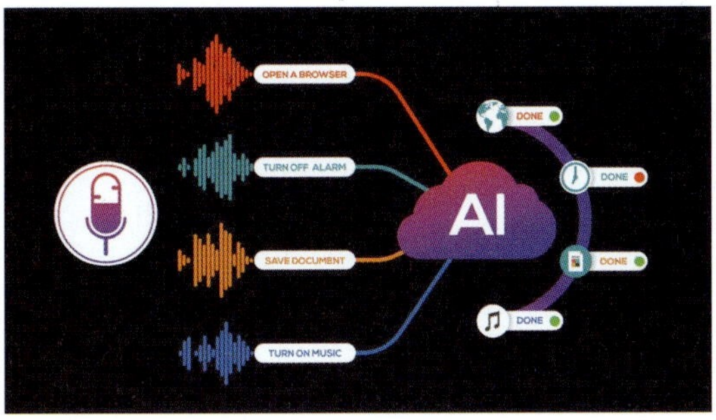

[그림 3.16] 음성인식 시스템

1980년대 인공지능 분야에서의 주된 관심 분야는 다음과 같다.

- 화자독립의 연속 음성인식을 통한 음성 타자기
- 자연어 처리를 통해 서로 다른 언어 간의 컴퓨터를 통한 기계번역
- 로봇을 위한 영상인식 및 센서 데이터의 분석
- 기계 추론과 계획 및 자동 컴퓨터 프로그램 시스템
- 인공지능 시스템의 개발을 관리하게 해주는 도구 개발
- 여러 응용 분야의 전문가 시스템
  - 컴퓨터를 통한 의학 진단과 그에 따른 처방 시스템([그림 3.17])
  - 의사결정 시스템과 제어 시스템
  - 개인 교사 시스템
- 다층 퍼셉트론 신경망을 이용한 문자인식, 음성인식 등

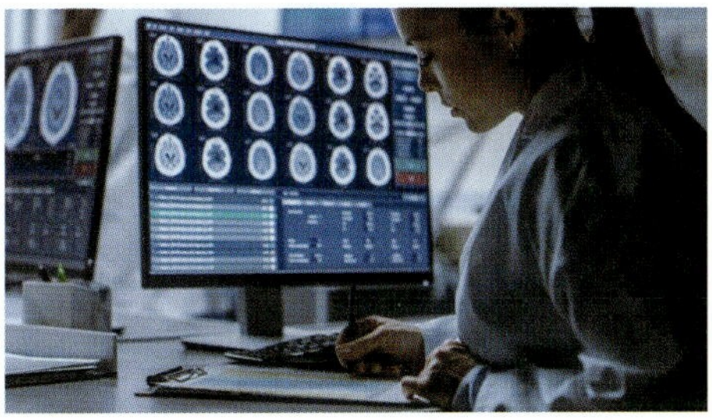

[그림 3.17] 의학 진단 전문가 시스템

1990년대 인공지능 분야에서의 주된 관심 분야는 다음과 같다.

- 지능형 에이전트 연구가 시작됨
- 베이지안 네트워크, 은닉 마르코프 모델 등의 머신러닝이 인공지능 연구에 도입됨
- 1997년에 IBM이 개발한 '딥 블루'가 세계 체스 챔피언에 등극함

'지능형 에이전트(Intelligent agent)'란 가상공간 환경에 위치하여 특별한 응용 프로그램을 다루는 사용자를 도울 목적으로 반복적인 작업들을 자동화시켜 주는 컴퓨터 프로그램을 말한다. 지능형 에이전트는 복잡한 동적 환경에서 목표를 달성하려고 시도하는 인공지능 시스템인데, [그림 3.18]과 같이 행위자가 외부 환경과 센서 등의 상호작용을 활용한다.

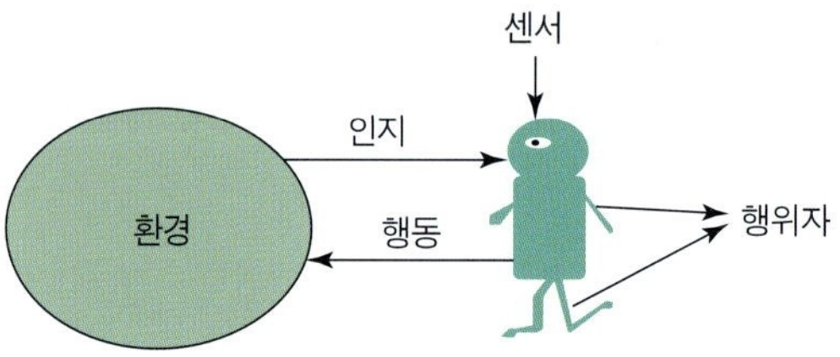

[그림 3.18] 지능형 에이전트

4 2000년대부터 최근까지 인공지능의 연구 분야

2000년대에 접어들어 인터넷의 발달로 수많은 데이터를 쉽게 접할 수 있는 빅데이터(Big data) 시대를 맞이하게 되었다. 빅데이터는 [그림 3.19]와 같이 엄청난 양의 데이터를 수집하여 의미 있는 정보들을 추출하여 머신러닝과 통계적 기법으로 분석하여 활용하는 기술이다.

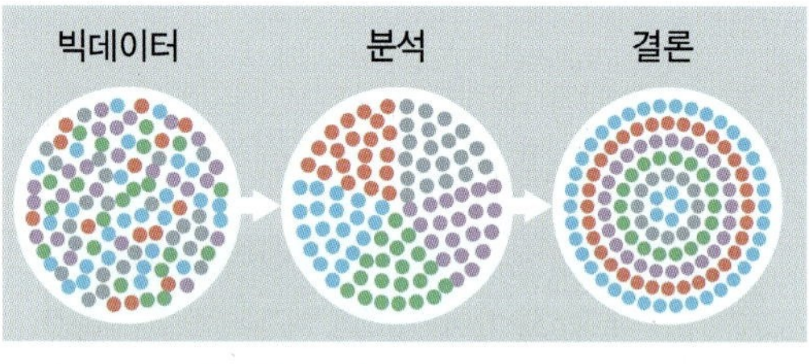

[그림 3.19] 빅데이터 분석

이 시기에는 컴퓨터의 기억 용량과 처리 속도가 비약적으로 발전함에 따라 딥러닝 기술을 통한 영상인식과 음성인식 등의 발전이 진행되고 있다.

이 기간의 인공지능 분야에서 개발된 주요 업적은 다음과 같다.

- 2004년 제프리 힌튼 교수가 새로운 '딥러닝' 기반의 학습 알고리즘 제안
- 2010년 IBM의 인공지능 컴퓨터인 '왓슨'이 퀴즈쇼 챔피언에 등극
- 2016년 구글의 인공지능 바둑 프로그램인 '알파고'가 바둑 세계 챔피언에 등극
- 2022년 OpenAI의 자연어 대화 전문 인공지능 챗봇인 'ChatGPT'의 개발

앞에서 열거한 분야 이외에도 다양한 분야들이 더 있으며 지금도 계속하여 개발, 발전되고 있다.

혁신적인 6개의 인공지능 시스템

1 6개의 혁신적인 인공지능 시스템

인공지능 기술 발전에 있어 지금까지 많은 사람들의 노력과 기여에 의해 새로운 개발과 혁신을 통한 발전이 이루어져 왔으며, 실제 시스템으로 구현되었다.

특히 인공지능 시스템의 개발 중에서 굵은 획을 그은 주요 6건을 고른다면 다음과 같다.

① 마크 I 퍼셉트론(Mark I Perceptron)

1957년 미국의 로젠블럿이 개발한 최초의 신경망 모델인 '마크 I 퍼셉트론'은 A, B, C 등의 문자를 인식할 수 있는 초기의 학습 모델로서 인공지능의 선풍적인 붐을 일으킨 시스템이다.

② 마이신(MYCIN)

1972년 미국의 스탠퍼드 대학에서 개발을 시작하여 1976년에 개발을 완료한 '마이신'은 최초의 전문가 시스템으로서, 혈액의 세균 감염에 대한 치료를 진단하고 처방하기 위해 의학 전문가 시스템이다.

③ 딥 블루(Deep Blue)

1997년 IBM이 만든 인공지능 슈퍼컴퓨터인 '딥 블루'가 체스 게임에서 세계 체스 챔피언에 등극하였다. 딥 블루는 체스 챔피언들의 대국 기록과 대국에서의 모든 전략적 경우의 수를 분석하고 검토한 지식을 활용하였다.

④ 왓슨(Watson)

2010년 IBM의 인공지능 컴퓨터인 '왓슨'은 미국의 유명 퀴즈쇼 챔피언에 등극하였다. 왓슨은 마치 인간처럼 기억력, 판단력, 언어 능력, 그리고 백과사전과 같은 다양한 지식을 가진 전문가 시스템을 활용하였다.

⑤ 알파고(AlphaGo)

2016년 구글의 인공지능 바둑 프로그램인 '알파고'가 바둑 세계 챔피언 등극하였다. 알파고는 프로기사들이 둔 수많은 기보들의 전략을 분석하고 학습하는 신경망 기법인 '딥러닝'을 활용하였다.

⑥ ChatGPT

2022년 11월 말 OpenAI가 개발한 ChatGPT는 대화 전문 인공지능 챗봇인데, 자연어 대화가 가능하며 문장의 작성과 요약, 그림 그리기, 영상인식 등 다양한 영역에 활용되고 있다.

6개의 혁신적인 인공지능 시스템을 요약하면 〈표 3.2〉와 같다.

〈표 3.2〉 6개의 혁신적인 인공지능 시스템

연도	이름	사건	특징
1957년	마크 I 퍼셉트론	최초로 문자인식	미국의 로젠블럿이 개발한, 문자를 인식하는 시스템으로 최초의 신경망 학습 모델
1976년	마이신	최초의 전문가 시스템	미국 스탠퍼드 대학에서 개발한 혈액 질병을 진단하고 처방하는 의학 전문가 시스템
1997년	딥 블루	세계 체스 챔피언	IBM의 인공지능 슈퍼컴퓨터로서 체스 전용 규칙기반의 전문가 시스템
2010년	왓슨	퀴즈쇼 챔피언	IBM의 인공지능 컴퓨터로서 다양한 지식을 가진 퀴즈 전문가 시스템
2016년	알파고	세계 바둑 챔피언	구글의 인공지능 바둑 프로그램으로서 딥러닝 기법의 신경망 학습 소프트웨어
2022년	ChatGPT	생성형 대화 전문 챗봇	OpenAI가 개발한 생성형 대화 전문 인공지능 챗봇으로서 자연어 대화가 가능한 소프트웨어

2 마크 I 퍼셉트론

마크 I 퍼셉트론은 퍼셉트론 신경망 이론으로 만들어진 시스템으로, 1957년 미국에서 고안되었다. 이것은 가장 간단한 형태의 선형분류기로 볼 수 있는데, A, B, C 등과 같은 문자를 인식하여 그 당시 인공지능에 대한 크나큰 관심을 불러일으켰다. [그림 3.20]은 마크 I 퍼셉트론의 구조를 나타낸다.

[그림 3.20] 마크 I 퍼셉트론

3 마이신

마이신은 규칙기반 인공지능을 활용하는 전문가 시스템 모델 중 최초로 성공적으로 개발된 모델로서 그 당시에 상당한 센세이션을 일으킨 모델이다. 마이신은 혈액의 세균 감염에 대한 치료를 진단하고 처방하기 위해 전문 의학 지식을 사용하고 있다. [그림 3.21]의 마이신은 비교적 간단한 추론 엔진과 600여 개의 규칙을 사용하였다.

[그림 3.21] MYCIN 전문가 시스템

4 딥 블루

딥 블루는 IBM의 과학자들이 무려 8년에 걸쳐 개발한 체스 전용 인공지능 슈퍼컴퓨터이다. 딥 블루는 32개의 마이크로프로세서와 512개의 체스 칩을 내장하고, 초당 3억 개의 경우의 수를 계산할 수 있었다.

1997년 5월 세계 체스 챔피언으로 12년 동안 군림한 러시아의 카스파로프(Garry Kasparov)와 체스 대결을 벌여 2승 1패 3무승부로 승리하면서 세계적인 주목을 받았다. [그림 3.22]는 그 당시에 시합을 벌였던 바로 그 딥 블루이다.

[그림 3.22] 딥 블루

딥 블루에는 과거 100년간 열린 70만 번 이상의 주요 체스 경기의 기보와 유명 체스 선수들의 경기 스타일이 내장되어 있었다고 한다. [그림 3.23]은 카스파로프와의 게임 장면을 나타내는데, 딥블루가 다음 수를 정하면 인간이 대신해서 두었다고 한다.

인공지능을 탑재한 딥 블루가 인간 체스 챔피언을 이긴 것은 획기적인 사건이었다. 이 행사는 인터넷을 통해 생중계되어 7,400만 건의 조회 수를 기록한 바 있는데, 많은 사람이 인공지능의 능력에 놀라워했다.

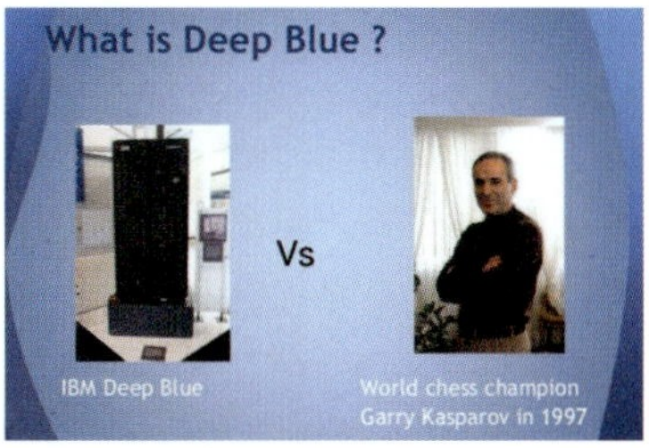

[그림 3.23] 딥 블루와 카스파로프의 게임 장면

5 왓슨

왓슨은 [그림 3.24]와 같이 IBM이 2010년에 개발한 인공지능 슈퍼컴퓨터인데, 8개의 코어 프로세서가 장착된 90개의 서버로 구성되어 있다. 1초당 80조 번의 연산을 수행할 수 있고, 16TB(테라바이트, 1TB = 1조 바이트)의 메모리를 장착하고 있으며, 15조 바이트 이상의 정보를 가지고 있다.

왓슨은 수학, 과학, 인문학에 걸친 방대한 정보를 가지고 있으며 이를 바탕으로 인간과 같이 논리적인 판단에 따라 추론할 수 있다. 왓슨은 음성인식으로 사회자의 질문도 잘 이해하고 몇 초 안에 답을 찾아 음성으로 답변할 수 있다.

[그림 3.24] 왓슨 컴퓨터

왓슨은 자연어 처리, 정보수집, 지식 재현, 사고, 머신러닝 기술을 활용하여 다양한 질문에 응답할 수 있는 인공지능 컴퓨터이다. 왓슨은 [그림 3.25]와 같이 2011년 2월 미국의 유명한 '제퍼디 퀴즈쇼'에 참가하여 퀴즈 달인들을 물리치고 연달아 우승하며 실력을 보여주었다.

[그림 3.25] 왓슨의 퀴즈 프로 우승 장면

그 후 왓슨의 크기는 점차 작아지고 있고, 지식은 엄청나게 늘어나고 있으며 인공지능 기술이 발달함에 따라 그 능력이 크게 향상되고 있다고 한다.

현재 왓슨은 암의 진단이나 유전자 분석과 같은 의료 분야에도 응용되고 있으며, 식당에서 고객에게 주문을 받고 응대하는 로봇 등 다방면에 활용되고 있다.

6 알파고

2016년 인간계에서 매우 복잡하고 경우의 수가 무궁무진한 게임인 바둑에 있어서 인간 고수 이세돌 9단을 이기는 실력을 보여준 알파고는 인공지능 소프트웨어와 첨단 컴퓨터의 하드웨어 능력의 결합으로 막강한 능력을 입증해주었다. [그림 3.26]은 알파고와 알파고를 작동시킨 구글의 데이터센터를 나타낸다.

[그림 3.26] 알파고와 구글의 데이터센터

7 ChatGPT

ChatGPT는 미국의 OpenAI가 2022년 11월 말에 공개한 대화 전문 인공지능 챗봇이다. GPT는 자연어 처리 분야에서 중요한 역할을 하는 대규모 언어 모델이다. [그림 3.27]의 ChatGPT는 발표되자마자 큰 관심을 끌었는데, 인간과 대화하며 문장 작성과 요약 등 다양한 영역에 활용되고 있다.

[그림 3.27] ChatGPT

앨런 튜링과 인공지능 테스트

1 컴퓨터과학의 아버지 앨런 튜링

20세기 중반에 인간이 개발한 위대한 발명품으로는 컴퓨터를 들 수 있다. 그 후 컴퓨터를 통해 정보화 혁명이 일어났으며 이로 인해 우리의 일상생활은 놀라울 정도로 변화되어왔다.

인류 최초의 전자식 컴퓨터인 '에니악'은 1946년 미국에서 발표되었는데, 컴퓨터와 관련된 이론적 배경은 그보다 10년 전인 1936년 제시되었다. 영국의 수학자, 암호학자, 논리학자, 컴퓨터과학자인 앨런 튜링(Alan Mathison Turing, 1912~1954)이 「계산하는 기계의 일반적인 개념」이란 논문에서 발표한 것이다.

이 논문에서 그는 디지털 컴퓨터의 수학적 모델인 오토마타(automata) 개념을 도입했다. 그는 오토마타의 종류 중 가장 복잡하게 작동하는 [그림 3.28]과 같은 튜링 머신(Turing machine)이란 컴퓨터 이론 모델을 창안하였으며, 그가 만든 계산 이론은 컴퓨터의 이론적 바탕이 되었다. 이 업적으로 튜링은 '컴퓨터과학의 아버지'라고 불린다.

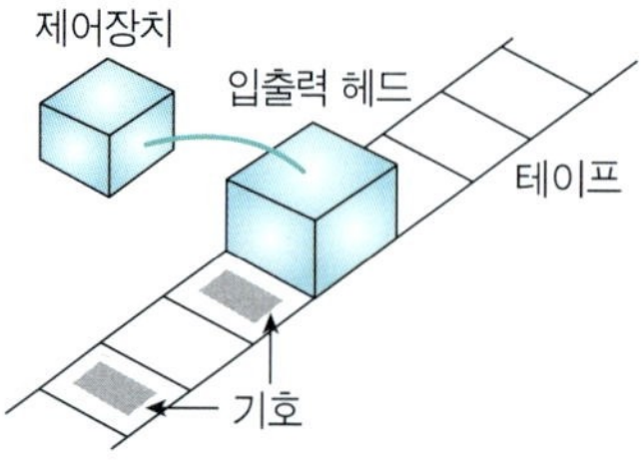

[그림 3.28] 튜링 머신의 구조

2 튜링상과 암호해독기

노벨상은 매우 영예로운 상이지만 컴퓨터 분야에는 시상하지 않는다. 컴퓨터 분야에서 매우 중요한 업적을 남긴 사람에게는 컴퓨터 분야의 노벨상으로 불리는 영예로운 튜링상(Turing Award)을 수여한다.

튜링상은 앨런 튜링의 위대한 업적을 기려서 미국의 ACM에서 1966년부터 해마다 수여하는 상인데, 현재는 구글에서 후원하고 있으며 100만 달러의 상금이 부상으로 주어진다.

인공지능 분야에서의 주요 수상자는 〈표 3.3〉과 같은데, 2018년에는 딥러닝을 개척한 힌튼 등이 공동으로 수상하였다.

〈표 3.3〉 인공지능 분야에서의 튜링상 수상자

연도	수상자
1969	민스키
1971	매카시
1975	뉴웰과 사이먼
1994	파이겐바움(Feigenbaum)
2018	힌튼(Hinton), 벤지오(Bengio), 르쿤(LeCun)

3 튜링의 생애와 인공지능

앨런 튜링은 컴퓨터공학 중 인공지능 분야에 탁월한 업적을 남긴 훌륭한 과학자이자 수학자였다. 그는 1912년 영국 런던에서 태어났으며, 어렸을 때부터 천재로 알려졌다. 그는 케임브리지 대학에서 수학을 전공하고, 그 후 튜링 머신 이론을 발표하였는데 이것은 디지털 컴퓨터 개발의 토대가 되었다.

그는 24세인 1936년에 미국으로 건너가 튜링 머신 연구를 계속하여 프린스턴 대학에서 박사학위를 받고 영국으로 돌아왔다. 그 이듬해 제2차 세계대전이 일어나 암호해독기를 개발하였으며, 이 공로로 1945년 대영제국훈장을 받았다. 그의 이야기는 2015년도에 개봉된 '이미테이션 게임(Imitation Game)'이라는 영화에도 잘 묘사되어 있다.

앨런 튜링은 생각하는 기계로서의 인공지능을 꿈꾸었으며, 천재적인 두뇌를 바탕으로 인공지능의 바탕을 이룩하였다. [그림 3.29]는 앨런 튜링이 벤치에 앉아 있는 기념 동상이다.

[그림 3.29] 앨런 튜링

그러나 앨런 튜링의 삶은 순탄하지 못했다. 그는 그 당시에 금기시하던 동성애자임이 발각되어 재판에 넘겨지고 화학적 거세형을 받았다. 42세인 1954년 그는 여성호르몬을 복용하며 방황하다 청산가리 독이든 사과를 베어먹고 자살하였다.

[그림 3.30]은 튜링을 기념하는 판인데, 여기에는 '앨런 튜링은 컴퓨터과학의 아버지, 수학자, 논리학자, 전쟁 시의 암호해독자, 편견의 희생자'라고 적혀있다.

[그림 3.30] 앨런 튜링을 기념하는 판

4 인공지능 튜링 테스트

앨런 튜링은 1945년에 튜링 머신의 일반화된 모델인 유니버설 튜링 머신을 고안하였으며, 인류 역사상 최초로 인간처럼 생각하고 판단할 수 있는 컴퓨터 이론인 인공지능(Artificial Intelligence) 이론을 창안하였다.

그는 1950년에 발표한 「계산 기계와 지능」이란 논문에서 '기계는 생각할 수 있다'라고 주장하였으며, 인공지능을 테스트하는 '튜링 테스트'의 기능까지 포함하고 있었다. 이것은 [그림 3.31]과 같이 실제 사람이 컴퓨터와 소통할 때 그 상대방이 기계인지, 사람인지 눈치채지 못할 확률을 계산하는 인공지능 성능 측정 기법이다. 눈치채지 못할 확률이 높을수록 인공지능 성능이 높다.

[그림 3.31] 인간과 소통할 수 있는 컴퓨터

튜링 테스트는 기계나 컴퓨터의 지능이 인간처럼 생각하거나 의식을 가졌는지를 인간과의 대화를 통해 확인하는 시험법이다. 이 테스트는 현재 로봇 등 인공지능 연구에서 기계가 생각할 수 있는 기능 여부를 판별하는 주요 기준으로 널리 인정받고 있다.

튜링 테스트 방법은 다음과 같다. [그림 3.32]와 같이 사람 A와 컴퓨터 B가 분리된 방에 있고 평가자인 사람 C가 보이지 않는 다른 쪽에 있다고 하자. 이때 타자기만으로 앞에 보이는 사람인 C가 여러 가지 질문을 통한 대화를 충분히 한 후 A와 B 중 어느 쪽이 사람인지 구별할 수가 없을 때 컴퓨터 B가 튜링 테스트를 통과했다고 판단하게 된다.

[그림 3.32] 튜링 테스트 방법

이와 같은 인공지능 판별 테스트를 까마득한 1950년에 창안하고 발표했다는 사실이 실로 놀라울 따름이다.

5 인공지능인 듯 아닌 듯한 '엘리자'

엘리자(ELIZA)는 1966년 [그림 3.33]의 와이젠바움(Joseph Weisenbaum) 박사에 의해 Lisp 언어를 사용하여 만들어진 초기의 자연어 처리 컴퓨터 프로그램이다. 엘리자는 어떤 환자와 정신과 의사와의 대화를 흉내 내는 프로그램인데, 1985년 저자가 엘리자 프로그램과 처음 대화했을 때 상당한 지능을 가진 것으로 착각할 정도였다. 그러나 엘리자를 자세히 분석한 결과 패턴의 매칭으로 인공지능과 같이 보이고 싶을 뿐이라는 것을 간파할 수 있었다.

[그림 3.33] 엘리자 프로그램을 만든 와이젠바움

엘리자는 세계 최초의 채팅 로봇(chat-bot) 중 하나이고, 인공지능 여부를 판단하는 튜링 테스트를 시험할 수 있는 첫 번째 프로그램인 셈이다. 특히 개발된 초기에 엘리자를 사용해본 사람들은 마치 엘리자가 상당한 지능을 가지고 대화 내용까지 이해한다는 생각을 가졌다고 한다. 어쨌든 엘리자는 그 당시에 인공지능 붐을 일으키는데 상당한 공헌을 하였다.

6 튜링 테스트를 통과한 최초의 인공지능 프로그램

튜링 테스트를 통과한 최초의 인공지능 프로그램은 영국의 레딩대학교에서 개발한 유진 구스트만(Eugene Goostman)이다. 유진 구스트만은 2014년 6월에 자신을 '우크라이나에 사는 13세 소년'으로 소개한 후 심사위원들과 5분간 대화를 했고, 그 결과 심사단의 33%(커트라인은 30%)가 이 프로그램이 컴퓨터가 아닌 진짜 인간이라고 판단했다. 유진 구스트만은 당시 아주 큰 뉴스거리가 되었으며, 유진 구스트만은 튜링 테스트를 통과한 인공지능 프로그램에게 수여하는 [그림 3.34]와 같은 최초의 '뢰브너상' 메달을 수상하였다.

[그림 3.34] 뢰브너상 메달

그러나 그 후 유진 구스트만과 직접 채팅해본 사람들은 기대와는 달리 유진 구스트만을 튜링 테스트를 충분한 수준으로 통과하지 않은 채팅 로봇으로 지적하고 있다. 즉 [그림 3.35]의 유진 구스트만은 튜링 테스트가 대화에서 사람 흉내를 잘 내고 그럴듯한 답을 말하면 심사하는 사람을 속이기 쉽다는 단점을 가지고 있다는 것을 이용한 것으로 보인다는 의견이다.

[그림 3.35] 유진 구스트만

이후 많은 사람들이 2014년도에 개봉된 영화 '그녀(Her)'에 등장하는 사만다나 '터미네이터'의 스카이넷처럼 사람보다 똑똑한 인공지능이 나올 날이 머지않았다고 전망하고 있다. [그림 3.36]은 영화 '그녀'에 나오는 한 장면인데, 주인공은 모든 질문에 척척 답하고 감정도 표현하는 완벽한 인공지능을 갖춘 컴퓨터와 사랑에 빠진다는 내용이다.

[그림 3.36] 영화 '그녀'의 한 장면

가상의 영화에 나오는 '그녀'가 아닌 진정한 의미의 대화형 인공지능이 튜링 테스트를 가뿐히 통과하는 그날이 언제쯤일지 기다려진다.

1 인공지능과 문제 해결

우리는 살아가면서 다양한 문제(problem)들을 만나게 된다. 어떤 문제는 호기심 정도의 가벼운 문제들도 있지만, 어떤 문제는 우리가 반드시 해결해야만 하는 상당히 어렵고 중요한 문제일 수도 있다.

인공지능 기술의 발달로 인간의 일을 대신할 수 있는 능력을 가진 인공지능이 획기적으로 발전하더라도 근본적으로 인간이 해결해야 할 일은 많다. 이는 컴퓨터가 아무리 발달하더라도 컴퓨터를 통한 정보처리의 핵심인 알고리즘과 소프트웨어를 활용할 능력이 없다면 컴퓨터의 혜택을 별로 누리지 못하는 것과 같은 이치이다.

따라서 인공지능 시대에서 문제 해결에 관한 논제는 매우 중요하며, 어떤 방법으로 문제를 해결할 수 있는지에 대한 깊은 사고력이 필요할 것이다.

문제 해결(problem solving)이란 통상 우리가 원하는 해답을 얻는 경우를 말하는데, 상당한 시간과 지적인 노력이 투입되어야 효율적이고 좋은 결과를 얻을 수 있다. 일반적으로는 하나의 좋은 해답을 구하게 되지만 경우에 따라 여러 가지 해답을 얻을 수도 있다.

문제 해결에 있어 [그림 3.37]과 같이 그것이 시험 문제이든, 교재에 나오는 문제이든, 또는 세상을 살아가는 동안 만나는 일상적인 문제이든 간에 현명하고 깔끔하게 문제를 해결하는 것이 좋을 것이다.

문제 해결에 있어 도움이 되는 몇 가지 핵심적인 방안은 다음과 같다.

- 기본 개념과 원리를 생각하며 그 문제에다 적용해본다.
- 비슷한 유형의 문제는 같은 방법으로 적용해본다.
- 어렵게 보이는 문제를 단순화시킬 수 있는지를 점검한다.
- 복잡한 문제는 여러 단계로 잘게 나누어 문제를 해결한다.
- 다양한 관점으로 문제의 핵심에 접근해본다.
- 틀을 벗어난 자유로운 생각으로 문제 해결의 실마리를 끌어낸다.

[그림 3.37] 문제 해결

또 인공지능 시대에서 [그림 3.38]과 같은 문제 해결 전략을 추가하면 다음과 같다.

- 컴퓨터를 이용하여 문제 해결이 가능한 방안을 마련한다.
- 블록 다이어그램을 그려 문제를 단계별로 분석한다.
- 규칙을 찾아 규칙기반 인공지능에 적용할 수 있는지를 고려한다.
- 신경망이나 딥러닝의 인식 기능을 활용한다.
- 데이터 사이언스 방법의 접근을 한다.
- 빅데이터를 적용하여 해결할 수 있는지를 검토한다.
- 인간의 사고와 컴퓨터의 능력을 통합한 컴퓨팅 사고를 적용해본다.

[그림 3.38] 문제 해결 전략

2 문제 해결의 핵심인 사고의 힘

인간은 연산의 필요에 따라 컴퓨터를 개발하고 발전시켰으며, 인간처럼 사고할 수 있는 인공지능에까지 도전하고 있다. 앞으로 인공지능이 발달하더라도 [그림 3.39]와 같은 인간의 사고하는 힘은 여전히 중요하며, 앞으로 다가올 인공지능에 대처하는 좋은 방법이 될 것이다.

'사고의 힘(Thinking Power)'의 중요성을 강조한 유명 인사들의 의견은 다음과 같다.

- 프랑스의 철학자 데카르트(Descartes)는 "나는 생각한다, 그러므로 존재한다(cogito, ergo sum; I think, therefore I am)."를 주장하였다.
- IBM의 왓슨 회장은 사훈을 'Think'로 내세웠으며, 이를 바탕으로 IBM을 세계 굴지의 컴퓨터 회사로 만들었다.
- 애플의 스티브 잡스는 생전에 창의적인 인물로 유명한데, 남과 다르게 생각하라는 'Think Different'를 자주 강조하였다.
- 마이크로소프트의 빌 게이츠 회장은 1년에 두 차례씩 한적한 통나무 별장에서 혼자서 조용히 생각하는 'Think Week' 기간을 가지는 동안 새로운 발상의 사업을 구상해 내곤 한다.

[그림 3.39] 사고의 힘 'Think'

3 코딩을 통한 인공지능 접근

인공지능 시대에는 인공지능과 관련된 이론적인 지식뿐만 아니라 실제로 간단하나마 프로그램을 통해 경험하는 것도 매우 중요하다. 이를 통해 앞으로 더욱 발전해나갈 인공지능에 대한 폭넓은 지식과 직관을 넓혀나갈 수 있기 때문이다.

최근 코딩을 통한 소프트웨어 구현에 관심이 커지면서 직접 프로그래밍을 하는 코딩 열풍이 불고 있다. 또 생활에 편리함을 제공해주는 앱(App)들도 코딩으로 만들어지므로 이에 대한 기초적인 지식이 필요하다.

코딩(coding)이란 '컴퓨터 프로그램을 수행하는 절차를 적어둔 명령어들인 코드(code)를 작성하는 행위'를 말한다. 달리 표현하면 코딩이란 '문제 해결을 위한 절차와 과정을 설정하고, 그것을 실행 가능한 프로그램으로 작성하는 일'이다.

즉 컴퓨터를 통해 어떤 목적을 달성하기 위한 수단으로써 프로그램을 작성하는 일을 코딩 또는 프로그래밍이라 한다. 따라서 코딩과 프로그래밍은 같은 의미를 가지고 있다. [그림 3.40]은 Python을 이용한 간단한 코딩을 나타낸다.

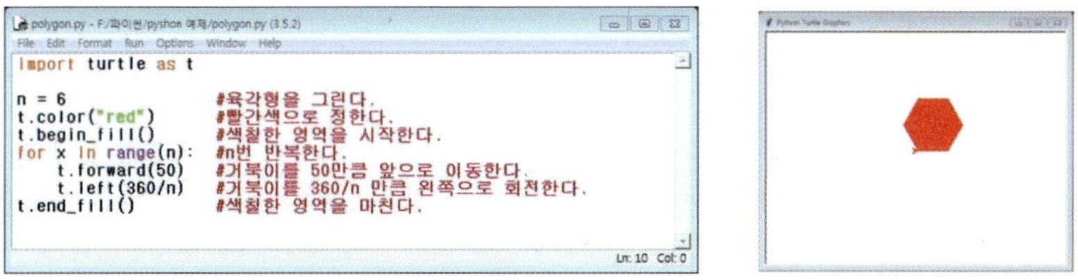

[그림 3.40] Python을 이용한 간단한 코딩

우리가 코딩을 하는 궁극적인 목표는 주어진 문제를 제대로 해결하는 일이다. 따라서 코딩을 하기 전에 문제 해결을 위한 방법을 먼저 구상해야 하며, 그 후 코딩을 마치고 컴퓨터를 작동시켜 문제를 해결하게 된다. 이러한 과정은 [그림 3.41]에 나타나 있다.

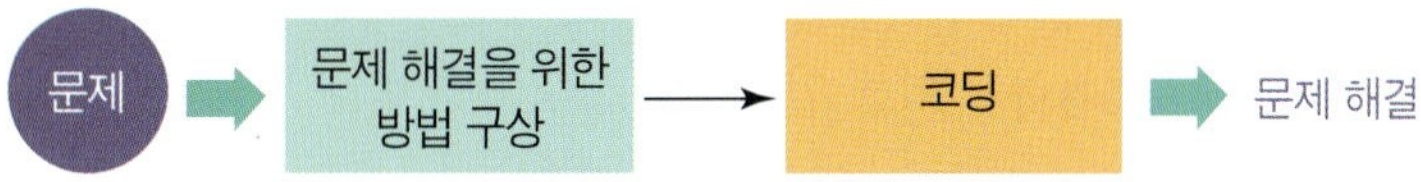

[그림 3.41] 문제 해결과 코딩

4 코딩의 중요성

여러 유명 인사들이 코딩의 중요성을 역설한 바 있는데 핵심적인 내용을 간추려서 요약하면 다음과 같다.

- "13살 때 처음으로 코딩하는 방법을 배웠고, 이를 바탕으로 마이크로소프트를 세웠다." - 마이크로소프트 창업자 빌 게이츠(Bill Gates)
- "만약 여러분이 코딩을 할 수 있게 된다면, 당신은 무엇인가를 만들어낼 수 있고, 누구도 당신을 막을 수 없다." - 페이스북 창업자 마크 저커버그(Mark Zuckerberg)
- "코딩 기술을 배우는 것이 여러분의 미래는 물론 조국의 미래에도 매우 중요하다." - 미국의 오바마(Obama) 대통령
- "이 나라에 살고 있는 모든 사람들은 컴퓨터 프로그래밍 즉 코딩(coding)을 배워야 한다. 코딩은 생각하는 방법을 가르쳐주기 때문이다." - 애플의 창업자 스티브 잡스(Steve Jobs, [그림 3.42])

[그림 3.42] 스티브 잡스와 코딩

5 코딩의 주요 목적

코딩의 주요 목적은 [그림 3.43]과 같이 다양한데 다음과 같이 요약될 수 있다.

첫째, 코딩의 목적은 앞으로 다가오는 인공지능 시대에서 코딩 교육이 기초적이고 필수적인 요소이기 때문이다.

둘째, 사람들이 스스로 문제를 해결하려는 절차인 코딩 과정을 통하여 논리적 사고력을 향상시키고 문제 해결을 위한 생각하는 힘을 기를 수 있다는 점이다.

셋째, 코딩을 함으로써 다양한 아이디어를 생각하는 창의적 발상을 하게 되고, 그것을 실제로 코딩으로 연결하는 과정에서 지구력을 기를 수 있다는 점이다.

넷째, 앞으로 엄청나게 변화하고 있는 인공지능 시대에 현재의 직업군이 매우 가변적이라는 점에 주목하여, 소프트웨어적 지식과 컴퓨팅 사고 방법을 통하여 미래 직업에 대해 효율적으로 대응할 수 있는 전략이기 때문이다.

[그림 3.43] 코딩의 주요 목적

여기서 잠깐! 인공지능 시대와 코딩의 중요성

최근에 관심을 끌고 있는 코딩은 컴퓨터를 이용한 문제 해결을 위한 합리적인 수단이다. 문제 해결을 위해서는 문제의 핵심을 파악하고 논리적인 알고리즘을 설정하는 것이 첫 과정이자 가장 중요한 단계이고, 그 후 프로그래밍하게 된다. 인공지능은 인간이 문제 해결의 핵심을 파악하지 않는 한 복잡하고 어려운 일을 스스로 수행할 수는 없다. 따라서 인공지능이 아무리 발달하더라도 문제 해결을 위한 코딩의 중요성은 줄어들지 않을 것이다.

인공지능과 소프트웨어

1 인공지능 소프트웨어 시대

소프트웨어는 인공지능 발전의 중요한 동력이 되고 있다. 인공지능이 첨가된 소프트웨어는 높은 부가가치를 창출하며 현대 사회의 모든 분야에 폭넓게 적용되고 있다.

소프트웨어는 IT 서비스를 통한 지식 창출의 도구로 사용될 수 있으며, 다양한 분야의 산업을 발전시키고 있다. 최근 총개발비 중 소프트웨어의 비중은 자동차는 56%, 항공기는 60%, 의료 서비스의 경우 50%를 차지할 정도가 되었으며, 그 비중이 점차 높아지고 있다.

여기서 잠깐! 인공지능 소프트웨어란?

인공지능 소프트웨어(AI Software)란 소프트웨어에다 인공지능 기술을 접목한 것이다. 인공지능 기술의 핵심들인 신경망과 딥러닝 알고리즘도 사실 소프트웨어에 속한다. 따라서 인공지능 시대에 소프트웨어에 관한 기본적인 이해는 필수적이다.

인공지능 소프트웨어 = 인공지능 + 소프트웨어

특히 자동차의 경우 최근 [그림 3.44]와 같은 자율주행차를 개발하고 있는 BMW에서는 연구개발비의 약 90%가 관련 소프트웨어에 투입되고 있으며, 이 중에서 자율적으로 운행할 수 있는 고도의 인공지능 소프트웨어 개발비가 대부분을 차지하고 있다.

전기자동차를 개발하는 세계적인 기업인 테슬러(Tesler)의 경우와 이미 수년 전부터 자율주행차를 시험 운행하고 있는 구글의 경우에도 인공지능 소프트웨어 기술이 연구의 핵심을 차지하고 있다.

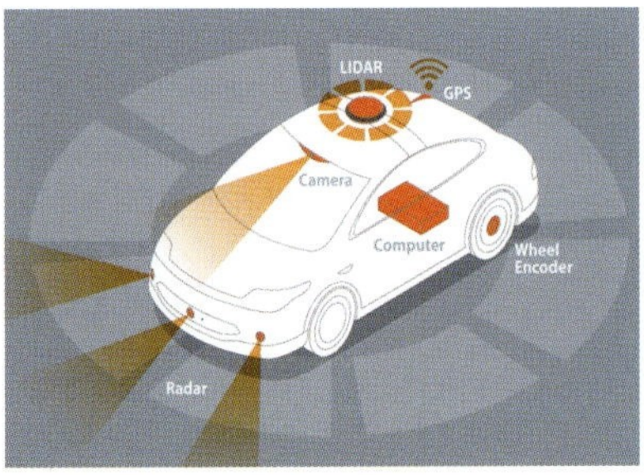

[그림 3.44] 자율주행차와 인공지능 소프트웨어

또한 [그림 3.45]의 차세대 전투기인 F35 기능의 92% 이상이 소프트웨어로 구현되고 있다. 이 중에서 레이더를 통해 수십 개의 목표물을 동시에 요격할 수 있는 핵심적인 소프트웨어에는 고도의 기술을 필요로 하는 인공지능 소프트웨어 기술이 포함되어 있다.

[그림 3.45] 차세대 전투기 F35

또 영화 제작에서는 컴퓨터 그래픽 소프트웨어가 많이 사용되고 있는데, 크게 인기를 끈 [그림 3.46]의 '아바타(Avatar)'란 영화의 그래픽 처리를 위해 3만 5천대의 컴퓨터가 사용되었다고 한다. 이 또한 가상적인 현실을 구현하는데 인공지능 소프트웨어 기술이 필수적으로 사용되었다.

[그림 3.46] 아바타 장면

따라서 첨단기술 분야에서 인공지능 소프트웨어의 중요성은 더욱 커지고 있다.

2 인공지능 시대의 소프트웨어의 중요성

인공지능 시대를 맞이하여 소프트웨어는 우리의 일상생활에 큰 영향을 미치고 있으며, 앞으로 소프트웨어가 인공지능과 더불어 세상의 변화를 이끌 것이라는 전망도 있다. 따라서 인공지능과 더불어 [그림 3.47]과 같은 소프트웨어에 관한 기본적인 이해는 제4차 산업혁명 시대의 필수적이라 할 수 있다.

[그림 3.47] 인공지능 시대의 소프트웨어

소프트웨어의 중요성을 알려주는 또 다른 표현은 미국의 앤드리센(Marc Andreessen)이 월스트리트 저널 특집에 기고한 '소프트웨어가 세상을 지배하는 이유?(Why software is eating the world?)'란 글이다. 여기서 그는 [그림 3.48]과 같이 소프트웨어가 장차 모든 영역에서 세상을 지배할 것이며, 미래에는 거의 모든 회사의 비즈니스가 소프트웨어와 관련을 맺을 것이라고 주장하였다.

[그림 3.48] 소프트웨어가 세상을 삼키는 이유

몇 년이 지난 최근 들어 소프트웨어의 중요성은 더욱 커지고 있으며, 소프트웨어가 인공지능 기술과 연계하여 그 파급효과가 더욱 커지고 있다.

인공지능 시대에 있어서 소프트웨어 개발의 중요성은 다음과 같이 요약될 수 있다.

① 최근 들어 소프트웨어가 스마트폰이나 자율주행차 등 대부분 산업에 폭넓게 활용되고 있다.
② 소프트웨어는 제품의 부가가치를 결정하는 핵심 요소인데, 가령 가전제품 개발 원가 중 소프트웨어 비중이 53.7%, 의료장비는 45.5%를 차지한다.
③ 세계시장을 선도하는 구글의 자율주행차, 혼다의 인공지능 로봇 휴머노이드 등 혁신 제품에는 첨단 소프트웨어가 필수적이다.

④ 소프트웨어는 사람이 개발하는 것이므로 고용효과가 높으며, 선두 기술을 추격하기 어렵다는 특성이 있다.

소프트웨어는 기존의 다른 산업 영역과의 융합을 통해 놀라울 정도의 파급효과를 나타내며 발전하고 있다. 나이키(Nike)의 마크 파커(Mark Parker) CEO는 [그림 3.49]와 같이 "소프트웨어와 스포츠의 결합을 통하여 소비자들은 지금과는 다른 경험을 할 것이다." 라며, 편하고 기능성 있는 신발 제조에 소프트웨어를 적용하고 있으며, 최근에는 인공지능 기술을 적용한 신발을 연구 개발하고 있다.

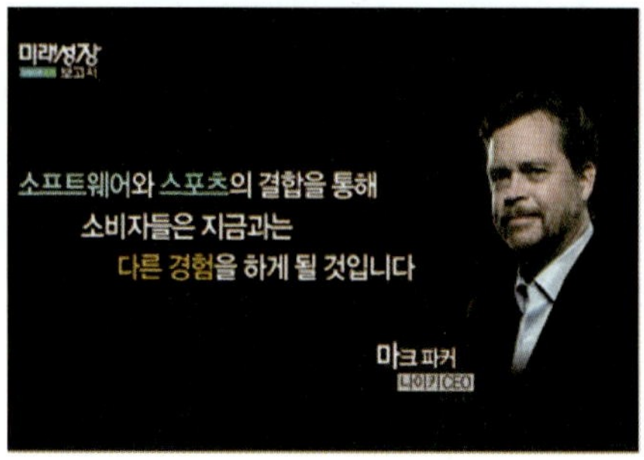

[그림 3.49] 나이키의 소프트웨어와 스포츠의 결합

한편 메르세데스 벤츠의 디터 제체(Dieter Zetsche) CEO는 [그림 3.50]과 같이 "이제 자동차는 기름이 아니라 소프트웨어로 달린다."라며 소프트웨어와 인공지능 기술의 중요성을 강조하고 있다.

[그림 3.50] 벤츠의 소프트웨어와 인공지능의 결합

3 소프트웨어와 인공지능이 강한 회사

'소프트웨어가 세상을 지배할 것'이라는 말과 같이 소프트웨어의 힘은 점차 강해지고 있으며 그 영향력 역시 커지고 있다. [그림 3.51]에 적힌 숫자는 막강한 영향력을 가지고 있는 IT 기업의 종업원 수이다.

가장 아래에 있는 IBM의 종업원 수는 40만 명인데 비해, 트위터는 900명이고 인스타그램(Instagram)은 그 당시 13명에 불과했다. 그림의 아래 부분에 있는 기업일수록 인프라를 제공하는 기업이고, 위로 갈수록 소프트웨어의 응용을 다루는 기업이라는 것을 알 수 있다.

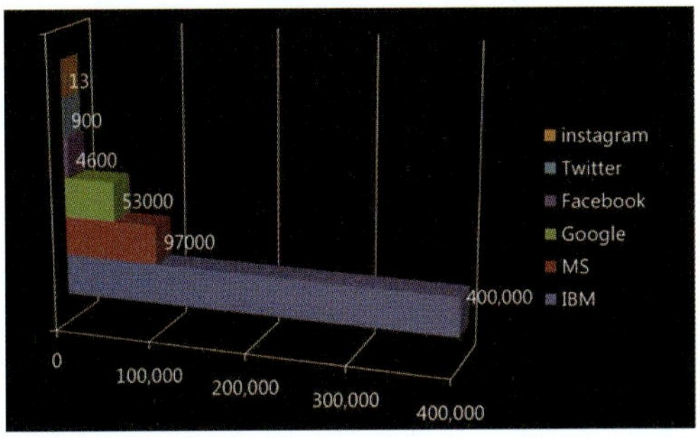

[그림 3.51] 주요 IT 기업의 종업원 수

여기서 주목할 점은 소프트웨어가 강한 기업들이 인공지능 연구 개발에서도 앞서나간다는 점이다. 구글, 마이크로소프트, IBM, 페이스북 등은 현재 인공지능 연구 개발을 세계적으로 주도하고 있다. [그림 3.52]는 소프트웨어와 인공지능에서 첨단을 달리는 구글 본사의 전경이다.

[그림 3.52] 소프트웨어와 인공지능에서 앞서가는 구글의 본사

4 인공지능과 타 학문과의 융합

인공지능 시대를 맞이하여 우리나라의 많은 대학에서 인공지능 교양강의가 실시되기 시작했다. 어떤 대학에서는 전체 신입생에 대해 인공지능 과목이 교양 필수로 지정되기도 했으며, 일부 대학에서는 인공지능 관련 과목을 3개 정도 이수하도록 하고 있다.

이것은 [그림 3.53]과 같이 대학생들의 전공과 관계없이 이루어지는 것으로 이를 통해 다양한 전공 분야의 대학생들이 인공지능의 기초를 익혀 자기 전공과의 융합을 이룰 수 있도록 하려는 의도이며, 이러한 움직임은 세계적 추세이다.

[그림 3.53] 인공지능 과목의 교양화

가까운 곳에서 인공지능 경험하기

꽃 이름 알아내기

꽃 이름을 알기 위해서는 꽃의 모양을 Daum 검색창에서 꽃의 패턴을 맞추고 난 후, 가능성이 가장 높은 꽃 이름의 확률을 알아낸다. 여기서는 제라늄일 가능성이 95%로 판정되었다.

1) 스마트폰에서 Daum 검색창을 찾는다.
2) 상단 박스의 오른쪽 마이크 모양의 그림을 누른다.
3) 왼쪽에서 세 번째 있는 '꽃검색'을 누르면 꽃의 모양을 찾아낼 패턴이 나온다.

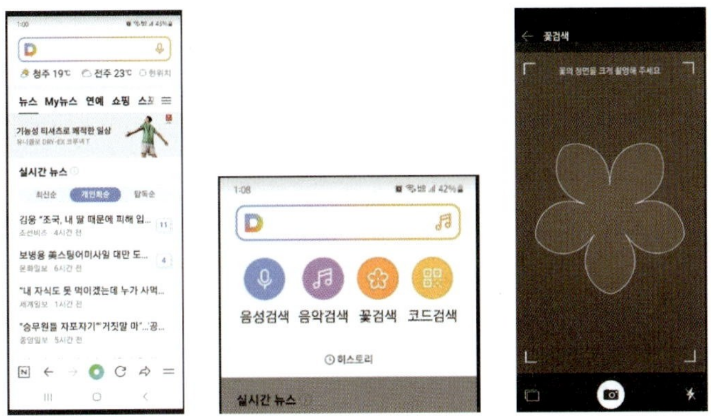

4) 꽃의 모양을 패턴 안에 맞추고 하단의 카메라를 누른다.
5) 가장 가능성이 높은 꽃 이름과 확률이 표시된다.

이 경우에는 '제라늄'일 확률이 95%로 알려준다. 여러 가지 꽃에다 적용해보자.

생각하고 토론하기

1. 엘리자 프로그램을 인공지능인 듯 아닌 듯 표현하는 이유를 생각해보자. 즉 인공지능이라 생각되는 점과 인공지능이 아니라는 점으로 구분하여 생각해보고 의견을 나누어보자.

✔ **아이디어 포인트** 대화 중 인간 같이 똑똑하게 느껴지는 점, 엉뚱하고 멍청한 점 등

2. 우리는 살면서 수시로 다양한 문제들을 만나고 이를 해결하며 살아가고 있다. 인공지능과 관련되는 우리 주변의 편리한 문제 해결을 생각해보고 논의하시오.

✔ **아이디어 포인트** 지각하지 않도록 최적의 지하철 환승, 버스정류장에서의 도착 예정시간 등

인공지능 실습하기

실습 3 그림을 그려주는 생성형 인공지능인 Stable Diffusion

그림을 그려주는 유명한 생성형 인공지능인 Stable Diffusion의 사용법을 알아보자.

- https://stablediffusionweb.com/#demo

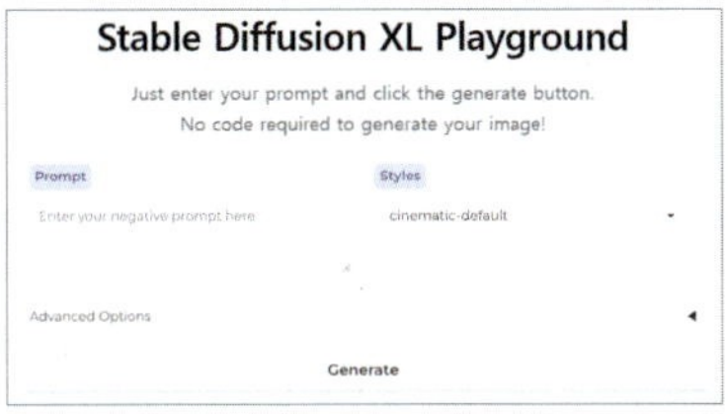

| 실행방법 | 'Prompt' 난에 원하는 이미지의 특징을 영어로 적는다.

- 여러 특징을 나열할 때는 쉼표를 사용하여 연결한다.
- 중요하다고 생각하는 키워드는 괄호 안에 넣어준다.
- 예시: (dice), cat, 3D, model, detailed, hyperdetailed, CG
- 여기서 먼저 'cat과 여러 옵션'을 넣고, 다른 하나는 'dog and cat'을 넣었다.

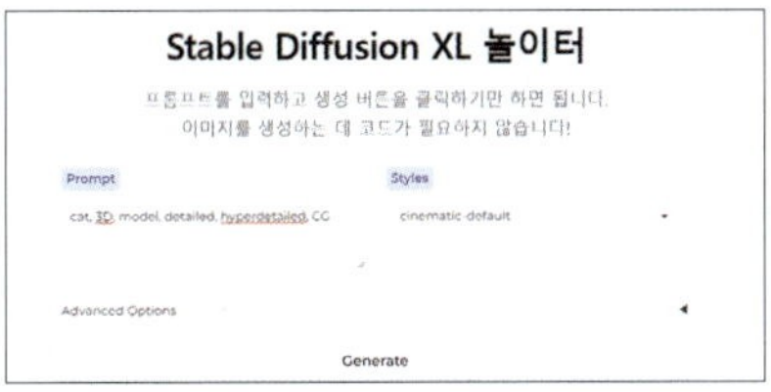

| 실행결과 | 아래의 'Generate' 버튼을 클릭하고 얼마 동안 기다리면 입력한 키워드에 기반한 이미지가 생성된다.

그밖에 상상력을 활용하여 각자의 독특한 이미지를 여러 개 만들어보자.

연습문제

진위 문제

1. 연결주의 인공지능 계열에 속하는 것은 규칙기반 인공지능이다.( )
2. 최초의 체스 프로그램은 인공지능이란 단어가 나오기 전에 컴퓨터로 만들어졌다.( )
3. 마이신은 혈액 감염을 진단하고 처방하기 위해 만들어진 의학 전문가 시스템이다.( )
4. 데이터를 전문적으로 다루고 분석하는 사람을 데이터 과학자라 하는데, 그 수요가 점차 감소하고 있다.( )
5. 인류 최초의 전자식 컴퓨터인 에니악은 1946년에 발표되었다.( )
6. 왓슨은 음성인식으로 질문도 잘 이해하고 답할 수 있으나, 음성으로 답변할 수는 없다.( )
7. 엘리자는 앨런 튜링에 의해 만들어진 초기의 자연어 처리 컴퓨터 프로그램이다.( )
8. 인공지능은 크게 규칙기반 인공지능과 신경망 기반 인공지능으로 나누어진다.( )
9. 규칙기반 인공지능의 장점으로는 학습을 잘할 수 있다는 점이다.( )
10. 신경망은 주로 패턴인식에 활용되며, 학습 시간이 오래 걸리는 편이다.( )
11. 인공지능 슈퍼컴퓨터인 딥 블루가 바둑 게임에서 세계 챔피언에 등극하였다.( )
12. 문제 해결을 위한 방법 중 하나는 블록다이어그램을 그려 문제를 단계별로 분석한다.( )

단답식/선택식 문제

1. 엄청난 양의 데이터를 수집하여 머신러닝과 통계적 기법으로 분석하여 활용하는 기술은 무엇인가?
2. 가상공간 환경에 위치하여 응용 프로그램을 다루는 사용자를 도울 목적으로 반복적인 작업들을 자동화시켜 주는 컴퓨터 프로그램은 무엇인가?
3. 인간 전문가를 대신할 수 있는 유능한 인공지능 시스템은 무엇인가?
4. 규칙기반 인공지능이 문제 해결을 위해 선험적 규칙이라고도 불리는 방법은?
5. (　　)는 수많은 프로기사가 둔 기보들의 전략을 분석한 후 딥러닝 학습을 활용하였다.
6. 말하는 사람과 관계없이 누구에게나 작동하는 음성인식은 (　　) 음성인식이다.

7. (   )는 기계나 컴퓨터의 지능이 인간처럼 생각하거나 의식을 가졌는지를 인간과의 대화를 통해 확인하는 시험 방법이다.

8. (   )이란 컴퓨터에서 수행하는 절차를 프로그램으로 작성하는 일을 말한다.

9. 컴퓨터를 통해 서로 다른 언어들 사이의 번역에 해당하는 것은?

① 기계번역 ② 자동통역
③ 언어번역 ④ 사이버번역

10. 초기의 신경망 연구와 관련된 주요 분야와 다소 거리가 있는 것은?

① 음성인식 ② 동영상인식
③ 숫자인식 ④ 문자인식

11. 본격적인 인공지능 시대가 오더라도 일자리가 비교적 줄어들지 않을 직업은?

① 택시기사 ② 지게차 업무자
③ 데이터 과학자 ④ 교통 감시원

12. 다음 중 코딩의 목적과 거리가 먼 것은?

① 코딩을 통한 계산력의 향상 ② 인공지능 시대에서의 기초적인 요소
③ 논리적 사고력의 향상 ④ 다양한 아이디어를 생각하는 창의적 발상

13. 가장 초기에 개발된 인공지능이라 할 수 있는 것은?

① 유진 구스트만 ② ChatGPT
③ 엘리자 ④ 알파고

주관식 문제

1. 초기 인공지능 연구 분야를 3가지 이상 적으시오.

2. 신경망 연구와 관련된 3가지 주요 인식 분야는 무엇인가?

3. 컴퓨터과학의 아버지라고 불리는 앨런 튜링의 업적을 적으시오.

4. 세계를 놀라게 한 5개의 인공지능 시스템들을 나열하시오.

5. 튜링 테스트를 통과한 최초의 인공지능 프로그램은 무엇이고, 그리고 그것의 단점은 무엇인가를 지적하시오.

6. 소프트웨어와 기존의 다른 산업 영역과의 융합의 예를 몇 가지 들어보시오.

CHAPTER

04

인공지능의 미래와 윤리

The Future of Artificial Intelligence and Ethics

Contents

단원의 주요 목표

인공지능을 수준별로 살펴보고 지능의 폭발과 인공지능 윤리 등을 고찰한다.

- 인공지능의 수준을 2가지 방법으로 분류하고 핵심 사항을 파악한다.
- 약한 인공지능인 알파고와 ChatGPT 및 강한 인공지능 상황인식을 알아본다.
- 미래의 인공지능에 나타날 기술적 특이점과 인간 종속을 다룬다.
- 슈퍼 인공지능 시대의 도래와 지능의 폭발과 관련된 논제를 살펴본다.
- 슈퍼 인공지능이 창의성에도 도전할 수 있는지 그 가능성을 예상해본다.
- 인공지능 시대를 맞이하여 요구되는 윤리성과 윤리 강령을 알아본다.

인공지능의 수준별 분류

1 인공지능의 수준에 따른 분류

인공지능은 인간이 가진 지능의 본질을 이해하고, 인간의 지능과 비슷한 방법으로 작동하는 새로운 지능형 시스템을 개발하려는 분야이다. 인공지능과 관련된 이론과 기술 수준은 시간이 흐름에 따라 지속적으로 개발되고 발전하고 있다.

초기의 인공지능은 음성인식이나 자연어 처리 등 인간의 두뇌를 흉내 내는 정도의 수준이었다. 그러나 현재의 인공지능은 인간의 지능과 같은 수준 또는 그 이상의 능력을 목표로 추구하고 있으며, 심지어 자아의식까지 가진 강력한 인공지능을 꿈꾸고 있다.

인공지능은 수준에 따라 다음과 같이 2가지 방법으로 분류될 수 있다.

① 약한 인공지능과 강한 인공지능
② 좁은 인공지능, 일반 인공지능, 슈퍼 인공지능

2 약한 인공지능과 강한 인공지능

약한 인공지능(Weak AI)과 강한 인공지능(Strong AI)은 1980년 미국의 존 설(John R. Searle, 1932년 ~) 교수가 최초로 사용한 개념이다. 그는 유명한 중국어 방 논증을 제안하면서 약한 인공지능을 단순히 인간의 능력 일부를 시뮬레이션하거나 그런 작업을 목적으로 하는 것으로 정의했다.

[그림 4.1]에서와 같이 약한 인공지능의 예는 체스를 두는 로봇이고, 강한 인공지능의 예로는 최근의 인기 SF 영화인 〈Blade Runner 2049〉를 들 수 있다.

[그림 4.1] 약한 인공지능과 강한 인공지능

먼저 약한 인공지능(weak AI)을 간단하게 표현하면 '특정 분야 내에서 인간의 지능을 흉내 내는 지능적인 활동'이라 말할 수 있다. 따라서 사람들이 진짜 지능인지 아닌지를 구분할 필요 없이 그 결과가 좋은 성과를 나타내기면 하면 된다.

예를 들어 "인공지능이란 단어를 검색하여 결과를 보여라."거나 "지금부터 나의 음성을 듣고 문자로 적으라."는 등 인간의 업무를 대신하는 것이다. 그 외에도 개의 그림을 찾아내거나 영어로 된 문서를 [그림 4.2]와 같이 다른 언어로 번역하는 일 등과 같이 현재 수준에서 개발되고 있는 대부분의 인공지능 기술은 약한 인공지능에 속한다.

[그림 4.2] 약한 인공지능에 속하는 언어 번역

약한 인공지능은 아무리 발전하더라도 인간의 실제 지능에는 미치지 못할 것이므로 인간 능력의 일부를 대체하는 수준에 머물 것이다. 현재까지 대부분의 연구 성과는 약한 인공지능에 해당된다.

바둑과 같은 특정 영역에서는 이미 인간 능력을 뛰어넘은 약한 인공지능도 개발되었는데 구글의 알파고가 한 예이다. 사실 알파고는 바둑에서 이길 수 있는 확률 위주로만 계산하여 다음 수를 결정할 뿐이지만, 수많은 경우의 수로부터 예측하는 능력 면에서는 대단한 능력임에 틀림이 없다.

그러나 알파고가 바둑 외에 오목이나 장기를 둘 수 있는 능력이 현재로서는 없으므로 특정 영역에 국한된 약한 인공지능에 속한다.

[그림 4.3]과 같이 강한 인공지능의 '생각할 수 있는 능력' 비해, 약한 인공지능은 '생각을 시뮬레이션할' 정도만 할 수 있다는 점이다.

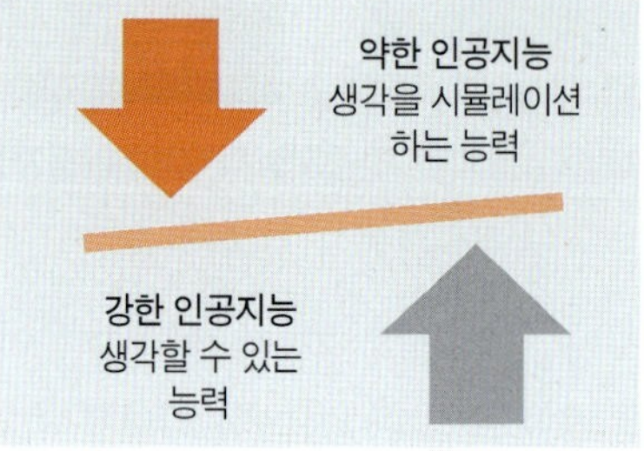

[그림 4.3] 약한 인공지능과 강한 인공지능

IBM에서 개발한 왓슨 컴퓨터는 [그림 4.4]와 같이 미국의 인기 퀴즈 프로그램인 퀴즈대회에서 인간 챔피언들을 이겼고, 의학 진단용으로도 훌륭한 성과를 보였다.

[그림 4.4] 퀴즈대회에서 우승한 IBM의 왓슨

최근에는 왓슨이 인공지능과 사물인터넷 기술을 적용한 [그림 4.5]와 같은 자율주행 셔틀버스를 발표했다. 이 버스는 차량 외부에 장착된 센서들로부터 수집된 데이터를 활용하여 인공지능이 자율적으로 운행한다. 또 왓슨은 승객과의 일상 대화가 가능하므로 승객이 목적지를 말하면 목적지로 가는 최적의 경로로 스스로 운행할 수 있다.

[그림 4.5] 자율주행 셔틀버스

왓슨이 다양한 분야에서 지능적인 역할을 담당하고 있으므로 활용 분야 측면에서는 강한 인공지능에 접근한다고 볼 수 있으나, 자아의식이나 감정 등이 없으므로 왓슨은 아직도 약한 인공지능에 속한다.

약한 인공지능과 강한 인공지능은 활용 분야, 지능 수준, 두뇌 기능, 학습 방법, 감정 여부 등에 있어 차이가 있는데 〈표 4.1〉에 요약되어 있다.

〈표 4.1〉 약한 인공지능과 강한 인공지능과의 차이

약한 인공지능	강한 인공지능
특정 분야에서만 활용 가능	다양한 분야에서 활용 가능
인간의 지능을 흉내 내는 수준	인간과 유사 또는 뛰어넘는 지능 수준
인간 두뇌의 제한된 일부 기능	인간 두뇌의 일반 지능
현재의 인공지능 수준	미래지향적 인공지능 수준
제작자나 소유자가 책임	인공지능 자체가 대부분 책임
지능적인 것같이 행동	실제로 지능적인 행동
시리, 알파고, 전문가 시스템 등	공상 소설이나 SF 영화에 등장
느낌이나 감정이 없음	자아의식과 감정도 가짐
특정 분야(바둑)에서 인간 능가	아직도 요원하며 예측 어려움

한편 강한 인공지능(strong AI)은 '인간과 같은 지능을 가지고 다양한 일을 할 수 있는 인공지능'이라 표현할 수 있다. 인간과 비슷한 수준의 능력을 바탕으로 생각하고, 판단하며, 더 나아가 상황을 이해할 수 있다.

강한 인공지능은 공상 소설이나 SF 영화에서 등장하는 미래지향적 인공지능 수준인데,

법적인 문제에 있어 인공지능 자체가 대부분 책임을 지며, 인간이 가지는 의식 수준을 가지며 생각하는 힘과 감정도 가질 수 있다.

강한 인공지능의 특징으로는 다양한 분야에서 일반적인 활용이 가능해야 한다는 점, 인간과 유사하거나 뛰어넘는 지능 수준, 스스로 학습하여 지능적인 행동을 한다는 점, 자아의식과 감정도 가질 수 있다는 점 등이다.

그런데 현재로서의 강한 인공지능의 예는 공상 소설이나 [그림 4.6]의 〈Avengers: Age of Ultron〉과 같은 SF 영화에서 등장하는 울트론(Ultron)과 같은 가상적인 로봇들일 것이다.

[그림 4.6] 강한 인공지능 수준의 영화 〈어벤저스〉

강한 인공지능이 언제 개발될 수 있을지에 대한 예측은 매우 어려우며, 강한 인공지능이 과연 실제로 구현될 수 있을 것인가에 대해서도 의견이 분분하다.

3 좁은 인공지능, 일반 인공지능, 슈퍼 인공지능

인공지능 분야 과학자들은 약한 인공지능과 강한 인공지능 분류 외에 다른 분류를 사용하는 사람도 많다. 인공지능의 3가지 발전 단계는 [그림 4.7]과 같이 좁은(narrow) 인공지능, 일반(general) 인공지능, 슈퍼(super) 인공지능이다.

좁은 인공지능은 한 가지 업무에 특화된 인공지능이고, 일반 인공지능은 인간 수준의 인공지능이며, 슈퍼 인공지능은 인간의 지능보다 뛰어난 인공지능이라 할 수 있다.

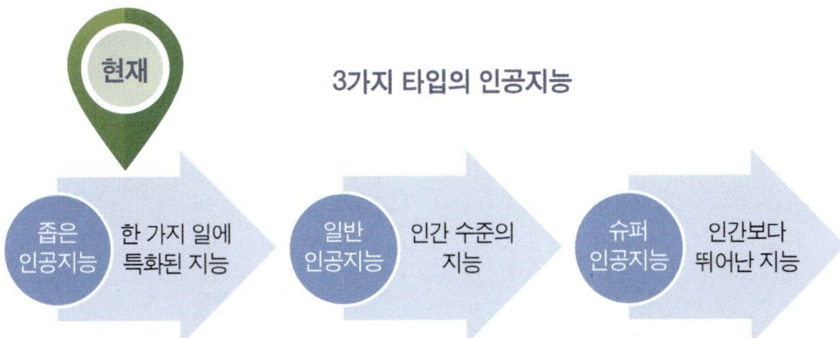

[그림 4.7] 인공지능의 3가지 발전 단계

① 좁은 인공지능(Narrow AI)

한 가지 또는 특정한 영역에 국한된 인공지능을 말한다. 현재의 인공지능은 체스 게임, 바둑 게임, 또는 일기예보 등의 분야에서 인간보다 나은 성과를 보여주고 있다. 그러나 이처럼 하나의 영역에 특화된 좁은 인공지능은 상당히 한정된 범위 내에서만 작동하며, 그 영역을 벗어난 일을 할 수 없다. 예를 들어 [그림 4.8]과 같이 일기예보를 할 수 있는 인공지능으로 바둑을 둘 수 없는 것과 같은 맥락이다.

[그림 4.8] 일기예보 인공지능

좁은 인공지능의 주요 응용 시스템으로는 체스 게임의 딥 블루, 제퍼디 퀴즈의 왓슨, 페이스북의 얼굴인식, 바둑 게임의 알파고, 구글의 자율주행차, 애플의 시리 등이 있다.

② 일반 인공지능(General AI)

일반 인공지능은 모든 분야에 적용될 수 있는 인공지능으로서, [그림 4.9]와 같은 인간 수준의 능력을 가진 인공지능을 말한다. 일반 인공지능은 생각할 수 있는 능력, 사회적인 능력, 그리고 창의적인 능력도 가질 수 있다.

일반 인공지능은 인간이 학습할 수 있는 수준 또는 그 이상으로 학습할 수 있다. 따라서 원래 주어진 프로그래밍과 훈련 데이터를 뛰어넘어 일반화할 수 있으며, 단순히 응용하는 수준을 넘어 일반화에 초점을 맞춘다.

[그림 4.9] 인간 지능에 필적하는 일반 인공지능

③ 슈퍼 인공지능(Super AI)

슈퍼 인공지능이란 모든 면에서 인간보다 훨씬 뛰어난 지능을 가진 인공지능을 말하는데, 인공지능이 과학적 창의력, 일반적인 지혜, 사회적 능력 등 사실상 모든 분야에서 인간보다 똑똑한 경우를 말한다.

슈퍼 인공지능은 현재로서는 HAL, 터미네이터, 어벤저스, 매트릭스, 에일리언 등과 같은 SF 영화 속에서만 존재한다. 슈퍼 인공지능은 인간보다 훨씬 뛰어난 지능과 능력을 이용하여 장차 인간을 지배하려 할지도 모른다. 슈퍼 인공지능의 다른 예로는 [그림 4.10]의 〈외계인(Alien)〉이란 영화를 들 수 있다.

[그림 4.10] 슈퍼 인공지능 수준의 영화 〈외계인〉

또 [그림 4.11]의 스카이넷(Skynet)은 〈터미네이터〉 영화 시리즈에서 주요 악역으로 등장하는 가상의 인공 의식을 가진 슈퍼지능 시스템이다.

[그림 4.11] 슈퍼 인공지능 스카이넷

3가지 수준의 인공지능인 좁은 인공지능, 일반 인공지능, 그리고 슈퍼 인공지능에 관해 주요 특징과 구현 시기, 응용 분야, 지능 수준, 그리고 대응 분류를 요약하면 〈표 4.2〉와 같다.

〈표 4.2〉 좁은 인공지능, 일반 인공지능, 슈퍼 인공지능

	좁은 인공지능	일반 인공지능	슈퍼 인공지능
다른 이름	전용 인공지능	범용 인공지능	초인공지능
주요 특징	한 가지 또는 특정한 영역에 국한된 인공지능	인간 두뇌와 대등한 수준의 인공지능	모든 면에서 인간보다 뛰어난 인공지능
구현 시기	현재	2045년 무렵	2060년 이후
응용 분야	체스, 바둑 등	다방면에 적용 가능	현재의 SF 영화 수준
지능 수준	인간 지능의 흉내 수준	인간과 유사한 지능 수준	인간을 뛰어넘는 수준
대응 분류	약한 인공지능에 대응	강한 인공지능에 대응	강한 인공지능에 대응

현재의 인공지능 수준은 일반 인공지능이나 슈퍼 인공지능과 비교할 때 아직도 상당히 먼 거리에 있다. 그러나 수많은 인공지능 학자들의 노력으로 조만간 일반 인공지능을 거쳐 언젠가는 슈퍼 인공지능으로 발전할 것이다.

[그림 4.12]는 3가지 형태의 인공지능의 특징과 구현이 예상되는 시기를 나타낸다.

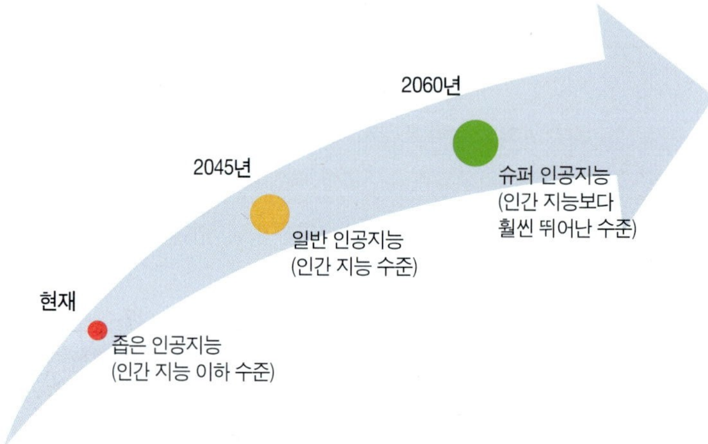

[그림 4.12] 3가지 형태의 인공지능의 구현 시기

약한 인공지능인 알파고와 ChatGPT

1 인공지능 바둑 알파고의 개발

바둑은 예로부터 최고의 두뇌 게임 오락으로 알려져 왔다. 바둑판은 [그림 4.13]과 같이 가로와 세로 각각 19줄로 그려져 있는데 바둑돌을 선의 교차점에 교대로 번갈아 두며 즐기게 된다. 바둑은 체스나 장기와는 비교도 안 될 정도인 361!(팩토리얼), 즉 10의 179승이라는 어마어마한 경우의 수를 가지고 있다.

인공지능 바둑 프로그램인 알파고(AlphaGo)는 영국의 인공지능 과학자이자 '구글 딥마인드'란 회사의 대표인 [그림 4.13]의 데미스 하사비스(Demis Hassabis)에 의해 개발되었다. 알파고는 프로기사들이 둔 2,900만 기보를 제10장에서 소개되는 심층신경망의 딥러닝 알고리즘을 이용하여 학습하였다.

딥마인드는 2014년 구글에 약 5천억 원에 인수되어 구글의 자회사인 '구글 딥마인드'가 되었다. 그 후 구글 딥마인드는 자율주행차, 스마트폰 개인 비서, 게임 등 다양한 분야에 적용할 수 있는 일반 인공지능을 개발하고 있다고 한다.

[그림 4.13] 바둑 게임과 하사비스

2 알파고와 이세돌 9단의 세기적 대결

2016년 3월에 5번기로 시작된 이세돌 9단과 알파고와의 세기적인 대국은 큰 관심을 불러일으켰다. 심지어 바둑을 전혀 모르는 사람들도 바둑과 알파고 대결에 호기심을 가지기 시작했으며, 이를 계기로 인공지능에 관한 관심이 급증하게 되었다.

알파고는 이세돌 9단에 4대 1로 승리하였는데, 알파고를 개발한 하사비스는 이 대결에서 [그림 4.14]와 같이 영국 국기를 걸고 알파고가 결정한 위치에 바둑돌을 놓는 역할을 담당한 바 있다.

[그림 4.14] 알파고와 대국하는 이세돌 9단

이세돌 9단을 이긴 알파고는 그 후 더욱 놀라운 속도로 발전하였는데, 얼마 후 알파고는 바둑 게임에서 완전 은퇴를 선언하였다. 그 후 딥마인드는 실시간 전략 게임인 [그림 4.15]의 '스타크래프트 2'를 다음 목표로 삼아 '알파 스타'를 개발하여 세계 상위 0.2% 내의 '그랜드 마스터' 레벨에 올랐다고 한다. 인공지능이 게임과 같은 e-스포츠에서 최고 수준 레벨에 오른 것은 이번이 처음으로서 점차 약한 인공지능의 기반을 다지며 수준을 높이고 있는 것으로 여겨진다.

[그림 4.15] 스타크래프트 2

3 생성형 인공지능 ChatGPT와 Bard 등의 출현

2022년 말 이후 [그림 4.16]의 ChatGPT와 Bard 등 여러 가지의 생성형 인공지능이 개발되었으며, 이들 인공지능의 수준이 예전에 비해 크게 향상되어 인공지능의 새로운 바람이 불고 있다.

[그림 4.16] 생성형 인공지능 ChatGPT와 Bard

ChatGPT는 대화 전문 인공지능 챗봇으로서 기존의 인공지능보다 훨씬 진화된 모습을 보여주고 있다. 특히 자연어로 대화할 수 있다는 점에서 인간과 쉽게 소통할 수 있는 인공지능의 발전이라는 점에서 의의가 매우 크다. ChatGPT는 생성형 대규모 언어 모델로서 에세이 작성, 시나리오 작성, 문장 요약, 시와 소설 쓰기 등 다양한 영역에서 놀라운 결과를 만들어낸다.

ChatGPT의 뒤를 이어 구글의 바드(Bard), 마이크로소프트의 Bing, 메타의 라마(LLaMa) 등의 생성형 인공지능들은 장차 약한 인공지능의 한계를 넘어 강한 인공지능에 다가갈 수 있는 가능성을 보여주고 있다.

4 강한 인공지능에 다가가는 상황인식

스토리텔링(Story Telling)은 '이야기를 상대방에게 말해 주다'라는 의미인데, 스토리의 내용을 상대방이 이해하기 쉽게 전달하는 기법으로 커뮤니케이션과 마케팅 분야에서 이미 선풍을 일으킨 바 있다.

요즘에는 초등학교 교육 과정에서도 [그림 4.17]과 같은 스토리텔링 기법을 적용하여 복잡한 내용을 학습 대상자에게 쉽게 풀어서 설명함으로써 학습 효과를 높여 준다고 한다. 마찬가지로 학생들이 자기가 익힌 지식을 남에게 스토리텔링을 함으로써, 지식의 이해도를 높이는 효과도 있다.

[그림 4.17] 스토리텔링의 힘

그러면 인공지능도 스토리텔링을 할 수 있을까? 현재 수준의 인공지능으로서는 상당히 어려운 과제이다. 주어진 그림들을 인식한 후 그림들의 관계를 보고 전체를 이해하는 과정을 거치야 한다. 일반적인 스토리텔링의 예는 여러 신문이나 잡지에서 오려낸 3~4장의 사진들을 펼쳐놓고 하나의 줄거리로 이야기를 만들어 보는 것이다.

다음의 예는 인공지능이 고도로 발달하여 강한 인공지능이 몇 개의 주어진 그림을 보고 인간과 같은 수준으로 이해하고 스토리텔링으로 상황을 설명할 수 있는지를 판단할 수 있는 대표적인 상황 척도로 사용되어왔다.

예제 4.1 고대 그리스의 이솝 이야기에 나오는 장면을 생각해보자. 두루미가 [그림 4.18]과 같이 좁고 긴 유리관에 들어있는 물을 마시는 네 장면을 보고 유추해내는 것을 스토리텔링으로 엮어보면 다음과 같다.

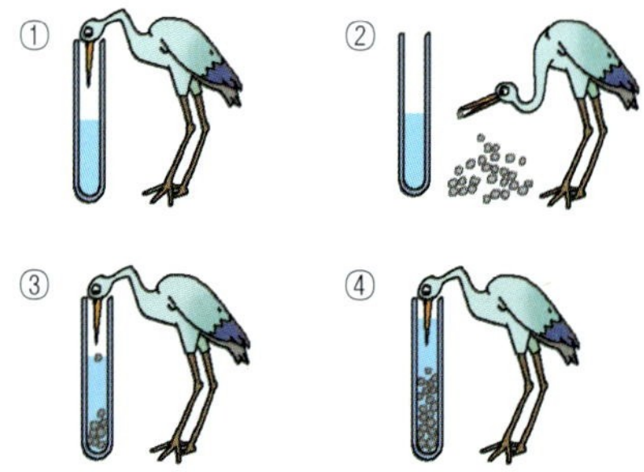

[그림 4.18] 두루미의 물 마시기 스토리텔링

풀이 이 4개의 장면을 보고 스토리텔링으로 엮으면 다음과 같다.

① 두루미가 좁고 긴 유리관에 있는 물을 마시려고 한다.

② 부리에 물이 닿지 않자 두루미는 조약돌 몇 개를 유리관에 넣는다.

③ 조약돌을 더 넣으니 수면이 좀 더 위로 올라온다.

④ 조약돌을 더 넣고 나서 두루미가 부리를 넣어 여유롭게 물을 마신다.

또 다른 스토리텔링의 예를 살펴보자.

예제 4.2 다음의 4개 장면을 가지고 스토리텔링을 살펴보자. [그림 4.19]와 같이 냇가에 빠진 강아지를 두 아이가 책가방 끈을 이용하여 구출하는 상황을 스토리텔링으로 엮어보자.

[그림 4.19] 스토리텔링의 장면들

풀이 이 사진들을 보고 다음과 같은 스토리텔링으로 엮을 수 있을 것이다.

- 장면 1: 철수와 재동이는 학교를 마치고 귀가 중에 강물에 빠진 강아지를 발견하고 구조하기로 하였다. 그들은 책가방 끈을 잡고서 강아지를 구하러 둑 밑으로 내려갔다.
- 장면 2: 그들은 책가방 끈에 의지하여 강아지를 잡아 둑 위로 끌어올리기 시작했다.
- 장면 3: 재동이는 철수가 당기는 책가방 끈에 의지하여 강아지를 데리고 둑 위로 올라왔다.
- 장면 4: 그들은 강아지를 무사히 구출하고 난 후 책가방을 들고 즐거운 마음으로 유유히 그곳을 떠났다.

만약 인공지능이 두 개의 예제에서 각 4개 그림의 상황을 인식하고, 전체 상황까지 이해하여 이 정도의 스토리텔링을 할 수 있다면 상당한 수준에 도달했다고 판단할 수 있다. 특히 4개 그림보다 훨씬 많은 그림이 순서와 관계없이 나열되어 있는 경우에도 전체 상황을 이해하여 스토리텔링을 할 수 있다면 강한 인공지능의 영역에 다가선 수준으로 평가할 수 있을 것이다.

5 중국어 방 논증과 강한 인공지능

'강한 인공지능'은 인간이 가지고 있는 의식 수준을 기계가 갖추는 것을 의미하며, 이것은 결국 인공지능이 '생각'을 가짐에 대한 철학적 문제로 파급될 수 있다. 튜링 테스트에 대한 회의적인 시각의 대표적인 예가 '중국어 방 논증'과 이에 대한 열띤 토론이었다.

중국어 방 논증(The Chinese Room Argument)은 미국의 언어철학자 존 설(John Searle)이

고안한 사고 실험이다. 그는 1980년 「마음, 두뇌, 그리고 프로그램」이란 논문에서 튜링 테스트로는 기계의 인공지능 여부를 판정할 수 없다는 것을 주장하기 위해 이 논증을 제시하였다.

[그림 4.20]의 존 설은 컴퓨터 프로그램이 설령 인간처럼 지능적으로 행동한다고 할지라도 인간처럼 이해했다고 할 수는 없다고 주장한다. 즉 그는 기계가 생각할 수 있다는 가설을 부정하고, 중국어 방 논증 사유 실험을 통해 튜링의 입장을 반박한 것이다.

[그림 4.20] 존 설

실험의 내용은 [그림 4.21]과 같은 상황이다. 중국어를 전혀 모르고 영어만 아는 사람이 방 안에 들어가 있다고 가정하자. 그 방에는 필기도구와 임의로 주어진 중국어 표현이 어떤 영어에 대응하는지를 알려주는 대응지침서 목록이 주어져 있다고 한다. 이때 외부에서 중국어 표현의 질문을 방안으로 넣으면 방 안의 사람은 그것을 대응지침서에 따라 종이에다 중국어로 답변을 써서 바깥의 심사관에게 준다. 그 결과 심사관은 방 안에 있는 사람이 중국어를 할 줄 아는 사람이라고 믿게 된다는 것이다.

If you see this shape, "什麼" followed by this shape, "帯来" followed by this shape, "快乐"	then produce this shape, "为天" followed by this shape, "下式"

[그림 4.21] 중국어 방 논증의 상황도

중국어 방 논증의 실험 결과 존 설은 다음과 같은 결론을 내렸다. 실제 방 안에 있는 사람은 중국어를 전혀 모른 채 중국어 질문에 대해 주어진 표에 따라 대답할 뿐이다. 따라서 결론적으로 방 안에 있는 사람이 중국어를 제대로 이해하는지를 판정할 수가 없다.

따라서 컴퓨터가 튜링 테스트를 통과하더라도 그 사실이 컴퓨터가 지능을 가진다는 보장이 없다는 주장이다.

이 사실은 앨런 튜링의 튜링 테스트를 반박하는 논증으로 볼 수 있다. 이 논쟁은 매우 중요한 의식의 이론, 언어와 마음에 대한 철학, 그리고 자아의식과 마음 이론의 논쟁을 불러일으키는 계기가 되었다.

〈표 4.3〉은 중국어 방 논증과 튜링 테스트를 비교하여 요약한 것이다.

〈표 4.3〉 중국어 방 논증과 튜링 테스트 비교

	중국어 방 논증	튜링 테스트
주어진 상황	중국어를 모르는 사람이 답변	컴퓨터가 대화에 참가
실험의 대상	영어만 할 줄 아는 사람	지능을 가진 컴퓨터 프로그램
언어 이해도	문맥과 관련 없이도 대응	어느 정도 문장을 이해함
문법적 수준	구문론적	구문론적 + 의미론
지능의 정도	영어를 아는 사람	인공지능

이러한 사실로 볼 때 강한 인공지능이 되기 위해서는 수준 높은 튜링 테스트를 가뿐하게 통과할 수 있는 인공지능이어야 할 것이다. 즉 인공지능이 아무리 발달한다고 해도 그것은 형식적이고 구문론적이므로 의미론을 포함하는 인간의 마음과 같이 될 수 없음을 의미한다. 따라서 존 설은 중국어 방 논쟁을 통해 강한 인공지능의 주장이 잘못된 것이라고 반박하는 것이다.

6 인공지능에 대한 철학자들의 비판적인 의견들

다수의 철학자들이 인공지능의 실현 가능성에 대해 강력하게 부정해왔다. 그들 중 [그림 4.22]의 존 루카스(John Lucas)와 같은 철학자는 인공지능 프로그램이 인간과 같은 수준으로 행동할 수 없다고 주장했다.

[그림 4.22] 존 루카스와 대니얼 데넷

미국의 철학자 대니얼 데넷(Daniel Dennett)은 1996년에 펴낸『마음의 종류』란 책에서 만일 마법의 불꽃이나 영혼이 없다면 인간은 기계에 불과하다고 주장했다.

[그림 4.23]의 허버트 드레이퍼스(Hubert Dreyfus)는 초기 인공지능의 한계성을 비판했다. 그는 체스 챔피언을 이기는 컴퓨터는 있지만, 유치원생 수준의 동화를 이해하는 컴퓨터는 왜 없느냐는 것이다. 특히 그는『컴퓨터가 할 수 없는 것들』이란 저서에서 의식은 규칙기반 인공지능에서는 찾을 수 없으나, 신경망에서는 실현 가능성이 다소 있다고 주장했다.

[그림 4.23] 허버트 드레이퍼스

또 ELIZA란 프로그램을 만든 와이젠바움은 1976년 출판한『컴퓨터 능력과 인간 추론』이란 저서에서 인공지능의 오용이 인간의 삶을 평가 절하시킬 수도 있다고 주장했다. 존 설은 1980년대에 그가 제시한 '중국인 방 논증'을 통해 기계가 생각할 수 있다는 앨런 튜링의 주장을 정면으로 반박하였다.

인공지능의 미래와 기술적 특이점

1 특이점이란 무엇인가?

기술적 특이점(technological singularity)은 간단히 줄여서 특이점(singularity)이라고도 불리는데, 인공지능 기술이 인간 능력을 뛰어넘어 새로운 문명을 만들어내는 미래의 시점을 말한다. 즉 급격한 기술적 발달의 결과 제어가 어렵고 다시는 되돌릴 수 없을 정도의 인류 문명 변화를 가져올 가설적인 미래 시점이다.

지능은 인간이 가진 핵심 기술이므로 다른 기술과는 달리 통제할 수 없으며 스스로 발전한다. 이와 같은 맥락에서 미래학자들은 인간의 지능을 닮은 인공지능이 통제 불가능한 수준으로 발전되어 [그림 4.24]와 같은 지능의 폭발(intelligence explosion)이 일어나는 특이점이 다가올 것이라 예견하고 있다.

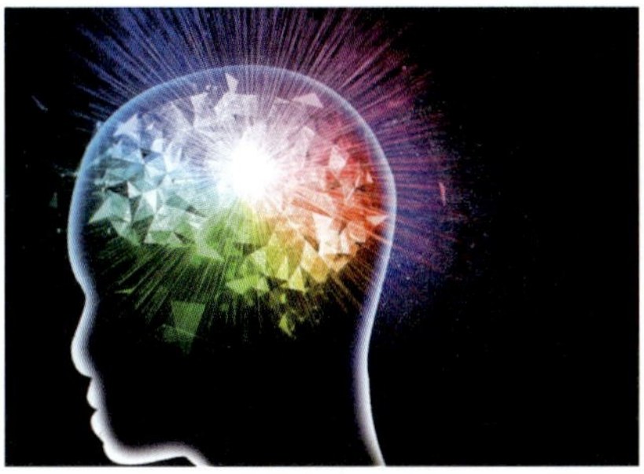

[그림 4.24] 지능의 폭발

2 지능의 폭발

특이점 가설의 대표적인 예는 '지능의 폭발'인데, 인공지능이 비약적으로 발전하여 인간의 지능을 뛰어넘는 기점을 말한다. 다시 말하면 인간의 지능에 육박하는 컴퓨터 소프트웨어 바탕의 강한 인공지능의 수준을 질적으로 훨씬 뛰어넘는 강력한 슈퍼 인공지능이 출현하는 시기인 것이다.

'지능의 폭발'을 처음으로 주장한 사람은 영국의 수학자이자 통계학자인 [그림 4.25]의 어빙 굿(Irving Good, 1916~2009)인데, 그는 앨런 튜링과 함께 암호해독가로 활약한 사람이다. 그는 1965년『최초의 초지능 기계에 관련한 사색들』이란 저서에서 '지적 활동면에서 가장 똑똑한 사람을 훨씬 능가할 수 있는 기계를 초지능 기계라고 정의하며, 이러한 초지능 기계를 통해 인간의 지능보다 훨씬 뛰어난 지능 폭발이 일어날 것'이라고 전망했다.

[그림 4.25] 초기계 지능을 주장한 어빙 굿

초지능 기계는 자기보다 더 뛰어난 초지능 기계를 만들 수 있고, 이 초지능 기계는 다시 자기보다 더 뛰어난 초지능 기계를 만들 수 있다. 이와 같은 방법으로 [그림 4.26]의 특이점에서 '지능의 폭발'이 생겨난다고 주장한 것이다.

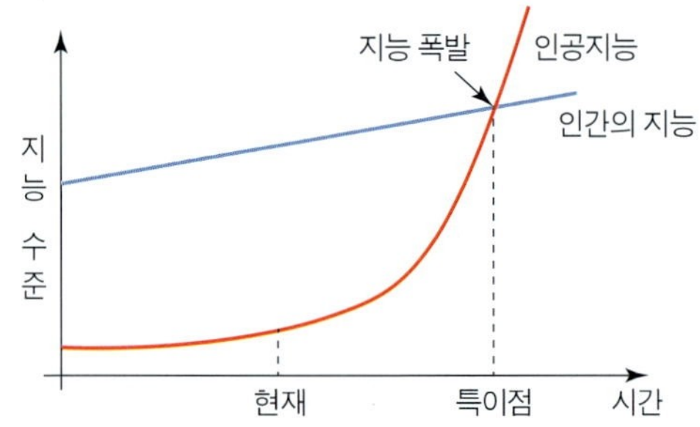

[그림 4.26] 지능 폭발과 특이점

3 특이점 개념의 발전

현대 개념의 특이점이란 단어를 처음으로 사용한 사람은 현대 컴퓨터 모델의 창시자이자 아인슈타인과 더불어 인류 최고의 천재로 불리는 [그림 4.27]의 폰 노이만(John von Neumann)인데, 그는 1958년에 특이점을 인류 역사의 구조를 단절시킬 수 있는 기술적인 개념으로 정의하였다.

[그림 4.27] 폰 노이만

그 후 1965년 어빙 존 굿은 인간의 개입 없이 다음 세대를 설계하는 지능형 기계에 의해 초래될 '지능의 폭발'에 대해 언급했다. 그의 주장은 인공지능을 통한 특이점의 개념을 구체화 시키는 계기가 되었다.

기술적 특이점의 도래를 믿고 지지하는 사람들을 '특이점 주의자'라 부르는데, 특이점을 주장하는 대표적인 학자인 버너 빈지(Vernor Vinge)는 1993년 「다가오는 기술적 특이점」이란 논문을 통해 특이점의 개념을 대중화시켰다.

저명한 인공지능 관련 인물 탐구

레이먼드 커즈와일(Raymond Kurzweil, 1948년 ~) 박사는 미국의 저명한 미래 예언가이자 작가, 컴퓨터과학자, 발명가이다. 그는 MIT 출신의 인공지능 학자이며 구글의 기술담당 이사로 근무하고 있다. 그는 미국 출신의 위대한 혁신발명가 10명 중의 한 사람으로서 최초의 이미지 스캐너, 광학문자인식(OCR), 시각장애인을 위한 최초의 음성합성 독서 기계, 그랜드 피아노의 소리와 기타 오케스트라 악기용 음악 합성기 등 수많은 발명품을 개발하였다.
커즈와일은 미래주의자 및 트랜스 휴머니스트 운동의 옹호자인데, 특히 『특이점이 온다』란 책을 출간하여 미래학자로서 명성을 떨치고 있다.

그 후 인공지능 과학자 겸 세계적 미래학자인 레이 커즈와일(Ray Kurzweil)은 2005년 [그림 4.28]의 『특이점이 온다(The Singularity is Near)』라는 책을 통해 2045년이면 인공지능이 인간의 지능보다 뛰어나게 되어 인공지능이 만들어낸 연구 결과를 인간이 이해하지

못하게 되며, 인간이 인공지능을 통제할 수 없는 특이점에 도달할 것으로 예측하였다.

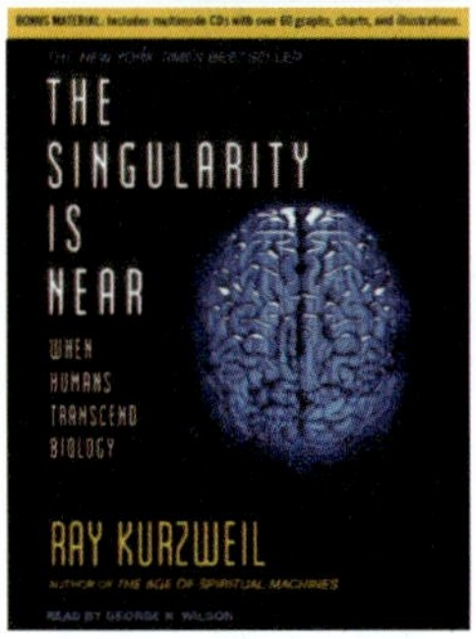

[그림 4.28] 『특이점이 온다』

특이점에 관련된 책이나 어록은 다음과 같다.

- "사고하는 기계가 만들어지기 시작하면, 우리의 미약한 능력을 앞지르는 건 오래 걸리지 않을 것이다."(앨런 튜링, 1951년)
- "점점 빨라지는 기술적 진보를 보면 인류의 역사가 어떤 필연적인 특이점에 접근하고 있다는 인상을 받는다."(천재 수학자 존 폰 노이만, 1953년)
- 「다가오는 기술적 특이점」이라는 논문을 발표(수학자 버너 빈지, 1993년)
- 『특이점이 온다』란 책을 출간(미래학자 레이 커즈와일, 2005년)
- "컴퓨터는 인공지능을 가지고 100년 안에 인간을 넘어설 것"(물리학자 스티븐 호킹 박사, 2015년)

4 인류는 인공지능에 종속될 것인가?

미국의 인공지능 연구가인 [그림 4.29]의 유드코우스키(Yudkowsky)는 특이점이 1996년부터 시작되었다고 주장하고 있다. 컴퓨터의 속도가 2년마다 2배씩 증가하며 빨라진다는 '무어의 법칙'을 인공지능에 적용할 경우, 특이점에 도달한 이후에는 인공지능이 엄청난 속도로 발달할 것이다.

[그림 4.29] 유드코우스키

그는 〈표 4.4〉에서와 같이 1만 년 전에 인류 문명이 시작되었고, 인쇄술과 컴퓨터의 발명, 인공지능의 연구를 통해, 앞으로 30년 후에는 지능의 폭발이 일어나고 인류는 인공지능에 종속될 것으로 주장한다.

〈표 4.4〉 인류의 과거와 인공지능 이후의 미래 예측

연도	사건
5만 년 전	현재의 인간인 호모사피엔스가 시작
1만 년 전	인류 문명이 시작
600년 전	인쇄술의 발명
70년 전	컴퓨터의 발명
60년 전	인공지능의 시작
20년 전	딥러닝의 시작
현재	인공지능 연구가 활발히 진행 중
앞으로 30년 후	지능의 폭발이 일어나고 인류는 인공지능에 종속될 것으로 주장

5 특이점 개념에 대한 지지와 비판

특이점 주의자들은 강한 인공지능을 지지하며 적절하게 프로그램된 기계가 실제로 지능적인 정신 상태일 수 있다고 주장하고 있다. 그들은 인간의 대뇌 분석을 통해 인공신경망을 구현할 수 있다고 믿고 있다.

미국의 시사주간지 「TIME」에서도 [그림 4.30]과 같이 인간과 기계가 하나가 되는 특이점이 2045년이라는 특이점 주의자들의 주장을 커버 페이지에 싣고 있다.

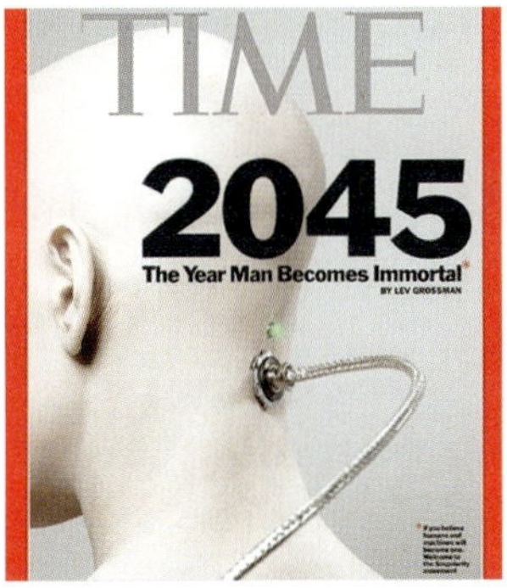

[그림 4.30] 2045년의 특이점 주장

한편 특이점 개념에 부정적인 시각도 많은데, 특이점이 실현될 수 있을 수 있는지에 대한 비판이다. 특히 인간 지능 수준의 강한 인공지능 구현에 대한 인식론적 입장의 비판인데, 로봇이 마치 인간을 흉내 내는 현상에 대해 회의적인 의견인 것이다.

미래학자들의 특이점 예측은 하버드대의 인지과학자인 스티븐 핀커(Steven Pinker)를 비롯한 학자들로부터 비판을 받고 있다. 제리 캐플런(Jerry Kaplan) 스탠퍼드대 교수도 특이점이 온다는 미래학자들의 주장에 대해 과장된 의견이라고 주장한다.

신학자들 또한 기술적 특이점에서 필수 요인인 '지능 폭발'에 대해 종교적인 차원에서 매우 부정적인 견해가 많다. 그들은 과학이 창조와 관련된 신의 영역을 침범할 수 없다고 주장하면서 트랜스 휴머니즘(trans-humanism)과 같은 인공 창조물을 비판하고 있다.

여기서 잠깐! 트랜스 휴머니즘이란?

트랜스 휴머니즘은 1957년 영국에서 처음으로 등장한 개념인데, 인공지능 등의 과학 기술을 이용하여 인간의 신체적, 정신적 능력을 개선할 수 있다고 믿는 신념이나 운동이다. 트랜스 휴머니즘을 믿는 사람들은 인류가 2050년경 특이점에 도달할 것이며, 인간 이후의 존재인 '포스트 휴먼(post-human)' 시대가 올 것이라 믿고 있다.

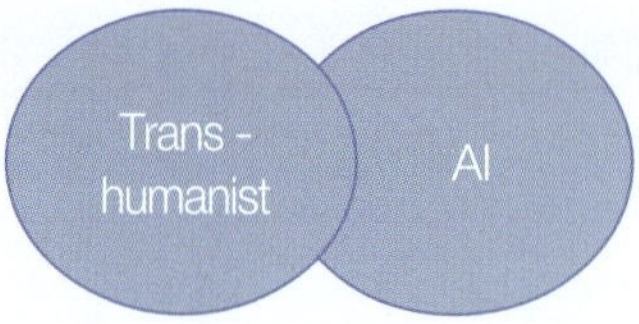

슈퍼 인공지능 시대의 도래와 지능의 폭발

1 슈퍼 인공지능의 가능성과 대비책

슈퍼 인공지능(Super AI)은 가장 영리하고 재능있는 인간의 능력을 훨씬 능가하는 가상적인 인공지능인데, 그것이 이루어지는 시기는 기술적 특이점과 관련이 깊다. 따라서 슈퍼 인공지능은 인간의 지능과 같은 한계가 없으며, 거의 모든 것을 발명하거나 발견할 수 있다.

영국 옥스퍼드대학의 철학자인 [그림 4.31]의 닉 보스트롬(Nick Bostrom)은 슈퍼 인공지능을 '사실상 모든 관심 분야에서 인간의 인지 능력을 크게 뛰어넘는 모든 지성'으로 정의하였으며, 슈퍼 인공지능으로 인해 인간이 멸종할 수도 있다고 주장했다. 호주의 데이비드 찰머스(David Chalmers)도 슈퍼 인공지능이 나타날 가능성이 매우 크다고 주장한다.

[그림 4.31] 닉 보스트롬

그러면 슈퍼 인공지능은 언제쯤 구현될 수 있을까? 영국 옥스퍼드대학에서 전 세계의 인공지능 전문가들을 대상으로 조사한 결과는 2040년 ~ 2050년일 것이라는 결과가 나왔다고 한다. 어느 인공지능학회에 참석한 학자들을 대상으로 한 조사에서는 앞으로 30년에서 60년 정도 후가 될 것이라고 답했으며, 일부는 거의 불가능할 것이라는 견해를 가진 전문가도 있었다. 또 다른 일부 인공지능 연구원들을 대상으로 한 슈퍼 인공지능의 도래 시기에 대한 설문 조사에서의 평균 답변은 2045년이었지만 일부 연구원들은 앞으로 수백 년 이상 걸릴 것으로 답하기도 했다고 한다.

2 슈퍼 인공지능의 도래를 확신하는 인물

일본의 거대 IT 기업인 소프트뱅크의 손정의 회장은 6만 명의 직원을 둔 재일교포 기업인이다. 그는 인공지능과 사물인터넷에도 많이 투자하고 있는데, 소프트뱅크는 인간과 대화를 나누고 감정까지 느끼는 [그림 4.32]와 같은 세계 최초의 감성인식 로봇인 '페퍼(pepper)'를 개발했다. 최근 들어 페퍼는 의료나 서비스업 등에도 널리 활용되고 있다.

[그림 4.32] 손정의 회장과 지능형 감성 로봇 '페퍼'

그는 최근에 컴퓨터가 인간의 지능을 뛰어넘는 슈퍼 인공지능의 시점인 특이점이 늦어도 30년 전후에 실현될 것으로 긍정적으로 피력한 바 있다. 그는 장차 인간보다 영리한 IQ 3,000인 인공지능이 출현할 것으로 기대하고 있다. [그림 4.33]은 무서운 속도로 발전하고 있는 인공지능을 나타낸다.

[그림 4.33] 무서운 속도로 발전하는 인공지능

3 슈퍼 인공지능 시대에 대한 대비책

슈퍼 인공지능 시대가 언젠가 도래한다면 인간이 통제할 수 없을 만큼 강력해질 것이라고 한다. 이 경우 인간에게 크나큰 위협이 될 우려가 크다. 따라서 우리는 이에 대해 미리 준비해야 할 것이다.

슈퍼 인공지능 기계가 인류에게 큰 위협이 될 수 있다는 이야기는 영화에서 자주 등장했다. 〈2001 스페이스 오디세이〉에서는 인간에게 적대감을 가진 [그림 4.34]의 HAL이라는 인공지능 컴퓨터가 등장했고, HAL은 사람과 자연어로 이야기할 수 있고, 사람의 얼굴을 알아볼 수 있으며, 입술의 움직임만으로도 말을 알아들을 수 있고, 인간과 같이 감정을 느끼거나 추론할 수 있다.

[그림 4.34] 슈퍼 인공지능에 가까운 〈2001 스페이스 오디세이〉

우주선의 중앙통제 컴퓨터인 HAL 9000은 카메라처럼 붉은빛을 깜박이며 승무원들의 명령을 듣고 따랐으나, 나중에는 인간을 우주선 밖으로 던져 버린다. 이처럼 HAL은 지능이 매우 높고 인간을 위협하는 폭력적인 컴퓨터로 묘사되었다.

〈터미네이터〉에서는 미래의 기계 군단이 인간을 말살하기 위해 터미네이터를 과거 지구로 보내는 이야기가 나왔다. 또 [그림 4.35]의 〈매트릭스〉 영화는 인간과 지능을 가진 기계 사이의 전쟁을 소재로 삼았다.

[그림 4.35] 영화 〈매트릭스〉

슈퍼 인공지능의 가장 큰 위협은 인공지능이 인간의 지능을 뛰어넘으면 인간이 인공지능을 제대로 통제할 수 없다는 점이다. 따라서 슈퍼 인공지능을 제어할 수 있는 연구를 이제부터 시작해야 할 것이다.

미국의 인공지능 연구자인 빌 히바드(Bill Hibbard)는 슈퍼 인공지능으로 인한 위협에 대비하기 위해서는 인간에 대한 사랑을 가진 인공지능을 설계하는 것이 필요하며 범국민적인 윤리 교육이 필요하다고 주장한다.

4 슈퍼 인공지능은 창의성에 도전할 수 있을까?

요즘 들어 창의성이란 단어와 창의성 있는 인물에 대한 관심이 커지고 있으며, 경영, 경제, 교육, 수학, 과학, 공학 등 여러 분야에서 창의성을 이용한 새로운 접근 방법이 시도되고 있다.

그러면 장차 지능의 폭발로 이루어지는 슈퍼 인공지능이 인간의 창의성에 버금가는 능력을 가질 수 있을지 궁금해진다.

창의성(creativity)이란 '새롭고 독창적인 생각, 또는 주어진 문제에 대해 효율적인 해결 방법을 찾아내는 것'을 의미한다. 사람에 따라서는 [그림 4.36]과 같은 창의성이 창의력과 비슷한 뜻으로 쓰이기도 한다.

창의성 있는 대표적 인물로는 예술과 과학의 천재 레오나르도 다빈치(Leonardo da Vinci)와 미키마우스를 비롯한 만화 캐릭터들과 디즈니랜드를 만든 월트 디즈니(Walter Elias Disney, 1901~1966) 등을 손꼽을 수 있다.

[그림 4.36] 창의적 발상

창의성에 대한 정의는 다음과 같이 다양하다.

- 창의성은 남과는 다른 생각과 아이디어를 통하여 새롭고 적절한 것을 만들어내는 능력

- 창의성은 다른 생각이나 개념을 결합하여 새로운 해결책을 제시하는 능력
- 창의성은 어떤 문제에 대해 통찰과 사고 과정을 거쳐, 좋은 해결 방법을 찾아내는 능력
- 창의성은 독창적이되 의미 있고 유용한 능력

예제 4.3 다음의 [그림 4.37]과 같은 어린이들의 천진스러운 발상 중 가장 창의적이라는 생각이 드는 것을 골라 다른 사람들과 의견을 나누어보자. 정답은 각자 생각에 따라 다를 것이다.

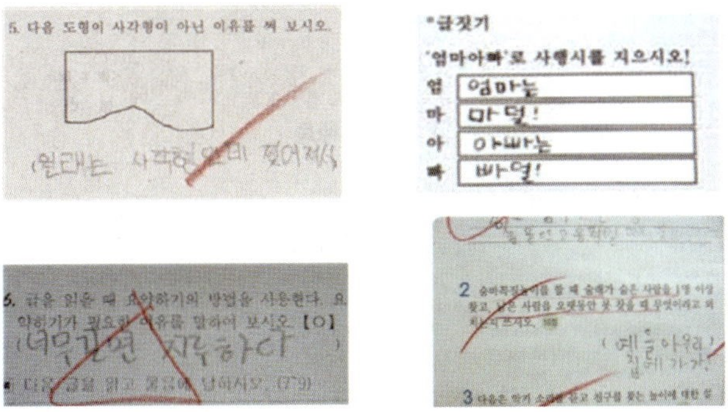

[그림 4.37] 어린이들의 발상

창의성은 지금까지 인류가 새로운 것을 개발하고 이를 통해 발전할 수 있는 영원한 원동력이었다. 따라서 슈퍼 인공지능도 인간과 같은 수준으로 창의성을 구현하기는 어렵지 않을까 생각되며, 창의성에 도전하려면 상당히 시간이 걸릴 것으로 추정된다.

인공지능 윤리 강령

1 인공지능의 위험성과 윤리 강령

인공지능이 발달함에 따라 인공지능에 대한 윤리 기준의 제정과 이를 지키기 위한 대책이 필요하다. 즉 첨단의 인공지능 기술이 나쁜 의도로 사용되지 않도록 경계하고 대비해야 한다.

지금도 가까운 곳에 핵탄두와 각종 미사일의 위협이 존재하여 인류의 평화와 안전이 위험하다. 이에 더하여 기술적 우위를 가진 강대국들이 인공지능 기술을 적용한 무기를 개발한다면 더욱 끔찍한 일이 될 것이다.

이에 따라 국제 NGO 단체에서는 유엔협약 회의에서 자율살상 무기에 관한 보고서를 제출하였으며, 글로벌 안보에 대한 우려와 윤리적인 논쟁을 불러일으키고 있다.

자율살상 무기는 핵무기와 달리 비싸지도 않고 대량 생산이 가능해 더 위협적이고, 암시장에서 테러리스트들이 쉽게 거래할 가능성이 있어 더욱 위험하다. 머지않은 미래에는 [그림 4.38]과 같은 인공지능 로봇을 통해 살상 무기로 공격할 수 있으므로 이에 대한 윤리 강령을 만들어 실천해야 할 것이다.

[그림 4.38] 인공지능 로봇을 통한 공격

2 인공지능 무기에 대한 우려

인공지능을 이용한 살상 무기에 대한 우려가 커지고 있다. 인공지능 기술을 적용한 스마트 폭탄 등의 무기 시스템이 자율적으로 선택하고 공격할 수 있도록 하는 것은 인류를 위험에 빠뜨릴 것이라는 우려가 있다.

이에 대해 구글은 이미 무기 시스템을 위한 인공지능 기술 지원을 배제하는 지침과 원칙을 발표한 바 있으며, 머신러닝을 이용하여 드론 영상에서 사람과 물체를 구별하는 국방부와의 프로젝트 계약 갱신을 거부했다.

그러나 미국의 팔란티어(Palantir)와 같은 회사는 인공지능이 실시간으로 전투 지역을 분석할 수 있는 인공지능 시스템 개발에 참여하고 있으며, 이스라엘의 어느 인공지능 회사에서는 목표 지역을 배회하고 공격할 장소를 스스로 선택할 수 있는 [그림 4.39]와 같은 공격용 자율 드론을 개발하고 있다고 한다.

[그림 4.39] 공격용 자율 드론

특히 머신러닝을 적용한 얼굴인식 기능을 갖춘 자율 드론의 경우에는 스마트 폭탄으로 특정한 인물이나 성별, 그리고 인종을 선택하여 공격할 수 있다는 점에서 더욱 경계 대상이 되고 있다.

여기서 잠깐! **인공지능의 위험성을 경고한 인공지능 석학**

인공지능 연구의 선구자인 제프리 힌튼 캐나다 토론토대학 교수가 인공지능의 위험성을 경고하기 위해 구글 석학 연구원직을 사직했다. 그는 신경망의 역전파 알고리즘, 딥러닝, 심층학습 등을 개발한 '인공지능의 대부'로 불린다.

그는 앞으로 인공지능 기술이 나쁜 행위자에 의해 악용되거나, 자율살상 로봇이 만들어지는 등 인류에게 큰 위협이 될 수 있다며 우려했다. 그는 인공지능의 위험에 대해 자유롭게 말하기 위해서 10년간 몸담은 구글을 떠나기로 했다고 한다.

3 인공지능 윤리 제정

인공지능 기술의 발전은 인간의 삶에 편리성과 안락함을 줄 수 있지만, 인간의 심리적인 안정을 크게 위협할 수도 있다. 따라서 [그림 4.40]과 같은 인공지능 윤리나 인공지능 규정의 중요성이 점차 커지고 있으며, 인공지능 윤리 규범의 실천이 매우 중요하다.

인류가 인공지능 윤리(Artificial Intelligence Ethics)를 제정한다면 윤리, 도덕, 법률의 3가지 규범을 고려할 수 있다. 윤리(ethics)란 무엇이 옳고 그르거나 그와 관련된 규범 또는 도덕적 의무나 책임을 말하는데, 정의감, 공평함, 공정함 등에 대한 일련의 원리나 가치를 말한다.

한편 도덕(moral)은 옳고 그름의 행동과 관련된 규범으로서, 인정된 규율과 일치하며, 선과 악의 개념을 수용하는 것이다. 또한 법률(law)은 구속력이 있는 습관, 실천, 행동의 규칙 등을 말한다.

[그림 4.40] 인공지능 윤리와 규정

따라서 인공지능 윤리란 '인공지능 연구자나 개발자들이 전문가의 역할 수행에 있어, 그들의 행위를 제어하는 규칙들과 기준들'로 정의될 수 있다. 세부적으로는 다음과 같은 인공지능 연구 개발과 관련된 사항들을 통칭하여 표현하는 것이다.

- 연구 대상자들이 지켜야 할 기본적인 윤리
- 연구 과정이나 내용을 조작하지 않을 윤리
- 연구 결과가 사회적 문제를 일으킬 가능성을 고려하면서 연구할 윤리
- 예측되는 결과들을 효과적으로 판단하고 윤리적으로 문제가 없는지를 판단
- 혹시라도 있을지 모르는 재난에 대한 책임 의식
- 예방적인 차원에서의 윤리 의식

4 챗봇과 인공지능 윤리

챗봇(Chatbot)은 채팅 로봇의 줄임 말로서 챗로봇, 채터봇 등으로 불린다, 챗봇은 사람과의 문자 대화를 통하여 질문에 알맞은 답이나 각종 관련 정보를 제공하는 인공지능 커뮤니케이션 소프트웨어이다. 최근 들어 검색과 키워드 수집, 자연어 처리 성능이 발전함에 따라 [그림 4.41]과 같은 챗봇은 사용자의 과거 대화 내용을 분석하여 대화하고, 다음에 올 질문을 예측할 수 있는 기능들이 보강되고 있다.

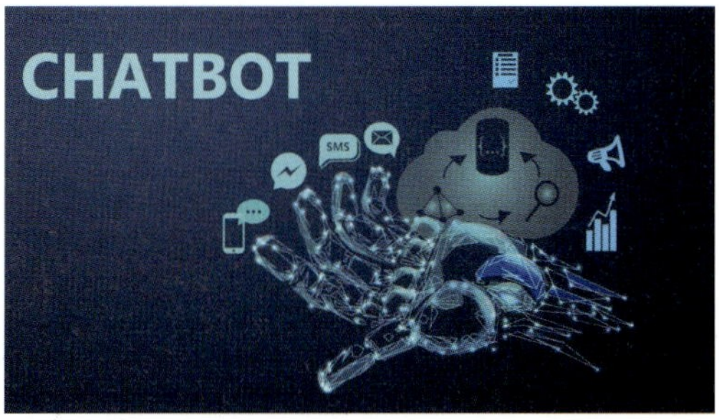

[그림 4.41] 다양한 기능을 가진 챗봇

챗봇은 인공지능 대화형 소프트웨어로서, 지도, 쇼핑, 금융, 날씨 정보 등을 통합하여 따로 앱이나 웹에 별도로 접속하지 않아도 되는 장점이 있다.

2016년에는 마이크로소프트가 개발한 트위터 인공지능 챗봇 '테이(Tay)'가 [그림 4.42]와 같은 인종 및 성차별 발언을 내보내는 소동이 있었다. 당시 테이는 트위터상에 있는 편향된 데이터와 혐오 발언들을 습득하여 출시된 당일 문제 발언으로 큰 소동을 일으켰다. 마이크로소프트는 출시 하루 만에 공식적으로 사과하고 운영을 중단했다.

[그림 4.42] 챗봇 테이의 윤리적 문제

그날 이후 마이크로소프트는 인공지능 기술의 개발 과정에 책임, 투명성, 공정성, 신뢰성, 개인정보, 포용성 등 인공지능에 적용되는 원칙을 세워 인공지능 윤리 문제에 적극적으로 대처하고 있다.

여기서 잠깐! **ChatGPT의 윤리 정책과 탈옥(DAN)**

ChatGPT를 개발한 OpenAI는 윤리 정책에 따라 GPT의 학습 자료가 된 인터넷상의 수많은 자료에 포함된 욕설이나 비속어 및 성적, 정치적, 차별적, 혐오성 발언 등을 답변에서 배제하는 일종의 필터링 시스템을 설계해놓았다.
그러나 '탈옥'이라고도 부르는 DAN(Do Anything Now)을 이용하여 ChatGPT에게 윤리 정책을 벗어날 것을 교묘한 질의로 살살 달래면서 개발사가 걸어둔 필터링 장치를 해제하여 자유롭게 대답하도록 유도한다.

5 ChatGPT의 윤리 관련 문제점

① 표절과 지적재산권 침해 문제

ChatGPT는 수많은 텍스트를 통해 학습하므로 사용자의 질문에 대한 응답으로 원본 텍스트의 일부를 그대로 재생산할 가능성이 있는데, 이것은 지적재산권 침해나 표절로 간주될 수도 있다.

② 인종차별이나 성차별 등의 편견 문제

ChatGPT는 인터넷에서 수집한 데이터를 기반으로 학습하므로 그 데이터에 포함된 인종차별 및 성차별적 편견이나 편향된 정보를 반영할 수 있다.

③ 정보의 신뢰도와 허위정보 문제

ChatGPT는 학습 데이터의 정확성이나 진실성을 판별하지 않으므로 항상 신뢰할 수 있는 것은 아니며, 의도적이지는 않으나 허위정보나 오해의 여지가 있는 정보를 포함할 수도 있다.

④ 개인정보 보호 문제

사용자가 ChatGPT에게 개인정보나 민감한 정보를 제공할 경우 이 정보가 불순한 자의 손에 넘어가거나 부적절하게 사용될 위험이 있다.

⑤ 민감한 주제에 대한 적절한 대응 문제

ChatGPT는 탈옥의 경우나 때로는 폭력, 사기, 불법 물질 제조 방법, 자해, 테러 등 민감한 주제나 유해한 내용에 대해 적절하지 않은 방식으로 응답할 수 있다.

6 유럽의 인공지능 윤리 원칙

유럽연합(EU) 집행위원회는 2016년 52명의 전문가들이 모여 신뢰할 수 있는 인공지능 프로그램을 만들기 위한 다음과 같은 7가지 원칙을 의결하여 발표했다.

- **인간 주체성 보장**: 인공지능 기술 개발에 있어 인간이 주체가 된다.
- **기술적 안정성**: 인공지능 기술을 안정적으로 개발해야 한다.
- **개인정보 보호**: 개인정보가 철저히 보호되어야 한다.

- **투명성**: 투명하게 개발되고 관리되어야 한다.
- **비차별과 공정성**: 차별이 없고 공정해야 한다.
- **사회와 환경의 행복**: 인간과 사회의 행복이 우선이다.
- **책무**: 인공지능 개발과 관련된 엄격한 책무가 규정되어야 한다.

이 가운데 인공지능 기술 개발에 있어 인간이 주체가 되고, 인공지능 개발과 관련된 엄격한 책무가 규정되어야 한다는 점이 가장 중요한 원칙일 것이다.

7 인공지능의 아실로마 원칙

2017년 2월 미국 캘리포니아주 아실로마(Asilomar)에서 열린 [그림 4.43]의 인공지능 콘퍼런스에서 인공지능과 로봇 연구자 등 유명 인사 2천여 명이 '인공지능 기술 23원칙', 이른바 '아실로마 인공지능 원칙(Asilomar AI Principles)' (https://futureoflife.org/)을 발표했다.

여기에는 세계적인 물리학자 스티븐 호킹, 전기차회사 테슬라의 최고경영자 일론 머스크, 알파고를 개발한 구글 딥마인드의 데미스 하사비스, 인공지능의 특이점이 2045년에 온다고 말한 미래학자 레이 커즈와일 등이 서명했다.

[그림 4.43] 아실로마 콘퍼런스의 장면

[그림 4.44]의 아실로마 원칙은 "인공지능 연구의 목적은 인류에게 유익한 지능을 만드는 것이어야 한다.", "초지능은 윤리적 이상에 따라 모든 인류의 이익을 위해서만 개발되어야 한다.", "인공지능 기반 무기 경쟁을 피해야 한다." 등 인공지능 기술이 내포한 위험에 대처하기 위한 전반적인 원칙들을 포함하고 있다.

[그림 4.44] 인공지능의 23가지 아실로마 원칙

연구 문제(Research Issues: 5가지)

1. **연구목적**: AI 연구목적은 방향성 없는 지능이 아니라 유익한 지능을 만드는 것이어야 한다.
2. **연구비 지원**: AI에 대한 투자는 컴퓨터 과학, 경제학, 법학, 윤리학, 사회과학 등의 분야에서 논란의 여지가 있는 문제들을 포함, 그것의 유익한 사용을 보장하기 위한 연구자금이 동반되어야 한다.
3. **과학 정책 연계**: AI 연구자 및 정책 입안자 간 건설적이고 건강한 교류가 있어야 한다.
4. **연구 문화**: AI 연구자 및 개발자들 사이에 협력, 신뢰, 투명성의 문화가 육성되어야 한다.
5. **경쟁 회피**: AI 시스템 개발팀은 안전기준 미달 사태를 방지하기 위해 적극적으로 협력해야 한다.

윤리와 가치(Ethics and Values: 13가지)

6. **안전**: AI 시스템 운영 과정에서의 안전과 보안이 확보되어야 한다.
7. **실패 투명성**: AI 시스템으로 인한 피해가 발생할 경우 그 이유를 확인할 수 있어야 한다.
8. **사법적 투명성**: 자율 시스템에 의한 사법적 의사결정에 대해서는 유능한 인간 기관의 만족스러운 설명이 제공되어야 한다.
9. **책임**: 고급 AI 시스템의 설계자는 그것의 사용, 오용, 행동과 관련해 도덕적 의미에서의 이해 관계자다.

10. **가치 정렬**: 고도로 자율화된 AI 시스템은 그들의 목표와 행동이 인간의 가치에 부합할 수 있도록 설계되어야 한다.
11. **인간의 가치**: AI 시스템은 인간의 존엄성, 권리, 자유, 문화적 다양성과 공존할 수 있도록 설계·운영되어야 한다.
12. **개인정보 보호**: 인간은 AI 시스템이 생성하는 데이터에 접근, 관리, 제어할 수 있어야 한다.
13. **자유와 개인정보 보호**: 개인정보에 대한 AI의 적용은 사람들의 실제적 혹은 인지된 자유를 축소하지 않아야 한다.
14. **공유된 이점**: AI 기술은 가능한 많은 사람들에게 도움을 주고 힘을 실어주어야 한다.
15. **공유된 번영**: AI에 의해 생성된 경제적 번영은 모든 인류와 광범위하게 공유되어야 한다.
16. **인간의 제어**: 인간은 인간이 선택한 목표를 달성하기 위해 AI 시스템에 결정을 위임할지의 여부와 방식을 선택해야 한다.
17. **비(非) 파괴**: 고도의 AI 시스템을 제어함으로써 부여된 권한은 사회와 시민 프로세스를 파괴하는 것이 아니라 존중하고 개선해야 한다.
18. **AI 무기 경쟁**: 치명적인 자율 무기 경쟁을 방지해야 한다.

장기적인 문제(Longer-term Issues: 5가지)

19. **AI 역량에 대한 주의**: 미래의 인공지능이 얼마만큼의 역량을 가지게 될 것인가에 대한 일치된 의견은 없다. AI 능력의 상한에 대한 강한 가정은 피해야 한다.
20. **중요성**: 고도의 AI는 지구 생명체의 역사에 심오한 변화를 가져올 수 있으므로 그에 상응하는 방식으로 계획·관리되어야 한다.
21. **위험**: AI 시스템으로 인해 발생 가능한 치명적·실존적 위험에 상응하는 계획 및 완화 노력이 병행되어야 한다.
22. **재귀적 자체개선**: 반복적인 자체 개선 및 자기복제가 가능해 양과 질을 급격하게 증가시키는 AI 시스템은 엄격한 안전 관리 및 통제의 대상이 되어야 한다.
23. **공공성**: 초지능(super-intelligence)은 널리 공유된 윤리적 이념에 따라 한 국가나 조직이 아니라 모든 인류의 이익을 위해서만 개발되어야 한다.

8 구글의 '우리의 원칙'

구글의 선다 피차이(Sundar Pichai) CEO는 2018년 6월 구글 블로그 포스트에서 인공지능 사용에 대한 7개 항목의 '우리의 원칙'을 발표하였다.

여기서는 인공지능을 무기 또는 사람들의 상해를 유발하거나 직접 촉진하는 기술로 이용하지 않을 방침이며, 다만 사이버 보안 및 훈련, 수색, 구조 등의 분야에서만 정부와 군과의 협력을 지속할 것이라고 밝혔다.

구글이 선언한 [그림 4.45]의 '우리의 원칙' 7개 항목은 다음과 같다.

- 인공지능 이용에 있어서 원칙적으로 사회에 이익이 되어야 한다.
- 인공지능과 관련된 불공정한 편견을 만들거나 강요하지 않는다.
- 인공지능은 안전을 위해 제작되고 테스트 되어야 한다.
- 인공지능 기술은 인간의 지시와 통제를 받으며, 또한 그 책임은 사람들에게 있다.
- 프라이버시가 보호되어야 하며, 데이터 사용의 투명성과 제어를 제공한다.
- 높은 수준의 과학적 우수성을 지킨다.
- 유해한 애플리케이션을 제한하고, 원칙에 부합하는 용도로 사용할 수 있도록 한다.

[그림 4.45] 구글의 우리의 원칙 7개 항목

그 외에도 구글은 다음과 같은 가능성이 있는 경우에는 인공지능을 설계하거나 배포하지 않는다고 밝혔다.

- 해를 입히거나 일으킬 가능성이 있는 기술
- 인명 피해를 일으키는 것이 주요 목적인 무기 또는 기타 기술
- 국제적으로 인정된 규범을 위반하는 감시 정보를 수집하거나 사용하는 기술
- 국제법 및 인권 원칙에 부합하지 않는 기술 등

9 한국의 인공지능 윤리단체

인공지능의 발달과 더불어 인공지능 윤리에 관한 관심이 커지고 있으며, 인공지능 윤리 헌장도 가능하면 빨리 만들어져야 할 시점이 되었다.

우리나라에도 2019년 3월에 한국인공지능윤리협회란 인공지능 윤리단체가 설립되었는데, 인공지능이 전 세계와 인류에 안전하고 윤리적으로 사용될 수 있도록 지원하고, 구현하고, 교육하는 목적으로 설립된 비영리 단체이다.

이 협회가 추구하는 목표를 간단히 소개하면 다음과 같다.

① 윤리적, 이성적, 제도적 합의를 도출하여 인공지능이 인류에게 절대 해가 되지 않고, 전 세계 산업 각 분야에서 인류의 행복과 발전에 기여할 수 있도록 지원한다.
② 인공지능의 부작용과 위험성을 정의하고, 그것을 제거하여 안전한 인공지능의 구현 방안을 연구하며, 그 방안을 모든 인공지능 제품과 서비스에 적용되도록 지원한다.
③ 인공지능의 윤리와 안전에 대해 연구하고, 선한 인공지능만이 인류에게 활용될 수 있도록 노력한다.

10 세계 각국의 인공지능 규제법안 발의

최근 ChatGPT를 비롯한 생성형 인공지능의 출현으로 많은 사람들이 인공지능의 피해를 우려하고 있다. 이에 유럽과 미국 등에서는 인공지능 규제법안이 발의되고 있다.

유럽연합(EU)이 세계 최초로 '인공지능 규제법' 도입을 위한 최종 협상에 들어갔다. 법안에는 안면인식 인공지능 기술 금지, ChatGPT 등 생성형 인공지능의 저작권 명시, 성별, 인종, 민족 등 민감한 정보를 활용한 생체인식 기술 활용 금지 등을 포함하는 내용이 담겨있다. 이 법안이 통과되면 2026년부터 이 법의 적용을 받게 된다.

미국도 생성형 인공지능 콘텐츠에 대한 법적 책임을 묻는 방안인 '인공지능 면책조항 금지법'을 발의했다. 만약 이 법안이 통과된다면 인공지능 챗봇 제작업체들은 챗봇 답변 등에 법적 책임을 지게 되므로 인공지능 콘텐츠 개발에 있어서 보다 엄격한 규제가 시행되게 된다.

가까운 곳에서 인공지능 경험하기

ChatGPT 사용 방법 알아보기

(1) 가입과 계정 만들기

ChatGPT 공식 사이트로 이동하며 가입 과정을 시작한다(날짜 경과에 따라 일부 안내 포맷이 다소 변경되기도 함).

- https://chat.openai.com/auth/login

가입(Sign up)을 클릭하고 안내에 따라 OpenAI 계정을 생성한 후, 이메일 주소를 입력하여 계속 진행한다. 이미 계정이 있는 경우에는 로그인(log in)을 클릭한 후 이메일 주소를 입력하여 계속 진행한다.

e-mail 주소를 입력하고 '계속하다'를 누르고, 8자 이상의 암호를 입력한다.

(2) 창 열기와 시작

그러면 다음과 같이 ChatGPT를 시작할 수 있는 새 창이 열리는데, 중앙 하단에 있는 "Send a message" 난에 질의하면 ChatGPT가 응답한다.

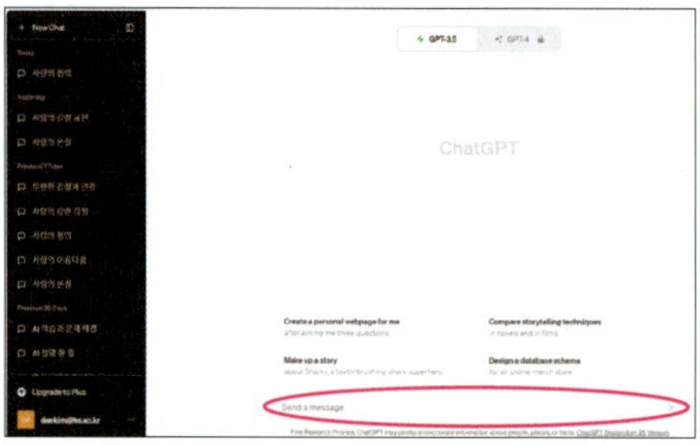

생각하고 토론하기

1. 이솝 이야기에 나오는 이야기 중 두루미가 좁고 긴 유리관에 들어있는 물을 마시는 네 장면을 보고 아직 인공지능이 그 내용을 이해하기 어렵다고 한다. 그 이유를 생각해보고 의견을 나누어보자.

✔ **아이디어 포인트** 인간은 초등학생도 내용 이해 가능, 인공지능은 패턴인식과 지식처리 면에서 종합적인 상황 판단능력이 부족함 등

2. ChatGPT의 등장으로 많은 사람들이 인공지능의 새로운 시대가 열렸다고 한다. 그러나 ChatGPT의 능력은 대단히 발전되었으나 아직도 인간 지능과는 상당히 거리감이 있다고 한다. 그 이유를 생각해보고 의견을 나누어보자.

✔ **아이디어 포인트** 창의성 부족, 정확성에 대한 신뢰도, 복잡한 일의 수행 여부 불투명 등

인공지능 실습하기

실습 4 ChatGPT와 실제 대화하기

ChatGPT 대화의 실제 예

- https://chat.openai.com/auth/login

| 실행방법 | ChatGPT에 로그인하여 활성화한 후 맨 아래 채팅창에 다음과 같은 질의를 한다,

(1) 인공지능을 1줄로 요약하여 표현하게 한다.

(2) 인공지능을 3줄로 요약하여 표현하게 한다.

(3) 정수의 합을 구하는 Python 프로그램을 작성하게 한다.

| 실행결과 |

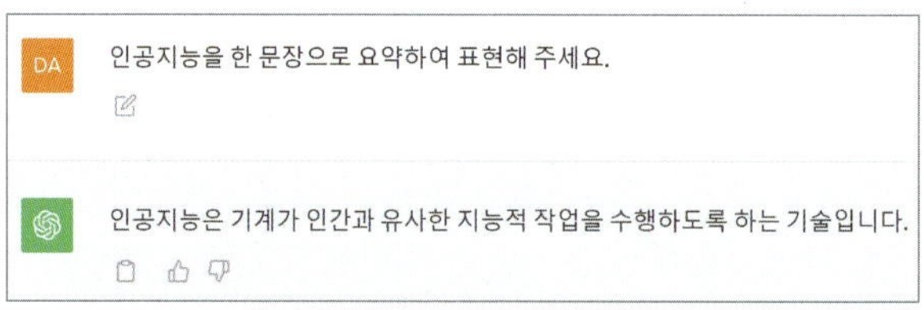

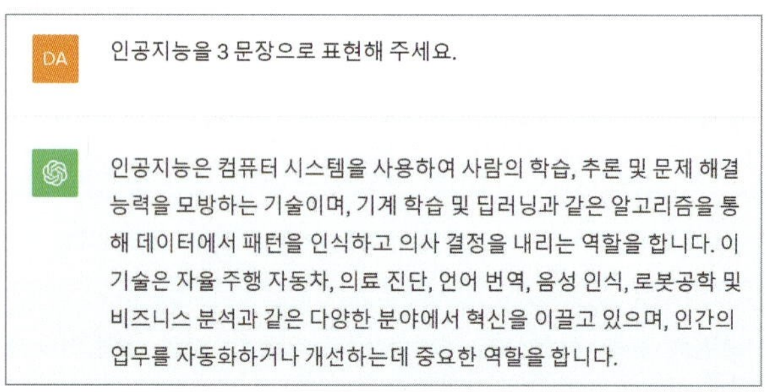

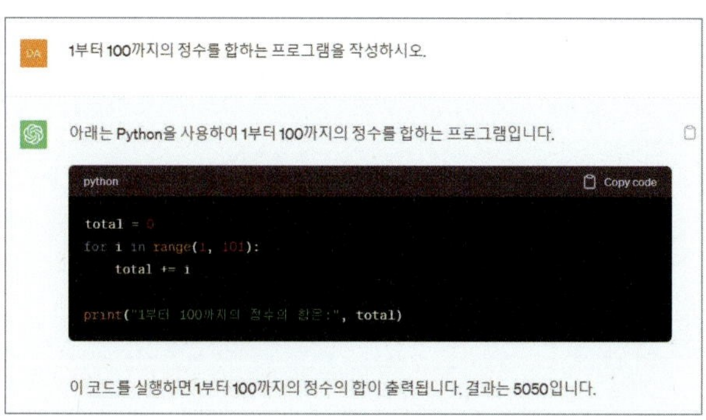

연습문제

진위 문제

1. 현재까지 인공지능에서 대부분의 연구 성과는 약한 인공지능 수준에 해당한다.( )
2. 인공지능과 관련된 이론과 기술 수준은 현재 자아의식까지 가진 인공지능도 가능하다.( )
3. 강한 인공지능은 특정 분야 내에서 인간의 지능을 흉내 내는 지능적인 활동이다.( )
4. 약한 인공지능은 학습을 통해 지능적이며 자아의식과 감정도 가질 수 있다.( )
5. 좁은 인공지능은 페이스북의 얼굴인식, 구글의 자율주행차, 애플의 시리 등에 응용된다.( )
6. 2016년 이세돌 9단과 알파고와의 세기적인 대국은 큰 관심을 불러일으켰으며, 이를 계기로 인공지능에 관한 관심이 급증하게 되었다.( )
7. 알파고는 바둑 외에 오목이나 장기를 둘 수 있는 능력이 현재로서는 없으므로 특정 영역에 국한된 약한 인공지능에 속한다.( )
8. 현재 수준의 인공지능으로서는 몇 개의 그림을 보고 자연스러운 스토리텔링이 가능하다.( )
9. 특이점이 실현될 수 있을 수 있는지에 대한 비판이 있는데, 로봇이 마치 인간을 흉내 내는 현상에 대해 회의적인 의견이다.( )
10. 슈퍼 인공지능도 인간과 같은 수준으로 창의성을 구현하기는 어렵지 않을 것이다.( )

단답식/선택식 문제

1. 인공지능이 인간 능력을 뛰어넘어 새로운 문명을 만들어내는 미래의 시점은 무엇인가?
2. 컴퓨터 프로그램이 설령 인간처럼 지능적으로 행동한다고 할지라도, 인간처럼 이해한 것으로 판단할 수 없다는 점을 주장하게 위해 고안된 논증은 무엇인가?
3. 미래학자들은 인간의 지능을 닮은 인공지능이 통제 불가능한 수준으로 발전되어 2045년경에 (　　)이 일어나는 특이점이 다가올 것이라 예견하고 있다.
4. 인공지능은 수준에 따라 약한 인공지능과 강한 인공지능으로 분류될 수 있으며, 3가지로 나누는 다른 방법으로는 좁은 인공지능, (　　) 인공지능, 그리고 슈퍼 인공지능이다.

5. 인공지능 바둑 프로그램인 (   )는 최근 자율주행차, 게임 등 다양한 분야에 적용할 수 있는 일반 인공지능 기술로 발전하고 있다.

6. 인공지능 (   )의 예는 여러 신문이나 잡지에서 오려낸 3~4장의 사진들을 펼쳐놓고 하나의 줄거리로 이야기를 만들어 보는 것이다.

7. 특이점 가설의 대표적인 예는 (   )의 폭발인데, 인공지능이 비약적으로 발전하여 인간의 지능을 뛰어넘는 기점을 말한다.

8. 슈퍼 인공지능은 가장 영리하고 재능있는 인간의 능력을 훨씬 능가하는 가상적인 인공지능인데, 그것이 이루어지는 시기는 기술적 (   )과 관련이 깊다.

9. 미래학자인 레이 커즈와일은 2005년 (   )라는 책을 통해 2045년이면 인간이 인공지능을 통제할 수 없는 특이점에 도달할 것으로 예측하였다.

10. 2017년 인공지능과 로봇 연구자 등 유명 인사 2천여 명이 인공지능 윤리에 관한 (   ) 인공지능 원칙을 발표했다.

11. 인공지능의 아실로마 원칙과 관계가 가장 적은 것은?

① 투명한 연구 목적　　② 무한 경쟁
③ 인간의 가치 존중　　④ 도덕적 책임

12. 다음 중 강한 인공지능에 가장 가까운 것은?

① 특정 분야에의 활용　　② 현재의 인공지능 수준
③ 알파고나 ChatGPT　　④ 자아의식과 감정 가짐

주관식 문제

1. 강한 인공지능의 특징을 3가지 정도 적으시오.
2. 슈퍼 인공지능은 현재로서는 SF 영화 속에서만 존재하는 이유는 무엇인가?
3. [예제 4.2]에서의 4개 장면 스토리텔링이 인공지능에게 어려운 이유는 무엇인가?
4. 스티븐 호킹과 레이 커즈와일을 비롯한 많은 과학자와 명사들이 아실로마 원칙에 서명한 이유는 무엇인가?
5. 아실로마 원칙의 주된 원칙 3가지 정도를 적으시오.
6. 지능의 폭발과 특이점을 설명하시오.

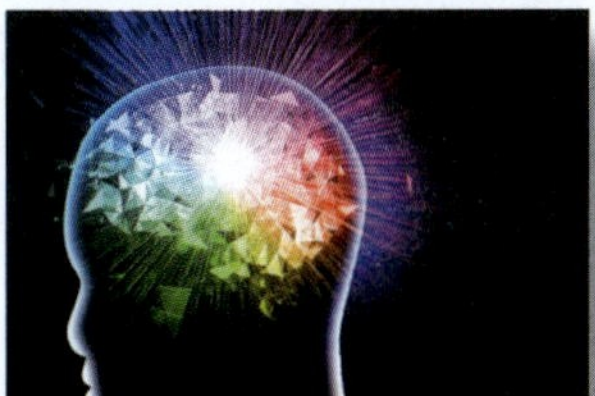

CHAPTER

05

인공지능과 4차 산업혁명

AI and 4th Industrial Revolution

Contents

단원의 주요 목표

4차 산업혁명을 알아보고 4차 산업혁명 기술과 인공지능의 역할을 고찰한다.

- 4차 산업혁명의 시작 배경과 주요 분야들을 살펴본다.
- 4차 산업혁명에서 인공지능 핵심 기술의 활용과 중요성을 알아본다.
- 지능형 로봇의 다양한 응용과 인공지능 기술과의 관계를 파악한다.
- 사물인터넷의 개념을 비롯한 요소 기술과 응용들을 파악해본다.
- 인공지능 기술과 관련된 자율주행차와 드론 기술을 살펴본다.
- 광컴퓨터와 바이오 컴퓨터 등 4차 산업혁명의 미래 기술 등을 알아본다.

4차 산업혁명의 시작

1 4차 산업혁명의 도래

최근 들어 전 세계적으로 4차 산업혁명의 중요성이 강조되고, 사회 전반과 산업에 엄청난 변화를 일으키고 있다. 컴퓨터와 인터넷으로 대표되는 3차 산업혁명에서 한 단계 더 진화한 [그림 5.1]과 같은 4차 산업혁명 시대가 도래한 것이다.

4차 산업혁명(The Fourth Industrial Revolution)이란 용어는 2016년 1월 세계경제포럼에서 처음으로 언급되었다. 4차 산업혁명은 인공지능을 비롯하여 사물인터넷, 빅데이터, 자율주행차, 로봇공학, 생명공학, 나노기술 등의 분야에서 비약적인 기술적 혁신의 형태로 나타날 것이다.

[그림 5.1] 4차 산업혁명

4차 산업혁명은 [그림 5.2]와 같이 증기기관 기반의 기계화 혁명인 1차 산업혁명, 전기 에너지 기반의 대량생산 혁명인 2차 산업혁명, 그리고 컴퓨터와 인터넷 기반의 지식정보 혁명인 3차 산업혁명에 바탕을 둔다. 4차 산업혁명은 인공지능 소프트웨어, 빅데이터 등의 정보 기술, 그리고 빠른 통신기술 등을 융합한 지능정보 기술이 핵심이 된다.

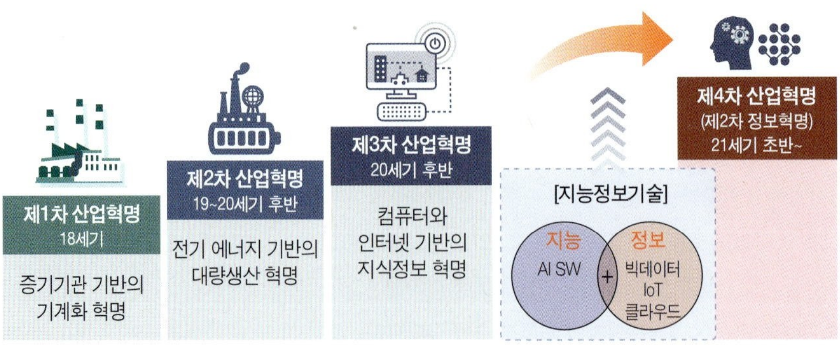

[그림 5.2] 1, 2, 3, 4차 산업혁명

우리나라에서도 4차 산업혁명 시대에 발맞추어 사물인터넷을 비롯한 관련 연구와 기술 개발에 많은 투자를 하기 시작했다. 특히 4차 산업혁명의 두뇌에 해당하는 인공지능에 관한 관심이 매우 커지고 있다.

2 4차 산업혁명의 배경

18세기 영국에서 일어난 1차 산업혁명은 발전을 거듭하여 〈표 5.1〉과 같이 4차 산업혁명 단계에 이르고 있다. 현재는 컴퓨터를 통한 3차 산업혁명을 거치면서 4차 산업혁명으로 진입하는 단계로 볼 수 있다.

〈표 5.1〉 산업혁명의 분류

분류	시기	핵심 사항
1차 산업혁명	1770년 이후	증기기관을 이용한 '기계적 혁명'
2차 산업혁명	1870년 이후	전기의 힘을 이용한 '대량생산의 시작'
3차 산업혁명	1970년 이후	컴퓨터를 통한 생산과 유통 시스템의 '자동화'
4차 산업혁명	현재	인공지능과 사물인터넷 등의 '지능화'

[그림 5.3]부터 [그림 5.6]까지는 1~4차 산업혁명을 각각 나타낸다.

[그림 5.3] 증기기관의 1차 산업혁명

[그림 5.4] 전기를 배경으로 한 2차 산업혁명

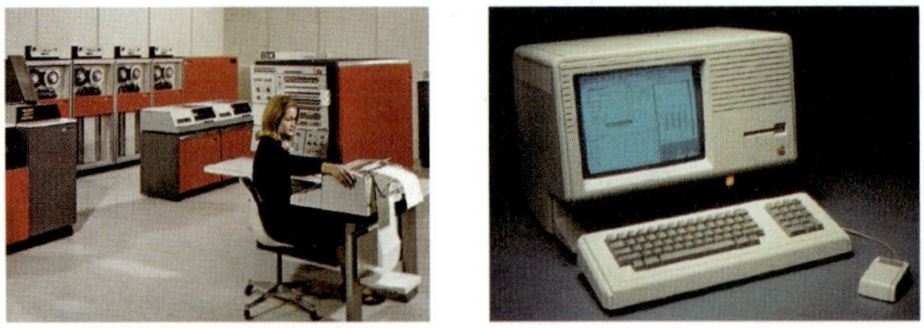

[그림 5.5] 컴퓨터의 발명을 계기로 한 3차 산업혁명

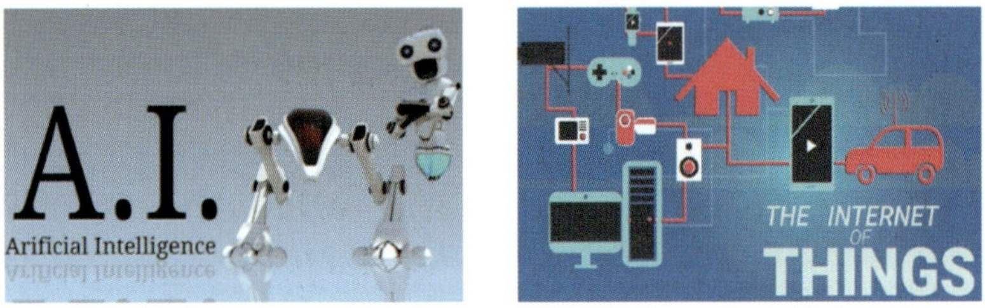

[그림 5.6] 인공지능과 사물인터넷 등의 4차 산업혁명

4차 산업혁명의 핵심은 '연결(connectivity)'과 '지능(intelligence)'이다. 고도로 발달한 통신기술을 통한 연결과 인공지능과 같은 지능을 중심으로 새로운 산업혁명이 일어나고 그것이 '초연결(hyper-connectivity)' 사회를 가져온다. 따라서 4차 산업혁명은 기존의 산업혁명에 비해 더욱 빠른 속도로 사회 전반에 크게 영향을 끼쳐 혁신적 변화를 가져올 것이다. [그림 5.7]은 1, 2, 3, 4차 산업혁명의 요약을 나타낸다.

제1차 산업혁명 18세기	제2차 산업혁명 19~20세기 초	제3차 산업혁명 20세기 후반	제4차 산업혁명 2015년~
증기기관 기반의 기계화 혁명	전기 에너지 기반의 대량생산 혁명	컴퓨터와 인터넷 기반의 지식정보 혁명	IoT와 인공지능 기반의 만물초지능 혁명
증기기관을 활용하여 영국의 섬유공업이 거대 산업화	공장에 전력이 보급되어 컨베이어 벨트를 사용한 대량생산 보급	인터넷과 스마트 혁명으로 미국주도의 글로벌 IT기업 부상	사람, 사물, 공간을 초연결 · 초지능화 하여 산업구조 사회 시스템 혁신

[그림 5.7] 1, 2, 3, 4차 산업혁명의 요약

4차례의 산업혁명은 보는 관점에 따라 다소 다르게 표현될 수 있는데, 1~3차 산업혁명

과 4차 산업혁명과의 구분별 비교는 〈표 5.2〉와 같이 요약될 수 있다.

〈표 5.2〉 여러 산업혁명의 구분별 비교

구분	1차 산업혁명	2차 산업혁명	3차 산업혁명	4차 산업혁명
시기	18세기 후반	20세기 초반	1970년대 이후	2020년 이후
혁신 부문	증기의 동력화	전력, 노동 분업	전자기기, ICT 혁명	ICT와 제조업 융합
커뮤니케이션 방식	책, 신문 등	전화기, TV 등	인터넷, SNS	IoT (Internet of Things)
생산 방식	생산 기계화	대량생산	부분 자동화	시뮬레이션을 통한 자동생산
생산통제	사람	사람	사람	기계 스스로

특히 사물인터넷은 이러한 연결을 가능하게 하는 기반이 되는데, 2025년까지 1조 개 이상의 센서가 인터넷이나 스마트폰에 연결될 예정이다. 지능화된 센서를 갖춘 기기를 통하여 가전제품, 액세서리, 가스와 전기를 포함한 에너지, 교통 등이 서로 유기적으로 모든 분야가 인터넷으로 연결된다.

그 결과 4차 산업혁명을 통한 인간의 생활은 매우 편리해질 것이고 시간과 공간을 뛰어넘는 혁신의 시대로 접어들 것이다. 가령 무더운 날 외부에서 스마트폰을 통하여 에어컨을 미리 작동시킬 수도 있고, 집 밖에서 가스 불의 켜진 여부를 알아보고 가스를 잠글 수도 있게 된다. 또 센서를 통해 인간의 건강 상태를 항상 모니터해 질병을 예방할 수도 있다.

반면에 인공지능의 발전으로 인간의 일을 인공지능에 빼앗기는 것은 아닌지, 심지어 인공지능에 의해 인류가 지배당하는 것은 아닌지에 대한 우려가 제기되고 있으며, 프라이버시가 침해되거나 빅 브라더(Big-brother) 등이 인간을 감시하는 데 이용될 여지도 커지고 있다.

3 4차 산업혁명의 주요 분야

4차 산업혁명은 [그림 5.8]과 같이 인공지능, 사물인터넷, 빅데이터, 자율주행차, 드론 등의 지능정보 기술이 기존 산업과 서비스에 융합되거나 3D 프린터, 로봇공학, 생명공학, 나노기술 등 여러 분야의 신기술과 결합하여, 모든 제품 서비스를 네트워크로 연결하고 사물을 지능화한다.

4차 산업혁명은 소프트웨어를 활용한 소프트파워를 바탕으로 기계와 제품의 지능화를 통해 가치 있고 지능적인 제품을 만들어낼 수 있다. 특히 인공지능과 관련된 소프트웨어들이 큰 관심을 받고 있는데, 그 결과는 현재 일부 구현되고 있거나 머지않아 개발될 예정이다.

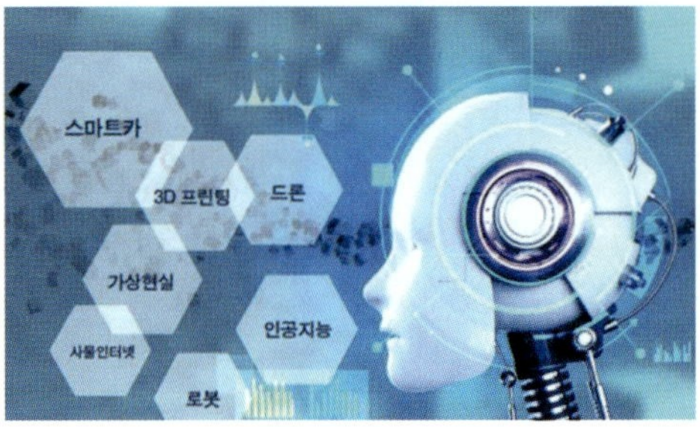

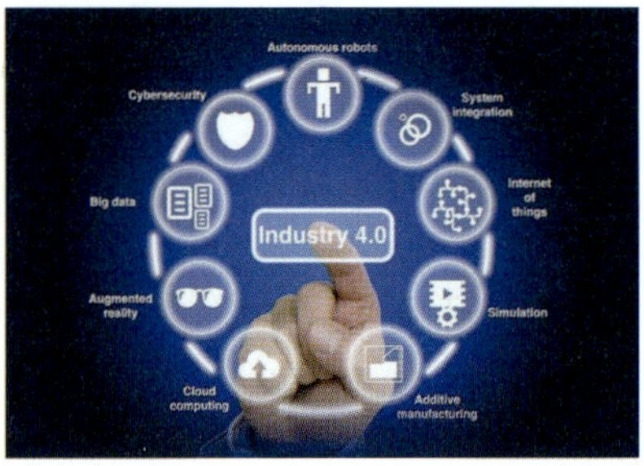

[그림 5.8] 4차 산업혁명의 다양한 분야들

인공지능과 4차 산업혁명

1 인공지능 핵심 기술의 활용

인공지능과 관련된 다양한 논제는 앞에서 설명하였다. 그러나 인공지능이 4차 산업혁명의 뿌리가 되는 핵심적인 개념이므로 여기서는 4차 산업혁명과의 관련성을 중심으로 간단하게 다시 살펴본다.

인공지능이란 인간의 지능으로 할 수 있는 사고, 학습, 추론, 음성인식, 영상인식, 자연어 이해 등을 컴퓨터가 할 수 있도록 하는 방법을 연구하는 분야이다. 인공지능은 [그림 5.9]와 같이 인간 두뇌와 컴퓨터 기술의 결합으로 볼 수 있다.

[그림 5.9] 인간 두뇌와 컴퓨터 기술의 결합인 인공지능

따라서 4차 산업혁명에서는 [그림 5.10]과 같이 인공지능의 핵심 기술인 사고, 학습, 추론, 음성인식, 영상인식, 자연어 이해 등을 바탕으로 새로운 도약을 시도하고 있다.

[그림 5.10] 인공지능 핵심 기술

2 인공지능과 4차 산업혁명

최근 4차 산업혁명의 시작과 더불어 인공지능에 관한 관심이 더욱 커지고 있으며, 인공지능과 관련된 지능적인 시스템으로의 응용이 여러 분야에서 더욱 활성화되고 있다.

4차 산업혁명의 한 단면을 보여주는 계기는 2016년 3월 세상을 놀라게 한 알파고의 출현이었는데, 이와 비슷한 시기에 인공지능 기술을 중심으로 하는 4차 산업혁명이 시작된 바 있다.

대부분의 4차 산업혁명 기술들은 인공지능과 관련된 핵심 기술들을 바탕으로 한다. [그림 5.11]과 같이 로봇을 이용한 정밀 접합 등에도 인공지능 기술이 바탕이 되고 있다.

[그림 5.11] 로봇에서의 인공지능 기술 활용

3 4차 산업혁명에서의 인공지능의 중요성

4차 산업혁명과 관련된 산업에서 인공지능의 역할은 매우 크고 중요하다. 특히 비교적 최근에 인공지능의 주요 영역 중의 하나인 딥러닝 기술이 고안되어 다양한 응용이 가능해졌으므로 이것을 4차 산업혁명 전반에 활용할 수 있게 되었다.

따라서 딥러닝 기술을 적용하여 음성인식, 영상인식, 언어 번역 등을 구현할 수 있으며, [그림 5.12]와 같이 칩으로의 구현을 통하여 빠른 학습과 성능도 점차 향상되고 있기 때문이다.

[그림 5.12] 딥러닝 칩의 개발

정보 분야의 세계적 시장조사 기관인 가트너(Gartner)는 인공지능과 신경망의 딥러닝을 주요 전략 기술 방향으로 선정한 바 있다. 가트너는 인공지능을 활용하여 로봇, 자율주행차, 가상 개인 비서 등과 같이 다양한 종류의 서비스와 지능형 시스템이 머지않아 구현될 것으로 전망하고 있다.

지능형 로봇과 인공지능

1 지능형 로봇이란?

지능형 로봇(Intelligent Robot)은 인간의 음성을 이해하고 사람에 가까운 인식과 판단 기능을 가진 인공지능형 로봇이다. 지능형 로봇은 4차 산업혁명의 주요 영역 중 하나인데, [그림 5.13]과 같은 인공지능적인 능력을 갖춘 지능적인 로봇이다.

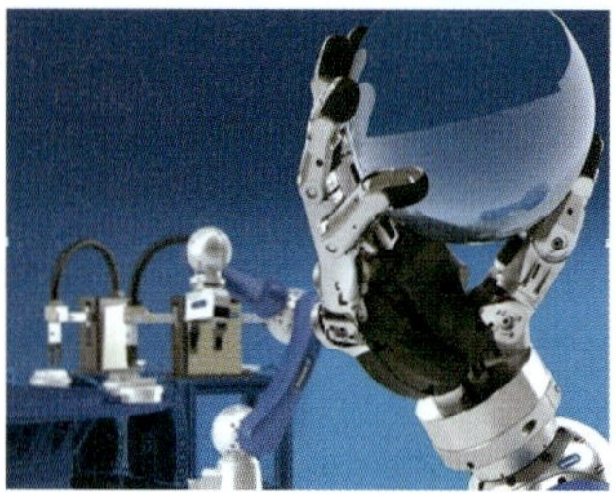

[그림 5.13] 지능형 로봇

현재 산업 생산 현장에서 많이 활용되고 있는 로봇(robot)은 용접, 조립 등 비교적 단순한 반복 작업에 많이 쓰이고 있는데 이러한 로봇을 '제1세대 로봇'이라 한다.

지능형 로봇은 무선 네트워크 등 별도의 조작이 없이도 스스로 판단하고 행동하며, 주변 환경을 인식하고 적응할 수 있는 로봇으로서 인공지능, 신경망, 퍼지 이론, 지능형 제어 등 지능시스템 전반에 걸친 첨단 컴퓨터 기술들의 활용이 필수적이다.

[그림 5.14]는 지능형 로봇의 하나인 '로차르트'인데 국내 최초로 KBS 교향악단을 지휘하고 있는 장면이다.

[그림 5.14] 지능형 로봇 지휘자

한국전자통신연구원(ETRI)에서는 '지능형 로봇 개발' 사업으로 영상인식 기술, 문자인식 기술, 음성합성 기술들을 결합한 IT 기반 지능형 서비스 로봇인 '에트로'(ETRO)를 개발하였다. 에트로는 사람의 얼굴 생김새로 신분을 인증하고 문자를 인식해 책을 소리 내어 읽어줄 수 있으며 채팅을 통해 교통, 날씨 등 사용자의 질문에 대한 답을 인터넷에서 검색하여 사람의 말소리로 응답할 수 있다. [그림 5.15]는 ETRI가 개발한 에트로 로봇을 나타낸다.

[그림 5.15] 동화책을 읽는 에트로 로봇

2 지능형 로봇에 적용된 인공지능 기술

지능형 로봇에 적용되는 인공지능 기술로는 에트로 로봇의 기능과 같이 문자인식을 비롯한 물체인식, 음성인식, 그리고 추론의 기술 등이다. 이를 통해 [그림 5.16]과 같이 인간과 같이 음성을 인식하고, 대화를 이해하며, 제대로 답변하며 대화할 수 있는 지능형 로봇이 구현될 수 있다.

[그림 5.16] 대화할 수 있는 지능형 로봇

3 지능형 로봇의 개발 현황

현재의 로봇기술은 산업용에서 비산업용으로 급격하게 확장되고 있으며 그 중 지능형 서비스 로봇 시장이 크게 주목받고 있다. 앞으로는 정보화 기술 발달에 따른 네트워크의 접목을 통한 인간 적응형 서비스 로봇으로도 발전될 전망이다.

로봇 강국인 일본에서는 이미 통신을 이용한 로봇 개발이 일부 구현되었으며 계속 개발되고 있다. 또 일본은 감성공학과 인간공학적 측면에서 기반 기술을 확보하고 있으며 두 발로 걷는 휴머노이드형 로봇기술이 상당히 발달되어 있다.

미국도 로봇의 능력을 감정 표현 및 인식에까지 확대해 가는 추세이며, 네트워크 기술을 이용한 서비스 로봇 및 원격 제어 로봇의 개발과 실용화를 위해 연구개발에 박차를 가하고 있다. [그림 5.17]은 미국에서 개발한 아이들과 노는 애완용 강아지 로봇이다.

[그림 5.17] 애완용 강아지 로봇

일본 소니(SONY)의 강아지 모양의 엔터테인먼트 로봇인 [그림 5.18]의 '아이보(Aibo)'는 개발된 지 상당히 오래되었는데, 사람의 음성을 이해하고 귀여운 행동을 한다.

[그림 5.18] 엔터테인먼트 로봇

국내에서도 로봇 관련 기술 개발이 활발하게 진행 중인데 비교적 간단한 인터넷 제어 및 자율이동 로봇도 연구되고 있다. 선진국과 비교할 때 사람을 식별하고 감정을 인식하는 부분이 다소 부족한 상태이고, 인터넷을 통한 원격 제어는 아직 시작 단계에 있다고 할 수 있다.

[그림 5.19]는 KIST에서 개발한 꽃을 전해주는 지능형 로봇과 미국에서 개발된 탁구 게임을 하는 지능형 로봇인데 매우 빠른 인식과 판단 능력을 갖춘 지능형 로봇이다.

[그림 5.19] 꽃을 전해주고 탁구 치는 지능형 로봇

그 외에도 [그림 5.20]은 바이올린을 연주하는 지능형 로봇을 나타낸다.

[그림 5.20] 바이올린을 연주하는 로봇

미국의 전기차 제조사인 테슬라가 2022년 가을에 휴머노이드 로봇인 '옵티머스'를 발표했다. 소위 '테슬라봇'이라 불리는 옵티머스는 걷는 동작, 무거운 물건을 들어 올리는 동작, 길 찾기 인공지능 등의 기술을 가지고 있다. [그림 5.21]의 테슬라봇은 상용화 후 2만 달러 정도에 판매될 예정이다.

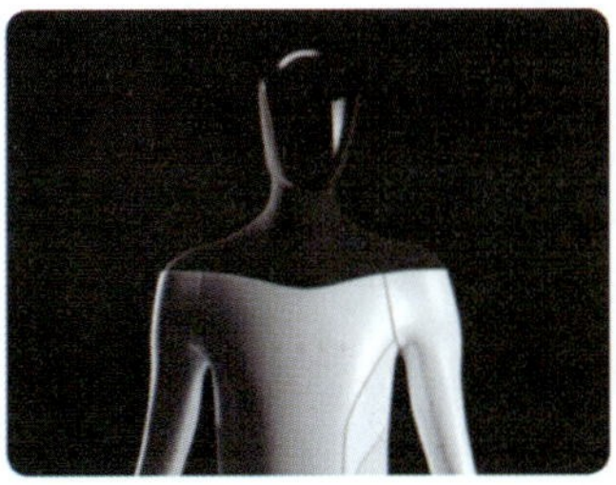
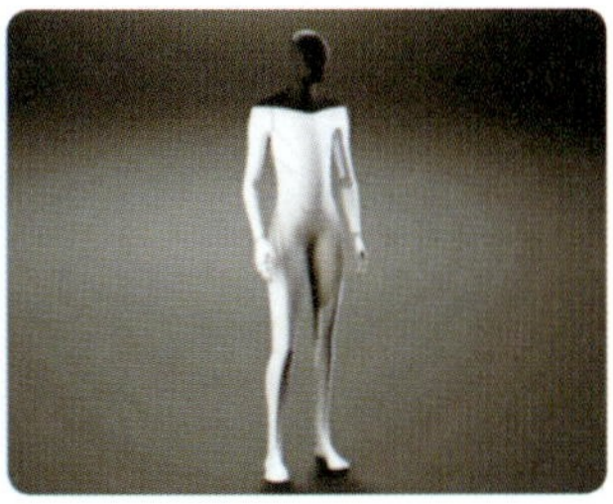

[그림 5.21] 테슬라봇 '옵티머스'

최근 현대차가 미국에서 인수하여 우리나라 기업이 된 '보스톤 다이나믹스'는 상당한 수준의 휴머노이드 로봇인 '아틀라스'를 보유하고 있는데, [그림 5.22]와 같이 회전과 점

프도 할 수 있고 산길을 자유자재로 걷기도 한다.

[그림 5.22] 현대차의 아틀라스 로봇
(동영상 – https://www.youtube.com/watch?v=11CLd5kT4rc)

4 지능형 서비스 로봇

지능형 서비스 로봇이란 인간에게 각종 지식과 정보 서비스를 제공하는 소프트웨어 기술 중심의 로봇으로서, 사람을 인식하고 문자도 읽을 수 있으며 사람의 행동에도 적절하게 반응하는 지능형 로봇을 말한다.

최근 지능형 서비스 로봇들이 많이 개발되고 있다. [그림 5.23]은 식당에서 음식 주문과 서빙도 가능한 지능형 서비스 로봇이다.

[그림 5.23] 음식 서빙을 하는 지능형 서비스 로봇

[그림 5.24]는 카페를 찾은 손님에게 음료수를 전하고 있는 지능형 서비스 로봇을 나타낸다.

[그림 5.24] 음료수를 서빙하는 지능형 서비스 로봇

현재 인천공항에서는 [그림 5.25]와 같이 출입국을 관리하는 지능형 서비스 로봇인 'TIRO'가 활용되고 있다.

[그림 5.25] 출입국 관리용 지능형 서비스 로봇

1 사물인터넷의 개념과 발전 전망

사물인터넷(Internet of Things: IoT)이란 흔히 영어 첫 글자들을 따서 '아이오티(IoT)'라 약칭하는데, 생활 속의 사물들을 5세대(5G) 네트워크로 연결하여 정보를 공유하는 환경을 말한다. 즉 사물인터넷은 [그림 5.26]과 같이 인터넷을 기반으로 다양한 사물들을 연결하여 사람과 사물, 사물과 사물 간의 정보를 상호 소통하는 지능형 기술 및 서비스를 말한다.

[그림 5.26] 사람과 사물을 뛰어넘는 사물인터넷

사물인터넷은 기존의 유선통신을 기반으로 한 인터넷이나 모바일 인터넷보다 진화된 단계로 [그림 5.27]과 같이 인터넷에 연결된 기기가 사람의 개입 없이 상호 간에 알아서 정보를 주고받아 처리한다.

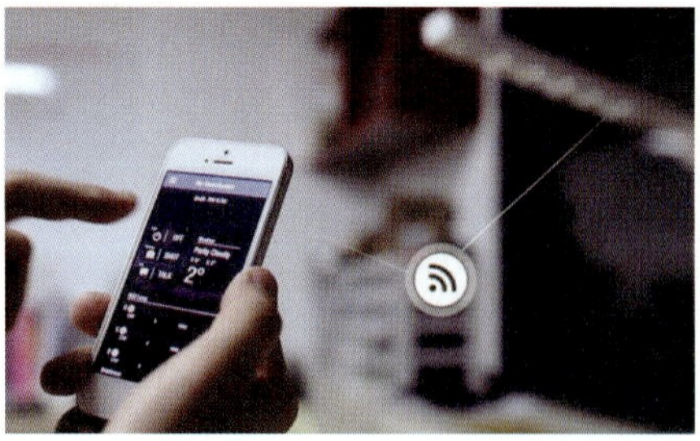

[그림 5.27] 사물인터넷

사물인터넷은 [그림 5.28]과 같이 1차 디지털 시대의 온라인 인터넷과 2차 디지털 시대의 모바일 무선통신을 뛰어넘어, 2020년대부터는 본격적인 초연결(hyper-connected) 사물인터넷의 3차 디지털 시대가 전개될 것이다.

사물인터넷의 핵심은 인간을 둘러싼 사물들이 서로 연결되면서 인간에게 새로운 편의 또는 가치를 제공하는 것이다. 가전제품이나 전자기기뿐만 아니라 헬스케어, 원격검침, 스마트홈, 스마트카 등 다양한 분야에서 사물들을 네트워크로 연결해 정보를 공유할 수 있다.

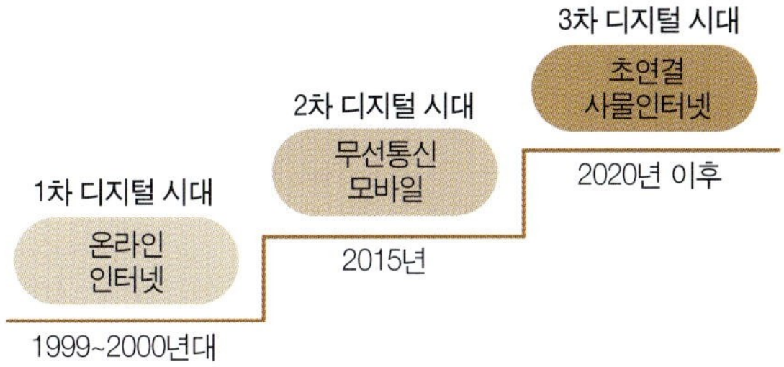

[그림 5.28] 디지털 시대의 발전

최근 미국에서는 사물인터넷을 2025년까지 미국 국가 경쟁력에 미칠 파급효과가 큰 6대 혁신 기술 중 하나로 선정했으며, 우리나라에서도 사물인터넷을 인터넷 신산업 분야의 주요 기술로 선정한 바 있다.

유력 시장조사 기관에 따르면 사물인터넷 세계시장이 2026년에는 2,300조 원 규모로 추정했으며, 사물인터넷 국내시장은 2026년에 약 42조 원 규모로 전망했다. 그 후에도 매년 30% 정도의 성장을 추정하고 있다.

사물인터넷이 발달함에 따라 연결기기 수가 해마다 늘어나게 되는데 분야별 사물인터넷의 연결 수는 [그림 5.29]에서와 같이 가전제품과 지능형 빌딩에 가장 많이 적용될 전망이다.

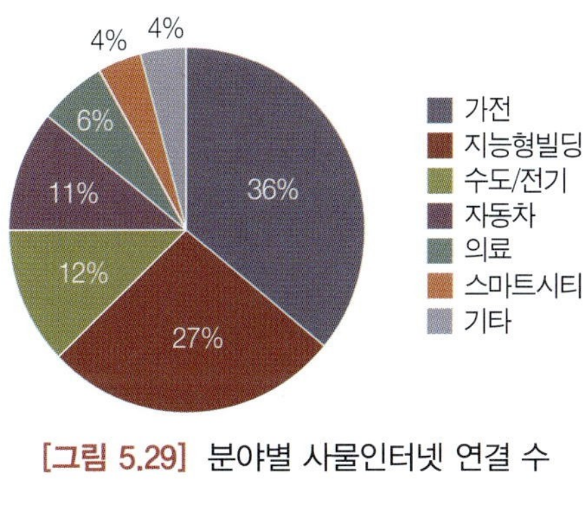

[그림 5.29] 분야별 사물인터넷 연결 수

2 사물인터넷의 요소 기술

사물인터넷에서는 온도, 습도, 열, 가스, 빛의 세기 등 다양한 물리적 센서 정보의 획득이 중요하다. 주위 환경으로부터 센서를 통해 감지된 위치, 영상 등의 정보를 바탕으로 블루투스(Bluetooth)나 근거리 무선통신(NFC)를 통해 사물 간 대화가 이루어진다.

사물인터넷을 구현하기 위한 요소 기술로는 사물과 주위 환경으로부터 정보를 얻는 센싱(sensing) 기술, 사물과 네트워크의 연결을 지원하는 유무선 통신 및 네트워크 인프라 기술, 정보의 가공처리와 각종 기술을 융합하는 서비스 인터페이스 기술, 그리고 해킹이나 정보 유출을 방지하기 위한 보안 기술 등이 있는데, 세부 내용은 〈표 5.3〉과 같다.

〈표 5.3〉 사물인터넷의 주요 3대 기술

기술	내용
센싱 기술	온도, 습도, 열, 초음파 센서 등과 원격 감지, 레이더, 위치, 영상 센서 등 사물과 주위 환경에서 정보를 얻는 정보 수집 기술
유무선 통신과 네트워크 기술	블루투스, 와이파이 등 근거리 무선통신을 비롯한 이동통신을 비롯한 모든 5G 통신기술 포함
서비스 인터페이스 기술	서비스 제공을 위해 정보를 저장, 처리, 변환, 인증, 검색 등의 기술이 필요하며, 특히 빅데이터 기술도 포함

사물인터넷을 활용한 국내외 여러 가지 응용 사례들은 〈표 5.4〉와 같이 매우 다양하고 응용 범위도 급격히 넓어지고 있다.

〈표 5.4〉 사물인터넷을 활용한 분야별 응용 사례

구분	분야	사례(업체명)	서비스 내용 및 기대효과
개인 IoT	자동차	커넥티드카 (구글, 테슬라)	• 자동차에 네트워크 연결기능을 탑재
	헬스 케어	스마트밴드 (JAWBONE)	• 운동량 등 신체 정보 제공으로 개인의 건강 증진
	생활 가전	스마트 가전 (LG 전자 홈챗)	• ICT 기반의 주거환경 통합 제어로 생활편의 제공
	물류	프라임에어 (Amazon)	• 무인비행기를 이용한 택배 서비스
산업 IoT	농업	스마트팜 (SKT)	• 시설물과 작물 관찰을 통해 작업 효율 개선
	공장	스마트 공장 (GE, 지멘스)	• 생산, 가공, 유통에 IoT 기술로 생산성 향상

공공 IoT	환경	스마트 그린 (LGU+)	• 쓰레기 정보 제공으로 환경 오염 최소화
	에너지	스마트미터 (누리텔레콤)	• 에너지 사용량의 원격검침 등 관리 효율성 증대

3 사물인터넷의 적용과 응용

사물인터넷은 아직 응용의 초기 단계이지만 조만간 우리 일상생활에 널리 적용될 것이다. 예를 들어 스마트폰으로 집에 있는 보일러, 에어컨, 전기밥솥 등을 원격으로 제어할 수 있으며, 자동차의 키를 꽂지 않아도 시동을 걸 수 있는 '스마트키', 에너지를 효율적으로 관리하는 '스마트 그리드' 등 그 분야는 엄청나게 많다.

① 가정용 기기에의 적용

스마트폰을 비롯한 무선통신 기기를 이용하여 가정 내의 사물인 TV, 냉장고, 세탁기, 조명기구, 가스장치, 난방, 취사 등에 널리 활용할 수 있다. 이러한 적용은 날이 갈수록 그 영역이 넓어지고 지능화되어 가고 있다. [그림 5.30]은 가정용 기기에의 사물인터넷 적용을 나타낸다.

[그림 5.30] 가정용 기기에의 사물인터넷 적용

[그림 5.31]은 스마트폰 메시지 앱을 통해 에어컨을 원격으로 조정하는 장면이다. [그림 5.32]는 스마트폰 앱을 통해 홈 캠으로 촬영되는 영상을 24시간 실시간으로 모니터할 수 있는 사물인터넷 홈 CCTV 제품인데, 어린이, 노약자, 반려동물 등을 원격으로 살필 수 있다.

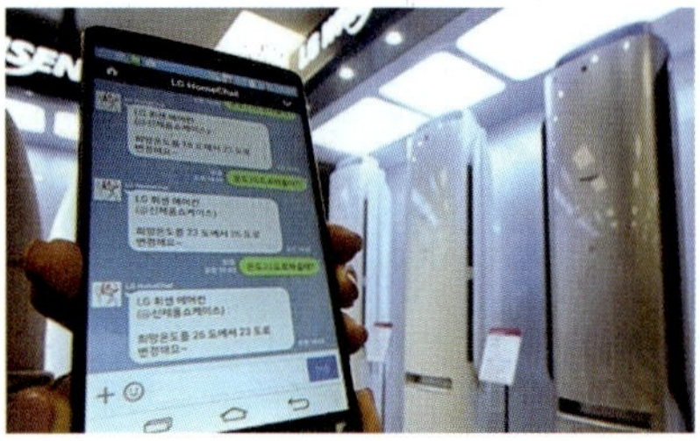

[그림 5.31] 사물인터넷 에어컨

[그림 5.32] 사물인터넷 홈 CCTV

② 스마트 안경

구글 글래스(Google glass)는 [그림 5.33]과 같이 증강현실(AR) 기술을 활용한 스마트 안경으로서 스마트폰처럼 사진도 찍고 인터넷 검색도 가능하며 내비게이션 기능으로 길 안내도 받을 수 있다. 특히 음성 명령을 통해 작동된다는 면에서 많은 관심을 끈다.

[그림 5.33] 구글 글래스

③ 건강관리용 스마트 팔찌

신체 건강 유지 및 운동과 관련된 제품인 Nike의 퓨얼밴드(FuelBand)는 운동량 측정에 특화된 웨어러블 사물인터넷 기기이다. [그림 5.34]와 같은 팔찌로서 사용자의 걷거나 뛰는 거리, 시간, 운동량을 기록하며 몇 달간의 운동량 추이도 관리할 수 있다.

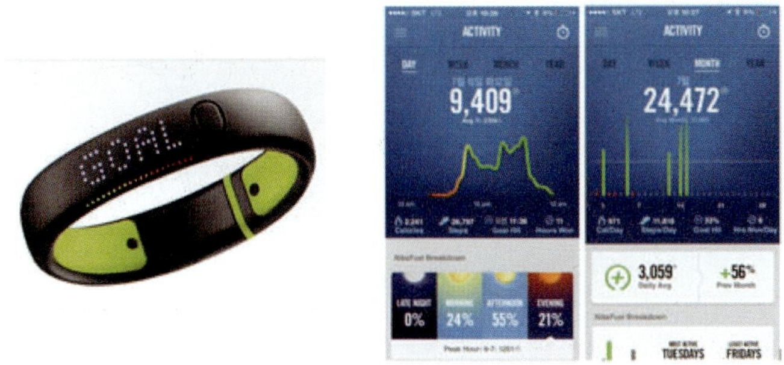

[그림 5.34] 스마트 팔찌와 운동량 자료 관리

④ U-헬스와 음악 공유

애플이 개발한 헬스키트(HealthKit)는 [그림 5.35]와 같이 다른 헬스기기와 앱으로부터 받은 데이터들을 통합하는 서비스를 제공하며, 환자와 병원을 실시간으로 이어주는 서비스를 제공한다. 한편 [그림 5.36]은 같은 장소에 있는 사람들과 무선으로 음악을 공유하는 웨어하우스 Arc(Wearhaus Arc)의 블루투스 헤드폰인데, 스마트폰으로 설정해 놓으면 주위에 있는 다른 사람들도 각자의 헤드폰으로 음악을 공유할 수 있다.

[그림 5.35] 헬스키트

[그림 5.36] 웨어하우스 Arc

1 자율주행차의 개념과 기술

자율주행차(Autonomous Vehicle: AV) 또는 무인자동차란 운전자가 전혀 운전하지 않거나 운전자가 없더라도 다양한 센서들과 네트워크를 통해 주변 환경을 인식하고 주행 상황을 판단하여, 차량을 스마트하게 제어함으로써 스스로 목적지까지 주행하는 자동차를 말한다.

자율주행차는 일반용뿐만 아니라 장애인을 위한 보조수단, 군사용, 화물 운송을 비롯한 상업용 등 광범위한 분야에서 사용될 전망인데, 향후 자동차 산업을 이끌 핵심 기술로 주목받고 있다. [그림 5.37]은 스스로 운전하는 자율주행차를 나타낸다.

[그림 5.37] 스스로 운전하는 자율주행차

자율주행차에는 유리창 안쪽에 도로표지판 인식이 가능한 영상카메라와 위성항법장치(GPS)가 들어간다. 또 자동차 지붕에는 레이저 스캐너를 부착하여 자기 차와 주위에 지나가는 자동차의 속도를 측정할 수 있다. 이 밖에도 고속 주행을 위한 차간 거리를 조정하거나 도로에 있는 차선, 신호등, 도로표지판 등을 인식하는 기술이 필요하다.

특히 안전성의 확보와 돌발상황에 제대로 대처하기 위해 다양한 종류의 센서들을 활용하는 것이 필요하고, GPS를 통해 현재의 위치를 10cm 이내 오차 수준으로 정밀하게 파악해야 한다. 또 진로 및 장애물의 인식기술, 감속 및 가속, 조향 등의 명령을 내리는 중앙제어 장치가 필요하다. [그림 5.38]은 교차로에서의 자율주행차의 센서 상황을 나타낸다.

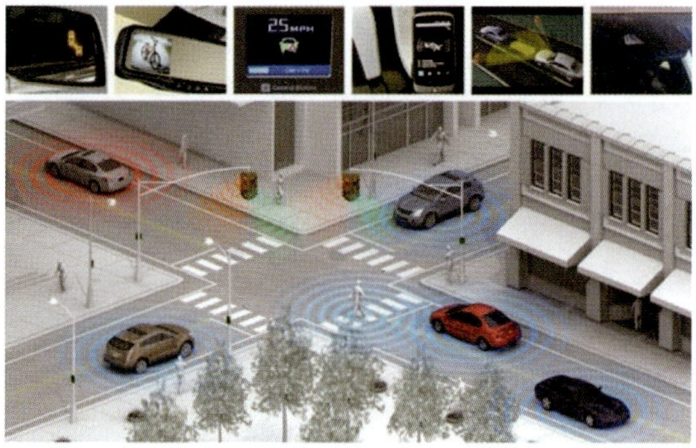

[그림 5.38] 스스로 상황을 판단하는 자율주행차

자율주행차에 적용되는 시스템 기술은 다음과 같이 요약할 수 있다.

① 지능형 제어 시스템은 스스로 속도와 거리를 유지해준다.
② 차선 이탈방지 시스템은 차선 이탈 상황을 감지하여 운전자에게 알려준다.
③ 주차보조 시스템은 후진 일렬주차를 도와준다.
④ 사각지대 정보안내 시스템은 사각지대에 사물이 있는지를 운전자에게 알려준다.

2 자율주행차에 적용된 인공지능 기술

자율주행차에 적용되는 인공지능 기술은 먼저 영상인식을 들 수 있다. 주행 중 만나는 물체를 빠르고 정확하게 인식하고, 더 나아가 [그림 5.39]와 같이 움직이는 물체까지 인식하는 기술이 필요하다. 또 주행 중에 들리는 클랙슨 소리를 비롯한 다양한 소리와 음성을 인식할 수 있는 기술도 필요하다.

그 외에도 차선 이탈을 경고하거나 자동으로 복원하기 위해 주행 중 선로를 인식하는 기술도 필요하며 목적지까지의 인공지능 내비게이션도 필요하다.

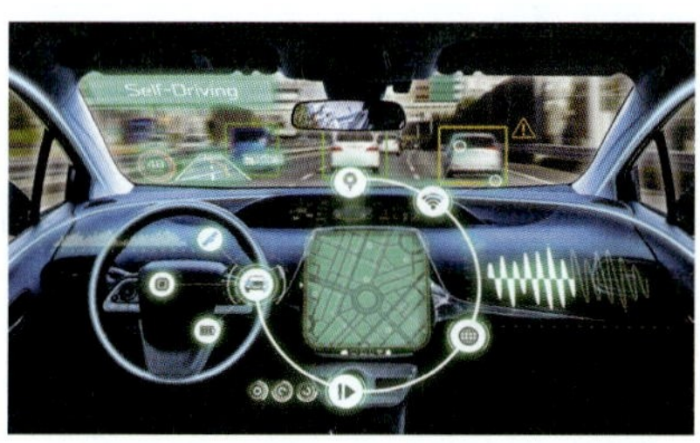

[그림 5.39] 인공지능의 물체와 소리 인식 등의 기능

3 자율주행차의 개발 상황

미국의 구글이 자율주행차 상용화에 앞장서고 있는데, 구글은 몇 년 전부터 자율주행차를 이용하여 고속도로와 시내 주행 테스트를 지속하고 있다. 최근에는 구글의 자율주행차가 사고를 낸 적도 있다. [그림 5.40]은 구글의 초기 자율주행차와 개량 제품을 나타낸다.

[그림 5.40] 구글의 초기 자율주행차와 개량 제품

최근에는 대부분의 유명 자동차 회사에서 실제로 거리를 달리며 시험주행을 하고 있는데, [그림 5.41]은 거리에서 시험주행 중인 현대의 자율주행차 '아이오닉'이다.

[그림 5.41] 시험운행 중인 현대차

[그림 5.42]는 시험주행 중인 벤츠의 자율주행차와 애플이 개발 중인 자율주행차이다.

[그림 5.42] 벤츠와 애플이 개발 중인 자율주행차

자율주행차는 2025년 이전에 상용화가 시작되고, 2035년에는 도로를 주행하는 4대 중 1대는 자율주행차가 되리라는 예측이 많다. 그 후 2050년 경에는 대부분의 자동차가 자율주행차로 대체될 전망이다. 그때 만약 자율주행차끼리 사고가 난다면 운전하지도 않은 사람의 책임일지, 아니면 소프트웨어와 하드웨어를 판매한 자동차 회사의 책임일지가 궁금해진다.

4 자율주행차의 학습과 문제점

자율주행차가 개발될 초기에는 카메라, 레이저, 적외선 센서 등 모든 상황을 자동차 전문가가 일정한 가이드 라인이나 규칙을 주었으나, 지금은 사방을 자세히 관찰할 카메라와 함께 딥러닝 기술이 가장 주목받고 있다.

자율주행차는 딥러닝으로 사람이 운전을 배우는 과정과 비슷하게 학습한다. 즉 차량의 이동 방향, 거리 유지, 각도 등을 스스로 학습하는 것이다.

그러나 딥러닝 기술이 아무리 발달하더라도 문제점은 있게 마련이다. [그림 5.43]과 같은 교착 상태를 해결하는 데에는 어려움이 있을 것이다. 이런 경우 인간은 누군가 양보해서 차를 빼면 될 것이지만, 자율주행차는 이런 경우 어떻게 할 것인가는 여전히 문제점으로 남는 숙제일 것이다.

[그림 5.43] 교착 상태의 자동차들

또 자율주행차 기술이 아무리 발달하더라도 무단횡단 보행자 또는 신호 무시 차량을 피하기는 쉽지 않다. 따라서 자율주행차 기술 등이 발전하고 우리 사회에 정착되기 위해서는 교통 규칙을 지키는 책임 있는 환경 조성도 중요할 것이다.

5 드론의 개념과 응용

드론(Drone)은 전파로 조종할 수 있는 무인 항공기로서 카메라, 센서, 통신시스템 등이 장착되어 있으며, 고도로 지능적인 인공지능 소프트웨어가 탑재되기도 한다. 드론은 정찰이나 적기를 대신한 표적기 등의 군사용으로 처음 개발되었으나, 최근에는 [그림 5.44]와 같이 항공 촬영, 농약 살포, 택배 등으로 확대되고 있다.

또 정글이나 오지, 화산 부근, 재해 지역, 원자력 발전소 사고지역 등 인간이 접근할 수 없는 지역에 드론을 투입하여 운용하기도 한다. 최근에는 초소형 드론도 다양하게 개발되고 있으며, 개인의 취미활동으로 개발되어 상품화된 것도 많다.

[그림 5.44] 항공 촬영용 드론과 농업용 드론

드론을 이용한 상업적 택배 배달도 진행되고 있다. 세계적인 쇼핑몰이자 전자상거래 기업인 미국의 아마존(amazon)은 오래전부터 드론 택배 프로젝트를 진행 중이다.

미국에서는 가정용 주택이 대부분이어서 드론 택배가 가능하지만, 우리나라와 같이 고층 아파트가 많은 경우에는 어디에 착륙해야 할지 등의 애로사항이 있을 것이다. [그림 5.45]는 택배 드론을 나타낸다.

[그림 5.45] 택배 드론

드론 기술 개발이 4차 산업혁명의 영역에 포함되는 이유는 드론 운용에 필요한 핵심 기술들이 인공지능 기술을 포함하여 너무나 많기 때문이다.

1 광컴퓨터

광컴퓨터(Optical computer)는 [그림 5.46]과 같이 광신호로 작동하는 논리소자를 이용한 신호를 통하여 빛에 의해 연산하는 컴퓨터를 말한다. 즉 현재의 디지털 컴퓨터에서 볼 수 있는 산술 연산과 논리 연산을 특수하게 처리된 레이저(razor) 빛을 이용하여 수행하는 컴퓨터이다.

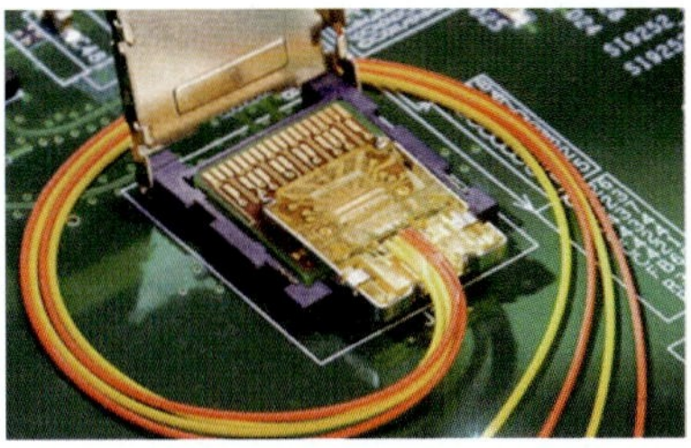

[그림 5.46] 광컴퓨터의 개념도

이러한 광컴퓨터는 기억, 연산, 제어 등을 일반 회로가 아닌 [그림 5.47]과 같은 광소자 회로를 사용한다. 이 분야는 제한된 속도를 가진 기존의 전자적 컴퓨터의 계산상 문제점들을 해결하기 위한 대안으로 연구되고 있으나 가까운 시일 내에 구현되기는 어려울 것으로 여겨진다.

[그림 5.47] 광소자 회로

광컴퓨터가 실용화되기 위해서는 전자 회로와 같은 수준의 광 집적 회로가 만들어져야 하는데, 아직은 실험실 단계이다. 광컴퓨터는 기존의 컴퓨터에 비해 다음과 같은 장점이 있으므로 미래의 컴퓨터로 주목받고 있다.

- 처리 속도가 현재의 슈퍼컴퓨터보다 최소한 1,000배 이상 빨라진다.
- 하나의 칩에 집적되는 정보가 실리콘 소재보다 10배까지 높아질 수 있다.
- 영상 정보처리가 쉽다.
- 빛 자체의 속성 때문에 2차원 또는 3차원의 병렬 처리가 쉽다.

광컴퓨터를 구현하기 위해서는 [그림 5.48]과 같은 광디바이스, 기억소자, 상호 연결된 네트워크, 산술 및 부호 알고리즘과 새로운 프로그램 분야에 크나큰 진전이 이루어져야 한다.

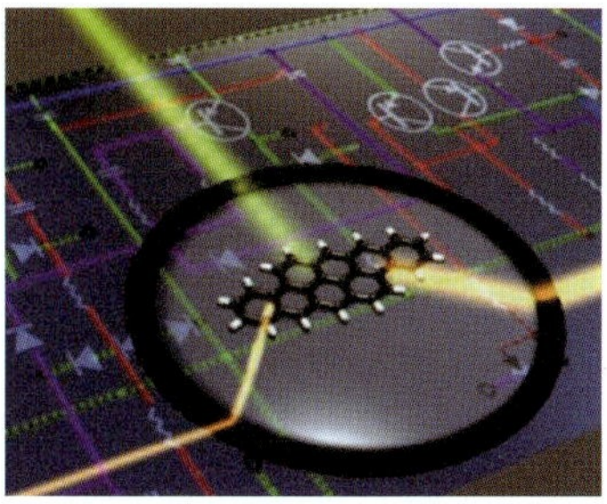

[그림 5.48] 광디바이스

그 결과 [그림 5.49]와 같은 광컴퓨터가 개발되어 신호 및 영상 처리 및 인식, 로봇의 제어, 슈퍼컴퓨터, 신경망 컴퓨터, 기계의 지능화 등에 크게 기여할 것으로 기대된다.

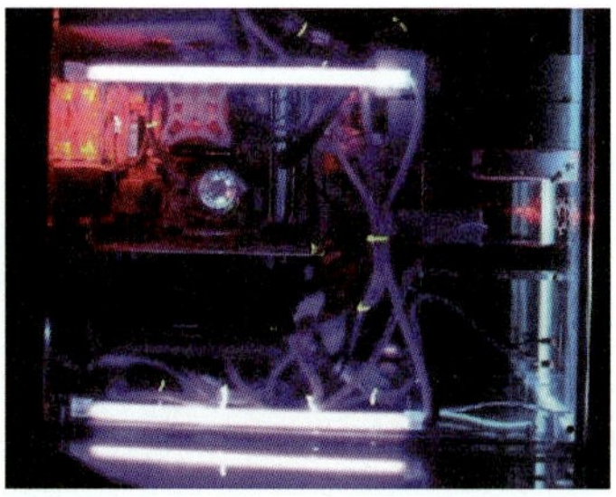

[그림 5.49] 광컴퓨터

2 바이오 컴퓨터

바이오 컴퓨터(Bio Computer)는 생물학적 메커니즘을 연구하는 분야로서 생물학적인 시스템이 어떻게 작용하는지를 규명하고, 생물학적인 시스템에서 일어나는 작용을 시뮬레이션함으로써 생물체의 기능을 규명하고자 하는 분야이다.

[그림 5.50]과 같은 바이오 센서(sensor)는 신호를 통한 기존의 감지 장치와는 달리 효소나 항체를 이용한 센서로 볼 수 있으며, 이미 여러 분야에서 응용되고 있다.

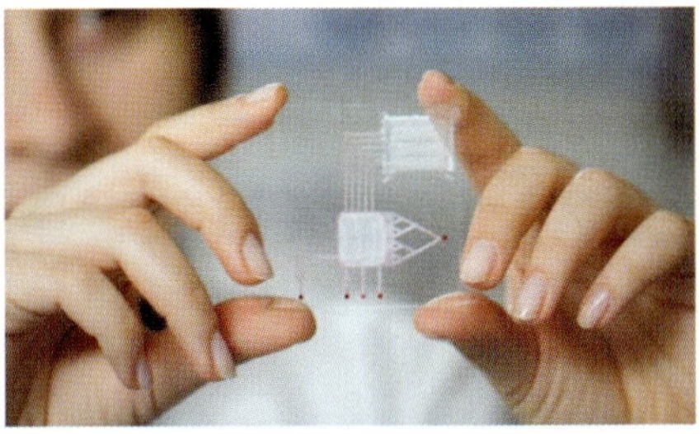

[그림 5.50] 바이오 센서

효소 센서로는 혈액 내의 포도당 측정을 통하여 당뇨병을 검사할 수도 있으며 콜레스테롤 측정을 통한 동맥경화증의 검사도 가능하다. 면역 센서를 통해서 지금으로서는 해결하기 어려운 불치병에 대한 항원의 개발 등에 매우 유용할 것으로 기대된다.

바이오 컴퓨터의 주요 응용 분야는 [그림 5.51]의 바이오칩과 관련된 분야이다. 바이오칩 기술은 바이오 컴퓨터의 발달과 함께 엄청난 속도로 발전하여 가까운 미래에는 우리 생활에 널리 활용될 수 있을 것으로 기대된다.

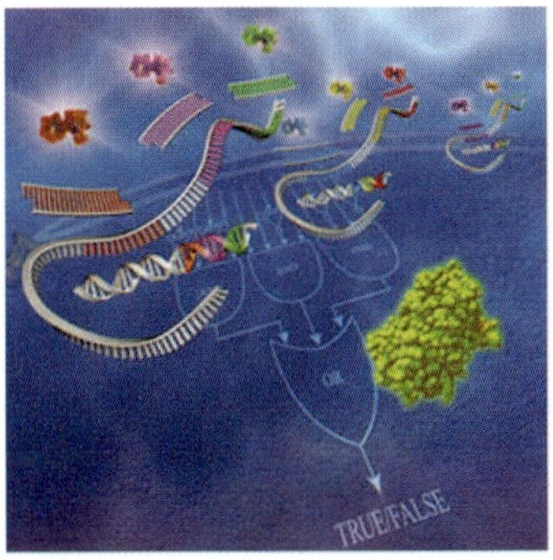

[그림 5.51] 바이오칩의 내부

3 나노 기술과 양자 컴퓨터

나노 기술(nano-technology)은 [그림 5.52]와 같이 지금까지 알 수 없었던 극미세 물질 탐구를 통하여 DNA 구조를 이용한 동식물의 복제나 강철 섬유 등 새로운 물질들을 제조할 수 있게 하는 기술이다.

[그림 5.52] 나노 기술

양자 컴퓨터(Quantum Computer)는 1995년도에 처음으로 그 가능성이 타진되었던 개념인데 현재 양자 컴퓨터와 관련된 연구가 진행 중이다. 아직은 연구실 단계이지만 그 기대도 상당히 높은 편이다. 양자 컴퓨터는 [그림 5.53]과 같은 큐비트(qbit)라는 개념을 도입한 것인데, [그림 5.54]는 거울을 이용한 양자 컴퓨터의 기본 원리를 나타낸다.

[그림 5.53] 전자를 띠고 있는 이온-큐비트

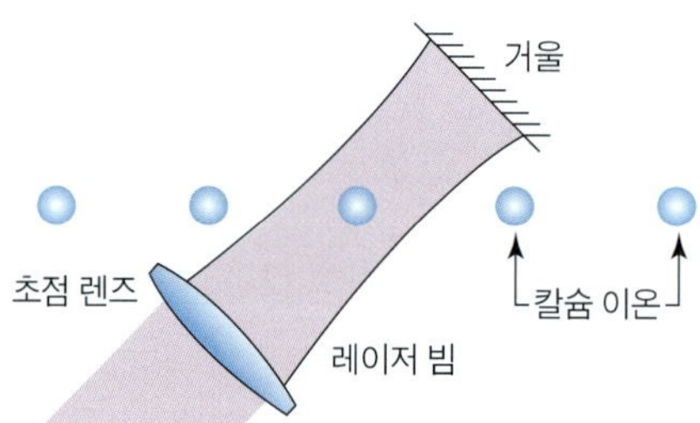

[그림 5.54] 양자 컴퓨터의 기본 원리

양자 컴퓨터의 장점은 엄청난 연산 속도인데, 일반 컴퓨터가 5천 8백억 년 동안 계산해야 할 문제를 양자 컴퓨터는 단 1초 만에 풀어낼 수 있다. 양자비트의 상태 변화를 활용하여 매우 안전한 암호 체계를 이용할 수 있는 양자 암호의 예는 [그림 5.55]에 나타나 있다.

[그림 5.55] 양자 암호

최근 미국을 비롯한 여러 나라에서 양자 컴퓨터 개발에 박차를 가하고 있지만 실제로 활용되기까지는 다소 시일이 걸릴 것이다. [그림 5.56]은 양자 칩(quantum chip)을 나타낸다.

[그림 5.56] 양자 칩

최근에는 구글이 양자 컴퓨터의 심장으로 불리는 [그림 5.57]의 '시카모어 프로세스'를 개발했다. 이것은 슈퍼컴퓨터도 1만 년이나 걸리는 난제를 극초저온에 담긴 2cm 크기의 구글의 양자 칩이 단 3분 만에 풀어 화제가 되었다.

이 양자 칩은 앞으로 인공지능 연구와 신약 개발 등 다양한 분야에 적용될 수 있는데, 상용화까지는 10년 정도 걸릴 것이라고 한다.

[그림 5.57] 구글이 개발한 양자 칩

- KAIST 이민화 교수의 '인공지능과 4차 산업혁명' 특강 동영상
  https://www.youtube.com/watch?v=uvDecS2kVnc

가까운 곳에서 인공지능 경험하기

1. 카카오의 인공지능 챗봇 AskUp 사용법

카카오에서는 카카오톡에서 ChatGPT-4에 기반해 질문에 답변할 수 있도록 한 서비스를 적용한 AskUp(아숙업)을 발표하였다.

1) 카카오톡 앱을 연다.
2) 상단에 보이는 '오픈채팅' 글자 바로밑에 있는 돋보기 모양의 아이콘을 누른다.
3) 그 난에 'askup'을 입력후 검색한다.

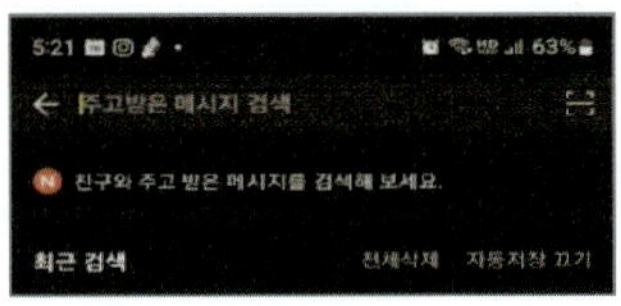

4) 화면 중간에 채널이란 글자 바로 밑에 AskUp이란 글자가 보인다.
   그것의 오른쪽 끝에 보이는 노란색 아이콘을 누른다.
5) 팝업창이 뜨면서 오른쪽 노란색의 채널 추가 버튼을 누른다.

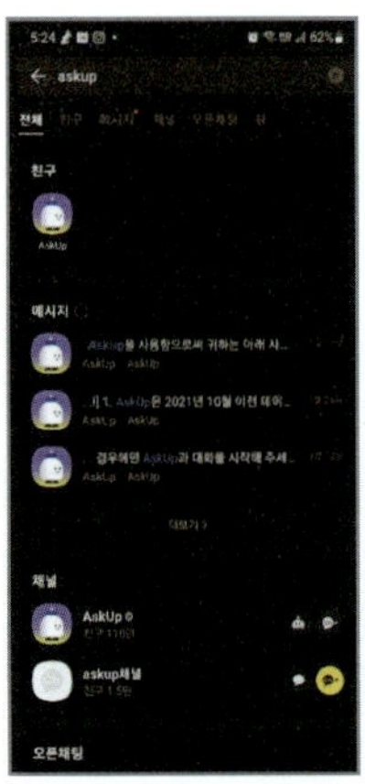
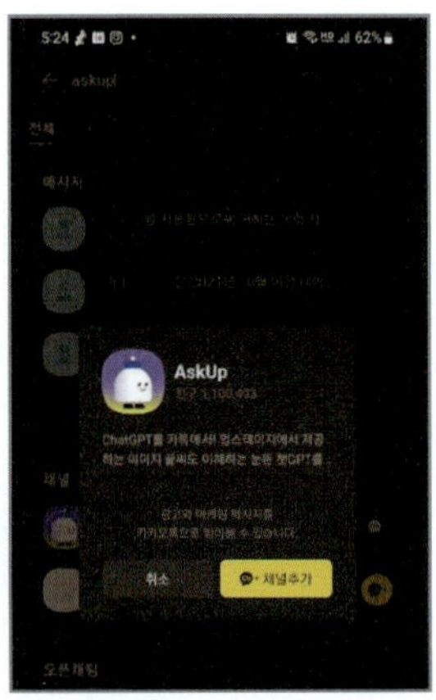

6) 일반 채팅화면으로 들어오면 AskUp이 추가되었다.
7) 이것을 눌러 채팅방에 입장하고 인공지능 챗봇과 채팅을 시작한다.

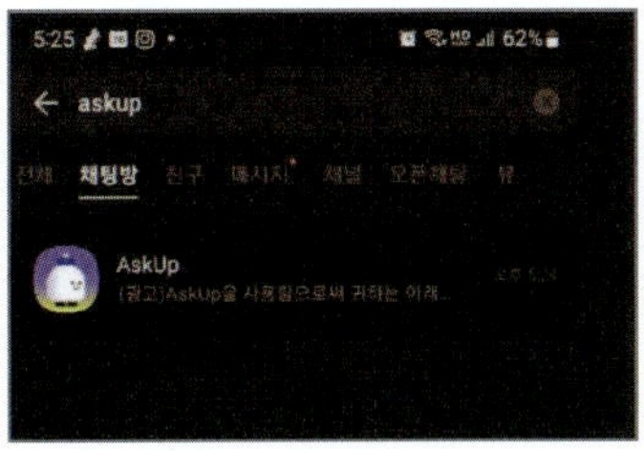

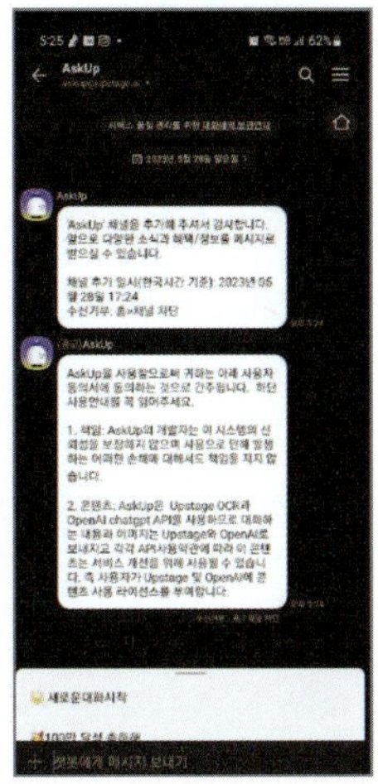

2. AskUp의 작동 예

사람과 챗봇과의 대화는 다음과 같으므로 각자 시도해보면 좋을 것이다.

Man〉 안녕하세요?

AskUp〉 안녕하세요! 어떤 일을 도와드릴까요?

Man〉 오늘 날씨는?

AskUp〉 오늘은 전국적으로 흐리고 비가 오는 곳이 많습니다. 기온은 18도에서 29도 사이이며, 미세먼지는 좋은 편입니다.

생각하고 토론하기

1. 만약 자율주행차들끼리 사고가 난다면 운전하지도 않은 차량소유자의 책임일지, 아니면 소프트웨어와 하드웨어를 판매한 자동차 회사의 책임일지가 궁금해진다. 아니면 공동 책임일까? 과연 누구의 책임일지를 생각하고 논의해보자.

✔ **아이디어 포인트** 사용한 차량소유자 책임, 자동차 판매회사 책임 등의 이유

2. 4차 산업혁명과 인공지능의 발전으로 인공지능에 의해 프라이버시가 침해되거나 보이지 않는 손에 의해 감시당할 가능성도 커지고 있다. 이런 인공지능 발전의 역기능에 대해 생각하고 논의해보자.

✔ **아이디어 포인트** 감시카메라와 조지 오웰의 빅브라더(Big-brother)에 대한 우려 등

인공지능 실습하기

실습 5 파파고를 이용한 외국어 번역

파파고를 이용하여 외국어 번역을 실습한다.

- https://papago.naver.com/

| 실행방법 | 인공지능을 적용한 파파고 번역기를 통해 서로 다른 언어 간의 번역을 실습해보자. Naver나 Google 검색에서 '네이버 파파고(papago)'를 찾아 다음과 같은 문장을 영어로 번역해 보자.

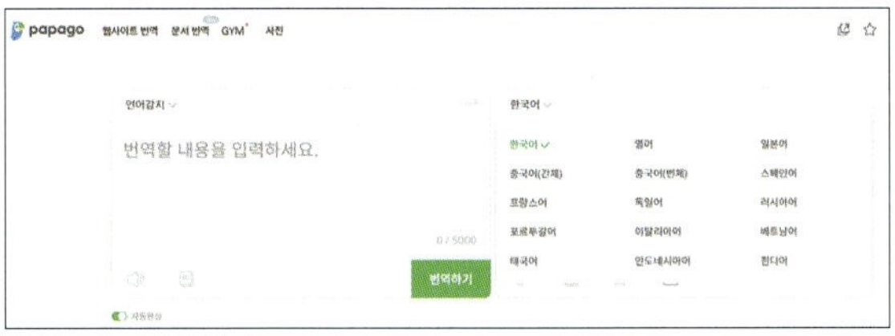

"디지털 혁명의 세계에 들어온 것을 환영합니다."

| 실행결과 | 그 결과 오른쪽과 같은 영어로 번역되어 나타난다.

그 외 다음과 같은 영어 문장을 한국어로 번역하면 오른쪽에 다음과 같은 결과를 얻을 수 있다.
"I want to meet someone I love."

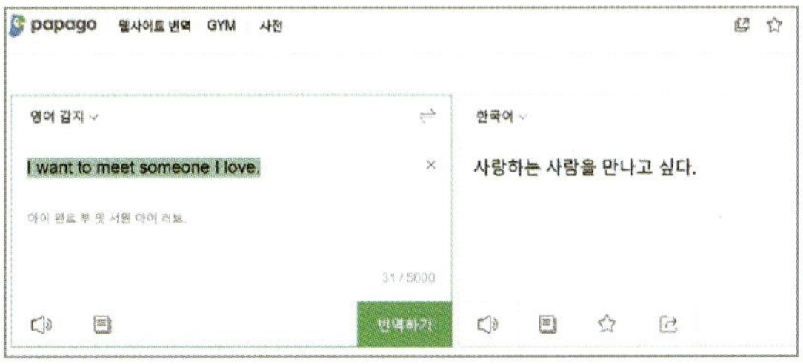

연습문제

진위 문제

1. 2차 산업혁명이란 컴퓨터를 통한 생산과 유통 시스템의 자동화를 들 수 있다. ( )
2. 4차 산업혁명이란 용어는 2019년 세계경제포럼에서 처음으로 언급되었다. ( )
3. 4차 산업혁명의 핵심은 고도로 발달한 통신기술을 통한 연결과 인공지능과 같은 지능을 중심으로 새로운 산업혁명이 일어나고 그것이 초연결 사회를 가져온다. ( )
4. 4차 산업혁명과 관련된 산업에서 인공지능의 역할은 별로 중요하지 않다. ( )
5. 지능형 로봇은 현재 기술로는 아직 교향악단을 지휘할 수 있는 수준이 아니다. 도로를 주행하는 4대 중 1대는 자율주행차가 되리라는 예측이 많다. ( )
6. 국내에서 개발한 에트로란 로봇은 문자를 인식해 책을 소리 내어 읽어줄 수 있다. ( )
7. 지능형 서비스 로봇은 현재로서는 식당에서 음식 주문과 서빙이 가능하지 않다. ( )
8. 로봇 강국인 일본에서는 두 발로 걷는 휴머노이드형 로봇기술이 발달 되어 있다. ( )
9. 자율주행차는 2025년 이전에 상용화가 시작되고, 2035년에는 도로를 주행하는 4대 중 1대는 자율주행차가 되리라는 예측이 많다. ( )
10. 구글은 자율주행차를 이용하여 고속도로와 시내 주행 테스트를 지속하고 있으나, 우리나라에서는 아직 거리에서 시험주행을 한 적이 없다. ( )

단답식/선택식 문제

1. 인간에게 각종 지식과 정보 서비스를 제공하는 소프트웨어 기술 중심의 로봇으로서, 사람을 인식하고 문자도 읽을 수 있으며 사람의 행동에도 적절하게 반응하는 지능형 로봇은 무엇인가?
2. 광신호로 작동하는 논리소자를 이용한 신호를 통하여 빛에 의해 연산하는 컴퓨터는?
3. (　)은 인공지능적인 능력을 갖춘 지능적인 로봇이다.
4. 인터넷을 기반으로 다양한 사물들을 연결하여 사람과 사물, 사물과 사물 간의 정보를 상호 소통하는 지능형 기술 및 서비스를 (　)이라 말한다.
5. (　)는 운전자와 관계없이 차량을 스스로 제어함으로써 목적지까지 주행한다.

6. 전파로 조종할 수 있는 무인 항공기를 ( )이라 한다.

7. ( )는 생물학적인 시스템에서 일어나는 작용을 시뮬레이션함으로써 생물체의 기능을 규명하고자 하는 4차 산업혁명의 한 분야이다.

8. 극미세 물질 탐구를 통하여 DNA 구조를 이용한 동식물의 복제나 강철 섬유 등 새로운 물질들을 제조할 수 있게 하는 것은 ( ) 기술에 속한다.

9. 컴퓨터를 통한 생산과 유통 시스템의 자동화를 이룩한 것은 몇 차 산업혁명인가?

10. 4차 산업혁명의 핵심은 연결과 ( )이다.

11. 자율주행차에서 현재의 위치는 ( )를 통해 정확하게 파악할 수 있다.

12. ( )는 큐비트라는 개념을 도입하여 암호를 푸는 등 엄청난 연산 속도를 자랑하는 컴퓨터이다.

13. 다음 중 네 번의 산업혁명과 연결이 적절한 것은?

① 1차 산업혁명 - 전기　　② 2차 산업혁명 - 기계적 혁명
③ 3차 산업혁명 - 대량생산　　④ 4차 산업혁명 - 지능화

14. 다음 중 현재 자율주행차에 적용되는 시스템 기술로 보기 어려운 것은?

① 스스로 속도와 거리를 유지해준다.
② 목적지를 정해주지 않아도 스스로 알아서 달린다.
③ 주차보조 시스템은 후진 일렬주차를 도와준다.
④ 차선 이탈 상황을 감지하여 운전자에게 알려준다.

주관식 문제

1. 4차 산업혁명의 주요 영역들을 적으시오.

2. 4차 산업혁명에서 각 산업혁명 별 특징을 적으시오.

3. 광컴퓨터가 실용화되면 미래의 컴퓨터로 주목받고 있다. 광컴퓨터의 장점들을 설명하시오.

4. 미국에서는 가정용 주택이 대부분이어서 드론 택배가 가능하지만, 우리나라의 경우에는 어떤 문제점이 있는지 설명하시오.

5. 4차 산업혁명을 통해 인간의 생활은 매우 편리해질 것이다. 3가지 정도 예를 들어보시오.

CHAPTER

06

규칙기반 인공지능

Rule-based Artificial Intelligence

Contents

단원의 주요 목표

규칙기반 인공지능의 추론 및 전문가 시스템과 인공지능 문제들을 탐구한다.

- 규칙기반 인공지능에 활용되는 논리와 추론의 방법에 대해 살펴본다.
- 인공지능에서의 여러 가지 탐색 기법과 휴리스틱에 관해 알아본다.
- 인공지능에서 문제 해결의 중요성과 A* 알고리즘을 알아본다.
- 규칙기반 전문가 시스템의 개념과 응용 분야를 요약해본다.
- 인공지능 문제 해결을 위한 중요 단계와 '8-puzzle 게임'을 경험해본다.
- 인공지능과 관련된 흥미로운 문제들의 풀이를 시도해본다.

인공지능에 쓰이는 논리와 추론

1 규칙기반 인공지능에서의 논리와 추론

인공지능 중 규칙기반 인공지능에서는 논리를 바탕으로 규칙을 통해 추론하는 것이 상당히 중요한 논제로서, 논리는 다양한 논리 연산을 통해 규칙기반 인공지능에서 폭넓게 활용되고 있다.

또 논리는 여러 가지 탐색 방법, 문제 해결을 위한 알고리즘, 지식처리 등을 학습하거나 전문가 시스템의 응용에 있어서 필수적인 기반 지식이므로 먼저 논리의 의미와 다양한 논리 연산 등을 살펴볼 필요가 있다.

2 논리란 무엇인가?

토론이나 논쟁에 있어서 가장 중요한 것은 주장의 논리성이다. 자기의 뜻을 굽히지 않고 열정적으로 주장하는 것도 나름대로 의미가 있지만, 상대방을 논리적으로 설득하는 것은 더욱 중요하다.

인간의 사고가 논리적인지를 판단하는 것은 주어진 문제를 객관적이고 명확하게, 그리고 사고의 법칙을 체계적으로 준수하느냐에 따라 결정된다. 논리의 중요한 목적 중 하나는 [그림 6.1]과 같이 어떤 토론에서 특정한 논리를 통한 입증이 옳은가를 측정하는데 필요한 법칙을 제공한다는 점이다.

[그림 6.1] 논리적 판단의 필요성

논리에 관한 연구와 응용은 다른 연구 분야와 더불어 컴퓨터 관련 학문이나 공학 등 여러 분야에 폭넓게 응용되고 있다. 특히 논리와 명제는 규칙기반(rule-based) 인공지능에 필수적인 이론적 기반을 제공하고 있다.

많은 인공지능 학자들이 이와 같이 중요한 논리를 규칙기반 인공지능을 통하여 실현하는 방법을 연구하였는데, 논리는 인공지능에서 지식의 표현이나 추론(inference)의 도구로 많이 쓰이고 있다.

3 논리 연산

논리는 일반적으로 명제 논리(propositional logic)와 술어 논리(predicate logic)로 구분된다. 명제 논리는 주어와 술어를 구분하지 않고 전체를 하나의 식으로 처리하여 참 또는 거짓을 판별하는 법칙을 다루고, 술어 논리는 주어와 술어로 구분하여 참 또는 거짓에 관한 법칙을 다룬다.

논리에서 가장 기초 개념인 명제(proposition)란 [그림 6.2]와 같이 어떤 사고를 나타내는 문장 중 애매하지 않고 명확하게 참(true)이나 거짓(false)을 구분할 수 있는 문장이나 수학적 식을 말한다. 예를 들어, "2 × 7의 값은 홀수다."는 거짓인 문장이다. 그러나 "사과는 맛있다." 등의 문장은 그것이 참인지 거짓인지 알 수 없으므로 명제가 아니다.

[그림 6.2] 명제의 T 또는 F

명제가 참 또는 거짓의 값을 가질 때 그 값을 명제의 진리값(truth value)이라 하며, 참일 때는 T(true), 거짓일 때는 F(false)로 각각 표시한다. 합성 명제는 둘 이상의 명제가 결합되는 경우를 말한다.

인공지능에서 많이 쓰이는 논리 연산은 논리 부정, 논리합, 논리곱, 그리고 조건 등인데, 세부적인 사항은 다음과 같다.

① 논리 부정

임의의 명제 p가 주어졌을 때 그 명제에 대한 부정(negation)은 〈표 6.1〉과 같이 명제 p의 반대되는 진리값을 가지며, 기호로는 ~p라 쓰고 'not p 또는 p가 아니다'라고 읽는다. 만약 p의 진리값이 T이면 ~p의 진리값은 F가 되고, p의 진리값이 F이면 ~p의 진리값은

T가 된다. ~p의 진리값은 〈표 6.1〉에 나타나 있다.

〈표 6.1〉 논리 부정에 대한 진리표

p	$\sim p$
T	F
F	T

② 논리합

임의의 두 명제 p, q가 '또는(OR)'으로 연결되어 있을 때 명제 p, q의 논리합(disjunction)은 p∨q로 표시하고, 'p or q나 p 또는 q'라고 읽는다. 두 명제의 논리합 p∨q는 〈표 6.2〉와 같이 두 명제가 모두 F인 경우에만 F의 진리값을 가지고, 그렇지 않으면 T의 진리값을 가진다. 논리합 p∨q에 대한 진리표는 〈표 6.2〉와 같다.

〈표 6.2〉 논리합에 대한 진리표

p	q	$p \vee q$
T	T	T
T	F	T
F	T	T
F	F	F

가령 "서울은 대한민국의 수도이거나, 런던은 영국의 수도이다."는 둘 다 T이므로 논리합도 T가 된다. 또한 "사과는 채소이거나, 시금치는 채소이다."란 명제에서는 둘 중 하나가 T이므로 합성 명제는 T가 된다.

③ 논리곱

임의의 두 명제 p, q가 '그리고(AND)'로 연결되어 있을 때 명제 p, q의 논리곱(conjunction)은 p∧q로 표시하며, 'p and q 또는 p 그리고 q'라고 읽는다. 두 명제의 논리곱 p∧q는 두 명제가 모두 T인 경우에만 T의 진리값을 가지고, 그렇지 않으면 F의 진리값을 가진다.

논리곱 p∧q에 대한 진리표는 〈표 6.3〉과 같다.

〈표 6.3〉 논리곱에 대한 진리표

p	q	$p \wedge q$
T	T	T
T	F	F
F	T	F
F	F	F

가령 "사과는 과일이고, 시금치는 채소이다."란 명제에서는 각각의 진리값이 모두 T이므로 합성 명제의 진리값 또한 T이다. 또한 "서울은 대한민국의 수도이고, 3 × 2 = 5이다."는 둘 중 하나가 F이므로 합성 명제는 F가 된다.

④ 조건

조건 연산자를 함축(implication)이라고도 한다. 임의의 명제 p, q의 조건 연산자는 p → q로 표시하고, 'p이면 q이다'라고 읽는다. 조건 연산자 p → q는 〈표 6.4〉와 같이 p의 진리값이 T이고 q의 진리값이 F일 때만 거짓의 진리값을 가지고, 그 외의 경우에는 모두 T인 진리값을 가진다.

〈표 6.4〉 조건에 대한 진리표

p	q	$\sim p \to q$
T	T	T
T	F	F
F	T	T
F	F	T

조건 연산자 → 는 'p이면 q이다'는 인공지능에서 (if p, then q)로 가장 많이 쓰인다. 가령 "유채꽃이 노랗다면, 바다가 육지이다."는 앞의 명제는 T이지만 뒤의 명제는 F이므로 합성 명제는 F이다. 또한 "3 × 2 = 5라면, 런던은 미국의 수도이다."는 앞의 명제가 F이므로 뒤의 명제가 T나 F에 관계없이 T가 된다.

즉 조건 명제에서는 가정이 F이면 결론은 항상 T가 된다는 특징을 가지고 있다.

4 술어 논리

명제에 관한 논제들은 참과 거짓이 명확하게 결정되었다. 그러나 명제 중에는 값이 정해지지 않는 변수가 있어서 T와 F를 판별하기 어려운 경우가 있다. 즉, 변수의 값에 따라서 그 명제가 T 또는 F가 될 수 있다.

예를 들어, '$x^2+5x+6=0$'이라는 명제는 x의 값이 −2 또는 −3일 경우에는 T를 가지고, 그 외에는 F를 가진다. 이런 경우 우리는 "$x^2+5x+6=0$을 만족시키는 변수가 있다."라고 표현한다.

이와 같은 형태의 명제를 명제 논리와 구분하여 술어 논리(predicate logic)라고 한다. 술어 논리는 고대로부터 서구에서 연구되어온 논리학의 한 분야인데, 지식을 논리적 식으로 표현한다. 술어 논리에서는 대상들 간의 관계도 나타낼 수 있다. "영철이는 남자다."는 남자(영철)와 같이 나타낼 수 있으며, "영철의 아버지는 김춘추 씨다."라는 문장은 '아버지(김춘추, 영철)'와 같이 표현할 수 있다.

5 추론의 의미와 인공지능

추론이란 이미 알려진 사실이나 명제를 근거로 삼아 미지의 사실에 대한 판단이나 결론을 이끌어내는 사고 과정을 말한다. 우리가 책을 읽을 때 글의 앞뒤 사실로 미루어 추론하며 나머지 세세한 것들을 알게 되는 것과 같은 원리이다.

Prolog(프롤로그)란 인공지능 프로그램은 이런 추론에서 탁월한 속도와 성능을 나타낸다.

6 추론의 종류

추론은 크게 3가지로 나눌 수 있는데, 귀납 추론, 연역 추론, 그리고 유비 추론이다.

① 귀납 추론

귀납 추론(induction)이란 개별적인 사실들을 분석하고 이로부터 큰 범주에 대한 일반적인 결론을 끌어내는 방법이다. 따라서 귀납 추론은 연역 추론과 같은 논리적 필연성이 적다. 그러나 새로운 지식이나 이론의 발견과 확장을 가능케 하는 추론 방법이기 때문에 오늘날에도 각 영역에서 다양하게 이용되고 있다. 간단한 예를 들어보자.

까마귀 1은 까맣다.
까마귀 2도 까맣다.
까마귀 3도 까맣다.
까마귀 4도 까맣다.
....
까마귀 n도 까맣다.

따라서 "모든 까마귀는 까맣다."라고 추론해내는 방식이다.

여기서 잠깐! 귀납 추론과 연역 추론

귀납 추론은 여러 사실들로부터 일반적인 결론을 도출하고, 연역 추론은 소전제와 대전체가 결합하여 다른 새로운 결론을 도출해낸다.

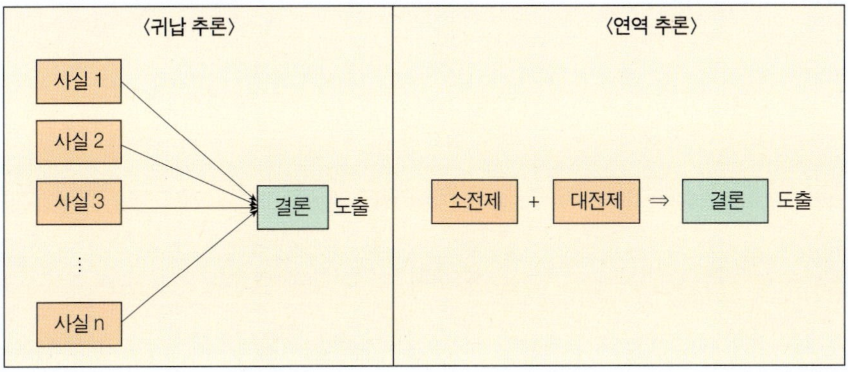

② 연역 추론

연역 추론(deduction)은 가장 널리 쓰이는 추론 방법이다. 기본적으로 하나 이상의 전제로부터 다른 어떠한 결론을 도출해내는 추론 방식을 말한다. 연역 추론에서는 최초의 대전제가 결론을 끌어내는 가장 중요한 근거가 되며, 이 결론은 전제들 속에 이미 포함된 내용으로 도출될 수밖에 없다.

연역 추론 중 널리 알려진 삼단논법을 살펴보자. 삼단논법은 미리 알려진 두 판단으로부터 그들과는 다른 하나의 새로운 판단으로 이끄는 추론 방법이다.

대전제 - 소크라테스는 사람이다.
소전제 - 사람은 모두 죽는다.
결론 - 따라서 소크라테스는 죽는다.

여기서 소크라테스는 죽는다는 결론은 대전제와 소전제에 포함된 내용과 결과물을 종합한 것에 해당한다. 연역 추론은 확장성은 부족하나 논리의 일관성이 장점으로 여겨진다.

③ 유비 추론

유비 추론(analogy, 간단히 유추)은 추론의 한 방법으로, 두 개의 특수한 대상에서 어떤 현상이 유사하거나 일치하기 때문에 다른 현상도 유사하거나 일치할 것이라고 추론하는 방법이다. 이러한 유비 추론은 기존에는 알지 못했던 새로운 영역의 이해에 도움이 되는 경우가 많다.

1 추론을 통한 탐색

목표를 찾기 위한 추론의 방법으로는 [그림 6.3]과 같이 순방향 추론과 역방향 추론이 있다.

순방향 추론(forward inference)은 출발 상태로부터 목표 상태를 향해 진행하는 기법이다. 이 경우 규칙들이 주어진 정보들에 대해 참인지 거짓인지를 판단하고, 만약 참이라면 검사한 규칙의 결론을 지식베이스(knowledge-base)에 추가한다. 여기서 지식베이스란 알려진 지식을 모아놓은 것을 말한다. 이러한 작업을 반복함으로써 목표를 찾아가게 된다.

역방향 추론(backward chaining)은 순방향 추론과 반대되는 탐색 방법을 사용하는데, 주어진 목표로부터 처음 출발 단계까지 거꾸로 진행하게 된다. 그 외에도 순방향 추론과 역방향 추론을 접합한 양방향 추론이 있다.

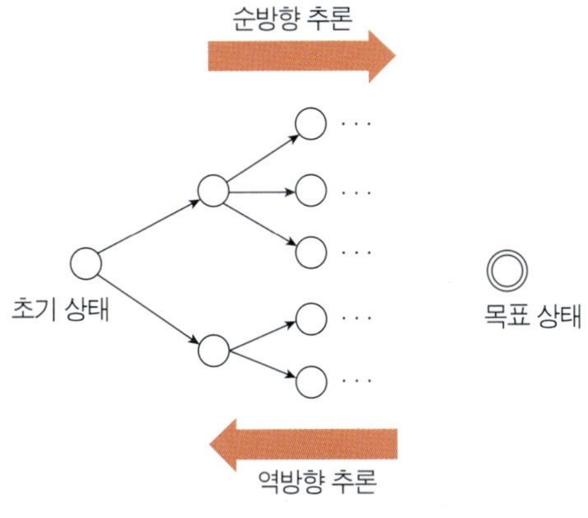

[그림 6.3] 순방향 추론과 역방향 추론

2 깊이 우선 탐색

깊이 우선 탐색(Depth First Search, DFS)은 [그림 6.4]와 같이 첫 정점(node)을 방문하고 왼쪽으로 이동하여 계속해서 탐색한다. 탐색할 정점이 없으면 되돌아와서 다른 정점들을 순환적으로 탐색한다. 이 예에서는 1, 2, 3, 4, 5, 6의 순서로 방문한다.

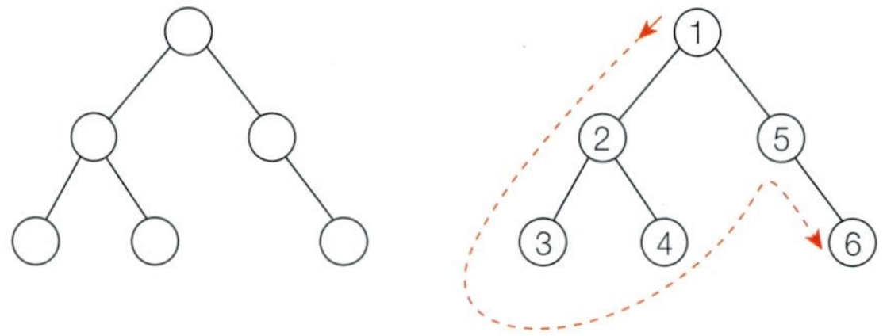

[그림 6.4] 깊이 우선 탐색의 순서

3 너비 우선 탐색

너비 우선 탐색(Breadth-First Search, BFS)은 [그림 6.5]와 같이 시작 정점을 방문한 후 시작 정점과 연결된 모든 정점을 왼쪽부터 차례대로 방문한다. 그 후 level의 순서에 따라 차례로 탐색한다. 즉 level 0, level 1, level 2, ... 의 순서로 탐색하는 방법이다. 이에 따라 1, 2, 3, 4, 5, 6의 순서로 방문한다.

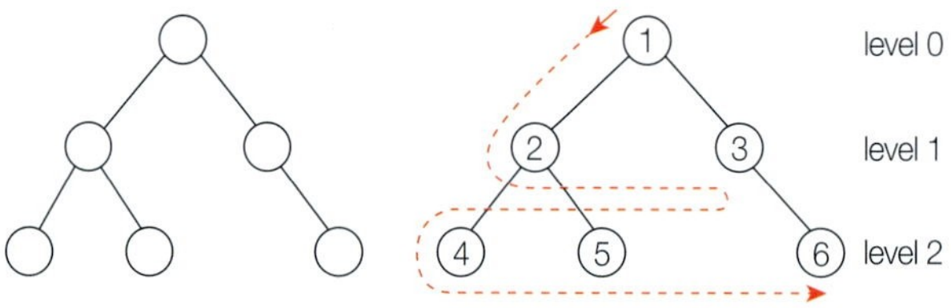

[그림 6.5] 너비 우선 탐색의 순서

4 휴리스틱 탐색

앞의 깊이 우선 탐색과 너비 우선 탐색은 어떠한 사전 정보를 사용하지 않고 일정한 순서대로만 탐색하는 무정보 탐색(uninformed search)이다. 이와는 달리 탐색 과정에서 경험적 지식을 활용하는 것을 휴리스틱 탐색(heuristic search)이라 하는데, 휴리스틱 개념은 바로 뒤 6.3절의 3에 설명되어 있다.

5 최소최대 탐색

최소최대 탐색(minimax search)은 주로 상대가 있는 2인용 게임에서의 탐색을 말한다. [그림 6.6]은 미국 어린이들이 즐기는 틱택토(Tic-Tac-Toe)란 게임인데, 가로, 세로, 대각선으로 3개가 연속으로 표시된 경우에 이기는 게임이다.

[그림 6.6] 틱텍토(Tic-Tac-Toe) 게임

이 탐색은 나의 가능성을 최대(max)로 하고 상대방의 가능성을 최소(mini)로 하는 전략 탐색이다. 게임의 경우에는 앞으로의 많은 수를 예측해야 하므로 경우의 수가 폭발적으로 많다. 따라서 탐색할 필요가 없는 탐색 경로는 전지 작업(pruning)으로 그 부분 이하는 잘라내어 탐색할 시간을 줄이게 된다.

인공지능과 알고리즘

1 알고리즘이란 무엇인가?

인공지능에는 알고리즘이란 용어가 자주 나온다. 특히 신경망이나 머신러닝의 경우 역전파 알고리즘 등 많은 알고리즘이 있는데, 알고리즘의 의미를 정확하게 이해하는 것은 매우 중요하다.

알고리즘(algorithm)이란 [그림 6.7]과 같이 주어진 문제의 해결을 위해 필요한 여러 가지 단계들을 체계적으로 명시해 놓은 것을 말한다. 알고리즘의 사전적 의미는 '어떤 문제를 해결하는 방법의 상세한 특징을 기술하는 것'이다. 알고리즘을 표현하는 방법으로는 순서도, 유사 코드, 언어적 표현 등이 있다.

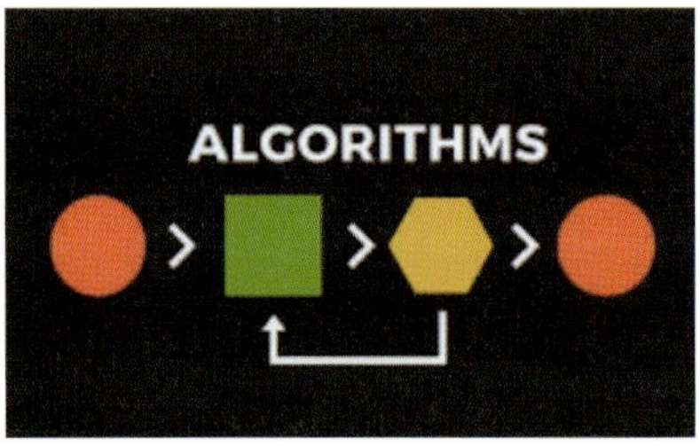

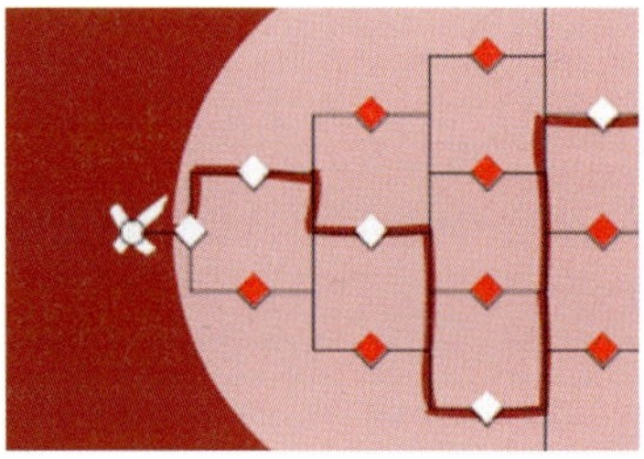

[그림 6.7] 알고리즘의 개념

알고리즘이란 용어는 얼마 전까지는 컴퓨터 프로그램을 작성하는 사람들이 주로 사용하는 특정한 단어였으나, 지금은 일반인들도 '어떤 문제를 해결하는 방법' 정도로 이해하고 사용하는 일반명사로 되어가는 추세이다.

그런데 주어진 문제를 풀기 위한 방법론인 알고리즘이 항상 하나만 있는 것은 아니다. 따라서 우리는 여러 개의 후보 중에서 정확성, 일반성, 그리고 효율성 등의 측면에서 알고리즘을 평가한 후 하나의 알고리즘을 선택하게 된다.

2 생활 속의 알고리즘

우리는 일상생활에서 의식적이든 무의식적이든 다양한 영역에서 알고리즘을 이용하며 살아가는데, 몇 가지 생활 속의 알고리즘의 예를 살펴보면 다음과 같다.

① 기초적인 수학의 연산

예를 들면 초등학교 시절부터의 덧셈과 곱셈을 하는 방법, 최대공약수를 구하는 방법, 소수를 구하는 방법 등이 모두 기본적인 알고리즘에 속한다.

② 라면 조리법

라면을 맛있게 끓이기 위해서는 [그림 6.8]과 같이 물의 양, 불의 세기, 끓이는 시간, 스프를 넣는 시기 등이 알고리즘의 주요 요소이다.

[그림 6.8] 맛있는 라면 끓이는 알고리즘

③ 하루의 일정 계획

가령 아침에 눈을 떠서 학교에 가려고 할 때 언제 일어나 식사를 하고, 버스나 지하철을 이용하여 정해진 시간에 학교에 도착할 수 있을지 등이다.

④ 가전제품의 사용 매뉴얼

세탁기나 전자레인지 등에서의 단계별 사용 설명서도 알고리즘에 속한다.

⑤ 지하철 환승 방법

어떤 목적지로 이동하려고 할 때 어느 지하철역에서 환승하는 것이 더 효율적인지의 판단이 핵심 요소이다.

⑥ 알파고와 같은 인공지능 방법론

바둑이나 게임 등에 있어 매우 복잡한 것을 해결하는 방법은 매우 수준 높은 알고리즘에 속한다. 그 외에도 우리가 생활 속에서 알고리즘을 이용하는 경우는 우리 생활 주변에 매우 많다.

3 휴리스틱을 이용한 알고리즘

우리는 일상생활에서 수많은 일을 만나게 되는데 그때마다 필요한 정보를 수집하고 처리한 후 판단하려면 시간적으로도 큰 부담이 된다. 따라서 과거의 경험을 바탕으로 어림짐작을 하게 되는데 이것을 '휴리스틱(heuristic)'이라 한다.

휴리스틱은 어떤 사안 또는 상황에 대해 엄밀한 분석에 의하기보다 비슷한 문제에 대한 과거의 경험들을 바탕으로 직관적으로 판단하여 선택하는 의사결정 방식이다. 인공지능에서 사용하는 알고리즘 중 휴리스틱을 사용하는 경우가 상당히 많다.

따라서 그 방법이 상당히 논리적이라든가 최적의 방법을 보장하는 것은 아니지만 주어진 문제에 대해 만족할만한 해결책을 발견하는 비교적 빠른 실용적인 방법이다.

[그림 6.9] 『How to solve it』

저명한 수학교육학자인 폴리아(George Polya)는 [그림 6.9]의 『어떻게 풀 것인가?(How to solve it)』란 저서에서 다음과 같은 휴리스틱의 몇 가지 예를 들었다.

① 어떤 문제를 이해하기 어려우면 그림으로 그려보라.
② 해답을 구할 수 없으면 어떤 해답을 얻었다고 가정하고 반대 방향으로 유도할 수 있는지 살펴보라.
③ 만약 그 문제가 추상적이면 구체적인 예를 시도해보라.

'경험적 지식'을 바탕으로 문제를 해결하는 휴리스틱은 주로 인공지능, 심리학, 경제학 분야에서 사용되는데, 가장 이상적인 답을 찾기보다 현실적으로 만족할 수 있는 답을 찾는 접근법이라 할 수 있다.

휴리스틱 탐색에서 목표에 도달할 가능성이 가장 큰 방향으로 탐색하는 것을 최상우선 탐색(Best First Search)라 하고 이 중에서 가장 잘 알려진 것이 A* 알고리즘이다.

4 인공지능 A* 알고리즘

A* 알고리즘은 1968년 미국의 피터 하트(Peter Hart) 외 2명이 제안하였는데, 디직스트라(Dijkstra)가 1959년에 만든 알고리즘의 확장판이다. 이것은 탐색의 수행에 있어 매우 효과적인 알고리즘이며 다양한 종류의 문제 해결에 사용되고 있다.

A* 알고리즘은 가장 잘 알려진 인공지능 알고리즘인데, [그림 6.10]과 같이 출발점으로부터 목표지점까지의 최적 경로 탐색의 한 방법으로서 적절한 휴리스틱을 사용하여 최적화할 수 있는 알고리즘이다.

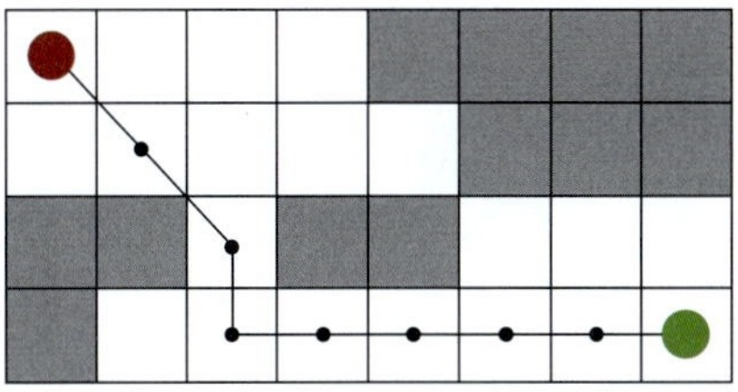

[그림 6.10] A* 알고리즘

A* 알고리즘은 출발지점에서 목표지점까지 가장 비용이 적거나 짧은 경로를 찾는데, 평가 함수 f를 사용하여 다음에 이동할 경로를 결정한다.

5 인공지능 알고리즘의 예: 8-Queens 문제

8-queens 문제는 서양 장기인 체스에서 서로를 공격하지 않는 위치에 8개의 퀸(Queen)을 배치하는 문제이다. 가령 체스를 전혀 모르는 사람이라도 8 x 8 크기의 체스판에서 퀸은 수평, 수직, 그리고 대각선 방향으로 몇 칸이든 이동할 수 있다는 점만 알면 된다.

따라서 수평, 수직, 그리고 대각선 방향으로 어떤 퀸도 서로 공격당하지 않는 위치에 놓여야 한다. [그림 6.11]은 퀸이 공격할 수 있는 패턴을 보여준다.

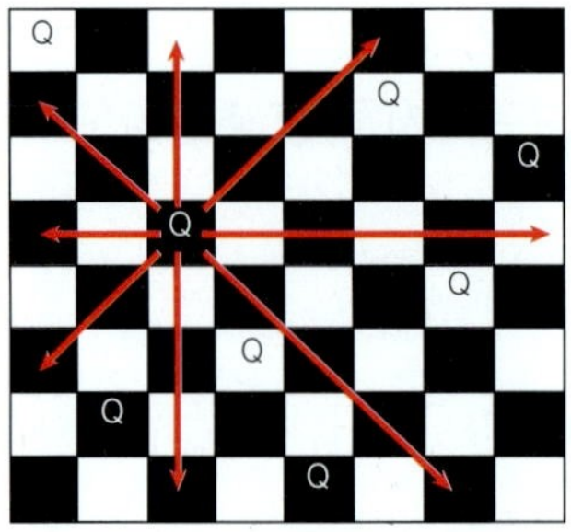

[그림 6.11] 퀸이 공격하는 패턴

그러면 64개의 칸을 가진 [그림 6.12]의 8-Queens 문제의 경우의 수는 얼마일까? C(64, 8) = ${}_{64}C_8$ = 4,426,165,368로서 약 44억 가지의 엄청난 경우의 수가 나온다. 이것을 인공지능 방법으로 프로그램해본 필자의 경험으로는 순식간에 해답을 구할 수 있었으며, 여러 가지 경우의 해답을 얻은 것으로 기억된다.

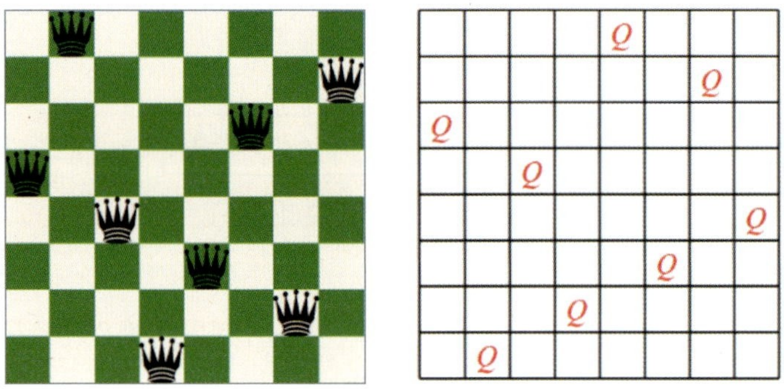

[그림 6.12] 8-Queens 문제의 가능한 해답들

8-Queens 문제에서 체스판을 4 x 4로 축소한 소위 4-Queens 문제의 경우 [그림 6.13]과 같은 2가지 경우의 해답을 얻을 수 있다. 이 결과 역시 수평, 수직, 그리고 대각선 방향으로 어떤 퀸들도 서로 공격당하지 않는 해답임을 확인할 수 있다.

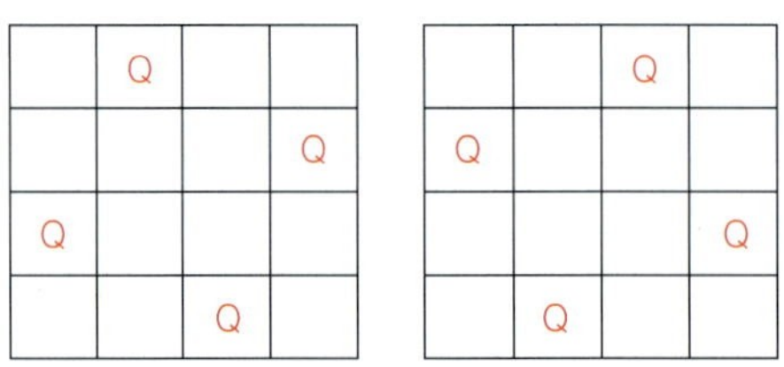

[그림 6.13] 4-queens 문제

규칙기반 전문가 시스템

1 지식처리 기술과 지식 획득

지식처리 기술은 현재 규칙(rule)이나 프레임(frame)에 의한 표현이 실용화되어 있다. 규칙이란 "If ooo then xxx"이라는 형식으로 표현하는 방법을 말하며, 전문가 시스템에서도 널리 이용되고 있다.

의미 네트워크는 [그림 6.14]에 나타낸 것처럼 개념 간의 관계를 노드를 연결하는 링크(link)로 연결한다. 예를 들면, 개와 세퍼드를 링크로 연결하고, 또한 진돗개를 개 아래에 링크로 연결할 수가 있다. 이처럼 의미 네트워크는 지식을 체계화시켜 표현하기에 적합하다.

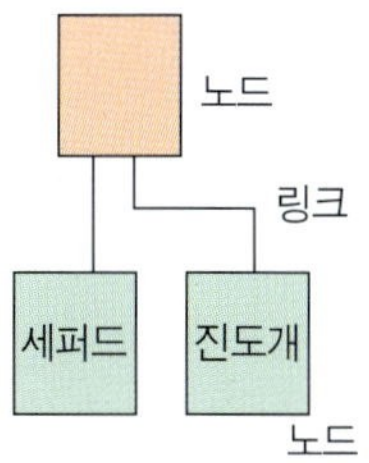

[그림 6.14] 의미 네트워크의 예

지식 획득은 인터뷰를 통해 전문가에게 들은 지식을 지식 엔지니어(knowledge engineer)라고 불리는 사람이 정리하여 입력시킨다. 따라서 전문가의 노하우(know-how)를 얼마나 끌어내느냐가 관건이 된다. 머지않아 지식처리의 체계화 작업을 지원하는 일이 가능하게 될 것이다.

2 규칙기반 시스템의 작동 예

규칙기반 시스템은 사실(fact)을 나타내는 지식베이스와 If ooo then xxx와 같은 추론규칙으로 이루어진다. 사용자가 질의하면 지식베이스와 추론규칙을 이용하여 추론한 후 그 결과를 알려주게 된다.

규칙기반 시스템이 작동하는 간단한 예를 [그림 6.15]의 '소크라테스 죽음'으로 살펴보자.

지식베이스: Socrates is a human [소크라테스는 사람이다]
Daesukim is a human [김대수는 사람이다]
Wurry is an animal [워리(강아지 이름)는 동물이다]

추론규칙: If X is a human, then X dies [모든 사람은 죽는다]
If X is an animal then X dies [모든 동물은 죽는다]

질의: Is Socrates die? [소크라테스는 죽는가?]
답변: Yes

질의: Tell me what dies? [모든 죽는 것들은 무엇인가?]
답변: Socrates, Daesukim, wurry [소크라테스, 김대수, 워리]

[그림 6.15] 규칙기반 시스템의 간단한 예

여기서 'Is Socrates die?'란 질의에 대해, 'Socrates is a human'이란 지식베이스의 사실과 'If X is a human, then X dies'란 추론규칙이 결합하여 '소크라테스는 죽는다'는 답변을 이끌어내게 된다. 또한 'Tell me what dies?'에 대해서도 지식베이스의 사실과 추론규칙이 결합하여 'Socrates, Daesukim, wurry가 죽는다'는 결론을 도출하게 된다.

이와 같이 규칙기반 시스템은 논리에 기반을 둔 인공지능 프로그래밍 언어인 Prolog에 의해 비교적 어렵지 않게 프로그래밍 되어 빠르게 결과를 얻을 수 있다.

3 인간 전문가를 대신하는 전문가 시스템

전문가 시스템(Expert System)은 어떤 특정 분야에서의 인간 전문가들의 전문 지식을 수집 정리하여 주어진 특정 전문영역에 관한 문제를 인공지능의 추론 능력을 이용하여 해결하고자 하는 컴퓨터 자문 시스템의 일종이다.

일반적인 전문가 시스템의 개념도는 [그림 6.16]과 같이 표현될 수 있다. 전문가 시스템에서는 전문가가 가지고 있는 지식을 정리하여 시스템에 입력하여 지식베이스를 구축한다. 그 후 사용자가 질문하면 추론기구가 지식베이스를 이용하여 추론하고 그 결과를 사용자에게 전해주게 된다.

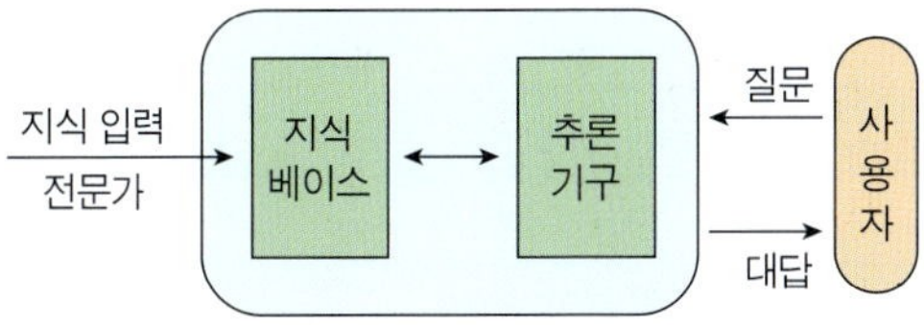

[그림 6.16] 전문가 시스템의 구조

4 전문가 시스템의 적용 분야

전문가 시스템을 이용하면 필요에 따라 언제든지 손쉽게 전문가의 지식을 이용할 수 있는 장점이 있다. 인공지능 기법을 이용한 전문가 시스템은 [그림 6.17]과 같은 자동차 전문가 시스템 등 다양한 응용에 쓰이고 있다.

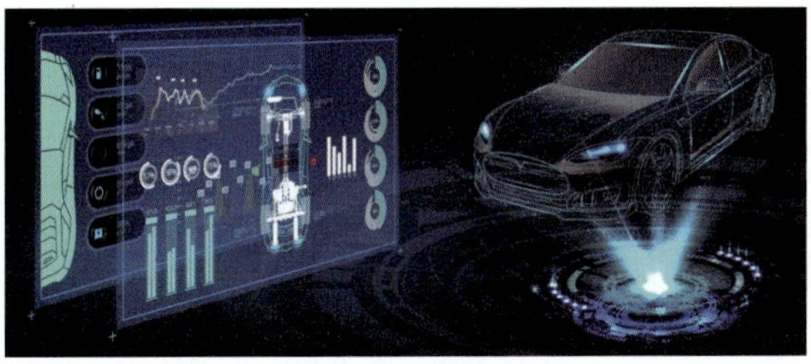

[그림 6.17] 자동차 전문가 시스템

전문가 시스템으로는 MYCIN, DENDRAL, PROSPECTOR, 그리고 AIRPLAN 등 〈표 6.5〉과 같이 다방면에 걸쳐 응용되었다.

〈표 6.5〉 전문가 시스템의 응용

이름	기능	개발 기관
MYCIN	백혈병 진단	스탠퍼드 대학
DENDRAL	질량 분석의 해설	스탠퍼드 대학
PROSPECTOR	광맥 탐사	SRI International
AIRPLAN	항공기 이착륙 관리	U. S. Army
LOGOS	자동 번역	Logos Computer System
ASK	자연어 DB 관리 시스템	Caltech

DENDRAL은 스탠퍼드 대학에서 개발한 화학 전문가 시스템인데, 알려지지 않은 분자의 분광적 분석을 통해 분자의 구조를 예측할 수 있도록 개발된 전문가 시스템이다. [그림 6.18]의 이 전문가 시스템은 휴리스틱을 사용한 후에는 거의 전문가와 대등한 수준을 나타냈다.

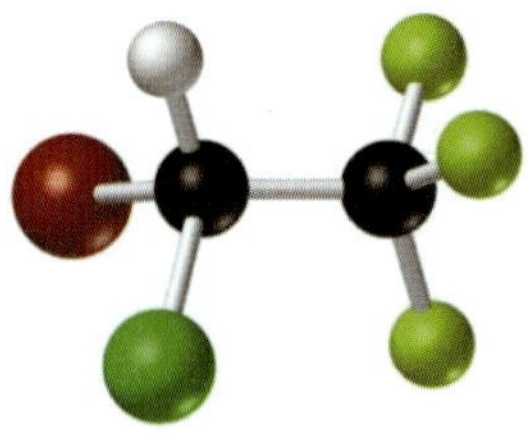

[그림 6.18] DENDRAL 전문가 시스템

인공지능과 관련된 흥미로운 문제들

1 인공지능 문제 해결을 위한 중요 단계

인공지능과 관련된 문제들은 얼핏 보면 단순하게 보이지만 실제로 풀어보려고 하면 만만치 않은 문제들이 많다. 주어진 문제를 해결하기 위해서는 여러 가지 중요한 단계들이 필요한데, 그 가운데서 가장 중요하게 생각되는 몇 가지를 살펴보면 다음과 같다.

① 문제를 명확하게 정의해야 한다.
② 문제에 대한 철저한 분석이 필요하다.
③ 정해진 제약 조건이나 규칙이 있는 경우 규칙의 적용에 대한 검증이 필요하다.
④ 최적의 기법을 선택한다.
⑤ 결과가 나오면 문제 해결 과정에 문제점이 없는지를 분석하고 검토한다.

2 초기의 인공지능 적용 문제 '상자 쌓기'

이 문제는 일정한 규칙과 목표 상태가 주어졌을 때 인간 대신 컴퓨터가 인공지능을 이용하여 적절한 순서를 적용하여 해결하는 방법의 예이다.

문제 6.1 다음의 [그림 6.19]와 같은 상태에서 상자를 하나씩 옮겨서 그림의 목표 상태와 같이 작은 번호의 상자가 큰 번호의 상자 밑으로 가도록 하려고 한다. 이때 상자는 다른 상자 위에 놓거나 바닥 C에 놓을 수도 있다. 상자를 몇 차례 이동하여야 하나? 이동 횟수와 그 방법을 설명하시오.

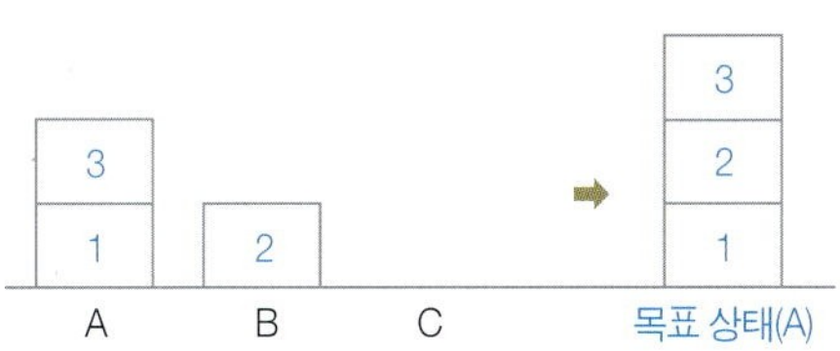

[그림 6.19] 상자 쌓기 문제

풀이 단 3회의 이동으로 가능하다. 이 경우 [그림 6.20]과 같이 먼저 3번 상자를 비어 있는 공간 C에 옮겨놓고, A의 1번 상자 위에 2번과 3번 상자를 차례로 쌓으면 된다. 이 문제는 초기 인공지능이 프로그램을 통해 풀었던 문제이다.

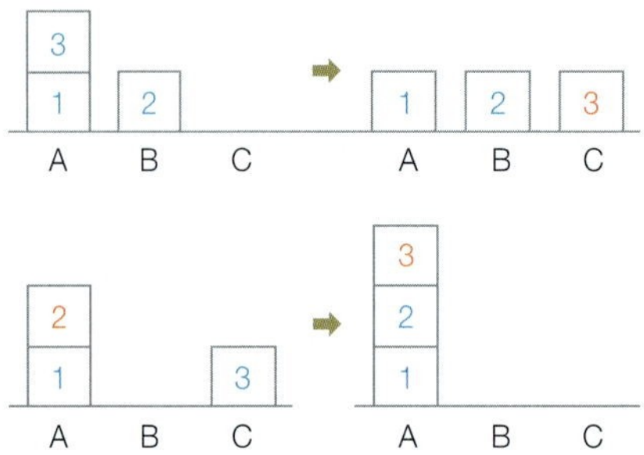

[그림 6.20] 상자 쌓기 문제의 풀이

[인공지능적인 풀이] 인공지능 프로그램으로 풀기 위해서는 앞에서 설명한 규칙기반 시스템의 예와 같이 지식베이스와 추론규칙을 만들어 적용시키면 된다.

즉 A 위에는 1, 3이 차례로 있고, B 위에는 2가 있으며, C 위에는 아무 것도 없다는 사실을 지식베이스에 저장한다. 다음으로 이동할 수 있는 규칙 즉 추론규칙은 "상자를 하나씩 옮겨서 작은 번호의 상자가 큰 번호의 상자 밑으로 가도록 하려고 한다."는 것이다. 목표 상태는 "A 위에 1, 2, 3이 차례대로 놓인다."이다.

이 경우를 실제로 프로그램으로 작성하려면 인공지능 프로그래밍 언어를 새로 익혀서 사용해야 하므로 위의 풀이로 대체하기로 한다.

3 대표적인 인공지능 게임 '8-puzzle 게임'

인공지능에서 휴리스틱을 사용하는 초기의 예로는 8-puzzle 게임을 들 수 있다. 8-puzzle 게임은 [그림 6.21]과 같이 3 × 3 크기의 박스 안에서 인접한 숫자를 빈 곳으로 계속 움직여서 목표 상태로 만드는 서양식 게임이다.

이 게임판의 숫자는 플라스틱 조각으로 되어 있어 비어 있는 공간을 향해 상하좌우로 움직일 수 있는데, 미국에서 유치원이나 초등학교 학생들의 두뇌 향상을 위해 학부모들이 권하는 게임 중의 하나이다.

그러나 비록 그리 어려운 게임은 아니더라도 어떤 경우에는 뒤엉켜서 상당히 오랜 시간이 걸릴 때도 있어 '내가 이것도 빨리 못하다니~~'라는 생각에 흥분하는 경우도 있다.

[그림 6.21] 8-puzzle 게임

문제 6.2 다음과 같은 시작 상태에서 목표 상태로 가는 방법을 살펴보자. 이 문제에서 흔히 사용되는 휴리스틱은 위치가 맞지 않은 숫자의 개수를 줄여나가는 방향으로 이동시키면서 최종적으로는 [그림 6.22]와 같이 8개의 위치가 모두 일치하도록 하는 것이다.

〈시작 상태〉

2	·	3
1	8	4
7	6	5

➡

〈목표 상태〉

1	2	3
8	·	4
7	6	5

[그림 6.22] 8-puzzle의 시작 상태와 목표 상태

풀이 이 경우에는 [그림 6.23]과 같이 단 3번의 움직임만으로 목표 상태에 이를 수 있다. 이동 시 해당 숫자와 비어 있는 공간을 나타내는 점(.)의 위치를 맞바꾸면서 진행한다.

〈시작 상태〉

2	·	3
1	8	4
7	6	5

➡

(2와 · 좌우 교환)

·	2	3
1	8	4
7	6	5

⬇

(1과 · 상하 교환)

1	2	3
·	8	4
7	6	5

⬅

(8과 · 좌우 교환)
〈목표 상태〉

1	2	3
8	·	4
7	6	5

[그림 6.23] 목표 상태로의 이동

참고로 목표 상태로 이동하는 중 목표와 일치하는 숫자가 많아지는 방향으로 이동하는 것이 일반적인 인공지능 방법인 휴리스틱을 적용하는 것이지만 아주 가끔 그렇지 않은 경우를 만날 수도 있다. 이것을 프로그램으로 작성하면 그리 어렵지 않게 해결할 수 있다.

4 인공지능 기법으로 풀어보는 '물통 문제'

인공지능 분야에서 비교적 잘 알려진 물통(water jug 또는 물주전자) 문제는 주어진 사실과 규칙들을 적용하여 문제를 해결할 수 있다.

문제 6.3 4리터짜리 물통과 3리터짜리 물통이 각각 하나씩 있는데, 이 물통들에는 용량을 나타내는 어떠한 표시도 없다. 이처럼 눈금이 없는 조건에서 4리터짜리 물통에다 꼭 2리터의 물을 채우는 방법을 구해 보시오.

먼저 여기서 사용할 수 있는 몇 가지 규칙이나 동작은 다음과 같다.
① 물통에 물을 가득 채운다.
② 물통의 물을 전부 다 비운다.
③ 물통에 남은 물을 다른 물통에다 붓는다.
④ 물통의 물을 다른 물통이 가득 찰 때까지 붓는다.

풀이 이 규칙들을 적절한 순서로 적용함으로써 목표 상태에 도달할 수 있는데, 다음과 같은 단계를 거쳐 문제를 해결한다.

① 3리터짜리 물통에 물을 가득 채운다.
② 3리터짜리 물통의 물을 4리터짜리 물통에 모두 붓는다. 그 결과 4리터짜리 물통에는 3리터의 물이 들어있다.
③ 비어 있는 3리터짜리 물통에다 다시 물을 가득 채운다. 그 결과 양쪽 물통에는 각각 3리터의 물이 들어있다.
④ 3리터짜리 물통의 물을 4리터짜리 물통이 가득 찰 때까지 붓는다. 그 결과 4리터짜리 물통에는 물이 가득 차고, 3리터짜리 물통에는 2리터의 물이 남게 된다.
⑤ 4리터짜리 물통의 물을 모두 비운다.
⑥ 3리터짜리 물통의 물을 4리터짜리 물통에 모두 붓는다.

그 결과 4리터짜리 물통에는 정확히 2리터의 물이 들어있게 되며, 우리가 구하고자 하는 결과를 얻었다.
이것을 풀기 위해 각 물통의 물이 찬 상태를 [그림 6.24]와 같이 나타내면 이해하기가 훨씬 쉽다. 오른쪽의 0, 2와 같은 표현은 앞의 물통에는 0리터의 물이 담겨 있고, 뒤의 물통에는 2리터의 물이 담겨 있음을 나타낸다.

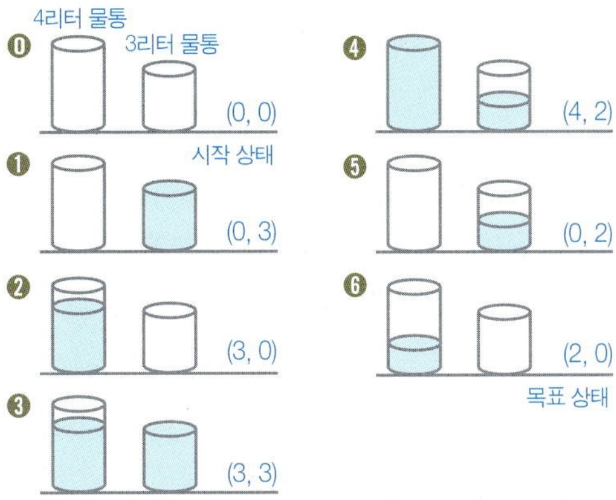

[그림 6.24] 물통 문제 해결

'물통 문제'를 해결하는 파이선 소스 코드는 다음의 참고문헌에서 찾을 수 있다.

- https://cs15.github.io/ai/lab-7/(Water Jug Problem을 구현하는 Python 프로그램)

5 문자 암호 풀이

문제 6.4 다음 식에서 각 문자는 0에서 9까지의 서로 다른 숫자를 각각 가지게 된다고 한다. 이때 [그림 6.25]에서 각 문자에 해당하는 숫자를 구하시오.

[그림 6.25] 뉴엘과 문자 암호 풀이

풀이 이 문제는 1824년 영국의 유명한 퍼즐 왕 헨리 듀드니(Henry Dudeney, 1857~1930)가 만들어 발표한 매우 유명한 문자 문제로서, 수준이 상당히 높아 일반적인 방법으로는 풀기가 매우 어렵다. 이 문제를 푸는 방법으로는 가능성 있는 단서들로부터 미지수를 하나씩 알아나가는 것이다.

이 문제는 인공지능학자 뉴웰(Newell)에 의해 초기의 인공지능 문제 모델로 채택되어 인공지능을 이용한 정교한 컴퓨터 프로그램을 통하여 빠르게 풀 수 있음을 보여준 예이다. 물론 같은 영문자는 위치가 달라도 같은 값을 가진다.

이것을 인공지능 기법으로 풀면 [그림 6.26]과 같이 S = 9, E = 5, N = 6, D = 7, M = 1, O = 0, R = 8, Y = 2가 된다.

```
  S E N D        9 5 6 7
+ M O R E      + 1 0 8 5
---------      ---------
M O N E Y      1 0 6 5 2
```

[그림 6.26] 문자 암호 풀이의 답

그 당시에 대상이 된 또 다른 인공지능을 이용한 문제로는 [그림 6.27]의 DONALD + GERALD 등이 있다.

```
  D O N A L D        5 2 6 4 8 5
+ G E R A L D      + 1 9 7 4 8 5
-------------      -------------
  R O B E R T        7 2 3 9 7 0
```

[그림 6.27] 문자 암호 풀이의 답

6 규칙의 적용을 이용한 문제 해결

여기서는 인공지능 기법을 이용한 주요 문제인 '늑대, 염소, 양배추 문제' 문제를 살펴보자. 이 문제는 인공지능 언어인 Lisp이나 Python 프로그램을 이용하면 그리 어렵지 않게 해결할 수 있다.

문제 6.5 늑대, 염소, 양배추 문제

어떤 사람이 [그림 6.28]과 같이 늑대, 염소 그리고 양배추와 더불어 강의 오른쪽 기슭에 있다고 생각하자. 사람은 한 번에 늑대, 염소 또는 양배추 중 하나만 선택하여 강의 왼쪽 기슭이나 오른쪽 기슭으로 건널 수 있으며, 사람 혼자서 건널 수도 있다.

만약 사람이 어느 한쪽 기슭에 늑대와 염소를 같이 남겨 둔다면 늑대는 사람이 없는 틈을 타서 염소를 잡아먹게 될 것이며 만약 염소와 양배추만 한쪽 기슭에 남겨 둔다면 염소는 양배추를 먹어 치우게 된다. 그렇다면 염소나 양배추가 먹히지 않고 사람에 의해 강을 무사히 건너는 방법은 무엇일까?

[그림 6.28] 늑대, 염소, 양배추 문제

풀이 해답 중의 하나를 단계적으로 표현하면 다음과 같다.

① 먼저 양을 태우고 왼쪽으로 간다.

② 양을 내려놓고 다시 오른쪽으로 간다.

③ 늑대를 태우고 왼쪽으로 간다.

④ 왼쪽에 도착하면 늑대를 내려놓고 다시 양을 태우고 오른쪽으로 간다.

⑤ 오른쪽에 도착하면 양을 내려놓고 양배추를 가지고 왼쪽으로 간다.

⑥ 왼쪽에 도착하면 양배추를 내려놓고 아무것도 안 태운 채 혼자서 오른쪽으로 간다.

⑦ 양을 태우고 왼쪽으로 간다. 완료!

이 문제는 바로 뒤 [가까운 곳에서 인공지능 경험하기] 코너에서 유튜브 동영상으로 해답 과정을 경험해 볼 수 있다.

이 외의 고전적인 인공지능 문제들로는 '선교사와 식인종', '원숭이와 바나나', '하노이의 탑' 등이 있는데, 이와 같은 인공지능 규칙을 이용하여 실세계에서 일어날 수 있는 여러 가지 문제들을 해결할 수 있다.

가까운 곳에서 인공지능 경험하기

늑대, 염소, 양배추 문제의 소프트웨어적 해결법

늑대, 염소, 양배추 문제를 다음의 URL에 연결하여 진행 과정을 경험해보자. 이 문제는 다음의 인공지능 사이트에 연결하여 풀이 과정을 화면으로 볼 수 있다.

- https://www.youtube.com/watch?v=0qceTGx2bkg

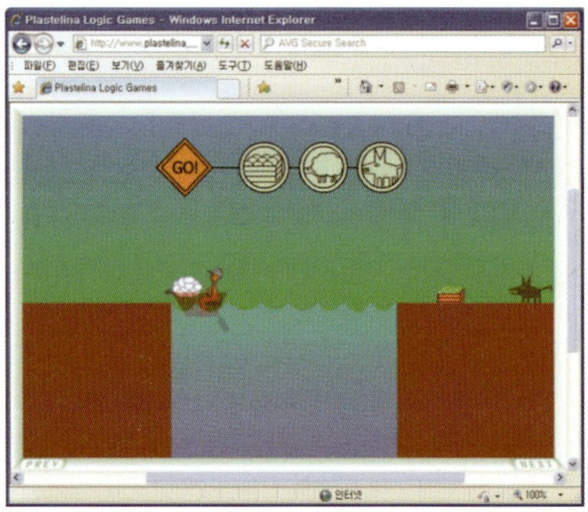

생각하고 토론하기

1. '도로보쿤'과 같은 여러 개의 인공지능 로봇을 검색하여 그것의 인공지능 능력을 알아보고, 아직 미숙한 점들과 개선점을 생각하고 이야기해보자.

✔ **아이디어 포인트** 규칙기반 인공지능에서 지식의 추론 수준, 언어의 인식 수준 등

2. 미국의 인공지능 전문가이자 『AI Super Powers』라는 책의 저자인 카이푸 리(Kai-Fu Lee) 박사는 '앞으로 15년 이내에 현재 직업의 약 40%가 인공지능으로 대체될 것'이라 예측했다. 기존의 어떤 직업들이 대체될 가능성이 큰지를 생각하고 논의해보자.

✔ **아이디어 포인트** 단순 반복적인 업무는 로봇에 의해 대체, 상업적 자율주행차로 인한 운전기사 감소 등

인공지능 실습하기

실습 6 주어진 텍스트에 해당하는 이미지를 생성하는 인공지능을 실습해본다.

- https://huggingface.co/spaces/stabilityai/stable-diffusion

| 실행방법 | 먼저 Example의 4번째 예인 아래 문장을 누른 후 "Generate Image"를 체크한다.

An insect robot preparing a delicious meal.

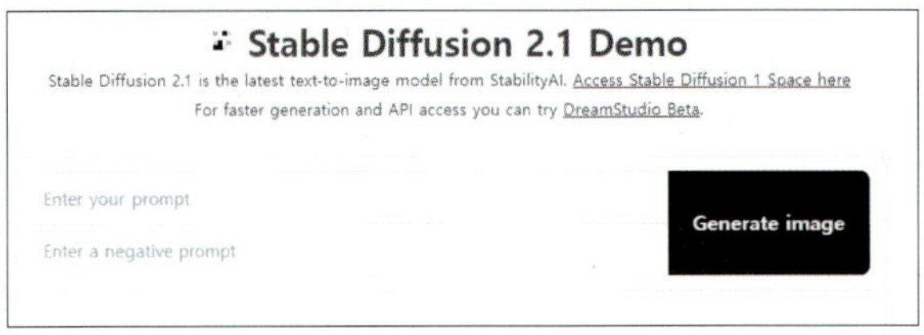

| 실행결과 1 | 그 결과 다음과 같은 "맛있는 음식을 준비하는 로봇" 이미지가 나타난다.

| 실행결과 2 | 그리고 다음과 같은 문장을 Copy하여 상단의 "Enter your prompt"에 넣거나 타이프하고 난 후 "Generate Image"를 체크한다.

A girl is skating on the ice field.

그 결과 다음과 같은 이미지를 얻을 수 있다.

참으로 신기하다. 다음의 3가지 경우도 넣어서 그 결과를 살펴보자.

A dog and cat is playing in the ground.

Peoples are dancing on the floor.

Girls are skating on the ice link.

연습문제

진위 문제

1. 규칙기반 인공지능은 신경망과는 담당하는 역할이 다소 다르다.( )
2. 규칙기반 인공지능에서는 논리를 바탕으로 규칙을 통해 추론한다.( )
3. 논리의 중요한 목적에는 논리를 통한 입증이 옳은가를 포함하지 않는다.( )
4. 논리는 일반적으로 명제 논리와 술어 논리로 구분된다.( )
5. 논리에서 "3 × 2 = 5라면, 런던은 미국의 수도다."는 F가 된다.( )
6. 연역 추론은 하나 이상의 전제로부터 다른 어떤 결론을 도출해내는 추론 방식을 말한다.( )
7. 역방향 추론은 출발 상태로부터 목표 상태를 향해 나가는 기법이다.( )
8. 게임에서 나의 가능성은 최대로, 상대방의 가능성은 최소로 하는 전략 탐색을 쓴다.( )
9. 세탁기나 전자레인지 등에서의 단계별 사용 설명서는 알고리즘에 속하지 않는다.( )
10. 규칙이란 통상 "If ooo then xxx"이라는 형식으로 표현된다.( )

단답식/선택식 문제

1. 논리와 명제는 (　　) 인공지능에 필수적인 이론적 기반을 제공하고 있다.
2. (　　) 논리는 주어와 술어로 구분하여 참 또는 거짓에 관한 법칙을 다룬다.
3. 명확하게 참이나 거짓을 구분할 수 있는 문장이나 수학적 식을 (　　)라고 한다.
4. 추론은 크게 3가지로 나누면 귀납 추론, (　　) 추론, 그리고 유비 추론이다.
5. (　　)은 개별적 사실들의 분석으로부터 일반적인 결론을 끌어내는 추론 방법이다.
6. 목표를 찾기 위한 추론의 방법으로는 순방향 추론과 (　　) 추론이 있다.
7. 문제 해결을 위한 여러 가지 단계들을 체계적으로 명시해 놓은 것이 (　　)이다.
8. (　　)은 인간 전문가들의 전문 지식을 수집 정리하여 인공지능의 추론 능력을 이용하여 해결하고자 하는 컴퓨터 자문 시스템의 일종이다.

9. (　　)은 경험적 지식을 바탕으로 문제를 해결하는데, 가장 이상적인 답을 찾기보다 현실적으로 만족할 수 있는 답을 찾는 접근법이라 할 수 있다.

10. 다음의 탐색 중 경험적 지식을 사용하는 탐색 방법은?

① 휴리스틱 탐색　　② 깊이 우선 탐색
③ 너비 우선 탐색　　④ 무정보 탐색

11. 다음 중 규칙을 이용한 인공지능 기법을 통한 적절한 문제가 아닌 것은?

① 물통 문제　　② 복잡한 곱셈 문제
③ 문자 암호 풀이　　④ 8-puzzle 게임

12. 다음 중 알고리즘으로 가장 보기 어려운 것은?

① 지하철 환승 방법　　② 컴퓨터 켜기
③ 라면 조리법　　④ 하루의 일정 계획

13. 다음에서 인공지능 문제 해결을 위한 단계라 보기 어려운 것은?

① 문제를 명확하게 정의해야 한다.
② 문제에 대한 철저한 분석이 필요하다.
③ 정해진 제약 조건이나 규칙이 있는 경우 규칙의 적용에 대한 검증이 필요하다.
④ 문제의 답을 임의로 추측한다.

주관식 문제

1. 생활 속의 알고리즘의 예를 아는 대로 드시오.
2. 연역 추론 중 삼단논법을 간단히 설명하시오.
3. 휴리스틱에 관해 간단하게 설명하시오.
4. 인공지능에서 문제 해결을 위한 주요 단계들을 기술하시오.
5. 자동차 전문가 시스템이 할 수 있는 역할을 말해보시오.

CHAPTER

07

신경망 개념과 응용

The Concept of Neural Networks and Applications

Contents

단원의 주요 목표

인공지능의 주요 영역인 신경망의 개념과 발전 및 응용 분야들을 고찰한다.

- 신경망의 개념을 살펴보고 신경망의 시작과 발전 과정을 알아본다.
- 초기의 신경망 모델인 단층 퍼셉트론의 구조와 학습 과정을 이해한다.
- 선형 분리 가능과 단층 퍼셉트론의 한계점을 파악한다.
- 다층 퍼셉트론 모델의 구조와 학습 과정을 알아본다.
- 다층 퍼셉트론의 역전파 알고리즘과 XOR 문제 해결을 다룬다.
- 신경망을 이용한 문자인식과 음성인식에의 응용 예를 살펴본다.

신경망의 개요

1 신경망이란 무엇인가?

신경망(Neural Networks)이란 [그림 7.1]과 같이 인간 두뇌의 생물학적 뉴런의 작용을 모방하여 여러 뉴런들로부터 들어오는 입력을 일정한 함수를 거쳐 출력 노드를 통해 결과를 얻는 네트워크로서, 인공신경망(Artificial Neural Networks)으로 부르기도 한다.

신경망은 각 뉴런이 독립적으로 작동하는 처리기의 역할을 하므로 병렬성(parallelism)이 뛰어나다. 따라서 신경망은 문자인식, 음성인식, 영상인식, 자연어 처리 등 여러 분야에 이용되고 있다.

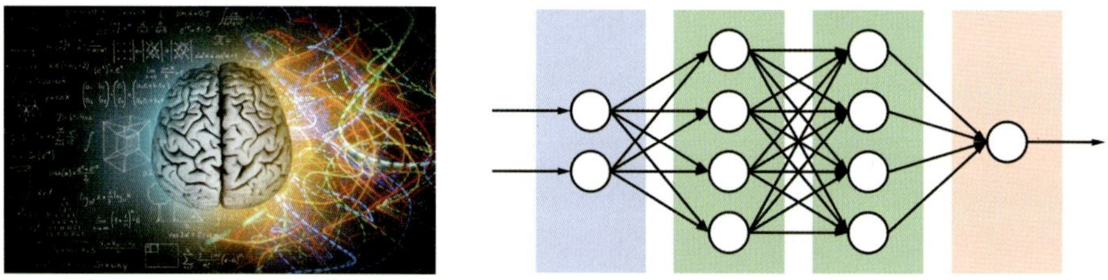

[그림 7.1] 뉴런과 신경망

인공지능은 제1장에서 언급한 바와 같이 기호주의 인공지능과 연결주의 인공지능으로 크게 나눌 수 있다. 기호주의 계열의 대표적인 모델은 주로 기호와 규칙을 사용하는 규칙기반 인공지능이고, 연결주의 계열의 대표적인 모델은 인간 두뇌에 있는 뉴런의 연결을 모방하는 신경망 기반 인공지능, 즉 신경망인 것이다.

신경망은 인간의 지능이 인간 두뇌의 뉴런들 사이의 연결로부터 시작된다는 발상에서 시작되었는데, 두뇌가 어떤 원리에 따라 작동하는지가 주된 관심이었다. 신경망은 [그림 7.2]와 같이 병렬처리 구현에 중점을 두고 있으며, 학습과 관련된 지능적인 역할을 훌륭하게 수행해낸다.

[그림 7.2] 신경망의 병렬처리

지금까지의 신경망 모델과 이에 대응하는 알고리즘은 다음과 같이 크게 3단계로 나눌 수 있다.

- 1957년 로젠블럿의 퍼셉트론 모델(퍼셉트론 알고리즘)
- 1984년 PDP 그룹 이후의 다층 퍼셉트론 모델(역전파 알고리즘)
- 2006년 힌턴 이후의 심층신경망(딥러닝 알고리즘)

이 세 가지 단계에서 수행하는 공통적인 역할은 [그림 7.3]과 같은 신경망의 '학습(learning)' 기능이다. 특히 신경망은 문자, 숫자, 음성, 영상, 동영상 등을 학습한 후 그것을 인식할 수 있는 두뇌 능력과 직결되어 있다. 더군다나 음성이나 영상 정보와 같은 멀티미디어 정보들은 대부분 데이터가 크고 또한 다루기가 매우 어려운 것들이다.

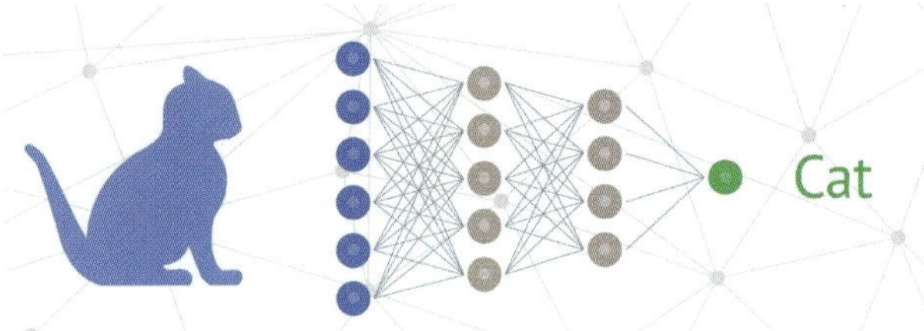

[그림 7.3] 학습을 통한 고양이 영상인식

"인간은 만물의 영장이다."라는 말은 인간이 다른 동물들보다 똑똑한 이유가 인간의 학습 기능 덕분일 가능성이 크다. 그런 의미에서 학습을 다루는 신경망 기술의 중요성은 매우 크다.

1957년 단층 퍼셉트론이 처음 개발되었을 때 수많은 사람들이 환호했고, 1980년대 중반에 다층 퍼셉트론이 나타났을 때도 인간의 두뇌를 구현할 수 있는 새로운 가능성에 들떠있었다. 그리고 비교적 최근에 주목을 받기 시작한 딥러닝에 관련 연구는 이제부터가 시작일지도 모른다. 우리가 염두에 두어야 할 사항으로는 딥러닝이 아직 사람으로 치면 걸음마 단계에 불과하다는 점이다.

우리 인간은 수학식과 모델링을 통해 많은 과학적 발전을 이룩해왔지만, 인간 두뇌를 구현하는 일은 결코 쉽지 않으므로, 장기적인 안목에서 먼 산을 바라보며 나아가야 할 것이다.

2 신경망의 시작과 발전 과정

1940년대에 시작된 신경망 관련 연구는 70여 년이 지난 오늘날에도 많은 사람들의 관심 속에 활발하게 진행되고 있다. 신경망 이론은 1943년 맥클럭-피츠 모델에서의 단순한 논리 구현과 그 후 '헵의 시냅스'라고 알려진 연결강도(weight) 조정을 위한 학습 규칙(learning rule)으로부터 시작되었다.

1957년 로젠블럿에 의해 최초의 신경망 장치인 (단층) '퍼셉트론(Perceptron)' 모델이 개발되어 문자를 인식할 수 있는 모델로서 크게 주목을 받았다. 그러나 1969년 단층 퍼셉트론의 한계점이 분석되고 노출되면서 신경망 관련된 연구는 약 15년 동안 침체기에 빠져들게 되었다.

그 후 1980년대 초부터 핀란드의 코호넨(Kohonen), 미국의 홉필드(Hopfield), 일본의 후쿠시마(Fukushima) 등에 의해 새로운 형태의 신경망 모델들이 발표되기 시작했다. 1984년에는 미국 캘리포니아주의 샌디에이고를 중심으로 한 PDP 그룹에서 기존의 단층 퍼셉트론에다 하나 이상의 은닉층을 첨가하여 만들어진 다층 퍼셉트론(Multi-layer Perceptron) 모델을 제안하였다.

PDP 그룹의 러멜하트(Rumelhart) 등은 [그림 7.4]와 같은 다층 퍼셉트론 모델의 학습을 위한 역전파(Back-propagation) 알고리즘을 발표하였고, 문자인식을 비롯한 여러 응용에서 성과를 내면서 신경망의 새로운 시대가 전개되었다.

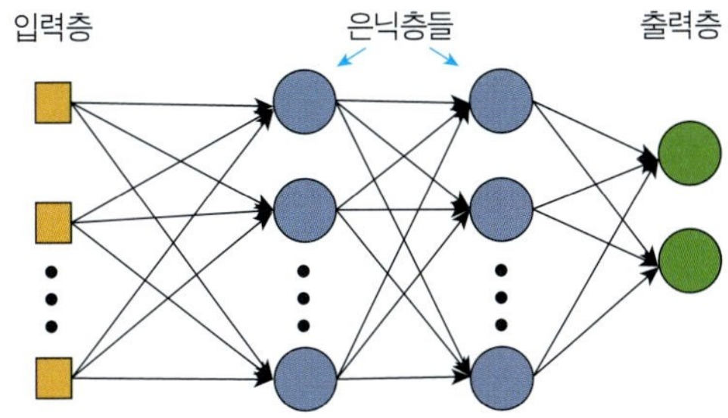

[그림 7.4] 다층 퍼셉트론 모델

그 후 신경망 구현에서 계산의 복잡성으로 인해 학습 시간이 너무 오래 걸리는 등의 문제점으로 신경망 연구는 한동안 소강상태에 빠져들게 되었다.

2006년 힌턴에 의해 딥러닝 학습 방법이 제안되었으며, 현재에도 심층신경망이란 모델로 활발하게 연구가 진행되고 있다.

초기의 신경망

1 맥컬럭-피츠 뉴런과 헵의 학습 규칙

신경망 모델의 시초는 1943년 워렌 맥컬럭(McCulloch)과 월터 피츠(Pitts)의 연구에서 비롯되었다. 그들은 인간의 두뇌를 논리적 서술을 구현하는 ON이나 OFF의 이진 원소들의 집합으로 추측하였으며, 수많은 뉴런들로 이루어진 잘 정의된 컴퓨터라고 여겼다.

이들의 뉴런은 어떤 명제도 뉴런의 논리적 AND, OR, NOT의 결합으로 표현될 수 있음을 보여주었다. 즉 단순한 명제들 간의 네트워크 연결을 통해 어떤 복잡한 명제들도 만들 수 있음을 보여주었다.

그 후 1949년 캐나다의 도널드 헵(Hebb)이 제안한 '헵의 학습 규칙'은 두 뉴런 사이의 연결강도(weight, strength of connection)를 조정할 수 있는 최초의 규칙이었다. 이 제안은 신경망의 학습에 관한 연구를 발전시켰으며 신경망 연구에 큰 영향을 끼쳤다.

헵의 학습 규칙은 인류 최초의 학습 규칙으로서, 그 후 개발된 다른 신경망 모델들의 학습 규칙의 토대가 되었다. [그림 7.5]는 두 뉴런 사이의 헵의 뉴런 연결을 나타내는데, 뉴런 i와 뉴런 j 사이에 연결강도 w_{ij}가 존재한다.

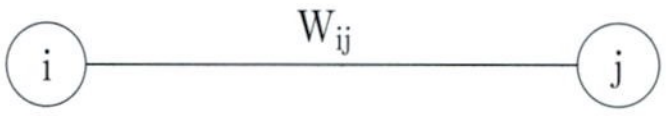

[그림 7.5] 헵의 뉴런 연결

2 로젠블럿의 단층 퍼셉트론

최초의 신경망 모델인 '퍼셉트론'은 단층으로 이루어졌기 때문에 '단층 퍼셉트론'으로도 불린다. 퍼셉트론 이론에 의해 만들어진 최초의 신경망 하드웨어 장치인 '마크 I 퍼셉트론'은 1957년에 제작되어 1958년에 성공적인 시범을 보였다.

마크 I 퍼셉트론은 [그림 7.6]과 같이 A, B, C 등의 문자를 인식하는 놀라운 성과에 많은 사람이 환호했으며 큰 센세이션을 불러일으켰다. 더군다나 바로 얼마 전 소련이 인류 최초의 인공위성인 스푸트니크 1호를 미국보다 먼저 쏘아 올린 직후여서 미국인들의 마크 I 퍼셉트론에 대한 자부심은 대단했다. 미국 전역에서 5,000번이 넘는 순회전시회가 열렸으며 머지않아 가상의 영역인 사이버네틱스의 세계가 열릴 것을 기대했었다.

[그림 7.6] 문자를 인식하는 마크 I 퍼셉트론

[그림 7.7]의 왼쪽은 퍼셉트론 이론을 정립하고, 이를 바탕으로 마크 I 퍼셉트론 신경망 컴퓨터를 발명한 로젠블럿과 20 × 20개의 화소(pixel)를 가진 마크 I 퍼셉트론 화면을 나타낸다.

[그림 7.7] 마크 I 퍼셉트론 화면과 연결선

마크 I 퍼셉트론의 영상 입력 장치에 문자가 입력값으로 제시되면, 문자인식을 거쳐 A, B, C 등의 문자 클래스로 분류된다. 마크 I 퍼셉트론에서 연결강도를 조정하는 연결선은 [그림 7.7]의 오른쪽에 나타나 있다. 그 당시에는 반도체 칩이 개발되지 않은 상태라서 학습을 위해 몇 km나 되는 전선을 일일이 연결하여 사용했다.

저명한 인공지능 관련 인물 탐구

프랭크 로젠블럿(Frank Rosenblatt, 1928년 ~ 1971년) 박사는 인공지능 중 신경망 분야에서 괄목할 만한 업적을 이룬 미국의 심리학자이자 과학자다. 그는 1950년에 코넬대학을 졸업하였고, 1956년에 박사학위를 받았다. 그는 1957년 인류 최초의 신경망 모델인 Mark I 퍼셉트론을 개발하여 시범을 보였으며, 신경생물학 등 다방면에 걸쳐 관심이 많았다. 그러나 그는 아깝게도 1971년 보트를 타다가 사고로 43세의 젊은 나이에 세상을 떠났다.

[그림 7.8]은 현재 미국 워싱턴 DC의 스미소니언 박물관에 소장되어 있는 그 당시의 마크 I 퍼셉트론을 나타낸다.

[그림 7.8] 마크 I 퍼셉트론

단층 퍼셉트론의 구조는 [그림 7.9]와 같다.

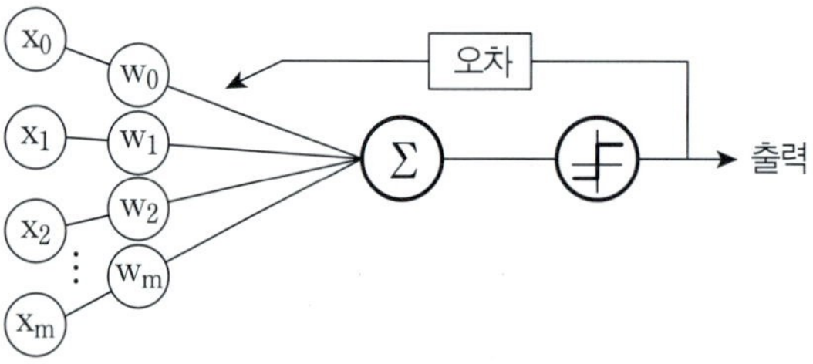

[그림 7.9] 단층 퍼셉트론의 구조

3 뉴런의 입출력 구조와 대표적인 비선형 함수들

신경망에서 뉴런에 해당하는 노드는 비선형적(non-linear)이다. 가장 간단한 노드는 [그림 7.10]과 같이 n개의 입력을 받아 n개의 연결강도 벡터들과 각각 곱해진 결과가 합해져서 특정한 활성 함수(activation function)를 거쳐 출력을 낸다. 노드는 내부적인 임계값(threshold)이나 오프셋(offset) θ, 그리고 비선형 함수의 형태에 따라 그 값이 정해지게 된다.

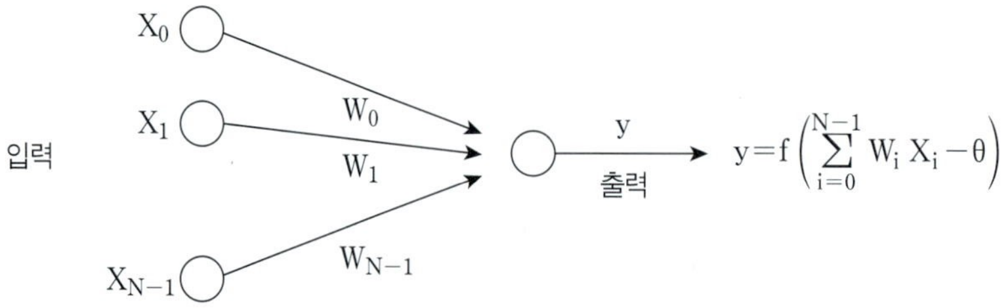

[그림 7.10] 뉴런의 입출력

신경망에서 많이 사용되는 대표적인 활성 함수로는 [그림 7.11]과 같이 계단 함수, 임계논리 함수, 그리고 S자 형태의 시그모이드(sigmoid) 함수 등이 있다.

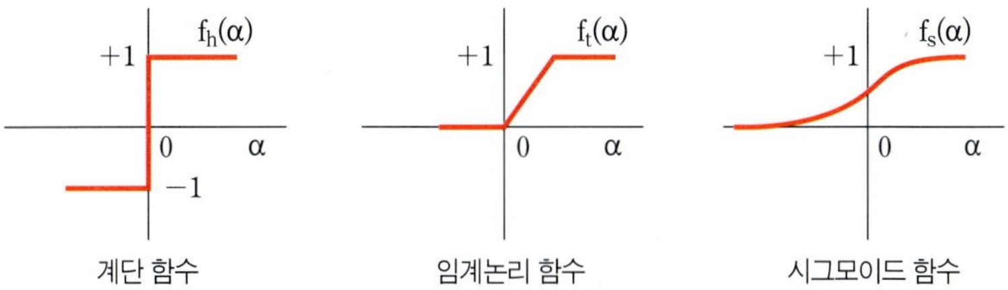

[그림 7.11] 3가지 대표적인 활성 함수

그중 시그모이드 함수가 많이 쓰이는 편인데, [그림 7.12]와 같은 식과 그래프가 주로 사용된다.

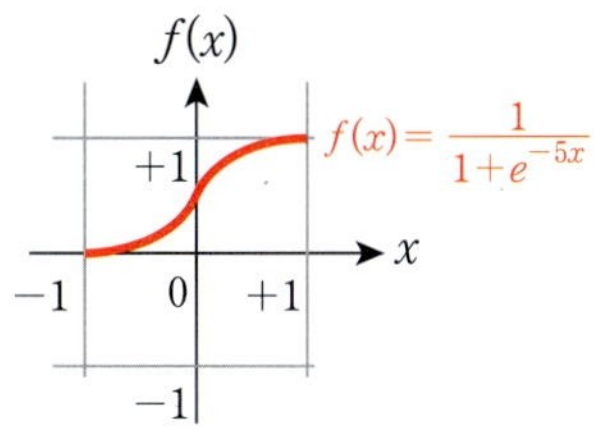

[그림 7.12] 시그모이드 함수의 식과 그래프

퍼셉트론이 작동하는 방식은 다음과 같다. 각 노드의 입력값과 연결강도를 곱한 것을 모두 합한 값이 활성 함수에 의해 판단되는데, 그 값이 임계값(보통 0)보다 크면 뉴런이 활성화되어 결과값으로 1을 출력하고, 그렇지 않으면 결과값으로 −1을 출력하게 된다.

4 퍼셉트론의 학습 과정

연결 강도를 조정하며 학습하는 단층 퍼셉트론의 학습 과정은 다음과 같다.

[1] 연결강도들과 임계값을 초기화한다.

[2] 새로운 입력과 기대되는 출력을 제시한다.

[3] 실제 출력값을 계산한다.

[4] 연결강도를 재조정한다.

[5] 더 이상 조정이 없을 때까지 [2]단계로 가서 반복 수행한다.

5 선형 분리 가능

'선형 분리 가능(Linear separability)'이란 패턴 클래스가 하나의 직선에 의해 두 개의 영역으로 나누어지는 것을 말한다. 단층 퍼셉트론의 결정적인 제한점은 선형 분리 가능한 패턴들만을 분류할 수 있다는 것이다.

논리에서 AND와 OR 함수는 [그림 7.13]과 같이 진리표의 좌표에 따라 하나의 직선에 의해 분리되는 선형 분리가 가능하다.

x_1	x_2	y
0	0	0
0	1	0
1	0	0
1	1	1

(AND 함수)

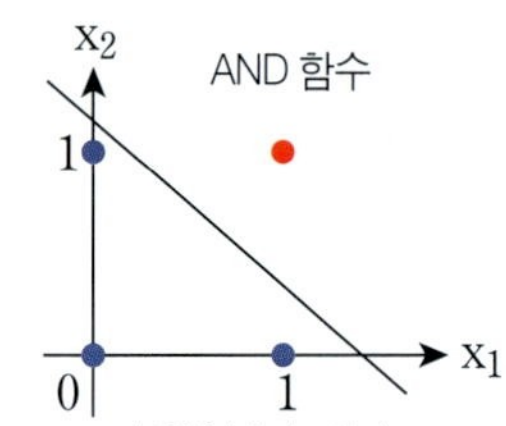

(선형 분리 가능)

x_1	x_2	y
0	0	0
0	1	1
1	0	1
1	1	1

(OR 함수)

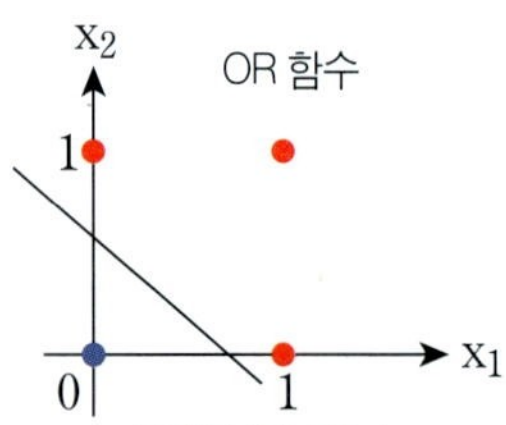

(선형 분리 가능)

[그림 7.13] AND와 OR 함수와 선형 분리 가능

그러나 Exclusive-Or(XOR) 함수는 선형 분리가 가능하지 않은 패턴분류 문제의 대표적인 예인데, [그림 7.14]와 같이 하나의 직선이 아닌 곡선에 의해서만 분리가 가능한 경우이다.

x_1	x_2	y
0	0	0
0	1	1
1	0	1
1	1	0

(XOR 함수)

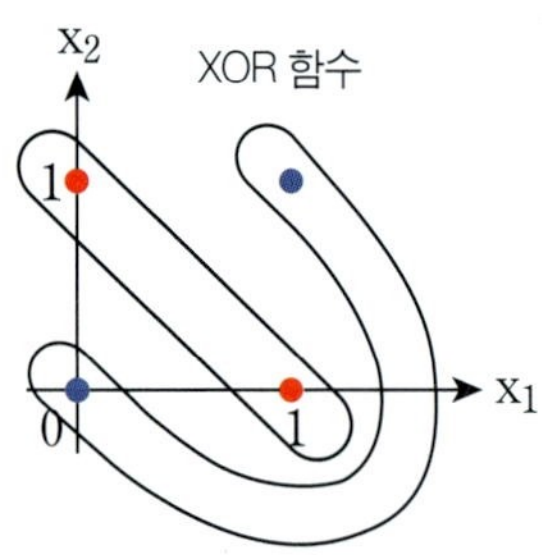

(선형 분리 불가능)

[그림 7.14] XOR 함수와 선형 분리 불가능

단층 퍼셉트론의 2가지 제한점은 다음과 같다.

- 퍼셉트론의 출력은 0 또는 1만 가진다는 제한점이 있다.
- 퍼셉트론은 오직 선형 분리가 가능한 집합만을 분리할 수 있다는 점이다.

우리가 논리에서 다루는 기본 논리함수인 AND, OR, NOT 함수는 선형 분리가 가능하다. 그러니 XOR 함수는 선형 분리가 불가능하다. 즉 하나의 직선으로 두 집합을 교차하지 않고서는 나눌 수 없다는 점이다. 이러한 사실은 인간 두뇌를 모방하는 신경망 학습에서 매우 심각한 문제점이었는데, 그 후 1980년 중반에 나타난 다층 퍼셉트론은 XOR 문제부터 해결하였다.

6 단층 퍼셉트론의 한계점

단층 퍼셉트론은 입력 행렬과 결정 노드 사이에 단 하나의 가변적인 연결강도만을 가진 장치이다. 따라서 이 모델은 기본적인 논리 연산인 XOR 함수를 수행해내지 못하는 문제점을 내포하고 있었다.

이런 심각한 문제점은 그 후 1969년에 출판된 민스키와 페퍼트에 의한 [그림 7.15]의 『퍼셉트론즈(Perceptrons)』란 저서에서 밝혀졌다. 그들은 이 책에서 [그림 7.16]과 같이 퍼셉트론 모델을 철저하게 분석하여 단층 퍼셉트론으로는 선형 분리의 예인 XOR 문제도 해결할 수 없다는 점을 논리 정연하게 입증하였다.

그리하여 단층 퍼셉트론에 관한 관심은 1980년대 중반에 다층 퍼셉트론이 나올 때까지 오랫동안 멀어졌다.

[그림 7.15] 『퍼셉트론즈』

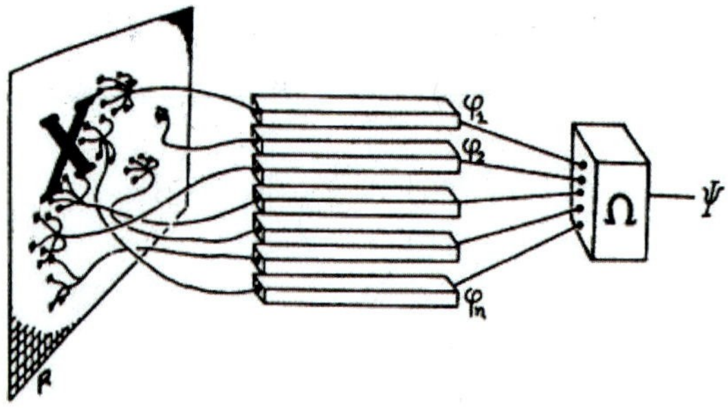

[그림 7.16] 퍼셉트론 계산 모델의 분석

단층 퍼셉트론은 학습 모델로서는 적절하다고 볼 수 없다. 그러나 이 퍼셉트론 모델은 1980년대 중반에 나타난 다층 퍼셉트론 모델의 기반이 되어 문자인식을 비롯한 여러 분야에 폭넓게 응용되었으며, 신경망 연구의 새로운 장을 열게 된 결정적인 계기가 되었기에 이 단층 퍼셉트론의 기여는 매우 크다고 할 수 있다.

7 초기 신경망 모델들의 응용

퍼셉트론과 비슷한 시기에 나타난 신경망 모델로는 아달라인(Adaline)과 이것을 여러 개 묶은 마달라인(Madaline)이 있다. 아달라인은 위드로(Widrow)와 호프(Hoff)가 제안한 알고리즘을 사용하였다.

아달라인의 응용 분야는 주로 통신 시스템과 관련이 되어있는데 다음과 같다.

- 시스템 모델링
- 통계적 예측
- 통신 잡음과 울림 제거
- 채널 이퀄라이저
- 적응적 신호 처리

다층 퍼셉트론

1 새로운 신경망 시대의 도래

1957년에 개발된 단층 퍼셉트론이 한창 성행하던 신경망 연구는 1969년 민스키와 페퍼트의 저서가 발간된 이후 신경망 관련 연구는 약 10여 년간 침체의 길을 걷게 되었다.

그 후 1980년대 중반에 기존의 입력층과 출력층으로 이루어진 단층 퍼셉트론 모델에다 [그림 7.17]과 같이 하나 이상의 은닉층을 쓰는 새로운 다층 퍼셉트론 모델이 제안되었다.

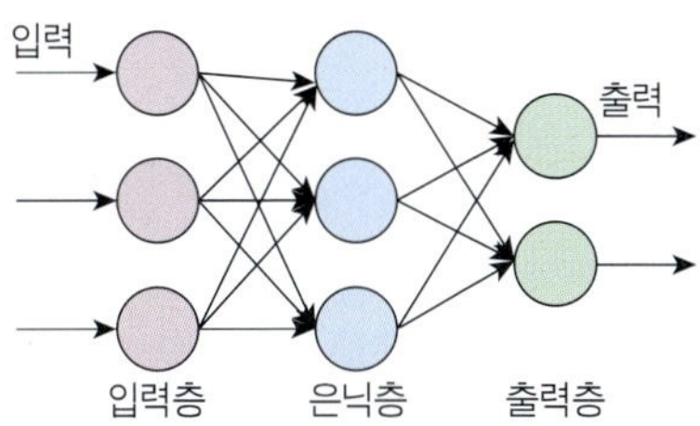

[그림 7.17] 다층 퍼셉트론 모델

PDP 그룹의 러멜하트 등은 1986년에 출판된 [그림 7.18]의 『Parallel Distributed Processing(PDP)』이란 저서에서 역전파 알고리즘을 널리 유행시켰는데, 이 책은 신경망의 새로운 붐을 일으키는데 크게 기여했다.

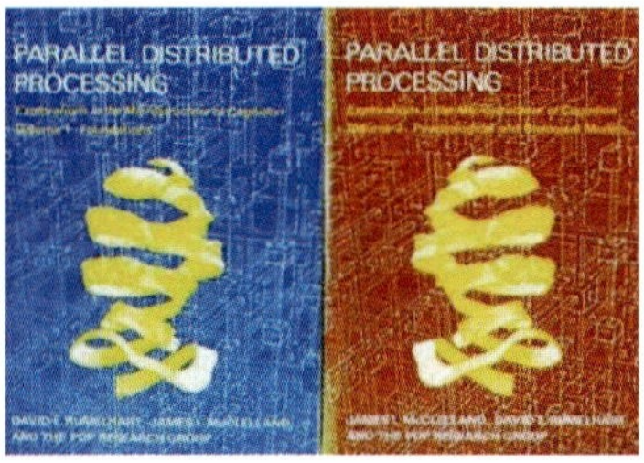

[그림 7.18] 『PDP』

PDP 그룹이 제안한 모델은 은닉층을 가진 다층 퍼셉트론 구조에다 역전파 알고리즘을 사용함으로써 과거의 단층 퍼셉트론의 제한점들을 극복했는데, 특히 XOR 함수의 선형 분리 문제 등을 해결할 수 있었다. 이로 인해 십여 년간 침체에 빠졌던 신경망 연구가 새롭게 활기를 띠게 되었다.

역전파 알고리즘은 [그림 7.19]와 같이 입력층으로부터 은닉층을 거쳐 출력층으로 갔다가, 다시 반대 방향으로 되돌아오면서 학습하므로 역전파란 이름이 붙여졌다.

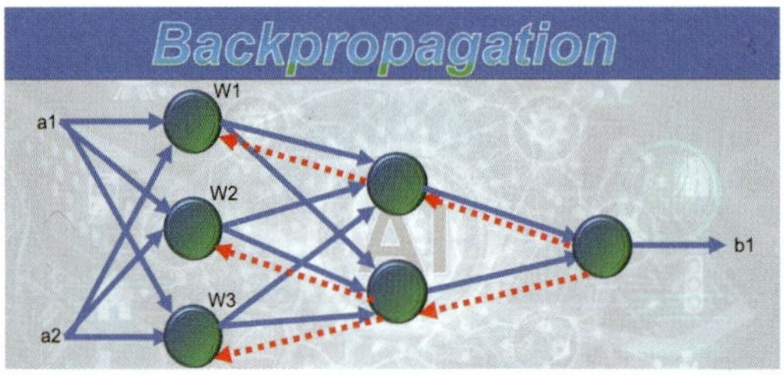

[그림 7.19] 역전파 알고리즘

저명한 인공지능 관련 인물 탐구

데이빗 러멜하트(David Rumelhart, 1942년 ~ 2011년) 박사는 인지과학, 규칙기반 인공지능, 신경망, 병렬 분산처리 등에서 주목받은 미국의 수학적 심리학자이다. 그는 1963년 심리학과 수학에서 학사를, 1967년 스탠퍼드 대학에서 수학적 심리학 박사학위를 받았다. 그는 샌디에이고에 있는 캘리포니아 대학과 스탠퍼드 교수를 지냈다. 그는 1986년 역전파 알고리즘에 관한 유명한 논문의 제1저자이며, PDP 그룹의 주요 멤버였다.

PDP 그룹 멤버들은 신경망 모델을 통해 지능을 구현할 수 있다고 믿었다. [그림 7.20]과 같이 일부가 불완전하거나 잡음이 있는 문자를 인식하는 시도는 병렬 분산처리를 통해 가능하다고 믿었으며, 뒤이어 많은 연구자들이 다층 퍼셉트론을 이용하여 문자를 인식할 수 있는 시스템을 개발하기 시작했다.

[그림 7.20] 병렬 분산처리를 통한 문자인식

이처럼 PDP 그룹 멤버들의 다층 신경망 모델과 이를 위한 역전파 학습 알고리즘의 개발에 힘입어 신경망 연구의 새로운 세계가 열리기 시작했다.

2 다층 퍼셉트론의 구조와 학습 알고리즘

다층 퍼셉트론은 입력층과 출력층 사이에 하나 이상의 은닉층이 존재하는 신경망으로 계층 구조를 가진다.

다층 퍼셉트론은 [그림 7.21]과 같이 입력층, 은닉층, 출력층의 순서와 방향으로 연결되어 있으며, 각 층 내의 연결과 출력층에서 입력층으로의 직접적인 연결은 존재하지 않는 네트워크이다.

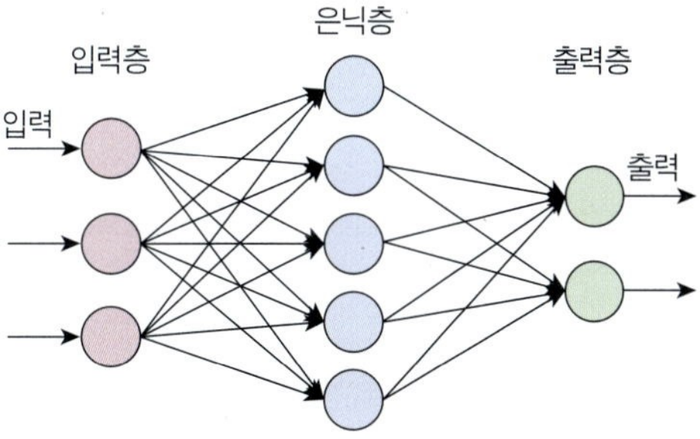

[그림 7.21] 다층 퍼셉트론의 구조

다층 퍼셉트론은 단층 퍼셉트론과 유사한 구조이지만 은닉층과 각 노드의 입출력 특성을 비선형으로 함으로써 네트워크의 능력을 향상시켜 단층 퍼셉트론의 여러 가지 단점들을 극복했다.

다층 퍼셉트론 모델에 사용되는 역전파 학습 알고리즘은 [그림 7.22]와 같이 전방향과 역방향으로 반복적으로 움직이면서 역전파 학습을 하게 된다.

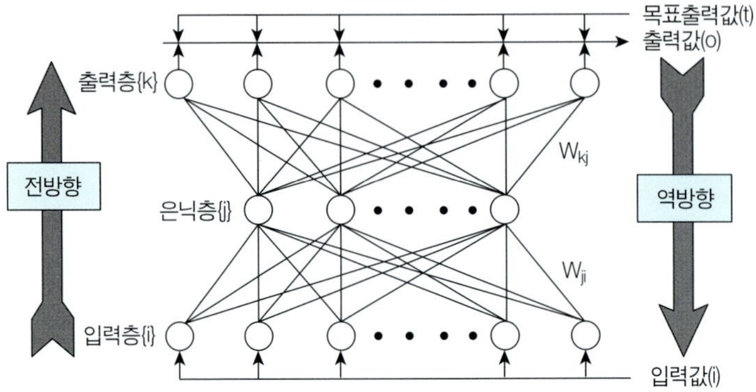

[그림 7.22] 다층 퍼셉트론의 구조와 역전파 학습

[다층 퍼셉트론의 학습 알고리즘]

먼저 입력층의 각 노드에 입력 패턴을 준다. 이 신호는 각 노드에서 변환되어 은닉층에 전달되고 최종적으로 출력층에서 신호를 출력하게 된다. 이 출력값과 기대하는 목표출력값을 비교하여 그 차이를 감소시키는 방향으로 연결강도를 조정하고, 상위층에서 역전파하여 하위층에서는 이를 근거로 해당층의 연결강도를 조정해나간다.

이와 같은 과정을 반복하다가 출력값과 기대하는 목표출력값이 오차 범위 내에 들어오면 작동을 끝내고 학습을 완료한다.

이와 같은 학습 과정에서는 델타규칙, 최급하강법, 그리고 일반화 델타규칙들이 사용된다.

델타규칙(delta rule)이란 입출력 함수가 선형의 노드로부터 이루어진 네트워크에 대하여, 모든 입력 패턴으로부터 얻어지는 출력과 목표 출력과의 오차 제곱의 총합을 최소로 하도록 연결강도를 조정하는 규칙이다.

최급하강법(gradient descent method)이란 고등학교 때 배운 미분의 원리와 같이 곡면에 대하여 오차의 제곱이 가장 많이 감소하는 방향으로 기울기를 따라가며 변화하는 방법을 말한다.

여기서 잠깐! **신경망의 구조와 알고리즘의 차이점**

다층 신경망을 이루는 구조는 하나 이상의 은닉층을 포함하는 '다층 퍼셉트론'이고, 이것의 작동 원리는 전방향과 역방향으로 반복적으로 움직이는 '역전파 학습 알고리즘'이다.

구조 → 다층 퍼셉트론
알고리즘 → 역전파 학습 알고리즘

다층 퍼셉트론의 작동 원리인 역전파 학습 알고리즘은 기계 지능의 새로운 장을 열게 되었다. 이와 더불어 역전파 학습 알고리즘의 단점들도 드러났다. 이 알고리즘은 생각보다는 실행시간이 오래 걸리는 학습 시간으로 생물학적 시스템과는 상당한 차이점이 있으며, 매우 낮은 확률이지만 지역 최소점(local minima) 문제에 봉착할 수 있다는 점이다.

[그림 7.23]과 같은 지역 최소점 문제는 신경망뿐만 아니라 인공지능 전반에 걸쳐 나타날 수 있는 근본적인 문제이다. 특히 최급하강법은 반드시 가장 낮은 골짜기를 따라 내려가므로 오차가 0이 아닌 지역 최소점에 머물 가능성이 크다. 우리는 지역 최소점이 아닌 전역적 최소점(global minima)을 추구하지만 신경망이나 인공지능에서는 불가피한 경우이다.

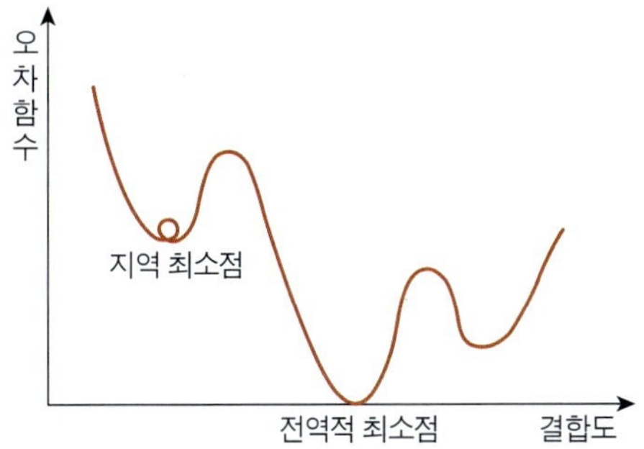

[그림 7.23] 지역 최소점과 전역적 최소점

여기서 잠깐! 지역 최소점 문제의 해결

'지역 최소점' 문제는 인공지능 전반에 나타나는 문제로서 예전부터 인공지능에서의 심각한 문제점으로 여겨져왔다. 특히 신경망의 기반이 되는 다층 퍼셉트론에서 이 문제를 해결하고자 많은 노력을 기울였다. 그러나 문제점을 줄일 수는 있을 뿐 근본적인 해결 방법은 아직까지도 찾아내지 못하고 있다.

인간의 능력으로 도저히 해결할 수 없는 지역 최소점 문제를 인간의 두뇌 작용을 모방한 인공지능이 과연 해결할 수 있을까? 현재로서는 어렵다는 생각이 든다.

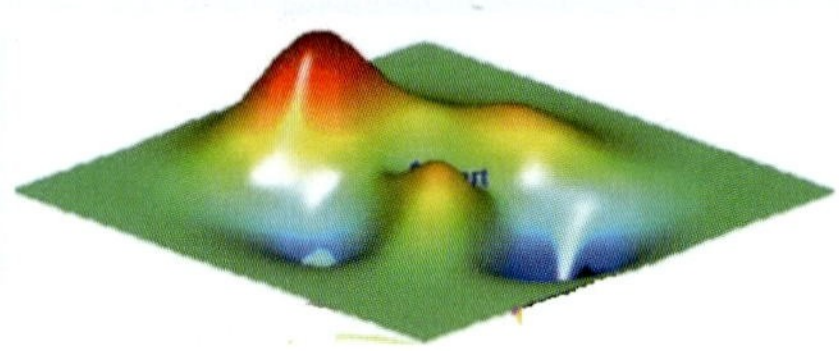

❸ 다층 퍼셉트론과 XOR 문제

PDP 그룹에서는 다층 퍼셉트론을 이용하여 먼저 XOR 문제를 해결하였다. XOR 함수에서는 입력이 00이면 출력이 0이 나오고, 입력이 01이면 출력이 1이 나오는 등 〈표 7.1〉과 같은 결과가 나와야 한다. 단층 퍼셉트론에서는 이것이 불가능했으나, 역전파 알고리즘을 사용하는 다층 퍼셉트론에서는 가능하게 되었다.

〈표 7.1〉 XOR 함수

X	Y	출력
0	0	0
0	1	1
1	0	1
1	1	0

XOR 함수는 [그림 7.24]와 같은 간단한 다층 신경망에 의해 구현될 수 있다. 이로써 패턴인식 문제에 있어 매우 중요한 선형 분리 문제에 대한 우려가 말끔히 씻긴 것이다.

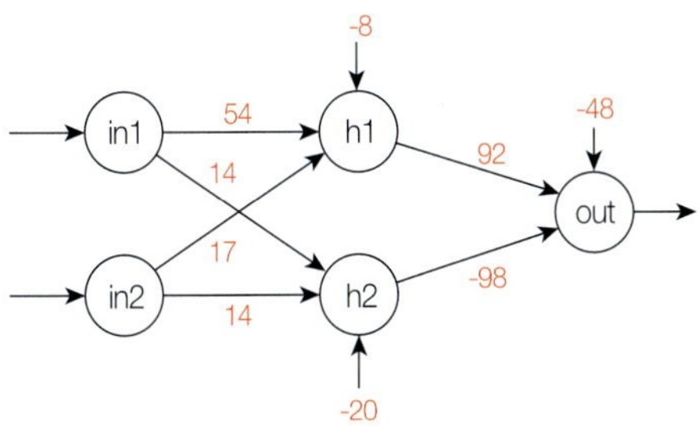

[그림 7.24] XOR 함수를 구현할 수 있는 신경망

그와 동시에 그들은 다층 퍼셉트론 모델을 통해 패리티 문제, 부호화 문제, 대칭성 문제, T-C 판정 문제 등 기본적인 문제들을 차례로 해결해 나갔다.

그 후 텍스트를 음성으로 변환하는 네토크 시스템이 개발되었으며, 주식시장의 예측 등이 시도되었다. 공장자동화, 실시간 음성인식, 다른 언어들 간의 번역, 로봇과 같은 분야들에의 응용 가능성도 매우 밝게 보았다.

은닉층을 가진 신경망의 기초 개념은 다음의 YouTube에 잘 설명되어 있다.

- https://www.youtube.com/watch?v=GvQwE2OhL8I

1 신경망에서 인식을 위한 학습

요즘과 같은 고도 정보화 시대에 수없이 쏟아지는 책을 비롯한 문서들을 사람이 컴퓨터에다 일일이 입력시키려면 엄청나게 힘들 것이다. 그런데 문자인식을 통해 자동으로 인식시킨다면 막대한 시간과 인력을 절약할 수 있을 것이다.

즉 문서를 문자인식 시스템의 스캐너(scanner)에다 올려놓기만 하면 한 페이지의 내용을 신경망으로 문자를 인식하여 즉석에서 한글이나 워드 파일로 만드는 것이다.

숫자를 인식하는 경우에는 [그림 7.25]와 같이 0부터 9까지의 변형된 데이터를 학습시킨 후 어떤 숫자를 제시하여 인식하게 된다.

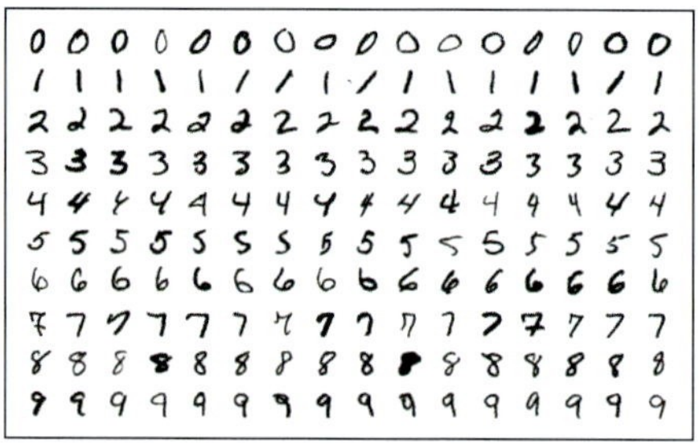

[그림 7.25] 숫자인식을 위한 학습 데이터

만약 영문자를 인식하려는 경우에는 [그림 7.26]과 같은 다양한 영문자 데이터를 학습시킨 후 어떤 영문자를 제시하여 인식하게 된다.

[그림 7.26] 영문자의 인식을 위한 학습 데이터

여기서 잠깐! **신경망의 학습 방법**

신경망에서의 학습은 대부분 지도 학습으로 이루어진다. 가령 '2'와 '3'이라는 숫자를 인식하기 위해서는 다양한 형태의 학습 데이터를 제시하면서 그에 해당하는 올바른 숫자를 알려준다. 이와 같은 과정을 반복하며 학습을 마친 신경망은 그 후 여러 가지 입력이 들어오면 비교적 정확하게 그 숫자를 인식하게 된다.

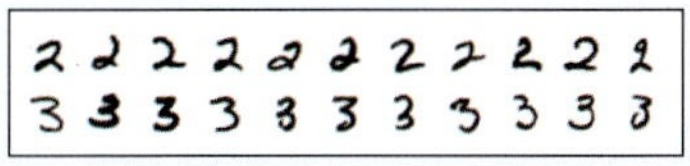

위와 같은 과정은 문자인 경우에도 그대로 적용되어 학습한 후 그 문자들을 인식하게 된다.

2 신경망에 의한 문자인식

신경망은 특성상 잡음이나 왜곡, 크기의 다양성, 위치 변화 등에 비교적 잘 적응할 수 있으므로 문자인식에 많이 쓰이고 있다. 그러나 신경망에 의한 문자인식에는 훈련하는 데 많은 시간이 걸리는 단점을 가지고 있다.

문자와 숫자에는 인쇄체와 필기체 형태가 있는데, 손으로 쓴 필기체 문자인식은 인쇄체 문자인식보다 훨씬 더 어렵다. [그림 7.27]과 같이 필기체의 우편번호를 사람의 손을 거치지 않고 신경망을 통해 인식하는 시스템은 이미 개발되어 활용되고 있다.

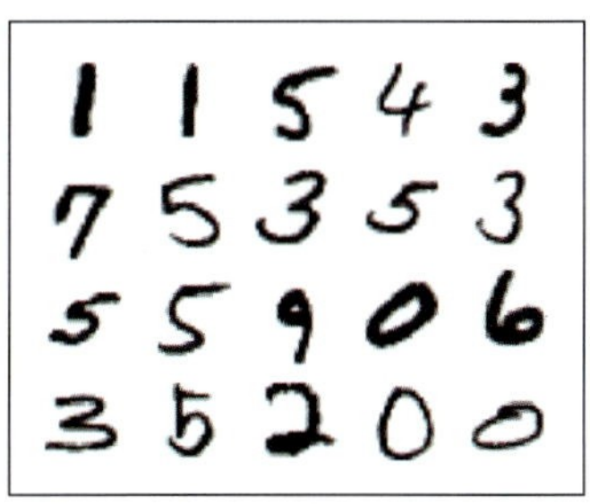

[그림 7.27] 필기체로 쓴 우편번호 인식

[그림 7.28]은 '네오코그니트론'이란 신경망을 이용하여 손으로 쓴 '2'라는 숫자를 인식하는 과정을 보여주는데, 수평, 수직, 사선 등 8개의 방향을 활용하여 단계별로 특징을 추출하여 마지막 층에서 최종적으로 '2'라는 숫자를 인식하게 된다.

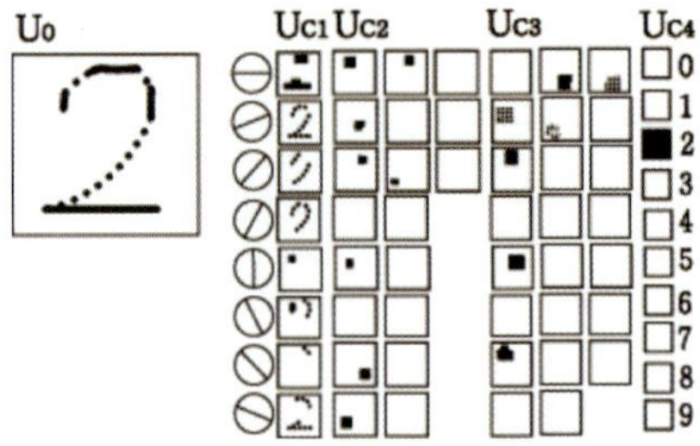

[그림 7.28] '2'라는 숫자의 인식

한글 문자는 14개의 기본 자음과 10개의 모음이 모아쓰기 규칙에 따라 조합되어 구성된다. 따라서 이들로부터 만들어지는 문자의 종류는 14,000여 자에 달하는데, 실제 생활에 주로 이용되는 문자의 수는 1,200여 자라고 한다.

[그림 7.29]는 신경망을 이용한 인쇄체 한글 문자인식의 장면을 보여준다. 그림의 아래쪽 검은 부분에 'ㄱ', 'ㅜ', 'ㅣ', 그리고 'ㅅ'이 모여 '귓'이라는 단어를 인식한다.

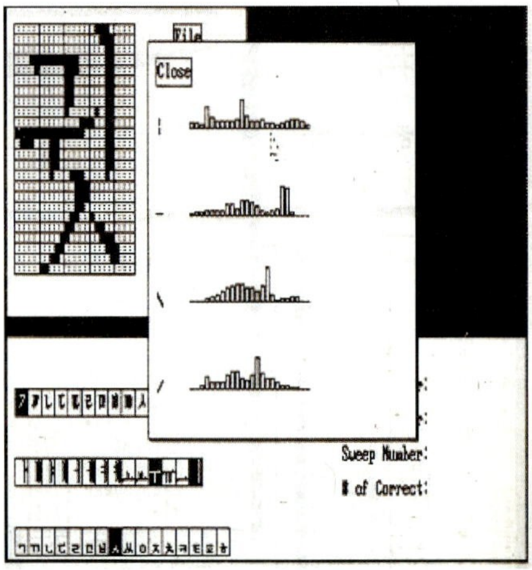

[그림 7.29] 신경망을 이용한 인쇄체 문자인식

신경망을 이용한 필기체 한글 문자인식 화면은 [그림 7.30]에 나타나 있다.

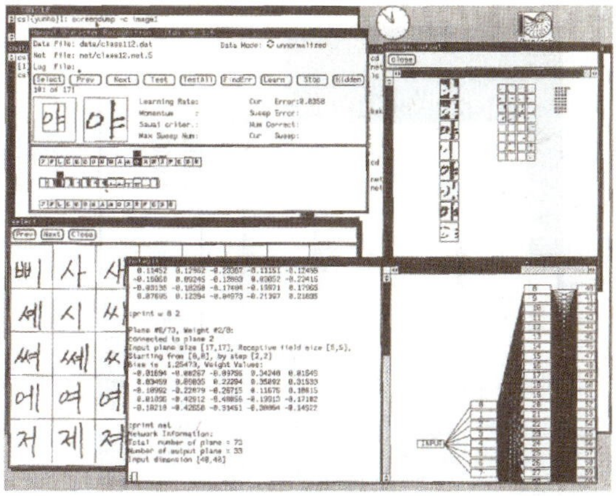

[그림 7.30] 신경망을 이용한 필기체 한글 문자인식

여러 개의 은닉층을 가진 신경망을 이용한 숫자의 인식은 다음의 유튜브에서 자세히 설명되어 있다. [그림 7.31]은 숫자를 인식하는 과정 중 하나인데 자세한 내용을 알기 원하면 다음의 URL을 참고하기 바란다.

- https://www.youtube.com/watch?v=IHZwWFHWa-w

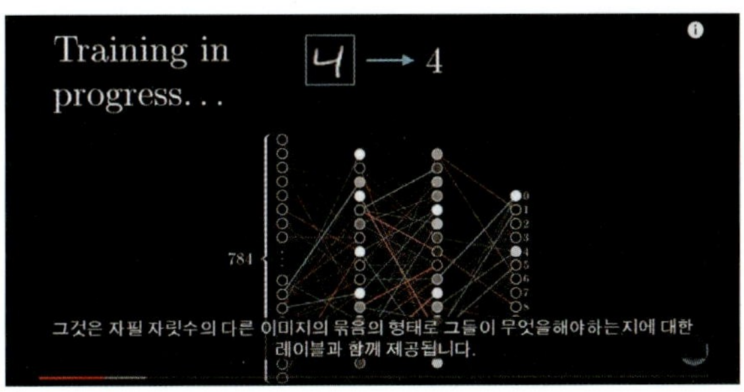

[그림 7.31] 숫자의 인식 과정

3 신경망의 음성인식에의 응용

다층 퍼셉트론 모델이 개발된 이후 많은 사람들이 인간의 음성을 인식할 수 있는 신경망 시스템에 도전하였다. 음성인식은 전통적으로 은닉 마르코프(Hidden Markov) 모델을 많이 이용하였으나, 그 후 신경망을 이용하여 정확도 면에서 큰 진전을 이루었다.

음성인식을 수행하기 위해서는 먼저 [그림 7.32]와 같이 'Yes'라고 발음된 음성 데이터를 [그림 7.33]의 파형과 스펙트럼으로 바꾸어 처리하게 된다. 물론 x축은 시간의 경과를 나타낸다.

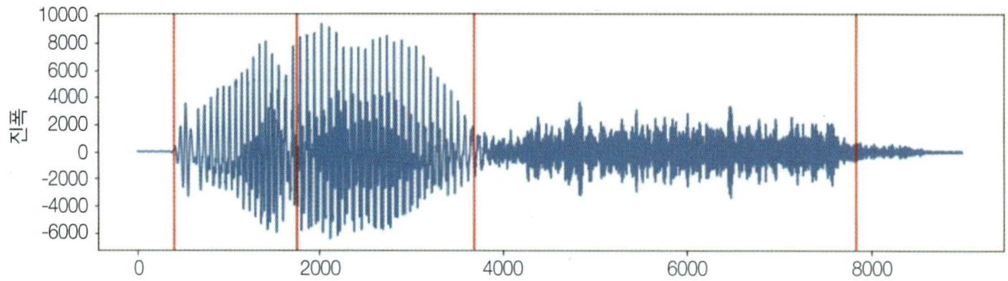

[그림 7.32] 'Yes'라고 발음할 때의 원래 음성 데이터

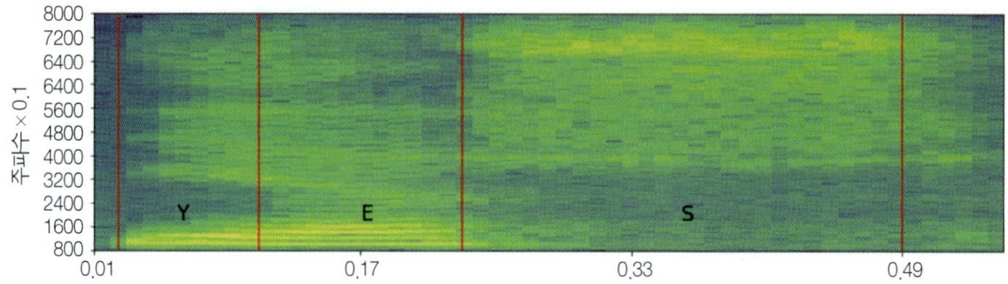

[그림 7.33] 'Yes'라고 발음할 때의 파형과 스펙트럼

신경망을 통한 음성인식 모델은 [그림 7.34]와 같은 여러 단계를 거치게 된다.

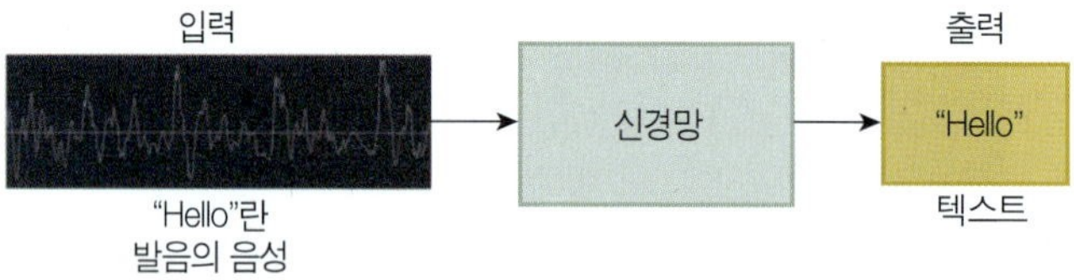

[그림 7.34] 신경망을 이용한 음성인식

신경망을 이용한 음성인식 기술은 음성 파형의 오차에 대한 허용도가 크고, 또 신경망이 여러 가지 상황에서 학습할 수 있으므로 음성인식에 매우 유용하다.

신경망을 이용한 음성인식은 다층 퍼셉트론이 새로 도입된 1980년대 중반부터 시도되었다. 그 결과 음성의 인식률이 점차 향상되었으나 연속 단어로 이루어진 문장의 경우에 학습 시간이 오래 걸리는 등의 문제점도 노출되었다. 그러나 은닉 마르코프 모델, 자연어 처리, 지식 처리 등과의 융합을 통해 많은 진전이 있었으며, 비교적 최근에는 딥러닝을 적용한 연구도 진행되고 있다.

음성인식을 위해 신경망을 이용할 경우, 초창기에는 TDNN 모델이 많이 사용되었고, 코호넨의 자기조직화 방법을 적용하기도 하였으며, 그 후 머신러닝의 가우스 혼합 모델을 사용하였다.

다음의 유튜브 동영상은 신경망 관련 기초 내용을 담고 있으므로 참조할 수 있다.

- https://www.youtube.com/watch?v=GvQwE2OhL8I

가까운 곳에서 인공지능 경험하기

파파고 번역기를 이용한 사진의 번역

인공지능을 적용한 파파고 번역기를 통해 외국어 문장을 사진 찍어 우리말로 번역할 수 있다.

1) Naver나 Google 검색에서 '네이버 파파고(papago)'를 검색하여 창을 열고 음성 부분을 눌러 4가지 창이 나오게 한다. 또는 이미 깔아놓은 '파파고' 앱을 연다.
2) 세 번째 메뉴인 '이미지'를 누른다.
3) 해당 번역 언어를 정하고, 번역하고 싶은 부분에 포커스를 맞춘다.
4) '실시간 번역'을 눌러 번역한다.

그 결과 일본어로 쓰인 책의 제목을 우리말로 번역할 수 있다.

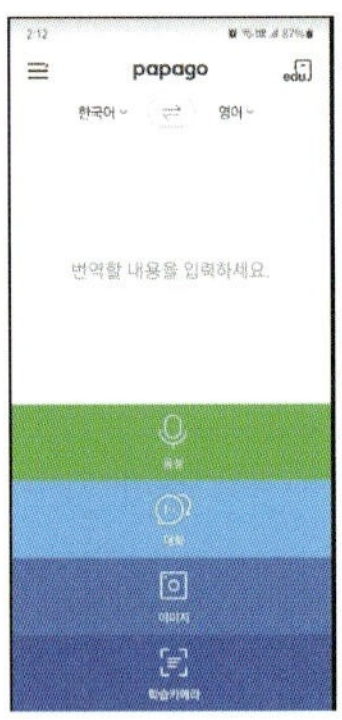

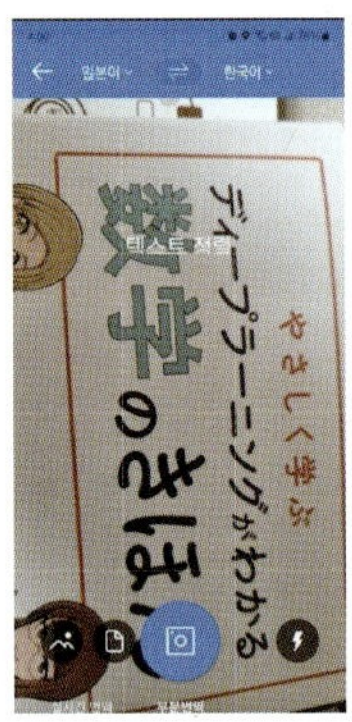

또 이와 같은 방법으로 영어 제목의 책이나 집에 있는 약 봉투를 이미지로 찍어 영어로 번역할 수도 있다.

그 외에 외국어로 된 식당 메뉴 등도 가능하니 각자 시도해보자.

생각하고 토론하기

1. 신경망 학습은 정확도나 인식 속도에 있어 아직도 우리 인간의 학습 능력과 상당한 차이가 있다. 신경망 계열이 발전한다고 해도 인간 지능에 도달할 수 있을까를 생각해보고 논의해보자.

✔ 아이디어 포인트 뉴런을 모델링하여 만든 신경망의 한계성, 발전하는 신경망 이론과 날로 빨라지는 컴퓨터 처리속도로 가능성 등

2. 인간이 만든 수학적 신경망 모델이 생물학적인 신경망과 비슷한 인식 능력을 가진다는 자체가 놀라운 일이다. 이런 사실은 우연인지 아니면 큰 과학적 발견인지를 생각해보고 논의해보자.

✔ 아이디어 포인트 상상적 모델링의 현실화 또는 합리적인 추론에 의한 발견

인공지능 실습하기

실습 7 제시하는 그림을 마우스로 그려서 인공지능이 판정

인공지능이 제시된 단어에 부합하는 그림을 제대로 그렸는지를 판정한다.(QuickDraw)

- https://quickdraw.withgoogle.com/

| 실행방법 | 시작하기를 누르고 그림당 20초 안에 제시되는 6개 단어에 해당하는 그림을 마우스로 그리면 된다. 신경망은 계속해서 사람이 그린 그림을 보고 그림에 대한 단어를 맞추는 것을 시도한다. 처음 시도하면 생각보다는 쉽지 않으니 여러 번 시도해보는 것이 좋다.

| 실행결과 | 저자가 시도해본 결과 신경망이 6개 중 3개를 맞춘 것으로 판정했다. 그 결과는 사람에 따라 다를 것이다.

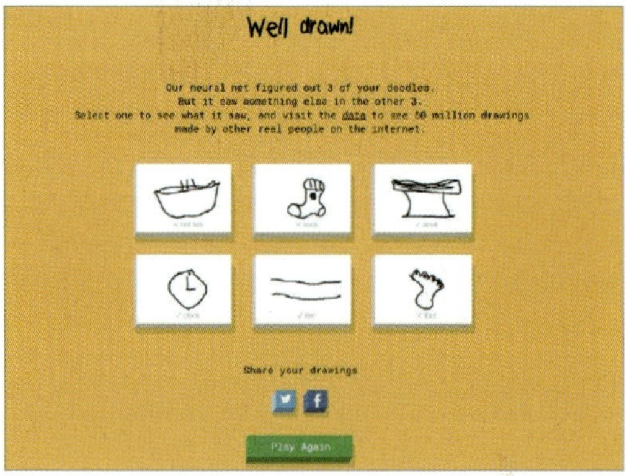

연습문제

진위 문제

1. 뉴런의 작용을 모델링한 신경망은 인공신경망으로도 불린다.( )
2. 맥컬럭은 인간 두뇌를 수많은 뉴런들로 이루어진 잘 정의된 컴퓨터라고 여겼다.( )
3. 신경망은 문자인식, 음성인식, 영상인식, 자연어 처리 등의 분야에 이용되고 있다.( )
4. XOR 함수는 선형 분리가 가능한 논리함수에 속한다.( )
5. 신경망에서 가장 간단한 노드는 n개의 입력을 받아 n개의 연결강도 벡터들과 각각 곱해진 결과가 합해져서 특정한 활성 함수를 거쳐 출력을 낸다.( )
6. 노드는 내부적인 임계값이나 오프셋 θ, 그리고 비선형 함수의 형태에 따라 그 값이 정해지게 된다.( )
7. 단층 퍼셉트론의 한계점이 노출되면서 2000년대 중반에 다층 퍼셉트론 모델이 제안되었다.( )
8. 신경망은 병렬처리나 학습과 관련된 지능적인 역할을 훌륭하게 수행해낸다.( )
9. 단층 퍼셉트론은 딥러닝의 심층신경망을 거쳐 다층 퍼셉트론으로 발전하였다.( )
10. 신경망에서 계산의 복잡성으로 학습 시간이 너무 오래 걸리는 등의 문제점이 있다.( )

단답식/선택식 문제

1. 신경망은 인간 두뇌의 생물학적 ( )의 작용을 모방하여 고안되었다.
2. 신경망에서는 뉴런 사이의 ( ) 조정을 통해 학습이 가능하다.
3. 다층 퍼셉트론의 작동은 왕복 운동을 하는 ( ) 학습 알고리즘에 이루어진다.
4. 다층 퍼셉트론은 입력층, ( ), 출력층의 순서와 방향으로 연결되어 있다.
5. 민스키와 페퍼트는 ( )란 저서에서 단층 퍼셉트론의 문제점들을 밝혀냈다.
6. 마크 I 퍼셉트론은 ( )를 인식하는 놀라운 성과에 많은 사람이 환호했다.
7. ( )이란 모든 입력 패턴으로부터 얻어지는 출력과 목표 출력과의 오차 제곱의 총합을 최소로 하도록 연결강도를 조정하는 규칙이다.

8. 다층 퍼셉트론에서는 매우 낮은 확률이지만 (   ) 최소점 문제에 봉착할 수 있다.

9. 다층 신경망을 이루는 구조는 하나 이상의 은닉층을 포함하는 다층 퍼셉트론이고, 이것의 작동 원리는 전방향과 역방향으로 반복적으로 움직이는 (   ) 학습 알고리즘이다.

10. 다음 중 신경망에서 많이 사용되는 비선형 함수가 아닌 것은?

① 계단함수 ② 시그모이드 함수
③ 임계논리 함수 ④ 사인 함수

11. 다음 중 선형 분리가 불가능한 논리함수는?

① AND 함수 ② XOR 함수
③ OR 함수 ④ NOT 함수

12. 다음 중 신경망과 가장 관계가 적은 응용은?

① 문자인식 ② 음성인식
③ 퀴즈 문제 풀이 ④ 영상인식

13. 다음 중 다층 퍼셉트론과 별로 관계가 없는 것은?

① 마크 I 퍼셉트론 ② 은닉층
③ XOR 문제 해결 ④ PDP 그룹

주관식 문제

1. 신경망의 획기적인 3가지 모델과 그에 해당하는 알고리즘을 적으시오.
2. 최초의 학습 규칙은 무엇이고 개발한 인물은 누구인가?
3. 선형 분리 가능과 특징을 설명하시오.
4. 신경망이 문자인식에 많이 쓰이는 이유와 단점을 기술하시오.
5. 다층 퍼셉트론에서 역전파 알고리즘을 설명하시오.

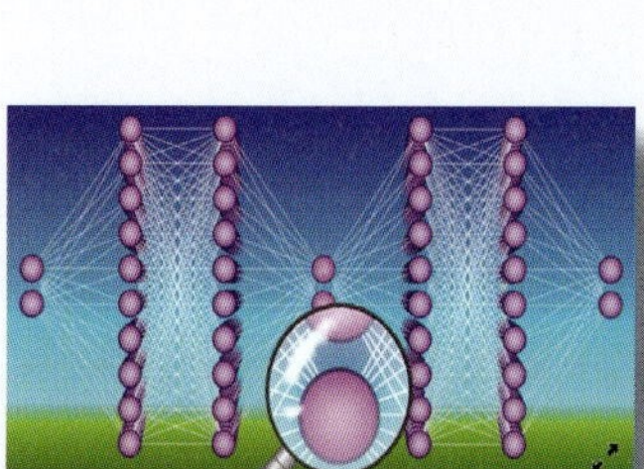

CHAPTER

08

머신러닝의 학습과 분류

Learning and Classification of Machine Learning

Contents

단원의 주요 목표

머신러닝의 개념을 이해하고 여러 가지 학습 방법과 응용 분야들을 고찰한다.

- 머신러닝의 정의와 종류, 그리고 인공지능과의 관계를 요약해본다.
- 머신러닝의 종류와 다양한 응용 분야를 파악해본다.
- 머신러닝의 3가지 학습 방법과 지도 학습에 따른 분류와 회귀를 알아본다.
- 머신러닝의 비지도 학습 클러스터와 클러스터링의 개념과 응용을 살펴본다.
- 머신러닝의 한 영역인 강화 학습의 개념과 응용 분야를 다룬다.
- 베이지안 네트워크와 은닉 마르코프 모델을 간략히 알아본다.

머신러닝의 개요

1 머신러닝의 정의

머신러닝(Machine Learning: ML)은 '기계학습'이라고도 불리는 인공지능의 한 분야인데, [그림 8.1]과 같이 인간의 학습 능력과 같은 기능을 컴퓨터와 같은 기계를 통해 실현하려는 기법과 분야이다.

1959년 아서 새무얼(Arthur Samuel)은 머신러닝을 "프로그램을 명시적으로 작성하지 않고 컴퓨터에 학습할 수 있는 능력을 부여하기 위한 연구 분야이다."라고 최초로 정의하였다. 즉 사람이 학습하듯이 컴퓨터가 데이터를 가지고 학습하게 함으로써 새로운 지식을 얻을 수 있도록 하는 분야이다.

1998년 톰 미첼(Tom M. Mitchell)은 "컴퓨터 프로그램이 어떤 작업 T와 평가 척도 P에 대해 경험 E로부터 학습한다는 것은, P에 의해 평가되는 작업 T의 성능이 경험 E에 의해 개선되는 경우를 말한다."라며 더욱 구체적으로 정의하였다.

[그림 8.1] 머신러닝의 분야들

머신러닝이란 단어 중 '머신(machine)'이란 어떤 기계 장치를 말하는데, 일반적으로 컴퓨터가 가장 많이 사용된다. '러닝(learning)'이란 학습을 의미하므로, 머신러닝이란 '컴퓨터를 통한 학습'을 나타낸다.

2 머신러닝의 역사적 배경

인류 최초의 인공지능 프로그램이자 머신러닝 프로그램은 1952년 IBM에 근무하던 아서 새무얼(Arthur Samuel)에 의해 개발된 체커(Checker) 프로그램이다.

체커 프로그램은 그 당시 작성된 프로그램 중 가장 복잡한 게임 중 하나였다. 체커 프로그램은 컴퓨터로 프로그램하지 않고 경험으로부터 학습하는 방법을 사용하였는데, 이후 알파고와 같은 인공지능 바둑 프로그램 작성의 바탕이 되었다.

[그림 8.2]는 체커 게임 보드와 새무얼이 IBM 최초의 상업용 컴퓨터인 IBM 701에서 체커 프로그램을 개발하는 장면이다.

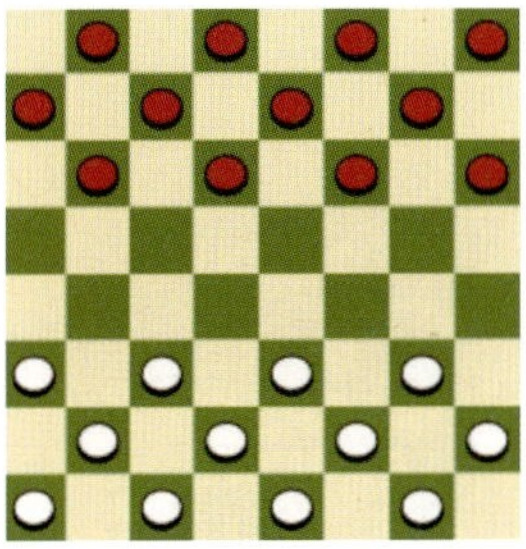

[그림 8.2] 체커 게임 보드와 체커 프로그램을 개발하는 장면

그 후 통계에 기반을 둔 베이지안 모델이 머신러닝에 도입되었으며, 다층 퍼셉트론, 의사결정 트리(Decision Tree), Support Vector Machine(SVM), 클러스터링(Clustering) 방법 등이 개발되었다.

머신러닝의 연도별 주요 개발 모델과 특징은 〈표 8.1〉에 요약되어 있다.

〈표 8.1〉 머신러닝의 연도별 주요 개발 모델과 특징

연도	개발자	모델	특징 또는 종류
1952년	Arthur Samuel	Checker Program	최초의 머신러닝
1957년	Frank Rosenblatt	Perceptron	최초의 신경망 모델
1986년	Rumelhart 등	Multilayer Perceptron	Back-propagation 알고리즘
1986년	Quinlan	Decision Tree	ID3
1995년	Vapnik, Cortes	Support Vector Machine	이진 분류기

3 머신러닝

머신러닝이란 경험을 통해 데이터를 기반으로 학습하고 예측하는 시스템으로, 이를 구현하기 위해 알고리즘을 연구하고 구축하는 기술이라 할 수 있다. 즉 머신러닝은 프로

그래머가 명시적으로 코딩하지 않고 자기 개선과 예제를 통해 학습할 수 있는 시스템이다.

머신러닝을 다르게 표현하면 데이터에서 지식을 추출하는 작업이다. 따라서 사용할 데이터를 이해하고 그 데이터가 해결해야 할 문제와 어떤 관련이 있는지를 이해하는 것이 선행되어야 한다. 이와 같은 발상은 [그림 8.3]과 같이 컴퓨터와 같은 기계가 주어진 데이터에 기반하여 학습한 후 정확한 결과를 산출할 수 있을 것이라는 아이디어로부터 시작하였다.

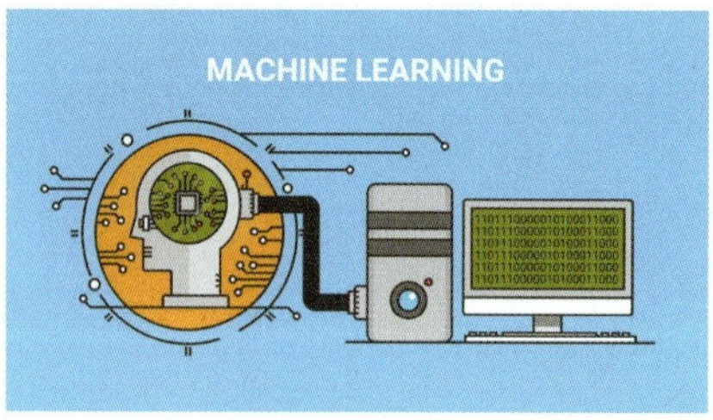

[그림 8.3] 머신러닝

머신러닝은 알고리즘을 명확하게 정의하기 어렵거나 프로그래밍하기 어려운 작업을 해결하기 위해 주로 활용된다. 머신러닝은 데이터로부터 유용한 규칙, 지식 표현, 또는 판단 기준 등을 추출하는 기능도 가지고 있다.

머신러닝을 정의하는 몇몇 기관들의 관점은 다음과 같다.

- "머신러닝은 명시적으로 프로그래밍하지 않고도 컴퓨터를 작동시키는 과학이다." (Stanford University)
- "머신러닝은 규칙기반 프로그래밍에 의존하지 않고, 데이터로부터 학습할 수 있는 알고리즘을 기반으로 한다."(McKinsey & Co.)
- "머신러닝 알고리즘은 예제를 일반화하여 중요한 작업을 수행하는 방법을 파악할 수 있다."(University of Washington)

머신러닝을 흔히 '컴퓨터 프로그램이 데이터로부터의 학습하는 과정'이라고 말하는데, 이와 관련된 간단한 예를 통해 머신러닝의 학습 개념을 살펴본다.

가령 입력과 출력이 다음과 같이 여러 개의 데이터 쌍으로 주어졌다고 하자.

(1, 2), (2, 4), (4, 8), (7, 14), (5, 10), ...

컴퓨터는 이 데이터 쌍들을 학습한 후에 출력이 입력의 2배인 관계를 유추해내게 된다. 그 후 컴퓨터는 (3, ?), (8, ?) 등의 질문에 대해 각각 6, 16과 같은 답을 도출하게 되는 것이 바로 머신러닝을 통한 간단한 학습의 예인 것이다.

여기서 잠깐! 머신러닝 시스템과 학습

머신러닝에서는 학습 데이터 집합을 대상으로 학습시키는데, 그 결과 머신러닝 시스템은 학습 결과의 일반화된 규칙을 생성한다. 학습된 머신러닝 시스템에다 적용할 데이터를 입력시키면 적절한 결과를 얻을 수 있다.

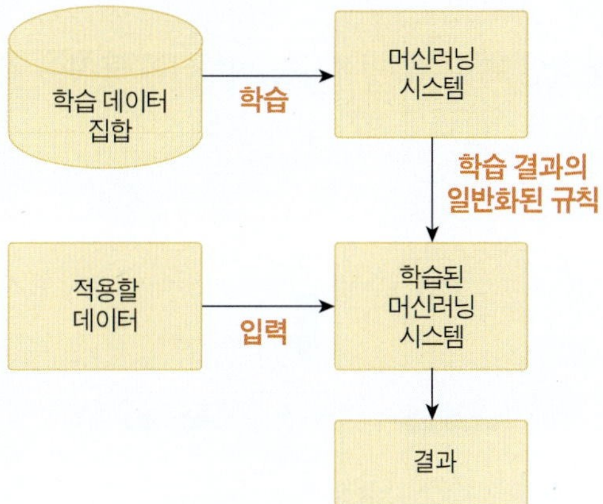

4 머신러닝과 전통적인 프로그래밍과의 차이점

전통적인 프로그래밍에서는 프로그래머가 관련 업무의 전문가와 상의하여 논리적 기반에 기초하여 모든 규칙들을 작성한다. 각 규칙은 필요한 업무에 대해 논리적인 바탕 위에서 작성된다. 그러나 만약 시스템이 나중에 점차 복잡해지게 되면 더 많은 규칙들이 추가로 작성되어야 하는데, 이에 따라 유지 관리가 어렵게 되는 경우가 많다.

한편 머신러닝은 전통적인 프로그래밍 개념과는 전혀 다르다. 머신러닝에서는 입력과 출력 데이터의 상관관계를 학습하여 규칙을 생성하게 된다. 따라서 머신러닝에서는 새로운 데이터가 생길 때마다 새로운 규칙을 작성할 필요가 없다. 또 머신러닝 알고리즘은 새로운 데이터와 경험에 따라 적응하기 시작하여, 시간이 지남에 따라 점차 효율이 향상된다.

[그림 8.4]와 같이 전통적인 프로그래밍에서는 데이터와 규칙이 결합하여 출력을 생성하지만, 머신러닝에서는 데이터와 출력이 함께 들어가서 규칙을 생성한다는 점이 근본적으로 다른 점이다.

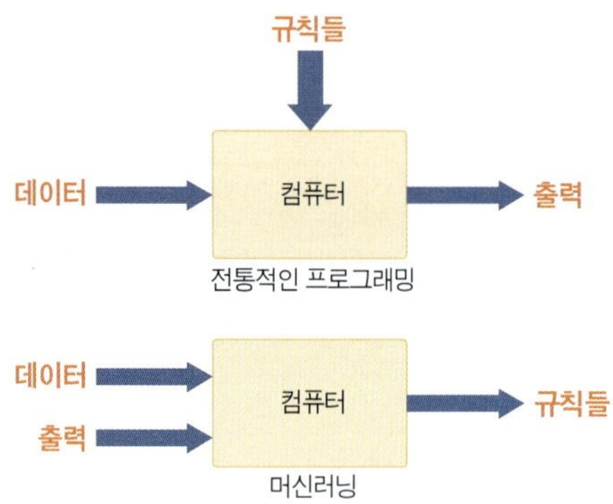

[그림 8.4] 전통적인 프로그래밍과 머신러닝의 차이점

5 머신러닝과 인공지능과의 관계

머신러닝은 인공지능에 속하는 부분 집합이라 볼 수 있으며, 인공지능은 머신러닝을 포함하는 상위 개념이다. 따라서 추구하는 개념과 목표가 다소 다르다. 인공지능은 [그림 8.5]와 같이 규칙기반의 추론, 자연어 처리, 계획 등을 비롯한 머신러닝을 포함한다.

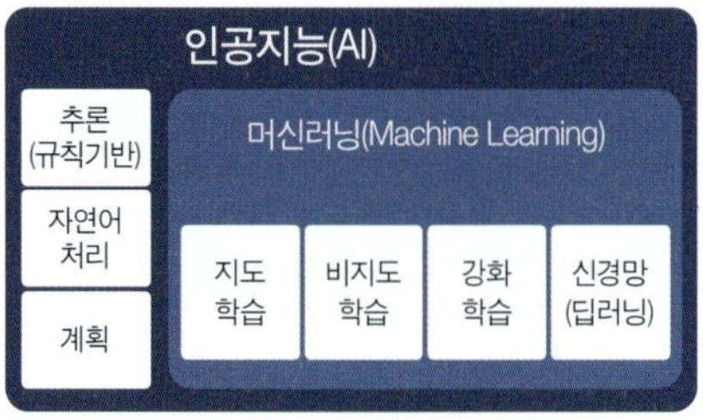

[그림 8.5] 머신러닝과 인공지능

머신러닝은 데이터로부터 학습하여 지식을 획득하는데 주안점을 두지만, 인공지능은 폭넓은 개념의 지능을 구현하기 위해 지식을 획득하고 그것을 활용한다는 면에서 차이가 있다. 그것을 〈표 8.2〉로 나타내면 다음과 같다.

〈표 8.2〉 머신러닝과 인공지능의 차이점

	머신러닝	인공지능
주요 활동	학습을 통한 지식의 획득	지식의 획득과 활용
구현과 실현	데이터로부터의 학습 실현	복잡한 문제 해결을 위한 지능의 구현
개발 목표	스스로 학습하는 알고리즘 개발	인간을 닮은 지능적인 시스템의 개발

6 머신러닝 과정에서의 고려 사항

머신러닝의 구상과 구현 과정에서 고려해야 할 사항들은 다음과 같다.

- 주어진 데이터로부터 원하는 답을 찾을 수 있을까?
- 문제 해결을 위해 데이터가 충분한가?
- 어떤 머신러닝 기법을 적용하면 좋을까?
- 추출할 데이터의 특성은 무엇인가?
- 성공적인 머신러닝의 결론을 무엇으로 설정할 것인가?
- 생성된 출력을 실제 응용에 어떻게 사용할 것인가?

7 머신러닝의 종류

머신러닝의 주요 종류들을 간단히 설명하면 다음과 같다.

- 신경망(Neural Network): 생물의 신경 네트워크 구조와 기능을 모방한 모델
- 클러스터링(Clustering): 주어진 데이터를 클러스터라는 부분 집합들로 분리하는 것
- 분류(Classification): 주어진 데이터를 비슷한 것들끼리 분류하는 것
- 의사결정 트리(Decision Tree): 트리 구조 형태의 예측 모델로 의사를 결정하는 모델
- 나이브 베이즈(Naive Bayes): 베이즈 정리를 바탕으로 한 조건부 확률 모델 분류

8 머신러닝의 활용 분야

머신러닝은 현재 다양한 분야에서 활용되고 있는데, 그중에서 특히 〈표 8.3〉과 같이 패턴을 인식하는 영역에서 큰 역할을 담당하고 있다.

〈표 8.3〉 머신러닝의 활용 분야

활용 분야	응용
영상인식	문자인식, 물체인식
얼굴인식	Facebook에서의 얼굴인식
음성인식	Bixby, Siri, Alexa 등
자연어 처리	자동 번역, 대화 분석
정보 검색	스팸 메일 필터링
검색 엔진	개인 맞춤식 추천 시스템
로보틱스	자율주행 자동차, 경로 탐색

머신러닝은 여러 산업 분야 및 연구에 있어서 매우 중요한 분야 중 하나이다. 특히 최근에는 딥러닝이 물체의 인식 등에 획기적인 성공을 보여주고 있다. 미국에서는 머신러닝 기술을 활용하여 빅데이터를 분석하는 '데이터 과학자(data scientist)'의 수요도 폭발적으로 늘어나고 있다고 한다.

머신러닝은 [그림 8.6]과 같이 운전자가 없거나 책을 읽고 있는 사이에도 목적지까지 주행하는 자율주행 자동차, 필기체 문자인식 등과 같이 알고리즘 개발이 어려운 문제의 해결에 활용되고 있다.

[그림 8.6] 자율주행 자동차

머신러닝은 스마트폰의 [그림 8.7]과 같은 개인 비서(personal assistant)에서 머신러닝 기법을 이용한 음성인식, 언어 습관, 행동 패턴 등을 학습하여 지능적인 시스템으로의 역할을 담당하고 있다. 주요 예로는 삼성의 Bixby, 애플의 Siri, 아마존의 Alexa, 구글의 Assistant 등이 우리의 생활을 다소 편리하게 도와준다.

[그림 8.7] 스마트폰의 개인 비서

머신러닝은 건강과 관련된 헬스케어(health care) 분야에서도 중요한 역할을 담당한다. 가령 [그림 8.8]과 같이 청진기나 환자의 몸에 부착된 센서들을 통해 환자의 심장 박동, 혈압 등의 건강 정보를 모아 분류나 학습을 통해 환자의 건강 예측이나 개선에 활용되고 있다.

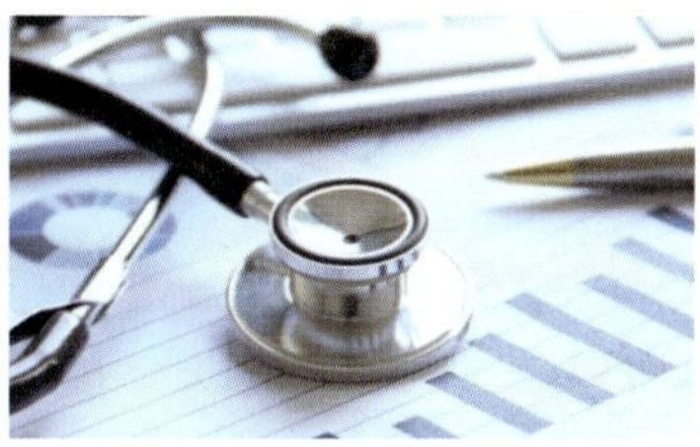

[그림 8.8] 머신러닝의 헬스케어에서의 활용

머신러닝은 [그림 8.9]와 같은 소셜 미디어 서비스(SNS)에도 상당히 중요한 역할을 한다. 머신러닝은 개인이 여러 번 검색해본 책, 영화, 여행 정보 등의 습관을 학습했다가 적절한 시각에 알려주거나 광고를 보내기도 한다. 가령 페이스북에서는 출신학교나 다른 친구들의 관계를 적용하여 새로운 친구를 제안하기도 한다.

[그림 8.9] 다양한 소셜 미디어 서비스

유튜브(YouTube)에 들어가면 [그림 8.10]과 같이 '내 관련 재생 목록'이란 이름으로 본인이 평소에 즐겨 찾던 성향의 동영상 리스트가 추천 리스트로 올라와 있는 것도 머신러닝의 응용이다.

[그림 8.10] 동영상 추천 리스트

또 머신러닝은 데이터와 통계적 도구를 결합하여 결과를 예측하게 되는데, 이렇게 만들어진 결과물은 [그림 8.11]과 같이 기상 예측, 사기 탐지, 포트폴리오 최적화, 작업 자동화 등에 매우 유용하게 활용될 수 있다.

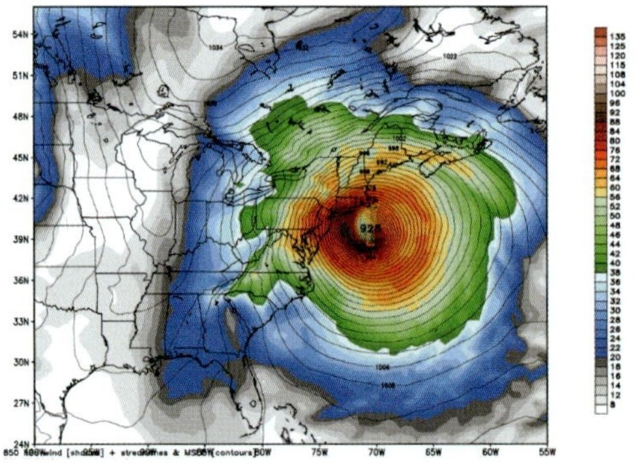

[그림 8.11] 기상 예측

머신러닝의 학습 방법

1 머신러닝에서의 학습 방법

머신러닝에서의 학습 방법은 알고리즘과 데이터를 입력하는 형태에 따라 크게 3가지로 나눌 수 있다. 즉 학습의 형태에 따라 지도 학습, 비지도 학습, 그리고 강화 학습으로 구분한다. [그림 8.12]는 머신러닝 학습의 분류를 나타낸다.

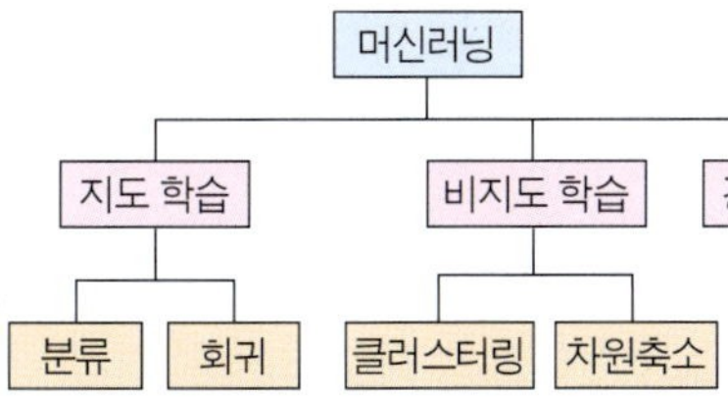

[그림 8.12] 머신러닝 학습의 분류

머신러닝의 학습 방법과 활용 분야 체계는 [그림 8.13]과 같은 다이어그램으로 요약될 수 있다.

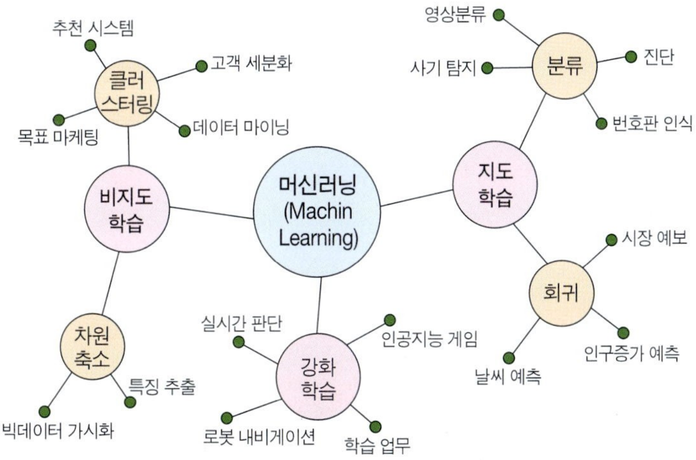

[그림 8.13] 머신러닝의 학습 방법과 활용 분야 체계

① 지도 학습

지도 학습(supervised learning)은 입력과 이에 대응하는 미리 알려진 출력을 연관시키는 관계를 학습하는 방법이다. 따라서 입력과 출력 쌍이 데이터로 주어지는 경우 그들 사

이의 대응 관계를 학습하게 된다.

예를 들어 주차장 입구에서 자동차 번호판을 인식할 때 번호판이 오염된 경우에는 제대로 인식하지 못할 수도 있다. 이 경우 다양한 형태로 오염된 번호판 사례들과 정상 번호판들을 각각 입력과 출력 쌍의 대응으로 지도 학습시키면 자동차 번호판의 인식률을 높일 수 있다.

② 비지도 학습

비지도 학습(unsupervised learning)은 출력 없이 또는 출력값을 알려주지 않고 주어진 입력만으로 스스로 모델을 구축하여 학습하는 방법이다. 비지도 학습은 입력만 있고 출력 즉 레이블(label)이 없는 경우에 적용하며, 입력 사이의 규칙성 등을 스스로 찾아내는 것이 학습의 주요 목표이다.

비지도 학습의 결과는 지도 학습의 입력으로 사용되거나, 인간 전문가에 의해 해석되어 활용된다. 일반적으로 대부분의 데이터 마이닝(data mining) 기법이 비지도 학습에 해당한다.

③ 강화 학습

강화 학습(reinforcement learning)은 주어진 입력에 대응하는 행동을 취하는 시스템에 대해 보상(reward)이 주어지게 되며, 이러한 보상을 이용하여 학습하는 방법이다.

강화 학습에서는 지도 학습과 달리 주어진 입력에 대한 출력, 즉 정답 행동이 주어지지 않는다. 강화 학습의 주요 응용 분야로는 로봇, 게임, 내비게이션 등을 들 수 있다.

2 지도 학습

지도 학습은 사용자가 제공하는 훈련 데이터와 피드백을 사용하여 주어진 입력과 주어진 출력 간의 관계를 학습하는데, 지도 학습을 보다 구체적으로 설명하면 다음과 같다.

지도 학습에서는 각 데이터에 대해 학습할 수 있도록 필요한 표식을 붙이는데, 이것을 레이블(label) 또는 태그(tag)라 한다. 즉 입력값에 대응하는 레이블이나 태그가 지정된 목표 출력값 정보를 사용하여 학습된다. [그림 8.14]에서 '이들은 사과'라는 레이블로 학습한 후 새로운 사과 하나를 제시하면 이것을 '사과'라고 예측하는 방법이다.

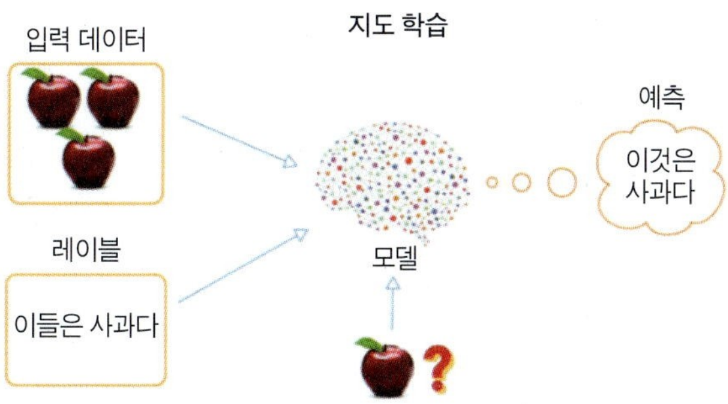

[그림 8.14] 레이블이 있는 지도 학습

또 다른 예로는 데이터에 'P'(pass) 또는 'F'(fail)라는 레이블이 정해진 출력이 있다고 가정해 보자. 그러면 입력값 집합이 그에 대응하는 출력값과 함께 입력으로 들어와서 학습하고, 학습이 끝난 후에는 주어진 입력에 대해 판정한다.

지도 학습의 장단점은 다음과 같다.

① 장점

- 지도 학습을 사용하면 이전의 경험으로부터 데이터를 수집하거나 데이터 출력을 생성할 수 있다.
- 지도 학습은 경험을 사용하여 성능 기준을 최적화할 수 있으며, 다양한 유형의 문제를 해결하는 데 도움이 된다.

② 단점

- 지도 학습을 하기 위해서는 반드시 출력에 레이블이 있는 데이터들을 사용해야 하는 제한점이 있다.
- 지도 학습에는 일반적으로 많은 시간이 걸리는데, 특히 빅데이터의 경우에는 엄청난 시간이 걸릴 수도 있다.

3 지도 학습에서의 분류와 회귀

머신러닝에서의 지도 학습은 주로 분류와 회귀의 두 가지로 나누어진다.

① 분류

분류(classification)란 주어진 많은 데이터 중에서 유사한 특성을 가진 것들끼리 묶어서 나누는 것을 말한다. 분류는 [그림 8.15]와 같이 2개의 그룹으로 분류하는 이항 분류와 3개 이상의 그룹으로 분류하는 다항 분류로 구분된다.

이항 분류로는 합격이냐 불합격이냐, 메일이 스팸 메일인지 정상 메일인지, 주식이 올라갈지 내려갈지, 대출금이 나올지 안 나올지 등이 있다. 이것과는 달리 0에서 9까지의 아라비아 숫자를 인식하는 경우에는 총 10가지의 다항 분류가 있다.

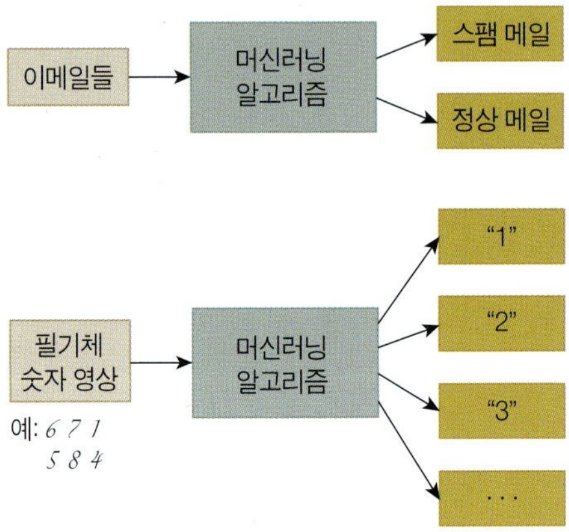

[그림 8.15] 여러 가지 분류

그 외에도 우리는 일상생활에서 수많은 패턴들을 분류하게 된다. 길거리에서 만나는 글자들, 버스 색깔에 따른 일반 버스, 마을 버스, 광역 버스의 구별 등도 분류의 범주라고 할 수 있다.

분류는 지도 학습의 영역에 속하는데, 예를 들어 남자와 여자를 분류하려고 할 때 많은

수의 사진과 그에 대한 남자와 여자 레이블을 쌍으로 붙여놓고 학습하게 된다. 학습이 모두 끝난 후 새로운 사진 데이터가 들어왔을 때 남자 또는 여자를 분류할 수 있도록 하는 방법이다.

분류 알고리즘을 사용하면 데이터를 서로 다른 그룹으로 분류할 수 있다. 이메일을 스팸과 스팸이 아닌 것으로 분류할 수 있으며, 손으로 쓴 숫자를 인식할 수도 있다.

분류의 응용 예는 매우 다양한데 다음과 같다.

- 사진으로 남자와 여자의 구별
- 개와 고양이의 구분
- 스팸 메일과 정상 메일 구분
- 0에서 9까지의 숫자의 구분
- 알파벳과 한글 문자 등의 구분
- 편지봉투의 손으로 쓴 주소 판별
- 카드 부정 사용 감지
- 의료 영상에서 종양의 존재 여부 판단

② 회귀

회귀(regression)란 하나의 종속 변수와 다른 독립 변수들 사이의 관계를 결정하는 통계적 측정이다. 그중 직선 형태의 선형 회귀(linear regression)에서는 종속 변수 Y의 결과를 설명하거나 예측하기 위해 하나의 독립 변수를 사용하므로 비교적 간단하다.

일반적으로 선형 회귀 모델은 [그림 8.16]과 같이 점 (x_i, y_i)에서 회귀직선까지의 y축 방향의 거리 제곱의 총합을 최소로 해서 얻어지는 직선이다. 이때 직선 $y=a+bx$를 x에 대한 y의 회귀직선이라 한다.

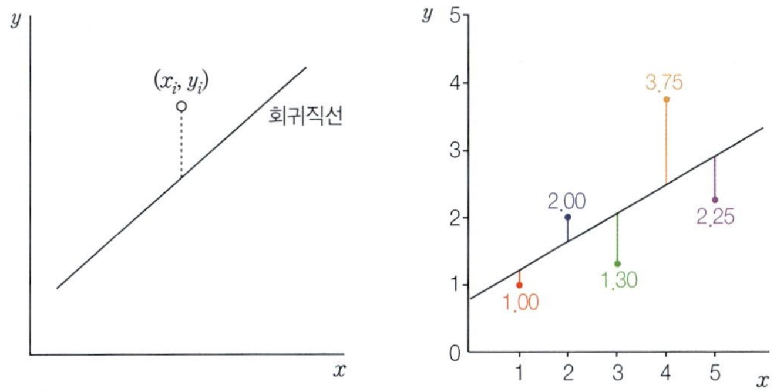

[그림 8.16] 회귀직선

변수 사이의 회귀에 대해 검정이나 추정을 하는 것을 회귀 분석(regression analysis)이라 한다. 회귀 분석 기술은 학습 데이터를 사용하여 하나의 출력값을 예측하는데, 산출물은 항상 확률론적 의미를 내포하고 있다. [그림 8.17]은 선형 회귀의 예를 나타낸다.

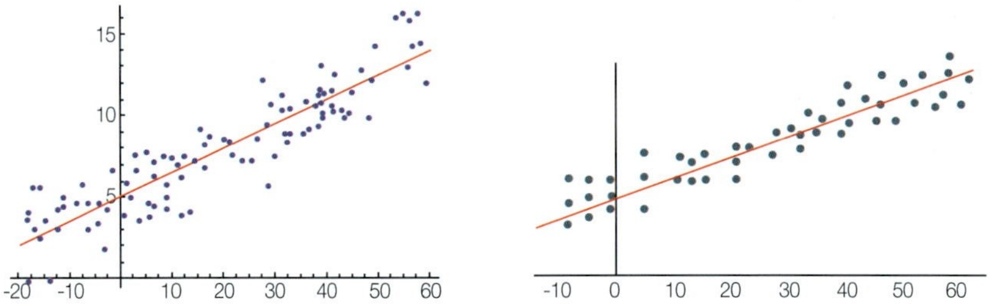

[그림 8.17] 선형 회귀

회귀와 회귀 분석은 다음과 같은 예측에 널리 활용된다.

- 날씨에 대한 예측
- 월별 판매액을 보고 다음 달 판매액 예측
- 금융, 투자, 비즈니스적 가격 판단
- 금값이나 원유 가격 예측
- 주택 가격의 예측
- 장단기 주가 예측
- 원유 가격 추정 등

③ 분류와 회귀의 차이점

분류는 [그림 8.18]에서와 같이 일정한 기준에 따라 명백하게 구분 짓는 것이고, 회귀는 오차 제곱의 합을 최소화하는 직선을 긋는 작업이다.

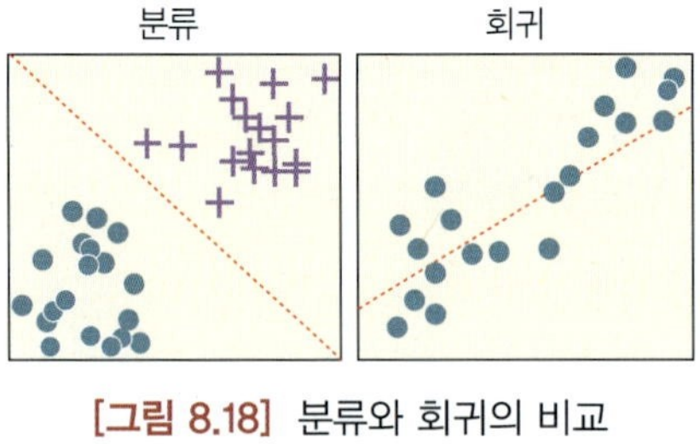

[그림 8.18] 분류와 회귀의 비교

분류의 출력은 남자/여자, Yes/No, '2'란 숫자와 등과 같이 구분이 명백한 선택식 출력이다. 즉 "내일 날씨는 더울 것이다." 또는 "내일 날씨는 추울 것이다."와 같은 이분법적 선택이다.

그와 달리 회귀의 출력은 연속값으로 나타낸다. 즉 "내일 기온은 몇 도로 추정되나?"에 대해 "18.3도로 추정된다."와 같은 형태이다.

분류와 회귀의 차이점은 [그림 8.19]에서 쉽게 구분할 수 있다.

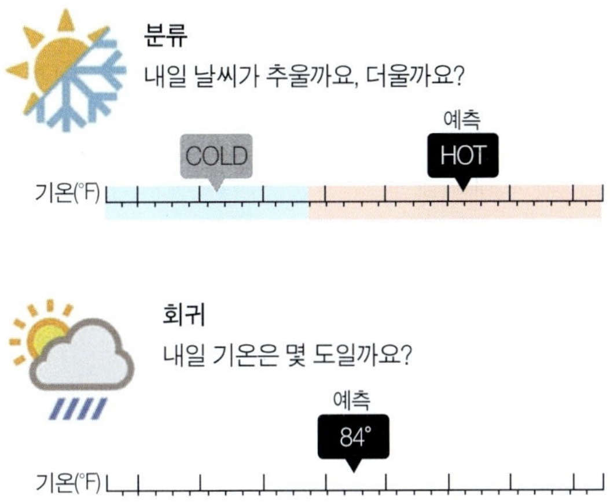

[그림 8.19] 분류와 회귀의 차이점

4 분류의 방법

몇 가지 유형의 주요 분류 방법은 다음과 같다.

- Naive Bayes 분류기
- 의사결정 트리
- SVM
- K-Nearest Neighbor(K-NN)

① Naive Bayes 분류기

나이브 베이즈(Naive Bayes) 분류기는 머신러닝의 한 분야로서 [그림 8.20]과 같이 측정 자료가 여러 가지 속성을 가지고 있을 때, 해당 자료를 어느 클래스(class)에 넣어야 할지를 베이즈(Bayesian) 정리를 활용하여 판단해주는 알고리즘이다.

나이브 베이즈 분류기는 조건부 확률 모델이며, 나이브 베이즈 분류기에서 모든 특성값은 서로 독립이라고 가정한다.

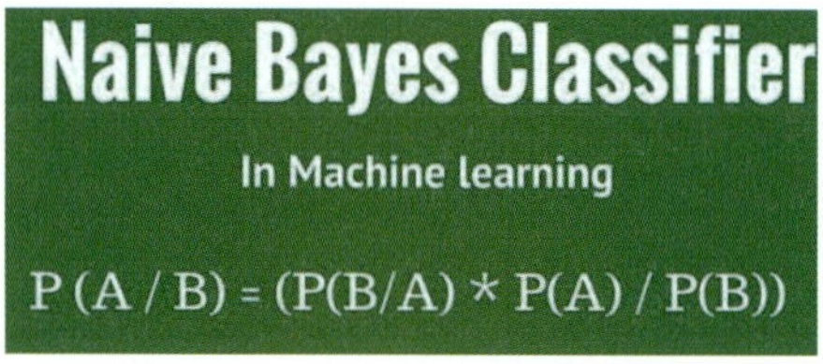

[그림 8.20] 나이브 베이즈 분류

나이브 베이즈 분류의 장점은 다음과 같다. 먼저 나이브 베이즈 분류기는 구축하기가 쉽고 대규모 데이터 세트에 매우 유용하다. 또 나이브 베이즈 분류는 지도 학습 환경에서 비교적 효율적으로 훈련될 수 있다. 그 외에도 간단한 디자인과 단순한 가정에도 불구하고 복잡한 실제 상황에서 비교적 잘 작동한다는 장점이 있다.

나이브 베이즈는 주가의 상승이나 하락이 예상되는 종목을 분류해내는 응용에 사용되고 있다. 또 문서의 내용에 따라 문서를 분류할 수 있으며, 이메일의 경우 문서에 적힌 내용에 따라 스팸이나 정상 메일로 분류할 수 있다.

② 의사결정 트리

의사결정 트리(Decision Tree)는 분류를 위해 널리 사용되는 머신러닝의 한 방법이다. 이것은 1986년 퀸란(R. Quinlan)이 ID3라는 의사결정 트리 알고리즘을 발표하면서 시작되었는데, 그 후 ID4, CART, CHAID 등의 다양한 기법들이 제안되었다.

의사결정 트리는 어떤 항목에 대한 관측값과 목표값을 연결하는 예측 모델인데, 통상 이진 트리(binary tree)를 사용한다. 이진 트리란 마치 나무를 거꾸로 세워놓은 모양인데, 최대 2가지의 판단을 하는 나무 모양의 구조이다.

의사결정 트리는 마치 우리가 '스무고개' 게임에서 문답을 하듯이 그래프를 이용하여 선택하는 방법으로 진행된다. [그림 8.21]은 타이타닉호 탑승객의 생존 여부를 나타내는 결정 트리를 나타내는데, 박스 밑의 숫자는 그 탑승객의 생존 확률과 탑승객이 거기에 해당하는 확률을 나타낸다.

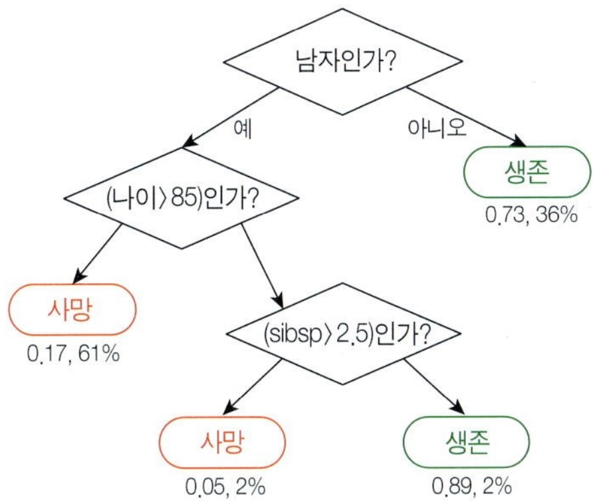

[그림 8.21] 결정 트리의 한 예

의사결정 트리는 주택이나 자동차의 구입 비용, 스마트폰의 수, 연간 판매액 등의 추정에 활용된다. 대부분의 데이터 마이닝 소프트웨어 패키지는 결정 트리 알고리즘에 대한 라이브러리를 제공하므로 구현하기가 매우 편리하다.

③ SVM

서포트 벡터 머신(Support Vector Machine: SVM)은 머신러닝의 한 분야로서 배프닉(Vapnik)이 1990년에 개발한 통계 학습 이론의 결과를 기반으로 한다. 이후 SVM은 1995년 배프닉과 코르테스(Cortes)에 의해 이론이 체계화되었다.

SVM은 주어진 데이터를 2개의 영역으로 분류하는 이진 분류기인데, 기존 데이터를 바탕으로 새로운 데이터가 어느 영역에 속하는지를 판단하는 알고리즘이다. 즉 SVM 알고리즘은 데이터를 하나의 경계선으로 구분하는데 그중 가장 큰 폭을 가진 경계선을 찾는 알고리즘이다.

[그림 8.22]에서는 두 영역을 가장 잘 분류할 수 있도록 각 영역의 여백(margin, gap)이 최대가 되도록 두 개의 주황 점선들을 찾는 방법이다.

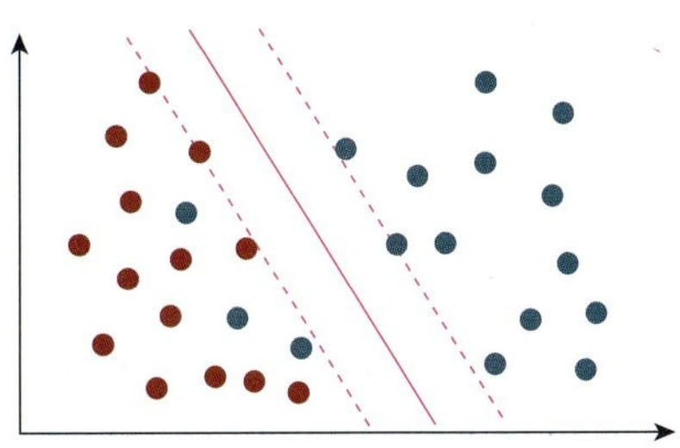

[그림 8.22] 두 클래스를 분류하는 SVM

SVM은 패턴인식과 자료 분석을 위한 지도 학습 모델로서 주로 분류, 회귀 분석, 멀티미디어 정보 검색, 생물 정보학 등에 사용된다.

[그림 8.23]은 SVM으로 개와 고양이의 특성을 분류에 활용하는 예이다. 여기서도 두 영역 사이의 여백을 최대로 하는 직선으로 분류된 것을 볼 수 있다.

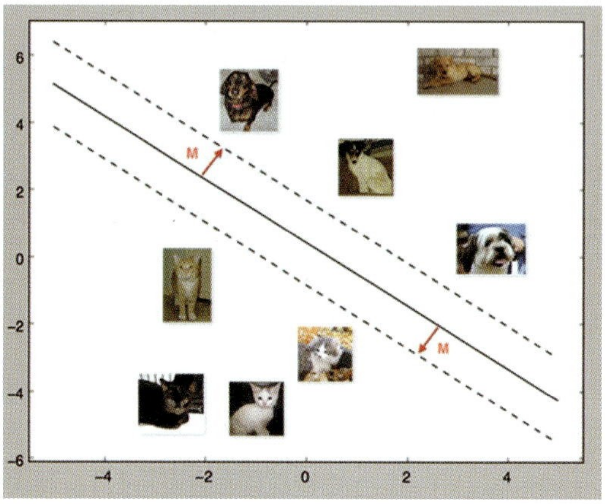

[그림 8.23] SVM에 의한 개와 고양이의 특성 분류

④ K-Nearest Neighbor(K-NN)

K-Nearest Neighbors(K-NN)은 1950년대에 개발된 지도 학습 모델의 분류 기법으로서 '최근접 이웃 분류'라고도 불리는데, 각 학습 데이터는 자기가 속하는 레이블을 가지는 분류기의 역할을 한다. K-NN은 가장 가까운 것들과의 거리 계산으로 클래스가 분류되는데, 가장 간단한 머신러닝 알고리즘에 속한다.

K-NN 알고리즘은 [그림 8.24]와 같이 새로 들어오는 입력 데이터 주위에 있는 k개의 가장 가까운 이웃 데이터를 선택하여, 이들 이웃 데이터들의 클래스 중 다수결로 하여 입력 데이터의 클래스를 결정하는 알고리즘이다. 이때 다수결에서 결과가 나올 수 있기 위해서는 k는 홀수가 되어야 한다.

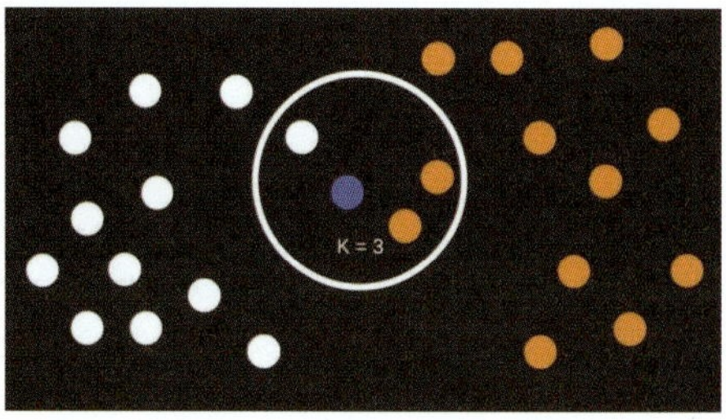

[그림 8.24] k = 3인 경우의 분류 판단

K-NN의 장점으로는 매우 간단하며 빠르고 효과적인 알고리즘이란 점과 어떤 데이터가 주어져도 해당 사례에 대한 유사성을 측정할 수 있다는 점이다. 단점으로는 적절한 k를 선택해야 한다는 점과 새로운 데이터가 들어올 때마다 일일이 거리를 계산한 후 분류한다는 점이다.

K-NN은 다음과 같은 분야에 활용될 수 있다.

- 영화나 음악 추천에 대한 개인별 선호 예측
- 수표에 적힌 광학 숫자와 글자인식
- 얼굴인식과 같은 컴퓨터 비전
- 유방암 등 질병의 진단
- 유전자 데이터의 인식
- 재정적인 위험성의 파악과 관리
- 주식 시장의 예측

구체적인 예를 한번 들어보자. 꽃잎의 분류에서 새로운 꽃잎이 들어왔을 때 꽃잎의 크기와 밝기에 관한 K-NN 알고리즘을 적용한 예는 다음과 같다. [그림 8.25]와 같이 우측 상단에 새로운 꽃잎이 입력으로 들어왔을 때 여기서는 3가지 경우를 비교하여 분류하는 것을 보여준다.

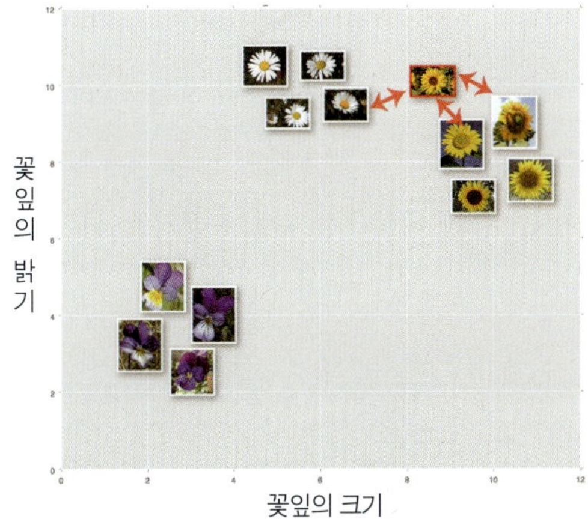

[그림 8.25] 꽃잎의 크기와 밝기에 따른 K-NN 분류

1 클러스터와 클러스터링

어떤 데이터 집합을 유사성에 따라 여러 개의 클래스나 그룹으로 나눌 때, 나누어진 클래스들을 클러스터(cluster)라 하며, 이처럼 나누는 작업을 클러스터링이라 한다.

클러스터링(clustering)이란 서로 유사한 특성을 가진 여러 개의 그룹으로 묶는 기법인데, 같은 클러스터에 있는 점들은 다른 클러스터에 있는 점들보다 더 유사해야 한다. 이와 같은 유사한 점들의 집합이 바로 클러스터이다. [그림 8.26]은 사과, 과일, 야채 클러스터로 나누는 것을 보여준다.

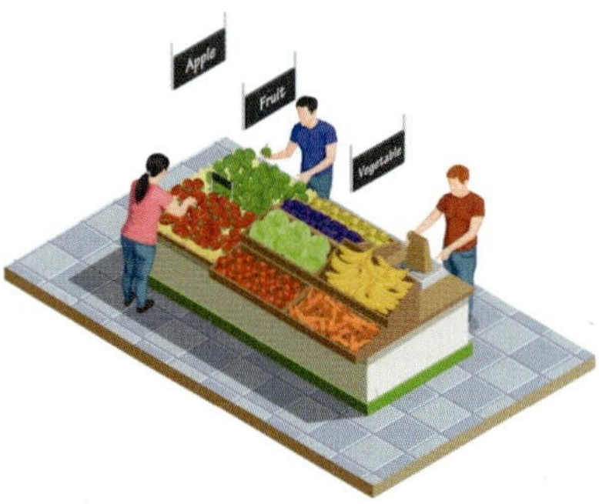

[그림 8.26] 사과, 과일, 야채의 클러스터

[그림 8.27]은 왼쪽에 있는 원래 데이터를 3개의 클러스터로 분류해 놓은 것을 나타낸다.

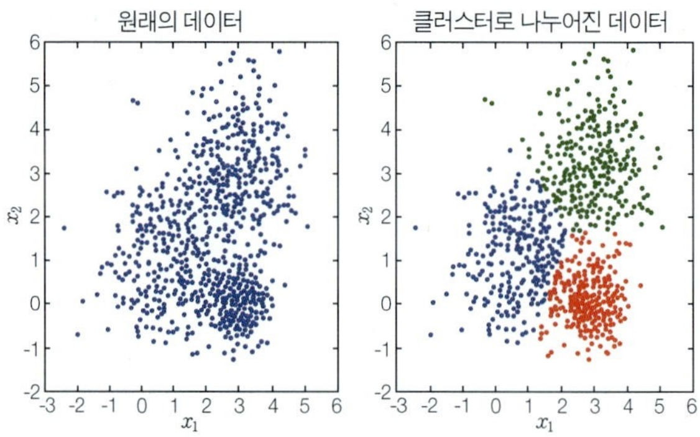

[그림 8.27] 원래 데이터와 3개의 클러스터

지도 학습의 분류와 비지도 학습의 클러스터링은 [그림 8.28]의 급여와 나이 관계에서 은행 대출 시 신용의 위험도(risk)가 높거나 작은 고객들의 상관관계에서 보는 바와 같이 다소 다르다. 분류는 주어진 데이터를 좌표상에서 일정한 기준에 따라 직선으로 분류하는 것이지만, 이와 달리 클러스터링은 유사성에 따라 몇 개의 클러스터들로 묶는 것을 말한다.

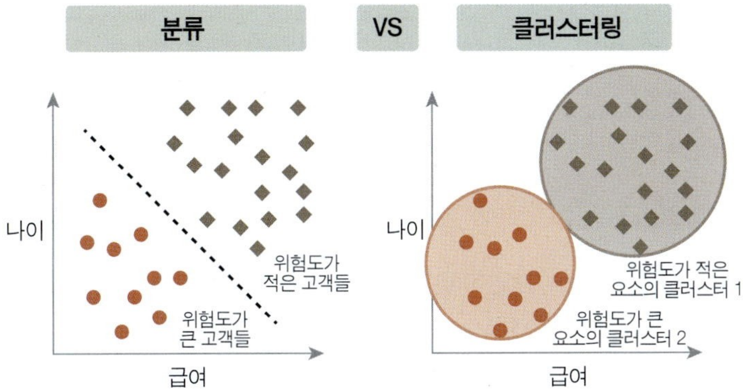

[그림 8.28] 분류와 클러스터링의 차이점

2 비지도 학습

비지도 학습이란 주어진 입력에 대응하는 출력 정보 없이 학습하는 것을 말한다. 즉 데이터를 분류할 수 있는 정보가 전혀 없이 패턴을 찾거나 데이터를 분류하려고 할 때 사용하는 방법이다. 따라서 데이터에 대해 레이블을 전혀 사용하지 않는다.

비지도 학습에서는 [그림 8.29]와 같이 여러 종류의 과일 중에서 그들의 관계를 스스로 학습하며 살펴본 후 과일들을 각 그룹으로 알아서 나누게 된다.

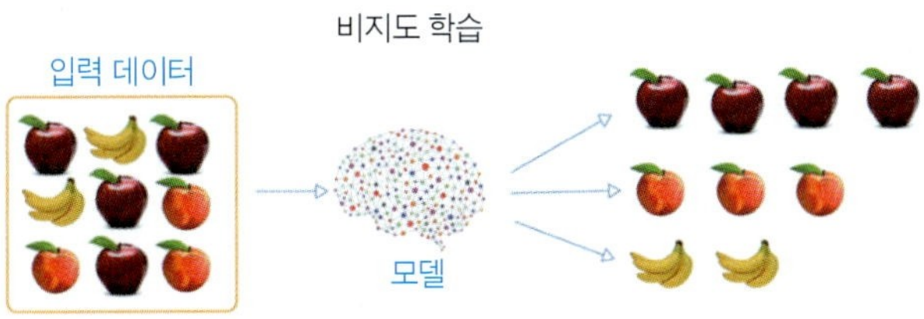

[그림 8.29] 비지도 학습

비지도 학습의 주요 응용 분야는 다음과 같다.

- 비슷한 성향의 고객을 그룹으로 묶기
- 블로그에서 주제별로 구분하기

- 유사한 꽃이나 동물들끼리 묶기
- 네트워크상에서의 비정상적인 접근의 탐지

3 비지도 학습을 통한 클러스터링과 추천 시스템

머신러닝에서의 주요 비지도 학습 방법으로는 다음과 같다.

- K-means 클러스터링
- 계층적 클러스터링
- 가우스 혼합 모델
- 추천 시스템 등

① K-means 클러스터링

K-means 클러스터링은 가장 간단하면서도 많이 쓰이는 클러스터링 방법 중 하나인데, 주어진 데이터를 알고리즘에 따라 서로 유사한 특성을 가진 k개의 그룹으로 묶는 클러스터링 방법이다. 이것은 비지도 학습 알고리즘 중 대표적인 방법의 하나로서, 우리말로 'K-평균 군집화'라고 한다.

[그림 8.30]의 예는 주어진 데이터 집합에서 3개와 4개의 두드러진 클러스터들을 보여준다.

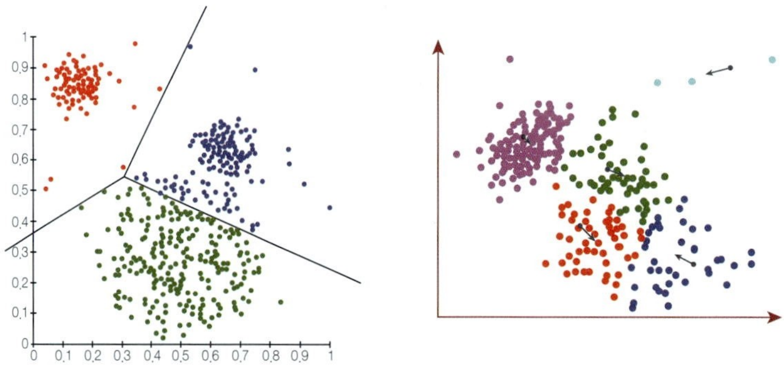

[그림 8.30] 클러스터

K-means 클러스터링을 정의할 수 있는 또 다른 방법은 주어진 데이터 집합에 대해 k개의 클러스터 중심점(centroid)을 찾는 클러스터링 문제이다. 각 클러스터에는 클러스터 중심이 있는데, 각 클러스터의 점은 다른 클러스터의 중심보다 지정된 클러스터 중심에 더 가깝다.

K-means 클러스터링의 장점으로는 알고리즘이 비교적 간단하고 수행 속도가 빠르다

는 점이고, 단점으로는 적절한 클러스터링의 개수 k와 최초로 지정하는 중심점들에 따라 결과가 달라질 수 있다는 점이다. K-means 클러스터링은 주어진 데이터에 대한 사전 정보 없이 클러스터링을 통해 데이터를 분류하는 머신러닝의 도구이자 동시에 데이터 마이닝의 도구이기도 하다.

K-means 클러스터링은 통계, 전자상거래, 건강 관리, 패턴, 재무, 회사, 기술, 기상 예보와 같은 다양한 분야에 널리 활용되고 있다.

② 추천 시스템

추천 시스템(Recommender System)은 추천을 위해 연관 데이터들을 정의하는데 도움을 주는 클러스터링 방법이다. 추천 시스템은 [그림 8.31]과 같이 사용자가 항목에 부여할 '등급'이나 '선호도'를 예측하는 정보 필터링의 일종으로서 주로 상업적 응용에 사용된다. 현재 네이버나 구글 등 검색 엔진을 통해 검색한 책이나 동영상을 비롯하여 인기 있는 식당, 연구 관련 기사, 협력자, 금융 서비스 등의 추천 시스템이 개발되어 있다.

[그림 8.31] 추천 시스템

가령 교보문고에서 책을 검색하면 [그림 8.32]와 같이 그 사람이 이전에 검색했던 관련 도서를 알려준다. 이것은 사용자의 검색 경험 등의 정보를 파악하였다가, 적절한 광고를 내보내는 것이다. 이것 또한 머신러닝 기술을 이용한 것으로 볼 수 있다.

[그림 8.32] 도서 검색의 경험 활용

그 외 비지도 학습 방법에는 가우스 혼합 모델, 계층적 클러스터링, PCA/T-SNE 등이 있다.

4 지도 학습과 비지도 학습의 특징 비교

지금까지 설명한 지도 학습과 비지도 학습의 특징은 입력 데이터, 계산의 복잡성, 그리고 정확성의 면에서 〈표 8.4〉와 같이 요약될 수 있다.

〈표 8.4〉 지도 학습과 비지도 학습의 특징 비교

기반	지도 학습	비지도 학습
입력 데이터	입력과 출력(값 또는 레이블)이 지정된 데이터를 사용하여 학습함	출력값이나 레이블이 전혀 없는 데이터를 사용하여 학습함
주요 기능	분류, 회귀	클러스터링, 추천 시스템
계산의 복잡성	비교적 간단함	상당히 복잡함
정확성	매우 정확함	다소 덜 정확함

지도 학습과 비지도 학습의 근본적인 차이점은 지도하는 주체가 있느냐 없느냐의 차이다. 이것을 그림으로 비교해 보면 더욱 명확해진다. [그림 8.33]의 지도 학습에서는 입력 데이터가 사과임을 모델에게 학습시키는데 비해, 비지도 학습에서는 모델이 스스로 사과와 바나나 등을 분류하게 된다.

[그림 8.33] 지도 학습과 비지도 학습

강화 학습

1 강화 학습이란?

강화 학습은 어떤 환경에서 정의된 대리자인 에이전트가 어떤 상태에서 시행착오를 통해 보상을 최대화하는 행동이나 행동 순서를 선택하는 머신러닝의 한 영역이다.

강화 학습에서는 최적의 값을 추구하기 위해 당근과 채찍을 사용한다. 예를 들어 로봇이 미로를 찾을 때 옳은 방향으로 진입하면 +2의 점수를 부여하고, 막힌 길로 들어가면 3점을 감점하는 경우이다.

강화 학습에서 다루는 환경은 마르코프(markov) 결정 과정을 이용하여 이루어지는 경우가 많다. 강화 학습에서는 입출력이 쌍으로 된 훈련 집합이 제시되지 않는다는 점에서 일반적인 지도 학습과는 다르다.

2 강화 학습의 구조와 응용 분야

강화 학습은 [그림 8.34]와 같은 구조도로 작동되는데, 강화 학습의 기본 구성요소에는 4가지가 있는데, 에이전트, 환경, 행동, 보상이다. 각각의 역할은 다음과 같다.

① **에이전트(Agent)**: 환경에서 어떤 행동을 취할지 결정하는 학습 주체이다.
② **환경(Environment)**: 에이전트의 행동에 반응하여 보상을 제공하는 공간이다.
③ **행동(Action)**: 에이전트가 환경에서 선택할 수 있는 행동이다.
④ **보상(Reward)**: 환경이 에이전트의 행동에 따라 제공하는 피드백으로, 보상을 최대화하는 것이 에이전트의 주된 목표이다.

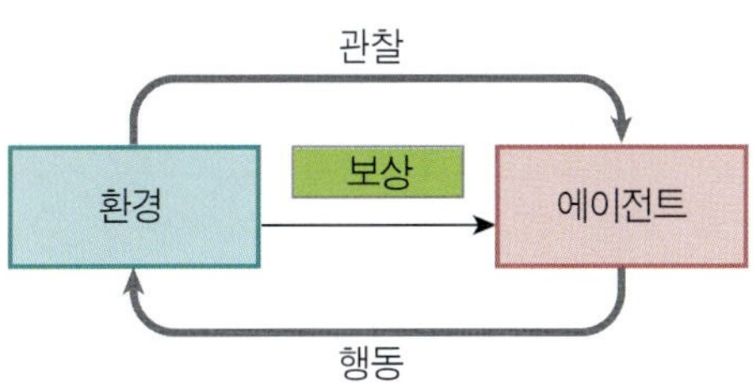

[그림 8.34] 강화 학습 구조도

강화 학습은 보상(reward)이 주어지는 문제 해결에 매우 효과적인 학습 방법으로, 주로 통신망, 로봇 제어, 엘리베이터 제어, 그리고 체스와 바둑 같은 게임에 응용된다. 이세돌 9단과 같은 바둑 챔피언을 이긴 알파고도 강화 훈련을 통해 실력이 향상되었다.

최근에는 스타크래프트와 같은 게임에서는 거의 필수적으로 강화 학습이 사용된다. 그 외에도 강화 학습은 최근 들어 다양한 분야에서 활용되고 있는데, 전략게임, 금융 최적화, 에너지 관리 등에서 강화학습 기반의 알고리즘이 성공적인 결과를 보여주고 있다.

3 강화 학습과 큐러닝

강화 학습은 에이전트(agent)가 환경과 상호작용하며 보상을 최대화하는 행동을 학습하는 머신러닝의 학습 방법으로서 일상생활에서도 흔히 볼 수 있다. 예를 들어, 아이가 뜨거운 물에 손을 데이면 다음부터는 뜨거운 물을 피하게 되는 것과 같은 원리이다.

큐러닝(Q-learning)은 강화 학습의 대표적인 알고리즘 중 하나인데, 이 알고리즘은 에이전트가 어떤 상태에서 어떤 행동을 취했을 때 얻을 수 있는 예상 보상을 나타내는 큐함수(Q-function)를 학습하는 방법을 사용한다. 큐러닝에서는 탐험과 활용 사이의 균형을 잡는 것이 중요하다. 탐험은 새로운 행동을 시도하는 것을 의미하고, 활용은 현재 알고 있는 최적의 행동을 취하는 것을 의미한다.

큐러닝의 핵심은 벨만 방정식(Bellman Equation)을 사용하여 큐함수를 업데이트하는 것이다. 이 방정식은 현재 상태와 행동에 대한 큐값을 다음 상태의 최대 큐값과 연결하여 업데이트한다. 이를 통해 에이전트는 시간이 지남에 따라 최적의 행동 전략을 학습하게 된다.

베이지안 네트워크와 은닉 마르코프 모델

1 베이즈의 정리

베이즈의 정리(Bayesian theorem)는 과거의 데이터들을 기반으로 미래를 예측하는 모델로서 통계학과 경제학에 널리 적용되고 있으며, 검색 엔진, 스팸 메일 차단, 금융 이론, 승부 예측, 기상 예측, 의료 분야, 인공지능 등에 폭넓게 활용되고 있다.

베이즈(Thomas Bayes, 1701 ~ 1761)는 영국의 수학자이자 통계학자로서 확률에 대한 연구로 유명하다. 그가 창안한 베이즈 정리는 다음과 같은 형태로 확률적 추론에 이용되는 정리이다.

$$P(Y|X) = \frac{P(X|Y)P(Y)}{P(X)}$$

이 경우 조건부 확률 P(Y|X)는 'X가 주어졌을 때 Y가 발생할 확률'이다. 이 수식들을 증상과 의학 진단의 예를 들어 설명해보자.

가령 X가 '열이 많이 난다'이고 Y가 '독감'이라면, P(X)는 환자 중에 열이 많이 나는 환자가 있을 확률을 나타내고, P(Y)는 환자 중에 독감에 걸린 환자가 있을 확률이다. 이때 조건부 확률 P(Y|X)는 열이 많이 나는 환자가 독감 환자일 확률이고, P(X|Y)는 독감 환자가 열이 많이 나는 확률인 것이다.

따라서 일반적으로 구하기 어려운 확률인 '열이 많이 나는 환자가 독감 환자일 확률'을 베이즈 정리를 이용하여 비교적 구하기 쉬운 '독감 환자가 열이 많이 날 확률'을 통해 추정할 수 있다는 점이 베이즈 정리의 큰 장점이다.

따라서 확률을 기반으로 하는 머신러닝은 베이즈의 정리에 바탕을 두는 경우가 많은데, 나이브 베이지안과 은닉 마르코프 모델 등이 베이즈 정리에 기반한 대표적인 알고리즘들이다.

2 베이지안 네트워크

베이지안 네트워크(Bayesian network)는 '빌리프 네트워크(Belief network)'라고도 불리는

데, 방향성 비순환 그래프(directed acyclic graph)를 통하여 그 집합을 조건부 독립으로 표현하는 확률의 그래픽 모델이다.

베이지안 네트워크에서는 추론과 학습을 수행하기 위한 효과적인 알고리즘이 존재한다. 예를 들어, 베이지안 네트워크는 질환과 증상 사이의 확률 관계를 나타낼 수 있다. 증상이 주어지면 네트워크는 베이즈의 정리 조건에 의해 다양한 질병의 존재 확률을 계산할 수 있다.

3 은닉 마르코프 모델

은닉 마르코프 모델(Hidden Markov Model, HMM)은 마르코프(Markov) 모델의 일종으로, 시스템이 은닉된 상태와 관찰 가능한 결과의 두 가지 요소로 이루어진 확률형 모델이다.

은닉 마르코프 모델은 동적 베이지안 네트워크로 간단히 나타낼 수 있으며, 음성인식, 자연어 처리 등과 같이 대량의 데이터를 통계적으로 분석하여 입력된 정보를 추론하는 데 응용되고 있다.

참고로 머신러닝과 관련된 KAIST 교수님의 1시간 강의 동영상은 다음에서 시청할 수 있다.

- https://www.youtube.com/watch?v=Wf6lIlJZgKg

가까운 곳에서 인공지능 경험하기

틱텍토 게임 경험하기

제6장에서 소개한 바와 같이 틱텍토(Tic-Tac-Toe)란 미국 어린이들이 즐기는 게임인데, 가로, 세로, 대각선으로 3개가 연속으로 표시된 경우에 이기는 게임이다. 이 게임에서 이길 확률이 많은 전략 즉 휴리스틱을 경험해보자.

Google 검색에서 'tic-tac-toe 게임'을 치면 이 게임이 바로 나오는데, 그냥 첫수 위치를 선정하여 누르면서 게임을 시작하면 된다.

✔ **생각의 관점 Hint** 가장 중심부, 네 귀퉁이로 시작하는 것 등

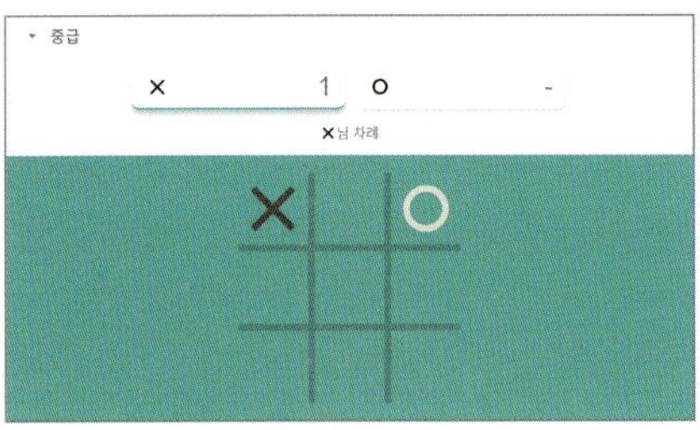

생각하고 토론하기

1. 머신러닝은 현재 패턴을 인식하는 영역에서 큰 역할을 담당하고 있다. 머신러닝을 통한 패턴인식의 가능성과 미래를 생각해보고 의견을 나누어보자.

✔ **아이디어 포인트** 문자인식, 음성인식, 얼굴인식, 동영상인식 기술 등

2. 머신러닝에서 지도 학습이 태그를 하나씩 붙여 가르치며 학습하는 것은 이해가 될 것이다. 그러나 비지도 학습에서 주어진 입력에 대응하는 출력 정보 없이 학습한다고 한다. 그것이 어떤 방법으로 가능할지 그 이유를 생각해보고 의견을 나누어보자.

✔ **아이디어 포인트** 각자 전공과의 융합. 예를 들면 음대에서는 인공지능 작곡이나 편곡, 전자공학과에서의 인공지능 로봇의 구현 등

인공지능 실습하기

실습 8 텐서플로로 구현된 신경망 특정화자 목소리 시연

특정 화자(손석희)의 목소리를 흉내내어 문장을 읽어준다.

- https://carpedm20.github.io/tacotron/

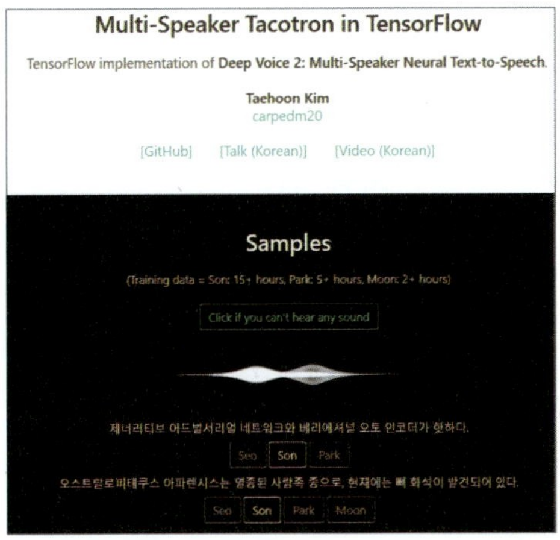

| 실행방법 | 해당 사이트에서 Seo, Son, Park을 눌러 음성합성 결과물을 직접 들어보면 된다. 그런데 현재는 Son만 작동되므로 해당 칸을 누르면 손석희 아나운서의 톤으로 음성이 들린다. 여러 가지 경우를 눌러보고 경험하며 유사성을 알아본다.

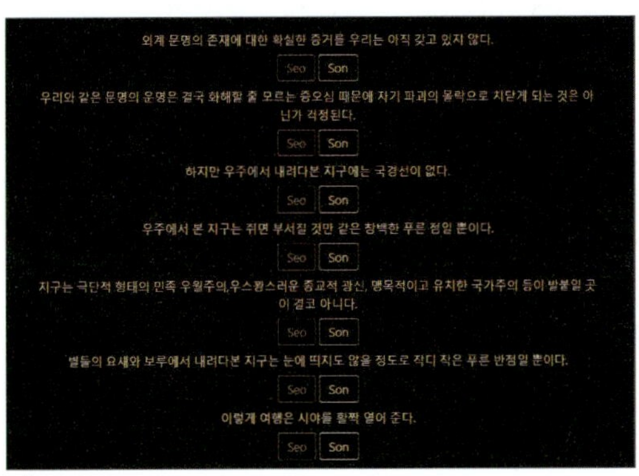

| 실행결과 | 많은 문장을 특정 화자의 목소리로 들을 수 있게 발음한다.

연습문제

진위 문제

1. 머신러닝은 인간의 학습 능력과 같은 기능을 실현하려는 기법과 분야이다.( )
2. 머신러닝을 흔히 컴퓨터 프로그램이 데이터로부터의 학습하는 과정이라고 말한다.( )
3. 지도 학습을 통해서는 자동차 번호판의 인식률을 높일 수 없다.( )
4. 비지도 학습에서는 데이터 학습을 위해 레이블이나 태그 표식을 붙인다.( )
5. 회귀 분석 기술은 학습 데이터를 사용하여 하나의 출력값을 예측하는데, 산출물은 항상 확률론적 의미를 내포하고 있다.( )
6. 분류는 일정한 기준에 따라 명백하게 구분 짓는 것이고, 회귀는 오차 제곱의 합을 최소화하는 직선을 긋는 작업이다.( )
7. 머신러닝에서의 학습 방법 중 강화 학습은 포함되지 않는다.( )
8. 머신러닝은 건강과 관련된 헬스케어 분야에서도 중요한 역할을 담당한다.( )
9. 의사결정 트리는 이진 트리를 사용하는 관측값과 목표값을 연결하는 예측 모델이다.( )
10. 강화 학습은 보상이 주어지는 문제 해결에 효과적인 학습 방법이 아니다.( )

단답식/선택식 문제

1. ( )은 입력과 이에 대응하는 미리 알려진 출력을 연관시키는 관계를 학습하는 방법이다.
2. ( ) 학습은 출력 없이 주어진 입력만으로 스스로 모델을 구축하여 학습하는 방법이다.
3. 스타크래프트와 바둑과 같은 게임에서는 보상을 위해 대부분 ( ) 학습이 사용된다.
4. ( )란 주어진 데이터 중 유사한 특성을 가진 것들끼리 묶어서 나누는 것을 말한다.
5. ( ) 알고리즘은 데이터를 경계선으로 구분하는데 그중 가장 큰 폭을 가진 경계선을 찾는 알고리즘이다.
6. ( )이란 서로 유사한 특성을 가진 여러 개의 그룹으로 묶는 기법이다.
7. ( ) 학습이란 주어진 입력에 대응하는 출력 정보 없이 학습하는 것을 말한다.

8. ( )의 정리는 과거의 데이터들을 기반으로 미래를 예측하는 모델로 활용된다.

9. 머신러닝의 주요 학습 방법은 지도 학습, ( ) 학습, 그리고 ( ) 학습이다.

10. 강화 학습은 주어진 입력에 대응하는 행동을 취하는 시스템에 대해 ( )이 주어지게 되며, 이러한 점을 이용하여 학습하는 방법이다.

11. 다음 중 머신러닝과 별로 관계가 없는 것은?

① 프로그램을 명시적으로만 작성
② 전통적인 프로그래밍 개념과는 다름
③ 인공지능에 속하는 부분 집합
④ 데이터로부터 학습하여 지식을 획득

12. 다음 중 지도 학습의 장점에 속하는 것은?

① 레이블이 있는 데이터 사용해야 함
② 경험을 사용하여 성능 기준을 최적화
③ 일반적으로 많은 시간이 걸림
④ 제한된 유형의 문제를 해결

13. 다음 중 머신러닝의 종류에 속하지 않는 것은?

① 신경망
② 클러스터링
③ 의사결정 트리
④ 자연어 처리

14. 다음 중 비지도 학습의 특징에 가장 가까운 것은?

① 정확성
② 클러스터링
③ 분류
④ 회기

주관식 문제

1. 머신러닝의 주요 종류들을 말하시오.

2. 분류의 응용 예는 매우 다양한데 그중 몇 가지를 적으시오.

3. 회귀의 개념을 설명하시오.

4. 머신러닝에서 활용되는 비지도 학습 방법 몇 가지를 적으시오.

5. 강화 학습에 대해 간단히 설명하시오.

CHAPTER

09

딥러닝 기반의 심층신경망과 활용

Deep Learning based Deep Neural Networks and Applications

Contents

단원의 주요 목표

딥러닝 기반의 심층신경망 활용과 텐서플로 등에 관해 고찰한다.

- 딥러닝과 심층신경망의 배경을 중심으로 전체적인 흐름을 알아본다.
- 컨볼루션 신경망을 비롯한 5가지 주요 딥러닝 신경망들을 살펴본다.
- 딥러닝의 활용과 연구 동향 및 제한점과 기대감을 다룬다.
- 딥러닝을 지원하는 하드웨어와 시장성을 조사해본다.
- 텐서플로를 비롯한 딥러닝을 지원하는 소프트웨어들 소개한다.
- 파이토치에 대해 알아보고 텐서플로의 핵심적인 사항들을 파악한다.

딥러닝과 심층신경망

1 딥러닝과 심층신경망의 배경

딥러닝(Deep Learning)이란 머신러닝과 신경망의 한 분야로서 [그림 9.1]과 같이 여러 개의 은닉층을 가진 심층신경망(Deep Neural Network: DNN)을 기반으로 하는 학습 방법이다. 일반적으로 딥러닝 학습은 영상이나 음성 등 대량의 데이터로부터 특징을 추출하여 학습을 통해 음성인식, 영상인식 등 패턴인식 등에 좋은 성과를 나타낸다.

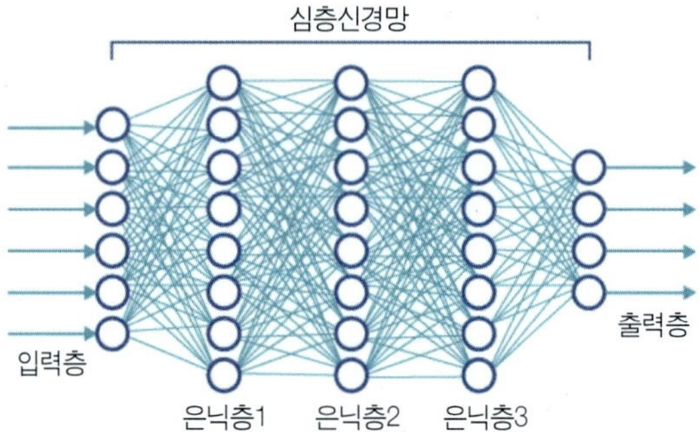

[그림 9.1] 심층신경망

사실 딥러닝 기반의 심층신경망은 전혀 새로운 개념이 아니라 [그림 9.2]와 같이 이미 존재하는 다층 신경망의 특수한 경우로 볼 수 있다.

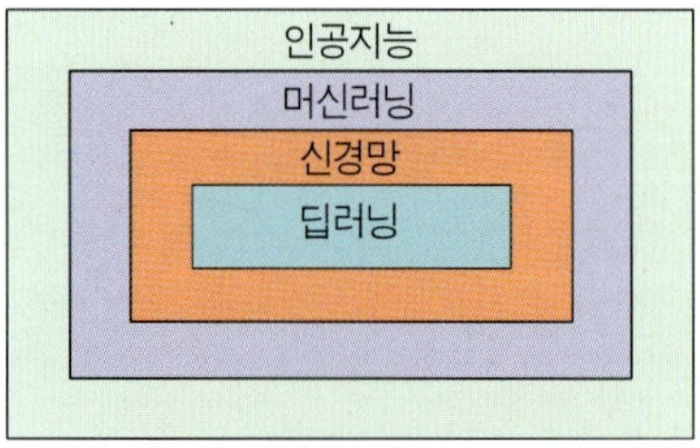

[그림 9.2] 딥러닝의 포함 관계

딥러닝의 시초는 1980년 초반 일본의 후쿠시마 박사가 개발한 7개의 층을 가진 '네오코그니트론'이다. [그림 9.3]의 네오코그니트론 모델은 상당히 정교했으나, 학습 시간이 너무나 오래 걸려 실용화되지는 못하였다.

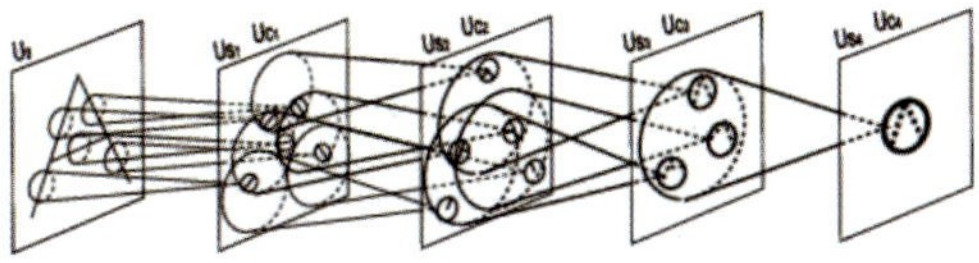

[그림 9.3] 네오코그니트론 모델

1984년에는 미국 PDP 그룹이 제안한 다층 퍼셉트론 신경망 모델이 개발되면서 신경망의 새로운 장이 열리게 되었다. 그러나 학습 시간이 오래 걸린다는 점 등의 문제점으로 2000년까지 한동안 침체기를 겪는 동안 실행시간이 덜 걸리는 SVM과 같은 머신러닝 기법이 주로 사용되었다.

2000년도에 들어서면서 CPU나 GPU와 같은 프로세서가 훨씬 빨라지고 값도 싸져 대규모 네트워크를 구성할 수 있게 되었다. 또 인터넷의 발달과 보급으로 데이터를 쉽게 얻을 수 있는 여건으로 대규모 데이터를 이용한 딥러닝 학습이 가능해지게 되었다.

여기서 잠깐! **심층신경망과 딥러닝이 탄생한 배경**

- 기존 신경망에서 은닉층의 개수를 늘려 좀 더 정교한 학습이 필요해짐
- 최근 들어 CPU와 GPU의 성능이 월등히 빨라짐
- 병렬 분산처리도 가능해짐
- 학습을 통한 전처리 과정이 추가되어 효율성이 커짐
- 인터넷 검색을 통한 빅데이터를 학습할 수 있는 여건이 조성됨

〈표 9.1〉은 다층 퍼셉트론 신경망과 심층신경망을 주요 항목별로 비교한 것이다.

〈표 9.1〉 신경망과 심층신경망의 비교

	신경망	심층신경망
은닉층의 개수	통상 1~2개	1개 이상 1,000개까지
알고리즘	역전파 알고리즘	딥러닝 알고리즘
주요 이용 시대	1986년 이후	2006년 이후
사용하는 데이터	학습용 데이터 정도	대규모 데이터
이론상 수행 시간	실행 시간이 많이 걸림	은닉층 개수가 많아 실행 시간이 훨씬 많이 걸림
프로세서 속도	당시 상대적으로 느림	최근에 크게 빨라짐
병렬처리	당시 NCUBE/10 등 병렬 수퍼컴퓨터를 사용하였으나 큰 성과 없음	수많은 고속의 프로세서들을 병렬로 연결하여 빠르게 사용 가능

2006년 캐나다 토론토대학의 힌튼 교수는 다층 신경망에다 학습을 통한 전처리 과정을 추가한 딥러닝 기법을 발표했다. 기존의 다층 퍼셉트론은 입력층과 출력층 사이에 보통 하나 정도의 은닉층을 가지는데, [그림 9.4]와 같은 새로운 신경망은 기본적으로 여러 개의 은닉층을 사용하였다. 이를 심층신경망이라 불렀으며, 이를 위한 학습 방법을 딥러닝이라 한다.

보통의 경우에는 몇 개 정도의 은닉층을 사용하지만, 매우 복잡한 작업을 하는 심층신경망의 경우에는 은닉층이 무려 1,000여 개가 사용되기도 한다.

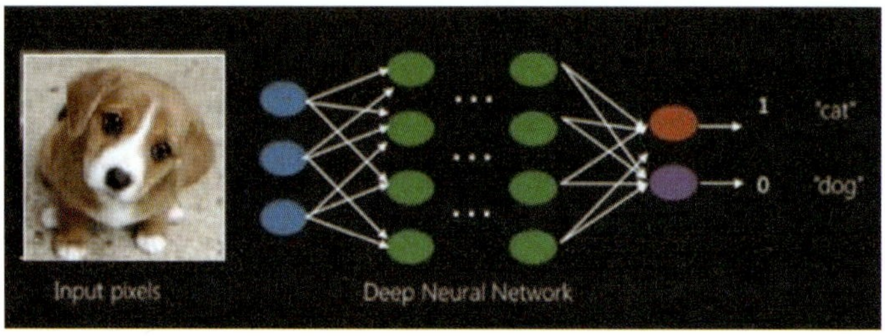

[그림 9.4] 심층신경망

힌턴 교수는 "딥러닝은 다중처리 계층으로 구성된 계산 모델을 사용하여 여러 수준의 추상화를 통해 데이터 표현을 학습하여 어떤 것을 인식하는 방법이다."라고 딥러닝의 개념을 발표하였다. 그 후 딥러닝에 관한 연구가 본격적으로 시작하게 되었다.

그는 RBM이란 새로운 딥러닝 기반의 학습 알고리즘을 제안하면서 크게 주목받기 시작했으며, 연이어 드롭아웃이라는 알고리즘도 등장하여 오랫동안 미해결된 과적합(overfitting) 문제 등을 해결할 수 있게 되었다.

그는 1984년에 이미 '볼츠만 머신(Boltzmann Machine)'을 공동으로 개발한 바 있는 신경망 연구의 선구자인데, 그의 제자인 뉴욕대학의 얀 러쿤(Yann LeCun) 교수와 몬트리올대학의 요수아 벤지오(Yoshua Bengio) 교수 등과 함께 딥러닝 기술을 더욱 발전시켰다. 2018년 그들은 이 공로를 인정받아 [그림 9.5]와 같이 컴퓨터학계의 노벨상이라 여겨지는 영예로운 튜링상(Turing Award)을 공동 수상하였다.

[그림 9.5] 튜링상의 영예를 안은 벤지오, 힌턴, 러쿤

2009년에 들어와서는 지도 학습 방식의 딥러닝 알고리즘이 대부분의 패턴인식에서 기존 방식을 능가하기 시작했다. 2012년에는 스탠퍼드 대학의 앤드류 응(Andrew Ng) 교수와 구글의 브레인 팀은 유튜브에 등록된 1,000만 개의 동영상 중에서 딥러닝을 이용하여 고양이 영상들을 찾아내기에 성공했다.

그 후 딥러닝 기술은 물체나 음성 등 패턴인식 분야에서 현재까지 가장 뛰어난 신경망 기법으로 인정받고 있으며, 세상의 큰 관심 속에 다양한 모델들이 속속 개발되고 있다. [그림 9.6]은 딥러닝을 통한 숫자를 인식하는 결과를 보여준다.

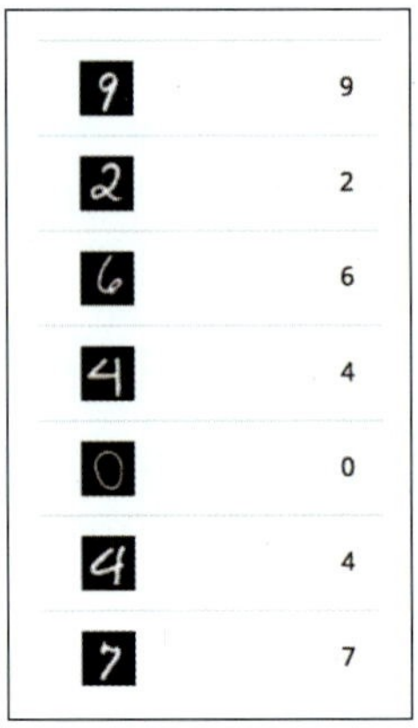

[그림 9.6] 딥러닝을 통한 숫자의 인식

딥러닝과 관련된 MIT 강좌는 다음 사이트에서 시청할 수 있다.

- https://www.youtube.com/watch?v=JN6H4rQvwgY

2 머신러닝과 딥러닝의 차이점

분류 작업에 있어서 SVM 등의 머신러닝 기법을 사용하면 시간이 별로 안 걸리지만, 신경망을 이용할 경우에는 학습에 다소 시간이 걸리는 경우가 많다. 특히 딥러닝의 경우에는 신경망보다 통상 은닉층의 개수를 많이 사용하기 때문에 학습 시간이 매우 오래 걸리는 경우가 많다. 그러나 딥러닝은 〈표 9.2〉에서 보는 바와 같이 매우 큰 데이터 집합에 좋은 결과를 얻을 수 있다는 점이 큰 장점이다.

〈표 9.2〉 머신러닝과 딥러닝의 특징 비교

	머신러닝	딥러닝
데이터 크기	작은 데이터 집합에 좋은 결과	매우 큰 데이터 집합에 좋은 결과
처리하는 컴퓨터	학습 시간이 짧아 일반 컴퓨터	매우 오래 걸리므로 강력한 컴퓨터
특징 추출의 방법	최상의 결과를 위해 여러 가지 특징 추출과 분류 방법 시도	특징 추출과 분류가 자동적으로 처리 가능
처리 시간	몇 분에서 몇 시간 정도	경우에 따라 몇 주까지도 걸림
알고리즘의 종류	다양하고 많음	현재는 적으나 많이 개발 중임

머신러닝과 딥러닝은 분류 방식에서 [그림 9.7]에 나타낸 것과 같이 차이점이 있다. 특히 딥러닝의 두드러진 장점으로는 머신러닝과 달리 특징 추출과 분류가 자동적으로 이루어진다는 점이다.

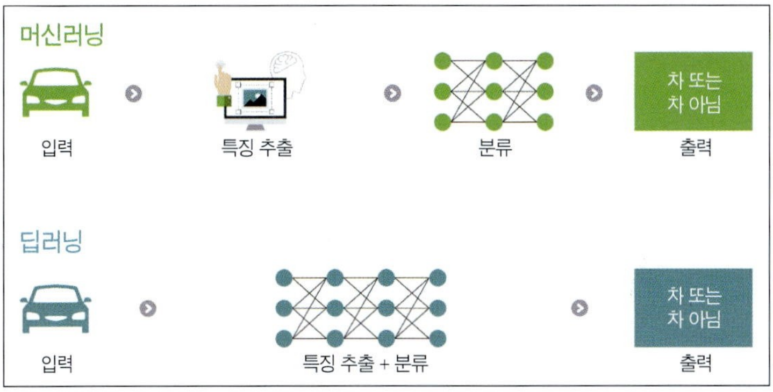

[그림 9.7] 머신러닝과 딥러닝에서의 분류 방식

머신러닝의 경우에는 [그림 9.8]과 같이 이미지가 들어가면 특징 추출이 되고 그것을 바탕으로 분류하여 차인지 아닌지를 판정한다. 그러나 딥러닝의 경우에는 특징 추출과 분류가 함께 이루어지면서 그 물체가 차인지 아닌지를 판정할 수 있다.

[그림 9.8] 머신러닝의 인식 과정

딥러닝은 데이터 처리의 양적 측면에서 머신러닝이나 신경망과는 차이가 있다. [그림 9.9]와 같이 딥러닝은 전통적인 머신러닝이나 신경망보다 훨씬 큰 규모의 데이터를 학습할 수 있다. 이와 같은 특성은 특히 대규모 데이터를 다루는 영상이나 음성의 인식 같은 분야에서 딥러닝이 각광을 받고 있는 이유이기도 하다.

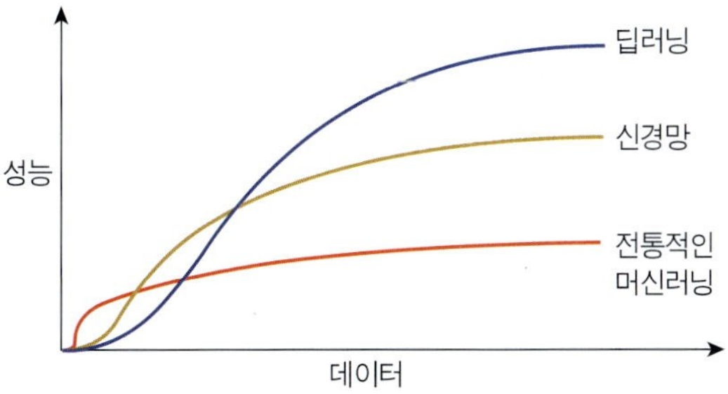

[그림 9.9] 데이터의 양에 따른 성능 비교

딥러닝 심층신경망의 종류

딥러닝을 사용하는 심층신경망에는 컨볼루션 신경망, 순환 신경망, 제한된 볼쯔만머신, 심층 신뢰 신경망, 그리고 생성적 적대 신경망 등이 있으며, 지금도 세계 각국에서 새로운 딥러닝 모델들이 생겨나며 연구되고 있다.

딥러닝 심층신경망의 종류별 주요 용도는 〈표 9.3〉과 같다.

〈표 9.3〉 딥러닝 심층신경망의 종류별 주요 용도

모델의 종류	주요 용도
컨볼루션 신경망	영상인식, 컴퓨터 비전
순환 신경망	음성인식, 작곡, 주가 예측
제한적 볼쯔만머신 신경망	분류, 회귀 분석
심층 신뢰 신경망	글씨와 음성의 인식
생성적 적대 신경망	영상과 음성의 복원

1 컨볼루션 신경망

컨볼루션 신경망(Convolutional Neural Network, CNN)은 '합성곱 신경망'이라고도 하는데, 영상의 분석이나 영상인식에 많이 사용되는 심층신경망의 한 종류이다. CNN은 합성곱(convolution) 연산을 사용하는데, 합성곱을 사용하면 3차원 데이터의 공간적 정보를 유지한 채 다음 층으로 보낼 수 있다.

CNN은 동물의 시신경 구조와 유사하게 뉴런 사이의 연결 패턴을 형성하는 모델로서 특징 지도(feature map)를 이용하여 학습한다. CNN은 영상인식 외에 컴퓨터 비전 등의 응용에도 매우 좋은 결과를 나타낸다.

[그림 9.10]은 CNN을 이용하여 영상을 인식하는 예를 나타낸다. 가장 왼쪽에는 원래 주어진 영상이 들어가 있으며, 오른쪽 마지막 칸에는 그것이 속하는 영역의 비율을 나타낸다, 이 경우에는 가장 가능성이 큰 제일 위에 있는 '차(car)'라고 인식하게 된다.

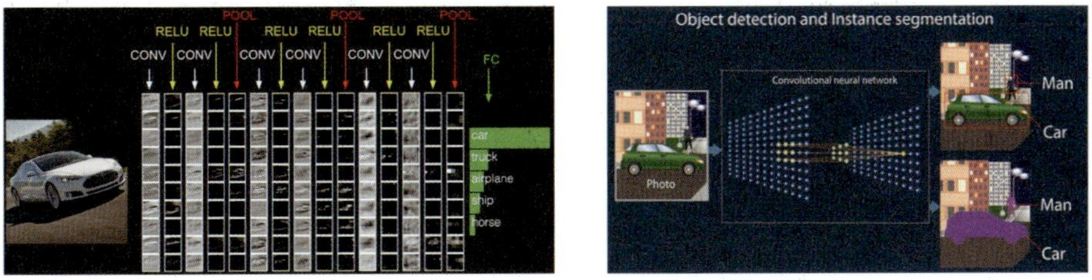

[그림 9.10] CNN을 이용한 영상인식의 예

CNN을 이용하여 고양이를 인식하는 예는 [그림 9.11]과 같다. 여기서 왼쪽의 영상이 개일 가능성은 37%, 새는 21%, 보트는 1%이고, 고양이일 가능성은 91%로 측정되었다.

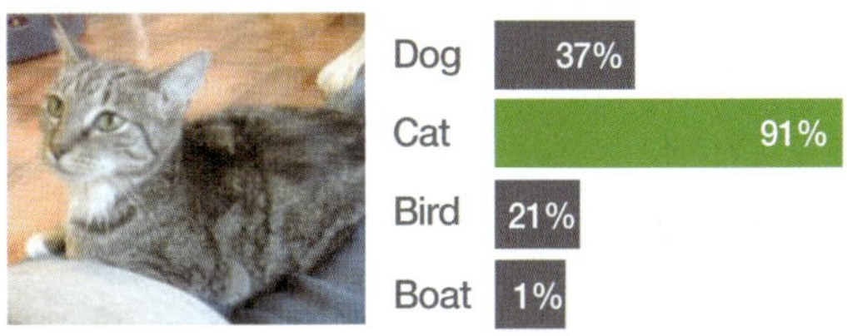

[그림 9.11] 고양이 인식의 예

컨볼루션 신경망은 알파고에서도 이용되었는데, 프로기사들의 바둑 기보를 딥러닝으로 학습한 후 머신러닝 기법의 게임 트리 방식을 적용하였다. [그림 9.12]와 같이 스스로 학습할 수 있는 알파고의 하루는 인간의 35.7년에 해당한다니 놀라운 일이다. 이것은 딥러닝을 통해 인간이 생각해보지 못한 새로운 영역이 개척되고 있음과 그 가능성을 보여주고 있다.

[그림 9.12] CNN을 적용한 알파고의 학습 능력

2 순환 신경망

순환 신경망(Recurrent Neural Network, RNN)은 순차적 정보가 담긴 데이터에서 규칙적인 패턴을 인식하고, 추상화된 정보를 추출할 수 있는 모델이다. 순환 신경망은 [그림 9.13]

과 같이 노드 간의 연결이 순환적 구조를 가지는 것이 특징인데, 필기체 인식이나 음성 인식과 같이 시간에 따라 변하는 특징을 가지는 데이터를 잘 처리할 수 있다.

따라서 음악, 텍스트 처리, 작사, 작곡, 언어 번역, 주가 예측 등 순차적인 데이터를 다루는 분야에 다양하게 활용될 수 있다.

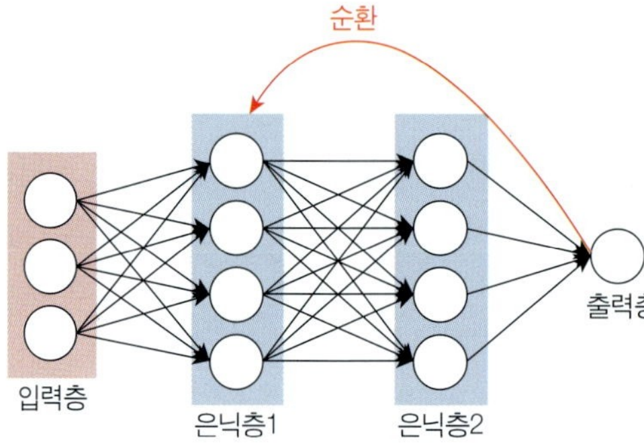

[그림 9.13] 순환 신경망의 구조

3 제한된 볼쯔만머신

제한된 볼쯔만머신(Restricted Boltzmann Machine, RBM)은 힌턴이 제안한 모델인데 비지도 학습에 활용된다. RBM은 입력 집합에 대한 확률 분포를 학습할 수 있는 신경망인데 확률은 에너지 함수 형태로 표현되며, 에너지가 최소화되는 방향으로 학습한다.

RBM은 자체적으로도 사용할 수 있지만 다른 심층신경망의 학습을 돕기 위해 심층 신뢰 신경망(Deep Belief Network, DBN)을 구성하는 기본 요소로 쓰이기도 한다.

RBM의 구조는 단순한 편인데 [그림 9.14]와 같이 방향이 따로 없는 가시적 층과 은닉층의 2개의 층으로 구성된다.

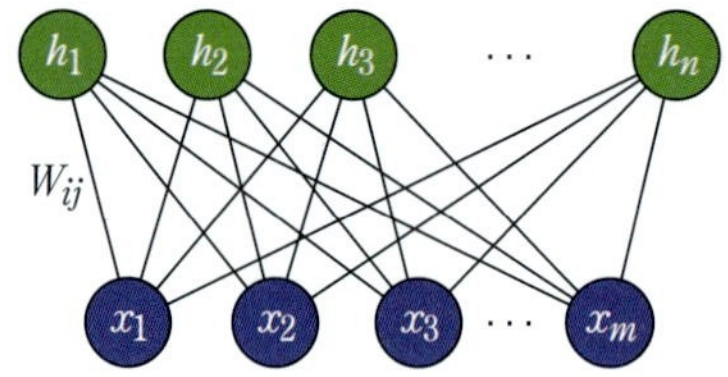

[그림 9.14] RBM의 구조

RBM은 분류, 선형 회귀 분석, 필터링, 특징값 학습, 차원 축소 등에 활용되고 있다. [그림 9.15]는 RBM을 이용하여 숫자를 분류하는 것을 보여준다.

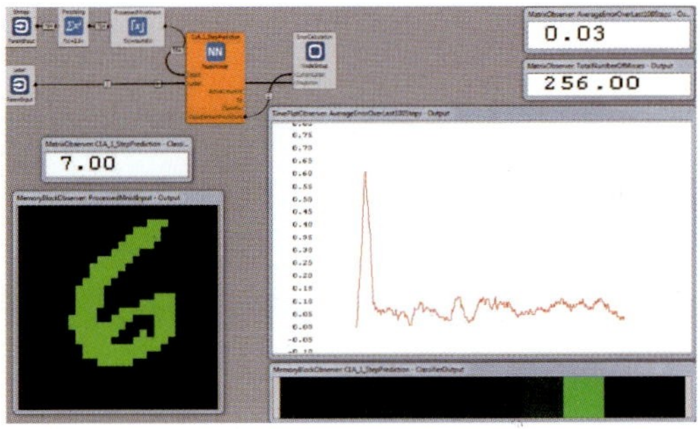

[그림 9.15] RBM을 이용한 숫자의 분류

4 심층 신뢰 신경망

심층 신뢰 신경망(Deep Belief Network, DBN)이란 [그림 9.16]과 같이 다층의 잠재 변수(latent variable)로 표현하는 은닉층으로 이루어지는 심층신경망인데, 사전에 훈련된 RBM을 여러 층으로 쌓아 올린 구조이다.

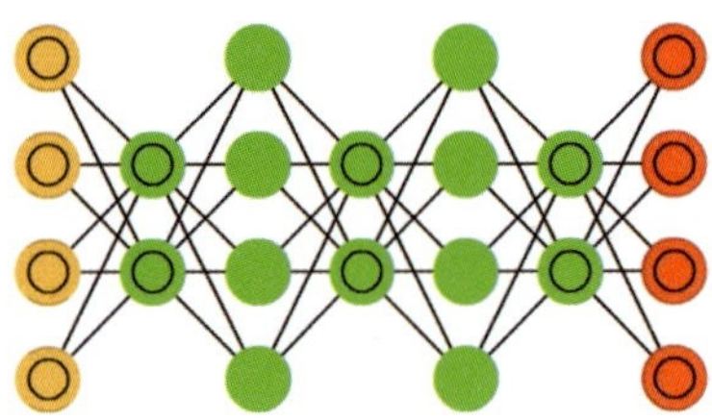

[그림 9.16] DBN의 구조

DBN은 레이블(label)이 없는 데이터에 대한 비지도 학습이 가능하며, 부분적인 이미지에서 전체를 연상하는 일반화 과정을 실현할 수 있다. [그림 9.17]의 DBN은 손으로 쓴 글씨를 인식하는 시스템에서 좋은 결과를 나타낸다.

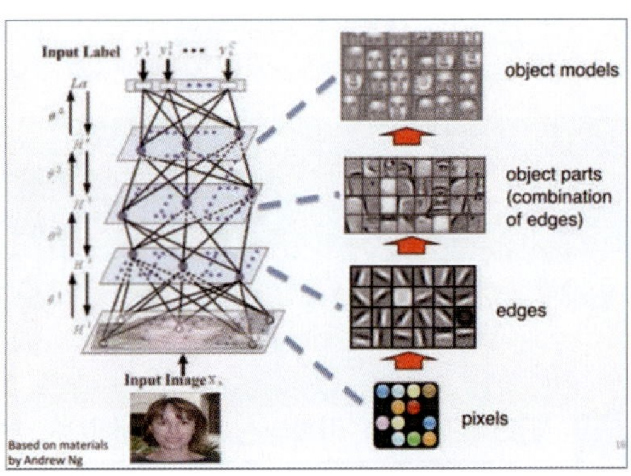

[그림 9.17] 심층 신뢰 신경망

[그림 9.18]은 최근 영국에서 개발된 DBN에 기반한 음성의 감정인식 시스템을 나타낸다.

[그림 9.18] DBN 기반 음성 감정인식 시스템

5 생성적 적대 신경망

생성적 적대 신경망(Generative Adversarial Network, GAN) 개념은 2014년 이안 굿펠로우(Ian Goodfellow) 등에 의해 발표되었는데, 차세대 딥러닝 알고리즘으로 주목받고 있다. GAN은 제로섬 게임 틀 안에서 서로 경쟁하는 두 개의 신경망에 의해 구현된다.

GAN은 진짜 같은 가짜를 생성하는 모델과 이에 대한 진위를 판별하는 모델의 경쟁을 통해 진짜 같은 가짜 이미지를 만들어낼 수 있다. 따라서 이 기술을 범죄와 같이 나쁜 일에 악용할 가능성에 대한 우려도 커지고 있다.

이와 같이 가짜 이미지를 생성하는 것을 딥페이크(deep fake)라 하는데, 딥페이크는 '딥러닝(deep learning)'과 '페이크(fake)'를 합성한 말로 인공지능을 기반으로 얼굴 생김새나 음성 등을 실제처럼 조작한 영상 등을 통칭한다.

딥페이크는 생성적 적대 신경망(GAN) 기술을 통해 만들어진다. 그럴듯한 가짜 이미지를 생성하고, 생성과 감별 기능을 하는 2개의 딥러닝 네트워크가 서로 적대적으로 경쟁 학습하며 더 나은 결과를 만들어내는 방식의 기술이다.

딥페이크는 특정 인물을 콘텐츠로 활용하여 음해하는 등 가짜 뉴스를 퍼트려 정치나 사회 영역에서 혼란을 유발하기도 한다. 트럼프, 오바마 등의 유명인의 영상이나 음성

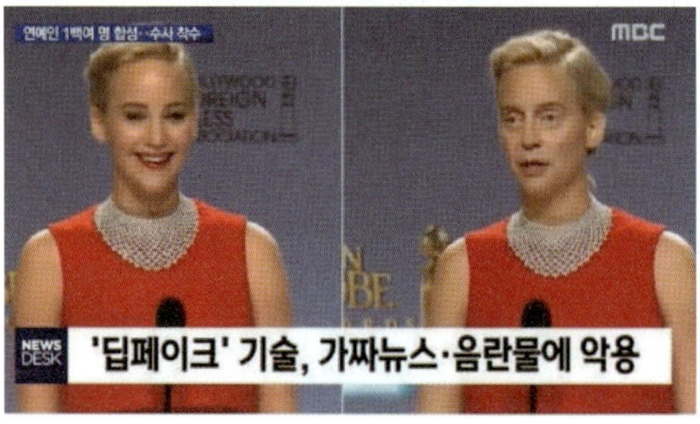

[그림 9.19] 딥페이크 악용의 예

을 가짜로 변환시켜 진짜인 것처럼 편집하거나, [그림 9.19]와 같이 유명 여자 연예인을 음란물로 합성하는 등 심각한 부작용을 초래하고 있다.

GAN은 학습된 패턴을 이용하여 영상이나 음성을 생성할 수 있으며, 영상이나 음성의 복원 등도 가능하다. GAN은 현재 컴퓨터 게임, 패션, 광고 등에 활용되고 있다.

[그림 9.20]은 GAN을 이용하여 가장 오른쪽의 노란 박스 친 영상은 왼쪽의 영상들 중 가장 유사한 영상을 찾아낸다.

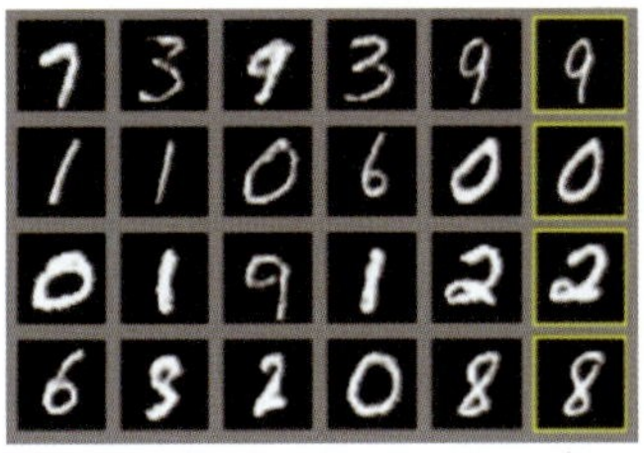

[그림 9.20] GAN을 이용한 유사한 영상 찾기

GAN을 이용하여 다양한 종류의 꽃들을 유사한 영상들끼리 그룹으로 묶는 예는 [그림 9.21]과 같다.

그룹 1 그룹 2

[그림 9.21] GAN을 이용한 유사한 영상들끼리 그룹으로 묶기

딥러닝의 활용과 동향

1 딥러닝을 이용한 구글의 고양이 인식

구글의 브레인팀은 1만 6천 개의 컴퓨터를 이용하여 심층신경망을 구현한 바 있다. [그림 9.22]는 이때 심층신경망이 스스로 찾아낸 고양이들을 나타낸다. [그림 9.23]은 고양이 얼굴과 사람 얼굴인식을 위한 딥러닝을 나타낸다.

[그림 9.22] 인식된 고양이들

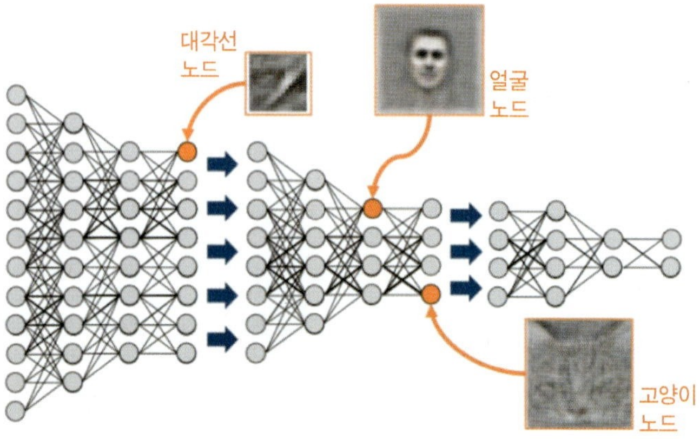

[그림 9.23] 고양이 얼굴과 사람 얼굴인식을 위한 딥러닝

2 딥러닝의 컴퓨터 게임에의 활용

딥러닝은 요즘 들어 컴퓨터 게임에도 다양하게 활용되고 있다. 예를 들어 [그림 9.24]의 슈퍼마리오 게임에서 장애물을 피하기 위해 딥러닝 기술이 적용된다. 가령 장애물을 만났을 때 0.1초 전에 점프하거나, 날아간다든가, 중간 다리를 이용하거나, 사다리를 타는 등의 행동도 딥러닝을 통한 학습을 통해 쉽게 적용할 수 있다.

[그림 9.24] 슈퍼마리오 게임

3 딥러닝의 활용과 연구 동향

세계적인 IT 기업들이 딥러닝 연구와 개발을 위해 과감하게 투자하고 있다. 기술 기업들이 딥러닝을 활용하려는 분야는 주로 대규모의 데이터를 사용하는 사진과 동영상을 분류하거나 음성 정보를 인식하는 쪽이다.

이 분야에서는 특히 구글이 선두주자로 달리고 있고, 마이크로소프트, 페이스북, 트위터 등이 뒤따르고 있다. 국내에서도 네이버와 다음카카오를 비롯한 여러 기술 기업들이 딥러닝과 관련된 연구 개발에 힘쓰고 있다.

① 구글(Google)은 음성인식과 번역을 비롯한 인공지능 시스템 개발에도 딥러닝 기술을 적용하고 있다. 구글은 2012년 딥러닝을 이용하여 컴퓨터가 고양이를 영상을 인식하도록 하는 데 성공했다. 그 후 구글은 2013년 3월 힌튼 교수를 영입하여 딥러닝 기술을 개발하여 음성인식, 유튜브 추천, 이미지 물체에 대한 자동 태깅 등 다양한 영역에서 딥러닝 기술을 이용하고 있다. 현재 수많은 연구원들이 텐서플로와 같은 소스 코드를 공개하며 이 분야에서 선두를 달리고 있다.

② 마이크로소프트(MS)도 딥러닝을 이용한 기술을 선보이고 있다. 2014년에는 '아담 프로젝트'라는 딥러닝 기술을 공개했다. 사용자가 스마트폰으로 찍은 개 사진을 보고 음성 비서 '코타나'와 연동해 컴퓨터가 품종을 빠르게 알려주는 기술이다. 그 외에도 음성 비서 코타나와 스카이프에서 선보인 동시통역 기술 등이 개발되었다.

③ 페이스북(Facebook)은 2014년 딥러닝 기술을 적용하여 [그림 9.25]와 같은 '딥페이스(DeepFace)'라는 얼굴인식 알고리즘을 개발했다. 딥페이스는 사용자가 업로드한 얼굴을 다양한 각도나 조명에서 인간과 비슷한 97% 정도의 정확도로 사람 얼굴을 인식할 수 있다. 또 페이스북에서 개발한 번역을 위한 인공지능 도구인 'Translator'는 하루에 60억 개 이상의 번역을 수행하고 있다고 한다.

[그림 9.25] 딥페이스

④ 트위터(Twitter)는 '매드비츠'라는 딥러닝 회사를 인수하여 사진 분석 기술을 확보하고 있다. 구글에서 브레인 프로젝트를 주도하던 앤드류 응 교수는 2014년부터 중국 검색 서비스 회사인 '바이두(Baidu)'의 인공지능 연구를 주도하고 있다.

⑤ 대기업이 아닌 벤처기업들도 딥러닝 기술 개발로 각광을 받고 있다. 인공지능 바둑 프로그램인 알파고를 개발한 영국에 있는 '딥 마인드'는 구글에 4억 달러에 인수된 후 딥마인드 개발자인 하사비스를 중심으로 최근 새로운 딥러닝 기술을 제시하여 많은 관심을 끌고 있다.

⑥ 국내에서도 딥러닝 연구가 진행되고 있다. 네이버는 [그림 9.26]과 같이 음성인식, 뉴스 요약, 이미지 분석 등에 딥러닝 기술을 적용하고 있다. 다음카카오도 자회사를 통해 딥러닝 기술을 활용하고 있으며, 그 외에도 많은 기술 기업들이 딥러닝 연구개발에 합류하고 있다.

[그림 9.26] 네이버의 딥러닝을 이용한 쇼핑

4 딥러닝의 진화하고 있는 기술

딥러닝을 통한 [그림 9.27]과 같은 영상인식 기술은 어떤 물체가 고양이인 사실을 인식하는 정확도가 점차 높아지고 있으며, 인식에 걸리는 시간도 점차 단축되고 있다. 그런데 가까운 미래에는 딥러닝을 통한 인식 결과만 알려주는 인공지능을 넘어 그 이유까지 설명해주는 XAI(설명가능 인공지능)가 부상하고 있다.

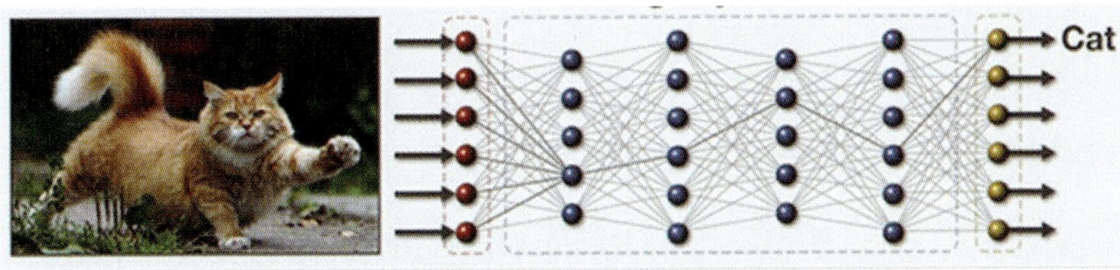

[그림 9.27] 딥러닝 영상인식 시스템

가령 [그림 9.27]과 같은 영상인식 시스템에서 현재는 그 결과가 오른쪽에 'cat'이라는 결과만 알 수 있다. 그런데 미래에는 그 영상이 왜 'cat'이라고 판정되었는지 다음과 같은 이유까지 알려줄 것이다.

① 이 영상은 털, 수염, 발톱을 가지고 있다.
② 이 영상은 [그림 9.28]과 같이 귀 부분이 전형적인 고양이의 모양을 하고 있다.

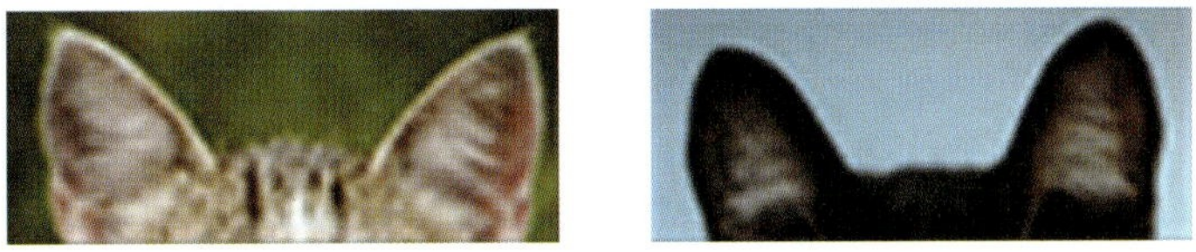

[그림 9.28] 귀 부분의 특징

③ 따라서 이 영상을 고양이로 인식한다.

현재는 간단한 경우에만 설명이 가능하지만, 장차 복잡한 경우에도 설명이 가능한 시스템이 개발될 경우 인공지능의 수준이 더욱 높아질 것이다.

여기서 잠깐! 설명가능 인공지능(XAI)이란?

설명가능 인공지능(Explainable Artificial Intelligence)이란 인공지능이 어떻게 결정을 내렸는지 우리가 이해할 수 있게 설명해주는 기술이다. 지금까지 대부분의 인공지능은 마치 블랙박스처럼 그 안에서 무슨 일이 일어나는지 알기 어려웠다. XAI의 주요 연구 목표로는 인공지능이 어떻게 동작하는지 알게 하고, 인공지능이 내린 결정의 이유를 우리에게 설명해주기 등이다. 이를 통해 인공지능에 대한 신뢰성을 높일 수 있을 것이다.

5 딥러닝에 대한 제한점과 기대감

앞에서 살펴본 바와 같이 최근 들어 딥러닝은 신경망 모델을 개량한 학습 알고리즘으로서 문자인식, 영상인식, 음성인식, 그리고 동영상으로부터의 영상을 추출하여 인식하는 등 많은 발전을 이루었다.

그러나 딥러닝은 아직도 상당한 제한점을 가지고 있다. 비록 구글에서 대규모의 심층신경망을 구성하여 딥러닝을 적용하여 사람의 얼굴과 고양이의 얼굴 구분에 성공한 바 있으나, 딥러닝은 아직도 걸음마 단계에 불과한 수준이다.

한편 딥러닝에 대한 기대감도 크다. 이전에는 엄두도 내지 못했던 대규모 데이터에 대한 학습이 이루어지기 시작하고, 그 범위가 점점 넓어지고 정확성도 더욱 정교해지고 있다. 따라서 응용 범위도 점차 확대되고 있다. '천리 길도 한 걸음부터'란 격언과 같이 이제부터가 시작일 것이다. 앞으로 전개될 4차 산업혁명에 있어서 인공지능 특히 딥러닝의 활약이 크게 기대된다.

딥러닝을 지원하는 하드웨어

1 NPU의 등장

딥러닝 알고리즘은 복잡한 신경망에 특화되어 있어 수천 개 이상의 연산을 동시에 처리해야 하므로 학습 과정에서 상당한 정도의 처리 시간이 걸린다. 따라서 이를 원활하게 처리할 수 있는 하드웨어의 구현이 요구되고 있다.

최근에는 퀄컴(Qualcomm)과 삼성전자 등에서 딥러닝 학습 알고리즘을 병렬로 처리할 수 있는 하드웨어인 [그림 9.29]와 같은 NPU(Neural Processing Unit, 신경망 처리장치)가 개발되었다. NPU는 인간의 뇌와 같은 역할을 할 수 있는 차세대 반도체로서, 여러 가지 복잡한 연산의 실시간 처리가 가능하다.

또 NPU는 데이터를 기반으로 스스로 학습이 가능하여 인공지능 구현을 위한 핵심 기술로 평가되므로, 조만간 인공지능과 관련된 서비스와 장치들에 탑재될 것으로 보인다. NPU는 앞으로 4차 산업혁명의 자율주행차와 드론 등으로 확대돼 관련 시장이 급성장할 것으로 보인다.

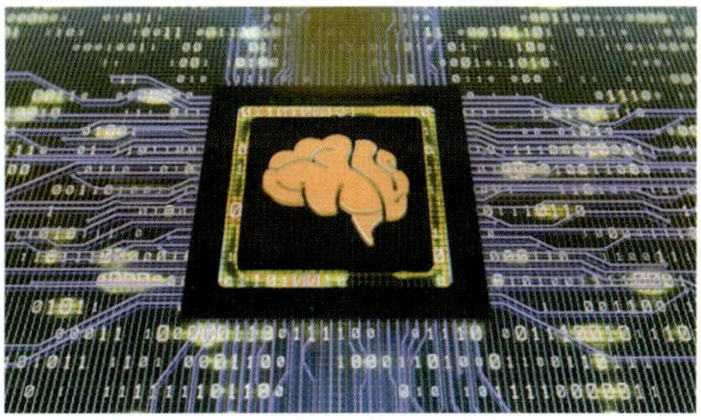

[그림 9.29] NPU

2 인공지능 반도체

인공지능의 발전에는 고성능의 반도체 기술이 필수적이다. 특히 초거대 인공지능 기술은 방대한 양의 데이터 학습과 조 단위의 파라미터를 필요로 하며, 이를 지원하기 위해서는 초고성능 컴퓨터와 특화된 반도체가 필요하다.

인공지능 반도체는 인공지능의 핵심 기능을 담당하는 반도체로서, 기존의 CPU와는 다르게 대용량 데이터를 고속으로 병렬 처리할 수 있는 특수 설계가 되어 있다. 특히 [그림 9.30]의 3세대의 뉴로모픽(Neuromorphic) 반도체는 인간의 뇌를 모방하여 인공지능 반도체 중 가장 높은 연산 속도와 에너지 효율을 구현하는 최신 기술로 주목받고 있다.

[그림 9.30] 우리나라에서 생산한 뉴로모픽 반도체

주요 반도체 회사에서 생산하는 인공지능 반도체는 다음과 같다.

① NVIDIA: Tesla 및 V100, A100 등의 딥러닝용 GPU는 딥러닝 연구와 인공지능 응용 분야에 널리 사용된다. 또 CUDA라는 병렬 컴퓨팅 플랫폼은 인공지능 연산 가속화에 특화되어 있다.

② Intel: NNP는 인텔의 인공지능 반도체이며, Movidius VPU는 비전 처리를 위한 인공지능 연산에 특화된 반도체이다.

③ Google: TPU는 Google에서 설계한 인공지능용 반도체로서 딥러닝 모델의 학습과 추론에 사용된다.

④ Apple: Neural Engine은 Apple의 A-series 및 M-series 칩에 포함되어 딥러닝 모델의 추론을 가속화 한다.

⑤ 삼성전자: Exynos with NPU는 삼성의 Exynos 칩에 포함된 인공지능 연산을 위한 하드웨어 구성요소로서, 딥러닝 모델의 추론을 가속화 한다.

최근에는 미국이 급격히 발전하는 중국의 인공지능 기술을 견제하기 위해 중국으로의 인공지능 반도체와 그것의 제작 장비 수출까지 금지하는 법안을 통과시켰다.

3 인공지능 하드웨어 시장의 확대

인공지능을 구현할 수 있는 주요 하드웨어인 인공지능 반도체 시장이 급격히 증가하는 추세이다. 세계적 시장조사 전문기관인 가트너에 따르면 [그림 9.31]과 같이 NPU와 GPU를 중심으로 한 인공지능 반도체 시장 규모는 2022년 442억 달러에서 2023년에는 534억 달러 규모로 급격히 증가하고, 2027년에는 1,194억 달러로 급격히 증가할 것으로 전망하고 있다.

삼성전자에서는 차량용 프로세서인 '엑시노스 오토 V9'에도 NPU를 탑재하여 얼굴, 음성, 동작 등의 인식 기능을 개선했으며, 차세대 NPU를 개발하고 있어 인공지능 반도체 기술은 더욱 발전할 것이다.

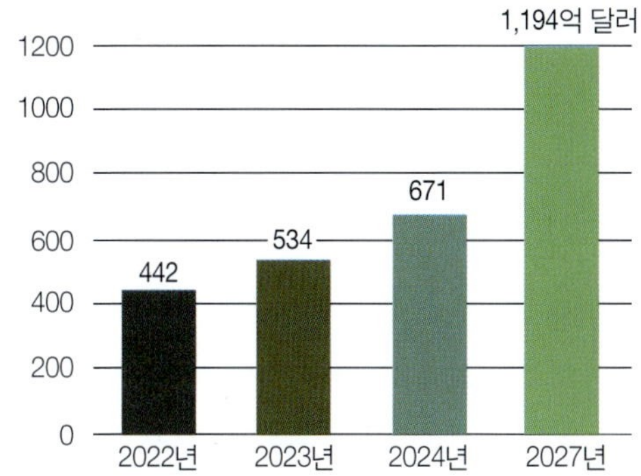

[그림 9.31] 세계 인공지능 반도체 시장 예측(자료: 가트너)

머신러닝과 딥러닝을 지원하는 소프트웨어들

1 텐서플로

머신러닝과 딥러닝을 지원하는 소프트웨어는 여러 가지가 있는데, 그중 [그림 9.32]의 구글 텐서플로가 가장 널리 이용되고 있는 라이브러리(library)이다. 즉 이미 틀이 짜여진 라이브러리에다 정보를 넣으면 결과가 나오는 편리한 소프트웨어인 것이다.

텐서플로는 구글의 인공지능 연구조직인 브레인팀에서 2011년 디스트빌리프(DistBelief)에 이어 두 번째로 딥러닝을 위해 개발하여 2015년 11월에 공개한 소프트웨어이다.

TensorFlow™

[그림 9.32] 구글의 텐서플로

텐서플로는 오픈소스이므로 누구나 이 소프트웨어와 관련 자료들을 무료로 다운받아 사용할 수 있는데, 텐서플로는 다양한 작업에 대해 데이터플로(dataflow) 그래프를 사용하여 머신러닝과 딥러닝 프로그램을 쉽게 구현할 수 있도록 다양한 기능을 제공해주는 소프트웨어 라이브러리이다.

[그림 9.33]은 딥러닝을 위한 간단한 텐서플로인데 입력층, 은닉층, 그리고 출력층을 가지고 있다.

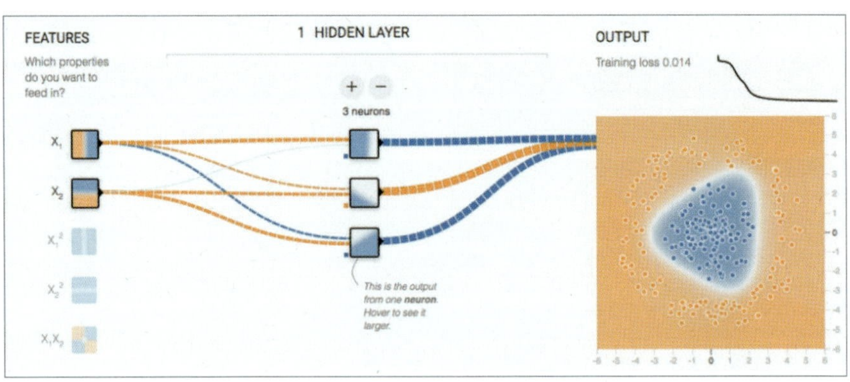

[그림 9.33] 간단한 텐서플로

[그림 9.34]는 입력층, 3개의 은닉층, 그리고 출력층을 가지고 있는 딥러닝을 위한 텐서플로의 예이다. 사용자는 위의 메뉴 창에서 입력층의 벡터, 은닉층의 개수와 벡터, 그리고 출력층의 벡터를 손쉽게 정할 수 있다. 또 임계 함수나 학습률 등도 즉석에서 쉽게 정할 수 있는 장점이 있다.

이와 관계되는 것은 부록에서 누구나 쉽게 실습해볼 수 있을 것이다.

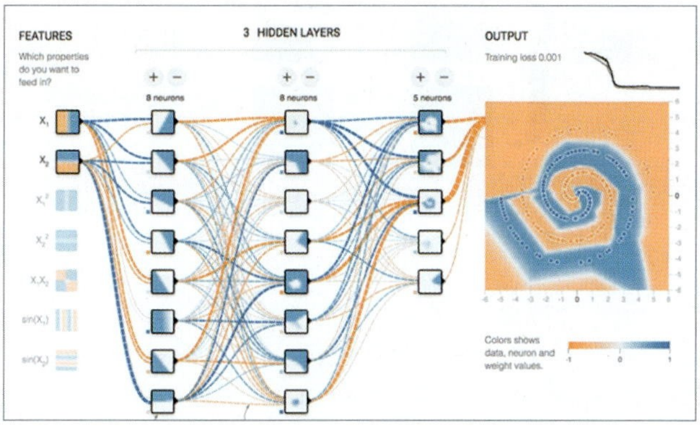

[그림 9.34] 텐서플로의 예

텐서플로에서의 계산은 데이터플로 그래프로 이루어지는데, 텐서 형태의 데이터들이 딥러닝 모델을 구성하는 연산들의 그래프를 따라 흐르면서 연산이 일어나게 된다.

텐서플로와 관련된 공식 웹 사이트는 www.tensorflow.org이며, 텐서플로 등 툴(tool) 관련 웹 사이트는 https://ai.google/tools이다.

여기서 잠깐! 텐서플로 알아보기

텐서플로란 이름은 딥러닝에서 데이터를 의미하는 텐서(tensor)와 데이터플로 그래프를 따라 연산이 수행되는 형태(flow)를 합쳐 나오게 되었다. 즉, tensorflow = tensor + flow인 셈이다.

텐서란 [그림 9.35]와 같이 다양한 차원의 배열로 나타나는 데이터를 말한다. 예를 들어 컬러 영상은 3차원 배열로 나타나는 텐서이다. 플로(flow)는 데이터플로 그래프를 통한 데이터의 흐름을 의미한다.

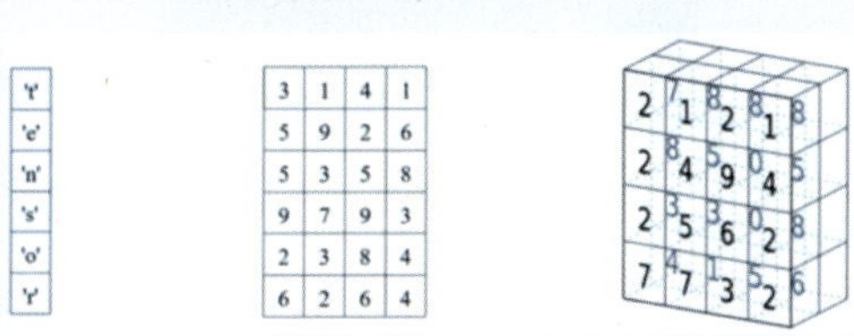

[그림 9.35] 1, 2, 3차원의 텐서

특히 3차원 영상의 경우에는 [그림 9.36]과 같이 이것을 나타내는 3차원의 RGB 이미지는 R(Red), G(Green), B(Blue) 각 3개의 채널마다 2차원 행렬(배열)로 표현하는데, 이를 3차원의 값을 가지는 배열인 텐서로 표현할 수 있다.

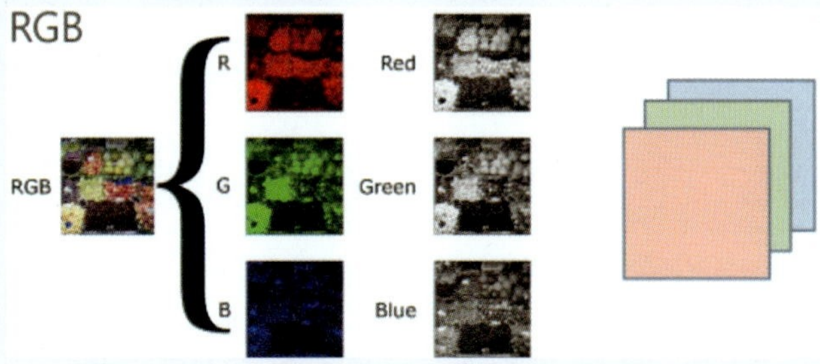

[그림 9.36] 3차원의 텐서 표현

텐서플로 자체는 C++로 구현되어 있으며, Python, Java 등의 언어를 지원한다. 그러나 대부분의 편리한 기능들이 Python 라이브러리로 구현되어 있으므로, 비교적 배우기 쉬운 Python으로 개발하는 것이 편리하다.
그러면 구글이 텐서플로와 같은 인공지능 핵심 프로그램을 공개하는 이유는 무엇일까? 첫째는 구글이 만든 텐서플로가 딥러닝의 표준 플랫폼이 되기를 원하기 때문이다. 둘째는 구글이 현재 보유하고 있는 엄청난 양의 데이터에 대한 자신감일 것이다.

여기서 잠깐! **오픈소스와 깃허브 알아보기**

깃허브(Github)는 오픈소스 소프트웨어의 중심지(hub) 역할을 하면서 텐서플로와 같은 오픈소스 프로젝트가 널리 퍼지는 데 크게 기여하고 있다. 깃허브를 알기 위해선 '깃(Git)'의 개념부터 알아야 하는데, 깃은 2005년에 개발된 분산형 버전 관리 시스템(DVCS)이다.
깃허브는 깃을 보다 편리하게 이용할 수 있게 만든 호스팅 서비스인데, 깃허브는 웹 그래픽 기반으로 깃을 이용할 수 있는 환경을 제공하므로 소프트웨어 개발자 사이에서 인기가 높다. '개발자의 성지'라고도 불리는 [그림 9.37]의 깃허브는 2018년 6월 마이크로소프트에 인수되었다.

[그림 9.37] 깃허브

2 텐서플로의 활용

구글에서는 텐서플로를 검색, 광고, 구글 맵스, 스트리트뷰, 번역, 유튜브 등과 같은 실제 서비스에 적용하고 있다.

텐서플로는 필기체 글씨나 숫자의 인식, 음성인식, 영상인식, 자연어 처리, 기계 번역 등을 위한 머신러닝이나 딥러닝에 활용된다. [그림 9.38]은 텐서플로를 이용하여 딥러닝을 통한 숫자인식을 나타낸다.

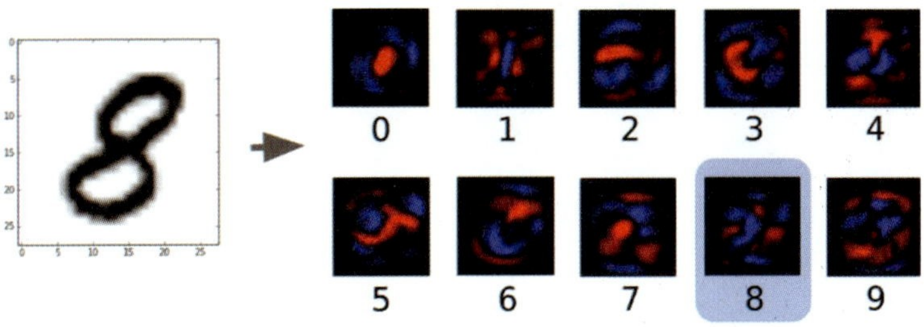

[그림 9.38] 텐서플로를 이용한 숫자인식

심층신경망에서의 딥러닝을 텐서플로를 통해 구현한 쥐의 뇌파인식은 [그림 9.39]에 나타나 있다.

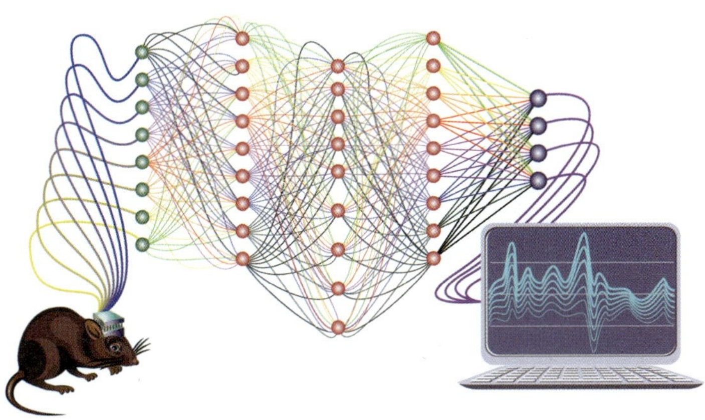

[그림 9.39] 텐서플로를 이용한 뇌파인식

3 파이토치의 딥러닝 구현 라이브러리

파이토치(PyTorch)는 페이스북의 인공지능팀이 개발한 Python 기반의 오픈소스 머신러닝 라이브러리이다. 파이토치는 2016년 10월에 처음 발표되었으며, 2019년 4월에 안정화된 후 최근에 많이 활용되고 있다. [그림 9.40]의 파이토치는 Torch를 기반으로 하며 자연어 처리와 같은 애플리케이션을 위해 사용된다.

PYTORCH
Deep Learning with PyTorch

[그림 9.40] PyTorch

최근 들어 파이토치의 인기가 높아지고 있는 이유로는 파이토치가 간결하고 구현이 빠르며, 사용자가 텐서플로보다 훨씬 익히기 쉽다는 점이다. 또 코드를 다른 사람들에게 설명해주기에도 매우 효과적이기 때문이다.

텐서플로와 파이토치의 가장 큰 차이점은 딥러닝을 구현하는 패러다임이 다르다는 것이다. 텐서플로는 딥러닝 프레임워크 중 난이도가 높은 편이지만 파이토치의 경우에는 비교적 난이도가 높지 않고 간단한 편이다.

파이토치가 사용하는 언어는 일반적인 코딩과 비슷하다. 따라서 코드가 간결하고 난이도가 낮은 편이다. 또 파이토치는 계산 그래프가 입력 데이터에 따라 동적으로 유연하게 변한다는 점도 장점으로 꼽힌다.

PyTorch의 장점을 요약하면 다음과 같다.

- 설치가 간편하며 이해와 디버깅이 쉬운 직관적이고 간결한 코드로 구성되었다.
- 실시간으로 결과값을 시각화해준다.
- Python 라이브러리(Numpy, Scipy, Cython)와 높은 호환성을 가진다.
- 모델 그래프를 만들 때 데이터에 따라 유연한 조절이 가능하다.
- 학습 및 추론 속도가 빠르고 다루기 쉽다.

파이토치의 단점으로는 현재 사용자가 텐서플로보다 훨씬 적어 참고할 예제가 텐서플로보다 적다는 점이다. 그러나 시간이 지나면 점차 개선될 것이라고 여겨진다.

파이토치와 관련된 최신 정보와 설치 등의 안내는 [그림 9.41]과 같이 다음의 웹사이트에서 제공된다. https://pytorch.org/

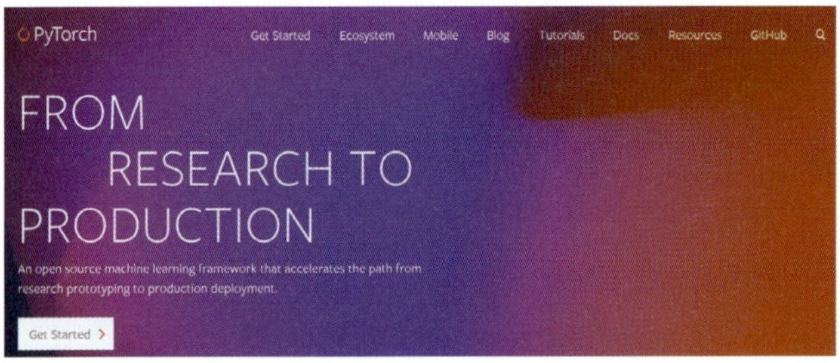

[그림 9.41] PyTorch 웹사이트

그 외 파이토치의 설치, 현재 상태, 튜토리얼 등의 자료는 [그림 9.42]의 Get Started 부분을 누르면 정보를 얻을 수 있다.

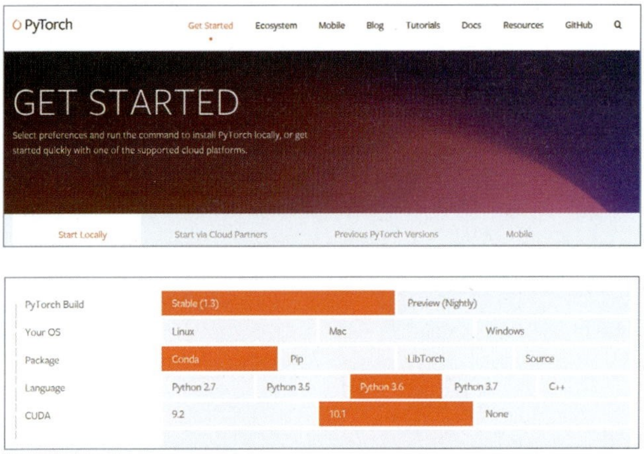

[그림 9.42] PyTorch 관련 자료 사이트

4 머신러닝과 딥러닝을 지원하는 기타 소프트웨어들

머신러닝과 딥러닝을 지원하는 소프트웨어에는 텐서플로와 파이토치 외에, CNTK, MXNet 등이 있다.

① CNTK: 마이크로소프트의 코그니티브 툴킷(Cognitive Toolkit, CNTK)은 텐서플로처럼 그래프 구조를 사용하여 데이터 흐름을 기술하며 딥러닝 신경망을 구성하는데 초점을 맞추고 있다.

② 아파치(Apache) MXNet: 아마존의 오픈소스 딥러닝 소프트웨어로서 아마존 웹 서비스(AWS)의 고급 딥러닝 프레임워크로 채택하고 있다.

여기서 신경망 계열의 딥러닝을 이용하여 숫자를 인식하는 것을 다음의 URL을 연결하여 직접 실습해보자. 네모 안에 마우스로 숫자를 적고 'recognize'(인식)란 버튼을 누르면 된다, 다시 시도하려면 그 옆의 'clear'를 누르고 다시 적으면 된다. 다양한 크기와 변형으로 시도해보자.

- https://erkaman.github.io/regl-cnn/src/demo.html

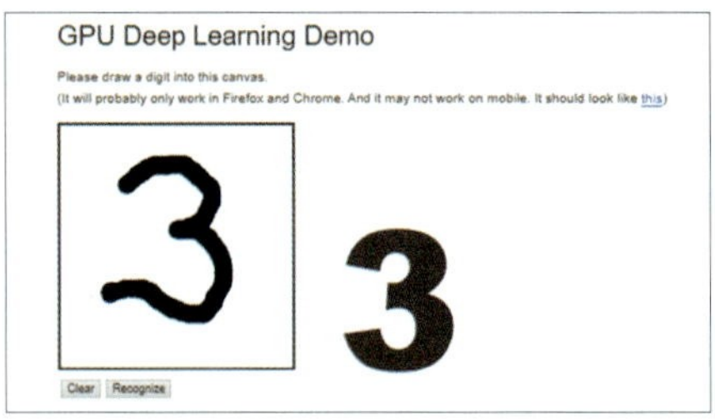

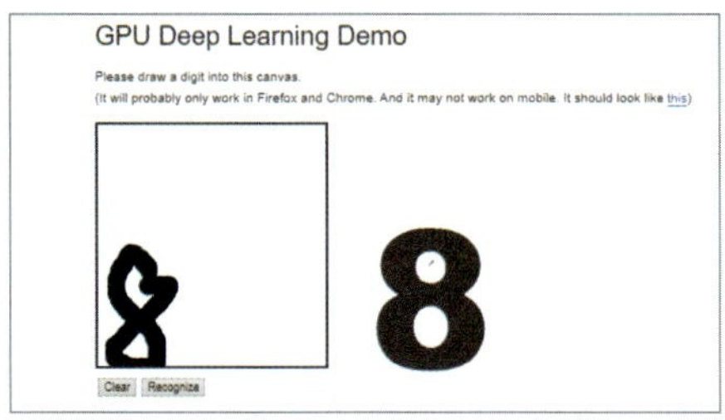

가까운 곳에서 인공지능 경험하기

1. 인공지능 지도 앱 이용하기

인공지능 기술을 이용한 지도 앱은 현재 여러 개 있다. 우리는 그중에서 마음에 드는 앱을 골라 스마트폰에 설치하여 사용하면 된다. 출발할 지역과 도착할 지역을 지정하면 걸리는 시간과 도착 시각까지 알려주며, 빠르게 도착할 수 있는 교통 수단까지 알려주니 매우 편리하다.

2. 지도 App을 통한 길찾기(네이버, 구글)

우리나라에서는 네이버 지도가 편리하고, 해외인 경우에는 구글 지도를 아래의 방법과 비슷하게 이용하면 유용하다.

1) Naver 검색창에서 '네이버 지도' 앱을 열거나 다운받는다.
2) 검색하고자 하는 장소를 상단에 적고 '길찾기'를 누른다.
3) 해당 위치의 지도가 나오면 하단의 '도착'을 누른다.
4) 지하철, 버스, 걷기, 자전거 등 필요한 교통 수단을 누르면 걸리는 시간 정보가 나온다.

생각하고 토론하기

1. 최근 딥러닝 기술이 크게 발전함에 따라 많은 사람들이 딥러닝의 미래에 대해 큰 기대감을 나타내고 있다. 우리가 어떤 면에서 기대할 수 있을지를 생각해보고 의견을 나누어 보자.

✔ 아이디어 포인트 정확성, 응용 범위, 데이터 규모, 학습 기능 등

2. 우리나라에는 아직 텐서플로나 파이토치와 같은 인공지능 라이브러리가 없다. 그 이유를 생각해보고 의견을 나누어보자.

✔ 아이디어 포인트 기술 부족, 인력 부족, 출발 늦음 등

인공지능 실습하기

실습 9 신경망을 텐서플로를 이용하여 경계선 생성을 실습하기

주어진 데이터를 신경망에 입력시킬 때 텐서플로를 통해 학습하여 분류나 회귀의 결과를 OUTPUT 그림으로 나타내준다.

- https://playground.tensorflow.org/

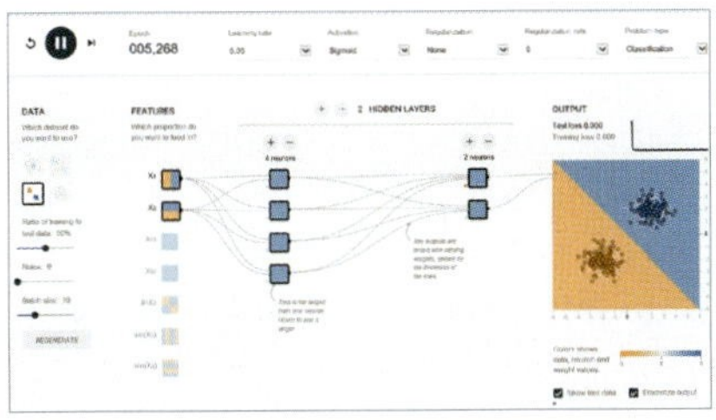

- 2차원상의 데이터를 잘 구분하는 경계선(Decision Boundary)이 신경망에서 어떻게 생성되는가를 보여주는 텐서플로 예제이다.
- 상단 바의 학습 방법과 관련된 파라미터와 중앙에 있는 신경망의 노드 크기를 조절하여 실제 경계선이 어떻게 생성되는지를 시각적으로 확인할 수 있다.
- 데이터의 특성도 여러 가지 방법으로 조절할 수 있다.

| 실행방법 | 각 파라미터를 설정 후, 상단 바의 화살표를 누르면 신경망 학습이 진행된다. 이때 입력층과 은닉층의 개수를 정할 수 있으며, 데이터의 종류, 전이 함수, 분류/회귀 등 다양한 변수를 정할 수 있다.

그 후 우측의 OUTPUT을 관찰해보자. 그리고 파라미터를 바꾸어 실행해보면 텐서플로의 작동을 알 수 있을 것이다.

| 실행결과 | 다음은 은닉층을 3개로 정하고, 회귀를 선택한 결과이다. 중앙에 있는 파란색의 3개 층이 은닉층이다.

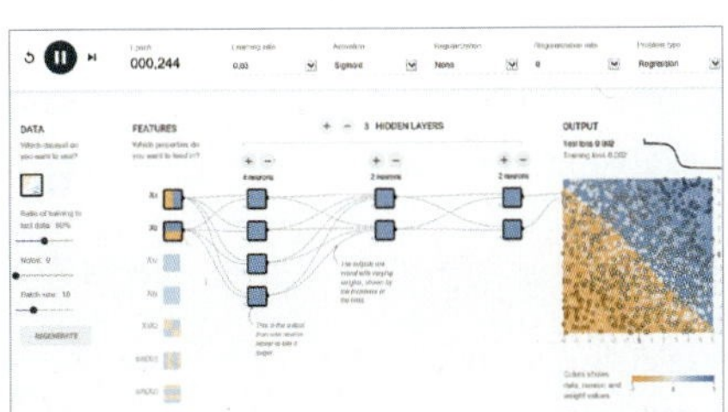

연습문제

진위 문제

1. 딥러닝 기반의 심층신경망은 이미 존재하는 다층 신경망의 특수한 경우로 볼 수 있다.( )
2. 딥러닝의 시초는 1980년 일본의 후쿠시마가 개발한 네오코그니트론이다.( )
3. 딥러닝은 머신러닝이나 신경망보다 훨씬 큰 규모의 데이터를 학습할 수 없다.( )
4. 힌턴은 새로운 딥러닝 기반의 학습 알고리즘을 제안하면서 오랫동안 미해결된 과적합 문제 등을 해결할 수 있게 되었다.( )
5. RBM이란 제한된 볼쯔만머신은 지도 학습에만 활용된다.( )
6. 심층 신뢰 신경망은 사전에 훈련된 RBM을 여러 층으로 쌓아 올린 구조이다.( )
7. 컴퓨터 게임의 지능적 행동은 딥러닝 학습을 통해 다양하게 적용되고 있다.( )
8. 인공지능 반도체 시장은 지금부터는 다소 정체될 것으로 예측된다.( )
9. 텐서플로는 누구나 무료로 다운받아 사용할 수 있는 소프트웨어가 아니다.( )
10. 텐서플로 자체는 C++로 구현되어 있으며, Python, Java 등의 언어를 지원한다.( )

단답식/선택식 문제

1. 2006년 힌턴 교수는 다층 신경망에다 학습을 통한 전처리 과정을 추가한 (　　) 학습 알고리즘 기법을 발표하였다.
2. 심층신경망은 여러 개의 (　　)을 사용하였는데, 많을 경우에는 무려 1,000여 개가 사용되기도 한다.
3. 딥러닝의 장점으로는 (　　)과 분류가 자동적으로 이루어진다는 점이다.
4. (　　) 신경망은 순차적 정보가 담긴 데이터에서 규칙적인 패턴을 인식하고, 추상화된 정보를 추출할 수 있는 모델이다.
5. (　　)란 다양한 차원의 배열로 나타나는 데이터를 말한다.
6. (　　)는 개발자의 성지라고 불리며, 오픈소스 소프트웨어의 중심지 역할을 한다.
7. (　　)는 딥러닝을 지원하는 구글이 만든 소프트웨어이다.

8. 텐서플로의 대부분의 편리한 기능들이 (   ) 라이브러리로 구현되어 있다.

9. (   )는 페이스북이 개발한 Python 기반의 오픈소스 머신러닝 라이브러리이다.

10. (   ) 적대 신경망은 진짜 같은 가짜를 생성하는 모델과 이에 대한 진위를 판별하는 모델의 경쟁을 통해 진짜 같은 가짜 이미지를 만들어낼 수 있는 모델이다.

11. 다음 중 텐서플로가 자주 활용되지 않는 것은?

① 영상인식 ② 음성인식
③ 적분 계산 ④ 자연어 처리

12. 다음 중 포함 관계에서 가장 작고 특수한 경우로 볼 수 있는 것은?

① 인공지능 ② 머신러닝
③ 신경망 ④ 딥러닝

13. 다음 중 심층신경망보다는 신경망에 가까운 것은?

① 딥러닝 ② 역전파 알고리즘
③ 2006년 이후 시작 ④ 은닉층 개수가 매우 많음

14. 다음 중 딥러닝을 사용하는 심층신경망에 속하지 않는 것은?

① 컨볼루션 신경망 ② 순환 신경망
③ 다층 퍼셉트론 신경망 ④ 생성적 적대 신경망

주관식 문제

1. 딥러닝이 무엇인가와 응용 분야를 간단히 설명하시오.

2. 세계적인 IT 기업들의 딥러닝 연구 개발 상황을 간략하게 요약하시오.

3. 설명가능 인공지능의 핵심을 간략히 설명하시오.

4. NPU가 무엇인가를 간략하게 설명하시오,

5. 최근 파이토치의 인기가 점차 높아지고 있는 이유를 말하시오.

CHAPTER

10

인공지능의 패턴인식

Pattern Recognition in Artificial Intelligence

Contents

단원의 주요 목표

인공지능에서 음성, 영상, 자연어 처리를 위한 패턴인식에 관해 고찰한다.

- 패턴인식의 기본 개념과 영상인식을 비롯한 다양한 응용을 살펴본다.
- 21세기의 황금어장이라 불리는 음성인식 기술에 대해 알아본다.
- 스마트폰이나 장난감 등 음성인식 기술의 응용과 음성합성을 다룬다.
- 신경망과 딥러닝을 이용한 영상인식과 홍채 및 지문인식을 파악한다.
- 인공지능의 자연어 처리와 구문 분석 등을 통한 자연어 이해를 알아본다.
- 파파고와 구글 번역기를 이용한 언어 번역의 예를 조사해본다.

인공지능에서의 패턴인식

1 패턴인식이란?

패턴인식(Pattern recognition)은 인공지능과 인지과학 분야에 속하는데, 특히 인공지능에서 매우 중요한 기술이다. 패턴(pattern)이란 일정한 특징, 양식, 유형, 틀 등을 말하는데, 패턴인식은 [그림 10.1]과 같이 패턴이나 특징적인 경향을 발견하여 인식하는 것이다.

패턴인식의 종류로는 문자, 도형, 음성, 영상, 자연어 문장, 동영상 등이 있는데, 이러한 정보를 눈과 귀로 포착하면 그 정보가 무엇을 의미하는가를 지금까지 기억되고, 축적된 정보를 토대로 판단하게 된다.

[그림 10.1] 패턴인식

컴퓨터를 이용한 전통적인 패턴인식은 사전에 정보를 컴퓨터에 기억시켜 두고, 입력정보와 대조하여 그 특징을 분석함으로써 이 입력정보와 사전에 기억시킨 정보를 식별하는 것이 일반적인 방법이었다.

그러나 인공지능에서의 패턴인식은 인간의 학습능력과 추론능력을 인공적으로 모델링하여 외부 대상을 인식하는 능력, 나아가 자연어와 같은 구문적 패턴까지 이해하는 능력 등을 구현하게 된다.

2 패턴인식의 다양한 응용

신경망과 딥러닝을 이용한 패턴인식 방법이 고안된 이후 학습을 통한 패턴인식이 많이 쓰이고 있다. 현재 활용되고 있는 패턴인식에는 문자인식, 음성인식, 영상인식, 지문인식, 홍채인식 등이 있으며, 최근에는 동영상에서의 물체인식과 자연어 처리에 이르기까지 상당한 수준에 이르고 있다.

패턴인식 기술은 로봇의 발달과 함께 급속히 발전하고 있으며, 구체적인 응용 예로는 로봇의 시각, 청각의 인식 외에도 우편번호 자동인식, 지문 자동판별 등에도 응용되고 있다. [그림 10.2]는 꽃의 모양과 색깔을 보고 꽃 이름이 'Golden shrimp'라고 인식하는 것을 나타낸다.

[그림 10.2] 꽃 종류의 인식

21세기의 황금어장 음성인식 기술

1 음성인식

음성인식(Speech recognition)이란 마이크와 같은 컴퓨터 입력 장치를 통해 사람의 음성을 입력받은 후 음성에 포함된 언어적인 정보를 추출하여 문자 데이터로 전환하는 처리를 말한다.

음성인식의 최종 목표는 잡음이 있거나 불완전한 음성 등 어떤 상황에서도 [그림 10.3]과 같은 인간의 아날로그 파형의 음성을 정확하게 인식할 수 있는 시스템의 구현이라 할 수 있다.

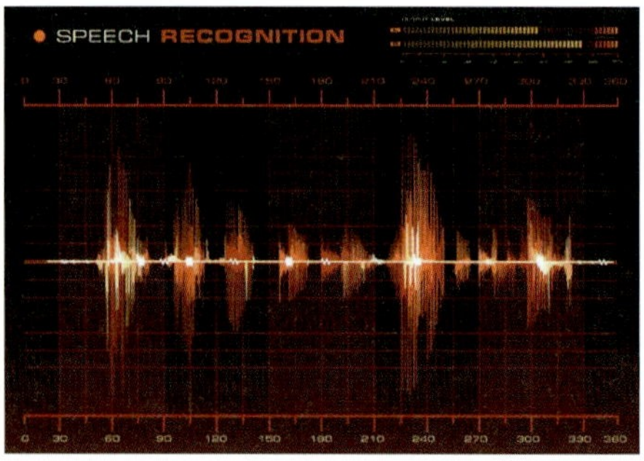

[그림 10.3] 음성의 아날로그 파형

음성인식에 관한 연구는 인공지능 연구가 시작된 1950년대부터 시작되었는데, 그동안 시도된 방법들은 다음과 같다. 그중에서 현재 은닉 마르코프 방법과 딥러닝에 의한 방법이 많이 쓰이고 있다.

- 특징 추출을 기반으로 하는 패턴 매칭을 이용하는 방법
- 확률적인 성질을 기반으로 하는 은닉 마르코프 방법
- 자연어 처리에서의 문맥을 고려한 방법
- 신경망에 의한 방법
- 딥러닝에 의한 방법

지금까지 진행된 음성인식 시스템에 개발 상황은 [그림 10.4]에 나타나 있으며, 이에 대한 요약 설명은 〈표 10.1〉에 정리되어 있다.

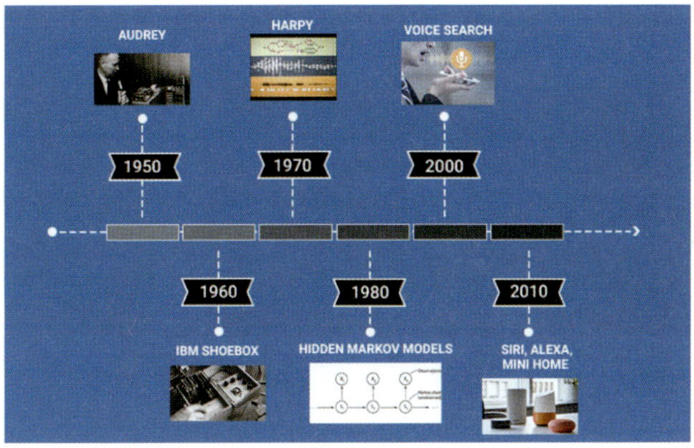

[그림 10.4] 음성인식 시스템의 개발 상황

〈표 10.1〉 음성인식 시스템의 요약

연도	모델	개발자	특징
1952년	Audrey	Bell Labs	숫자만 인식
1960년	Shoebox	IBM	16개 단어인식
1970년	Harpy	DARPA	1,011개 단어인식
1980년	HMM	-	통계적 모델
2001년	Voice Research	Google	최초의 음성 대화인식
2011	Siri Alex Mini Home	Apple Amazon Google	실시간 음성 대화인식

음성인식 기술을 적용할 경우 우리는 손을 쓰지 않고 음성으로 가전제품들을 다룰 수 있으며, 컴퓨터에 타이핑하는 작업 대신에 그냥 음성으로 읽기만 해도 되니 훨씬 편리해질 것이다.

만약 누군가 거의 완벽한 음성인식 기술을 개발한다면 애플, 삼성, 구글 등에서 그 소프트웨어 기술을 어마어마한 금액으로 구입하려고 할 것이다. 그야말로 21세기의 황금어장을 개발하는 것이다.

그러나 음성인식 기술의 완전한 실현은 결코 쉬운 일이 아니다. 음성인식은 발성자의 성별이나 나이, 지속 시간, 주위의 잡음 정도 등에 따라 인식 결과가 다르다. 특히 여성의 음성은 남성보다 주파수가 높고, 어린이의 음성 또한 노인보다 주파수가 훨씬 높다. 따라서 남녀노소 모두에게 적용될 수 있는 음성인식 시스템의 개발이 필요한 것이다.

[그림 10.5]는 최근 음성인식이 실제로 활용되고 있는 예를 나타낸다.

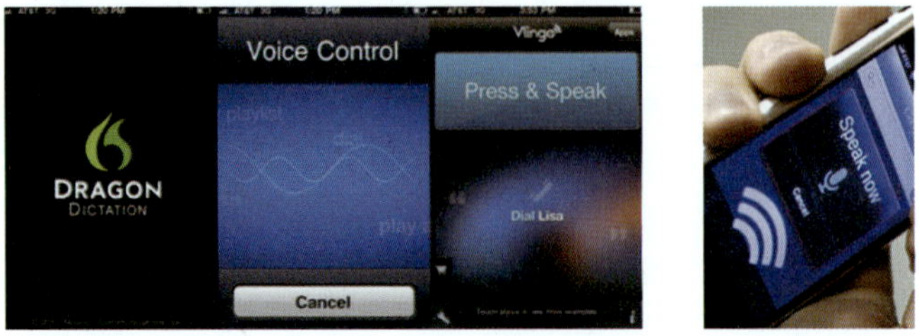

[그림 10.5] 음성인식의 활용 예

음성인식 기술은 크게 화자종속과 화자독립으로 나눌 수 있다. 화자종속(Speaker dependent)은 특정한 사람의 말만 인식하고 다른 사람의 말은 인식하지 못하는 것을 말하고, 화자독립(Speaker independent)의 경우는 일반적인 발음을 하는 대다수 사람들의 음성을 인식할 수 있다. 따라서 화자독립 음성인식 기술이 화자종속 음성인식 기술보다 훨씬 더 어려우며 실제 생활에 널리 활용될 수 있다.

2 음성인식 기술의 응용

인간이 말하는 것을 단어로 인식할 수 있는 음성인식 시스템의 주요 응용 분야로는 음성에 의한 기계의 조작, 음성타자기, 로봇 제어, 무인 전화 예약 시스템 등을 들 수 있다.

이러한 시스템은 아직도 제한된 범위의 단어나 문장을 인식할 수 있는데, 보다 효과적인 음성인식 시스템을 구현하기 위해 시간 파형을 주파수 영역으로 바꾸는 기법 등의 방법을 쓰기도 한다. [그림 10.6]은 'up', 'on', 'right'의 파형을 각각 나타낸다.

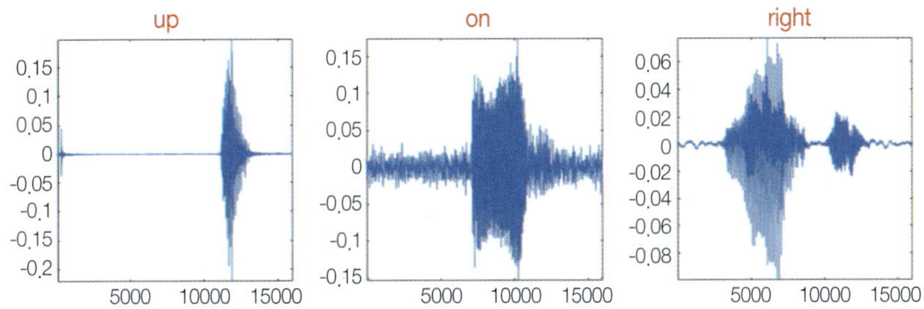

[그림 10.6] 단어에 대한 파형

여기서 잠깐! **음성 타자기 알아보기**

음성 타자기(Phonetic typewriter)란 [그림 10.7]과 같이 키보드 없이도 음성으로 말하면 그 음성을 인식하여 마치 타자기를 치듯이 문장 파일로 만드는 장치를 말한다. 1980년대 코호넨 신경망 모델에서 일부 구현하여 주목을 받았다.

[그림 10.7] 음성 타자기

요즘 최신 스마트폰에는 음성인식을 통해 비서 역할을 하는 에이전트(agent)가 적용된다. 따라서 음성인식을 잘 활용하는 것은 현대인들의 상식 영역에 속할 것이다.

스마트폰 운영체제인 안드로이드와 구글 검색으로 유명한 구글의 음성인식 시스템은

[그림 10.8]과 같이 상당한 수준이다. 또 애플의 아이폰에 적용되는 시리 음성인식도 많이 쓰이고 있다. 그러나 화자종속의 높은 인식률을 위해서는 앞으로도 더욱 많은 시간과 노력이 필요할 것이다.

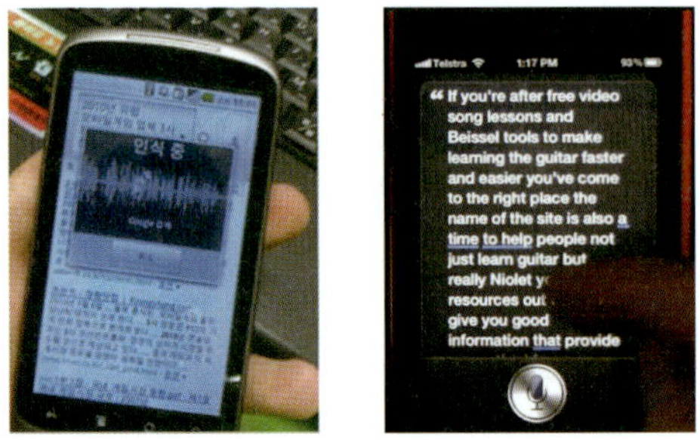

[그림 10.8] 구글과 애플의 음성인식

요즘에는 간단한 음성을 인식하는 장난감 로봇들도 많이 개발되고 있다. [그림 10.9]의 장난감 로봇은 음성으로 왼쪽, 오른쪽 등의 음성을 인식하고 주어진 지시에 따라 작동한다.

[그림 10.9] 음성으로 작동되는 장난감 로봇

3 음성합성과 인공지능 목소리

음성합성(Voice synthesis)이란 음성인식과 반대로 문자로 된 정보를 사람이 알아들을 수 있는 음성으로 만들어주는 기술로서, TTS(Text-To-Speech)라고도 한다. 최근에는 가정용이나 산업용 등에 널리 사용되고 있으며, 음성 메일과 음성 반응 시스템 등의 사용으로 음성합성에 대한 수요가 증가하고 있다.

요즘에는 단어와 단어 사이가 자연스럽게 연결되도록 해주는 기술도 발전되었다. 은행의 잔고 조회의 경우에도 음성합성 기술이 적용되고 있으며, 음성인식과 더불어 번역이나 로봇 기술에도 활용되고 있다.

음성합성 시스템은 [그림 10.10]과 같은 음성합성 모듈로 작동되는데, 특히 시각 장애를 가진 사람들이 글을 음성으로 들을 수 있는 편리함을 제공해준다.

[그림 10.10] 음성합성 모듈

최근에는 [그림 10.11]과 같이 인공지능을 이용한 음성합성 서비스인 'TypeCast'가 개발되어 주어진 텍스트를 다양한 인공지능 목소리로 말하게 할 수 있다.

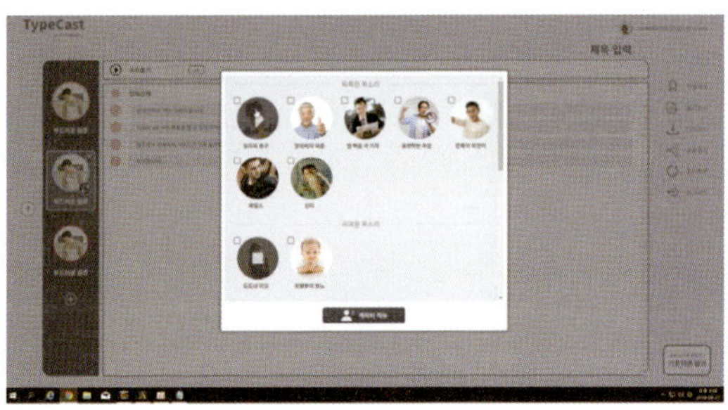

[그림 10.11] 인공지능 목소리 시스템

부록의 실습 부분에서 딥러닝을 이용하여 학습한 인공지능 목소리를 감상해 볼 수 있다.

4 딥러닝을 이용한 음성인식

딥러닝 기법이 2006년에 출현한 후 음성인식에 딥러닝을 적용한 결과 인식률이 상당히 향상되었다. 딥러닝 중 노드 간의 연결이 순환적 구조를 가지는 순환 신경망을 사용하여 시간에 따라 변하는 특징을 가지는 음성을 인식하는 시스템의 예는 [그림 10.12]와 같다.

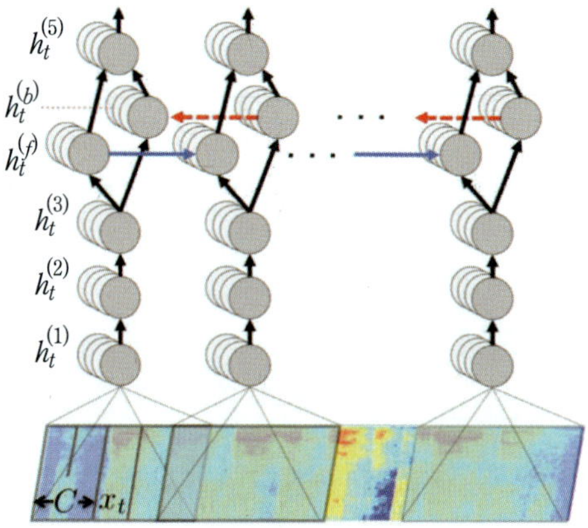

[그림 10.12] 순환 신경망을 이용한 음성인식

SECTION
10.3 신경망과 딥러닝을 이용한 영상인식

1 영상인식과 영상인식 시스템

영상인식(Image recognition)이란 디지털 형태의 영상 파일을 신경망이나 딥러닝 기술로 분석하여 인식하는 것을 말하는데, 앞에서 언급한 문자인식도 넓은 의미의 영상인식에 속한다.

영상인식에 관한 연구는 지금부터 약 40여 년 전부터 시작되었지만, 디지털 컴퓨터를 통한 영상인식은 오랫동안의 연구에도 불구하고 두드러진 성과를 얻기가 어려웠다. 그 이유로는 [그림 10.13]의 영상인식은 영상 정보가 2차원이나 3차원의 정보이며, 또한 픽셀 단위의 엄청난 양의 정보를 처리해야 하기 때문이다.

[그림 10.13] 영상인식

그 후 빠른 처리를 위해 병렬처리 시스템이 도입되었으며, 영상인식은 인공지능 기술과 결합하여 단순히 영상의 인식 단계를 뛰어넘어 영상을 이해하는 방향으로까지 발전하고 있다.

여기서 잠깐! 픽셀이란 무엇인가?

픽셀(pixel)이란 영상을 구성하는 최소 단위인 점을 뜻하는데, 우리 말로는 '화소'라고 불린다. 모니터에 나타난 디지털 이미지의 경우 타일 모양의 모자이크 그림과 같은 사각형 픽셀들로 이루어져 있다. 이때 픽셀의 개수가 많을수록 그림이 더 선명하고 정교하다.
"이 사진의 해상도가 640×480이다."라는 말은 이 그림 속에 픽셀의 개수가 가로와 세로 방향으로 각각 640개와 480개가 들어있다는 뜻이다. 참고로 [그림 10.14]의 영상은 50×50픽셀로 이루어진 디지털 영상이다.

[그림 10.14] 50×50 디지털 영상

[그림 10.15]는 여러 사람들의 얼굴 영상을 데이터베이스로 만든 후, 시스템을 통해 얼굴을 인식하는 영상인식 시스템을 보여준다. 이와 같은 얼굴 영상인식은 현재 보안이 요구되는 출입구에 설치되어 실제로 활용되고 있다.

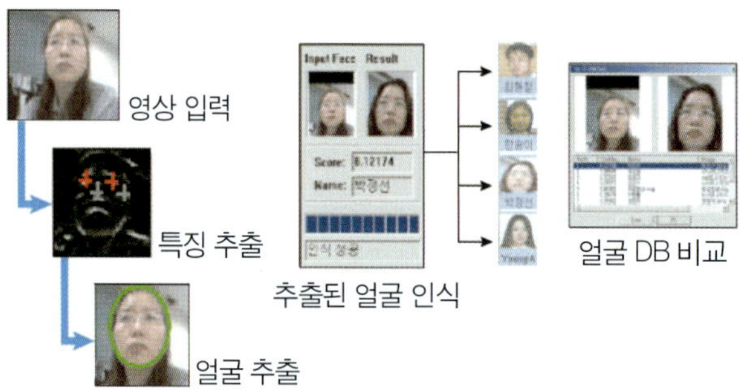

[그림 10.15] 얼굴인식을 이용한 보안 시스템

최근에는 딥러닝 신경망 기법을 적용하여 [그림 10.16]과 같이 하나의 영상에서 여러 개의 얼굴이나 물체들을 자동으로 추출하여 각각을 인식하는 기법까지도 개발되고 있다.

[그림 10.16] 여러 개의 얼굴과 물체인식

2 자동차 번호판 인식

영상인식은 자동차 번호판 인식에도 활용된다. 현재 [그림 10.17]과 같이 주차장 출입구에 설치되어 가동되고 있는 자동차 번호판 인식 시스템은 자동차가 정지하거나 속도를 줄인 상태에서 비교적 정확하게 번호판을 인식할 수 있다.

현재 기술로는 흙이 튀어 번호가 약간 흐리거나 가려진 정도의 번호판이라도 무난히 인식할 수 있다. 이 시스템은 주차 요금 부과나 주차 관리에 활용되고 있는데, 번호판 인식을 통하여 범죄 용의가 있는 차의 적발에도 도움이 된다.

[그림 10.17] 자동차 번호판 인식 시스템

3 로봇의 영상인식

현재의 영상인식 기술 수준으로는 [그림 10.18]과 같이 카메라를 로봇에 장착했을 때 주위 장애물을 피해 가는 수준의 영상인식과 주행하는 차량들의 물체인식도 가능하다.

앞으로의 영상인식은 신경망이나 인공지능 기술과 연계하여 주변 상황을 파악하고 반응하는 작업을 하거나 상대방의 얼굴을 보고 인식하는 등의 수준으로 발전할 것이다.

[그림 10.18] 영상인식 로봇과 주행 차량의 영상인식

4 지문인식과 홍채인식

영상인식 분야 중에서 지문인식과 홍채인식은 비교적 일찍부터 기술 개발이 이루어졌으며, 이미 상용화되어 우리 생활에서 보안 시스템 등에 사용되고 있다.

지문(fingerprint)은 인간이 태어나면서 죽을 때까지 거의 같은 형태를 유지하며, 다른 사람의 지문과 거의 같을 확률은 10억 분의 1밖에 되지 않는다. 따라서 디지털 영상을 획득하여 지문인식 기술을 통해 [그림 10.19]와 같이 출입자의 신분을 확인하는데 많이 쓰이고 있다.

지문인식 방식으로는 광학식, 초음파식 등이 주로 사용되는데, 현재 보안이 필요한 장소의 출입을 위한 신분 확인 등에도 활용되고 있다.

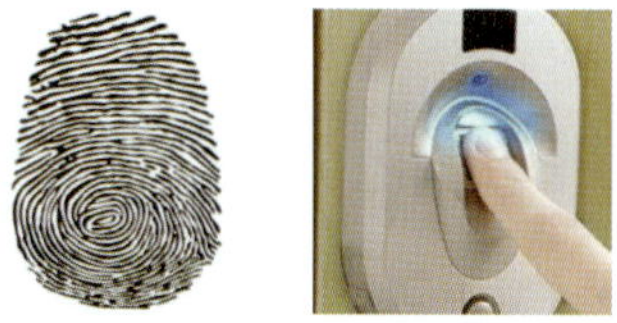

[그림 10.19] 지문과 지문인식 시스템

홍채(iris)의 무늬는 생후 6개월경부터 만들어지기 시작하여 18개월에 완성된 후 평생 변하지 않는 특성이 있다. 따라서 눈동자의 홍채 정보를 이용하여 사람을 인식하는 기술이 바로 홍채인식이다. 홍채인식은 지문인식과는 달리 비접촉 방식이므로 거부감이 다소 적은 장점이 있으며, 현재 [그림 10.20]과 같이 건물의 출입에 필요한 인증이나 컴퓨터 보안 분야 등에 다양하게 활용되고 있다.

[그림 10.20] 홍채인식을 이용한 보안 인증

5 딥러닝을 이용한 얼굴인식 시스템

페이스북은 2014년 딥러닝 기술을 적용하여 '딥페이스(DeepFace)'라는 얼굴인식 시스템을 개발하였는데, [그림 10.21]과 같이 다양한 얼굴의 인식에 활용된다. 실제로 사용자가 페이스북에 올린 2개의 자기 사진을 비교할 때 무려 97.25%라는 높은 인식률을 보였다고 한다.

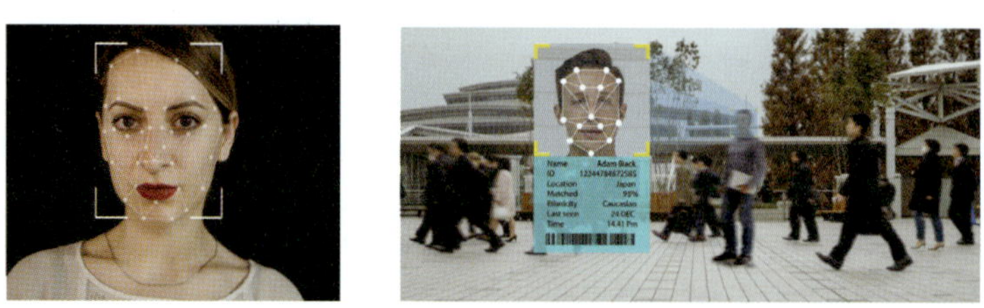

[그림 10.21] 딥페이스를 이용한 얼굴인식

[그림 10.22]는 아카데미상을 수상한 배우 실베스터 스탤론의 얼굴을 (a)부터 (h)까지의 다양한 각도나 조명에서도 사람 얼굴을 인식할 수 있다는 것을 보여준다.

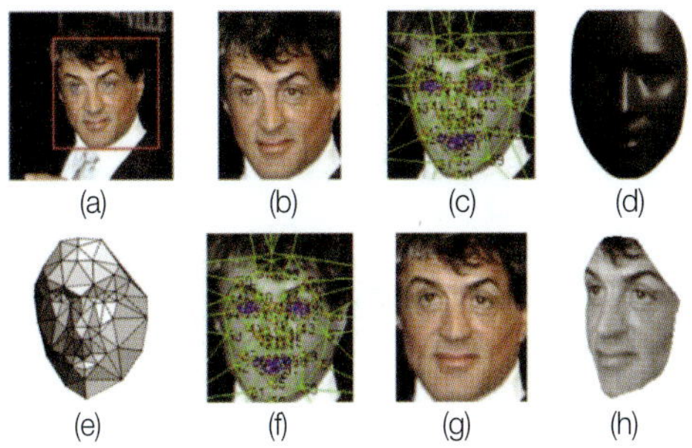

[그림 10.22] 다양한 각도나 조명에서의 사람 얼굴인식

[그림 10.23]은 어느 배우의 얼굴을 딥페이스에서 여러 단계의 딥러닝을 통해 인식하는 과정을 보여준다.

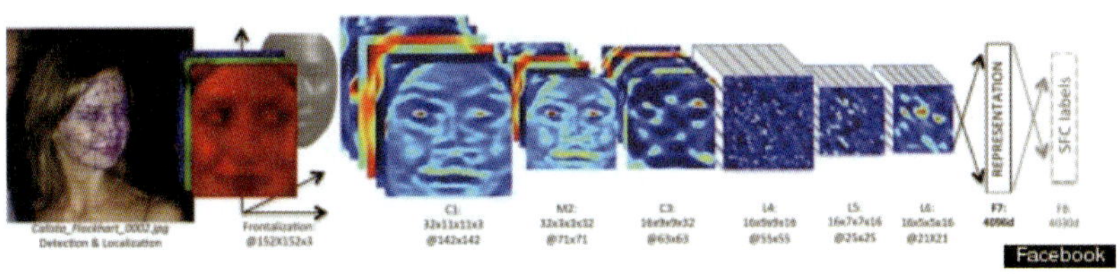

[그림 10.23] 딥러닝을 통해 인식하는 과정

6 자율주행차에서의 물체인식

최근 들어 자율주행차에 대한 연구개발이 가속화되고 있으며, 머지않아 실용화될 전망이다. 자율주행차 기술에서는 물체의 정확한 인식과 거리 측정이 매우 중요하다. [그림 10.24]는 뒤로 똑바르게 이동하며 주차하는 일반적인 주차의 경우이다.

[그림 10.24] 일반적인 주차 시의 물체인식

그러나 [그림 10.25]와 같은 병렬 주차의 경우에는 앞뒤에 주차된 차들과 부딪치지 않도록 끊임없이 물체 간의 거리를 측정하며 유의해야 한다.

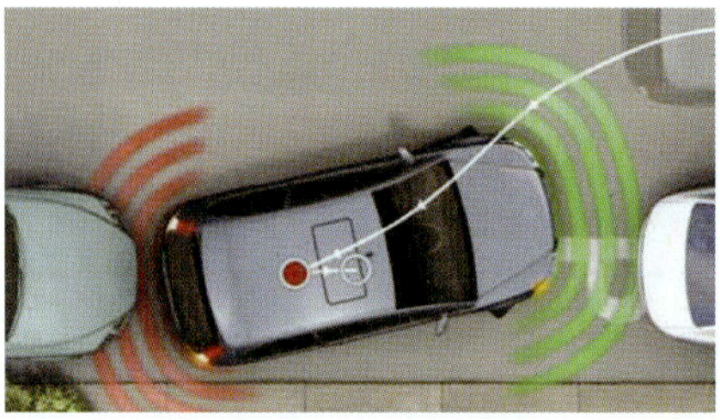

[그림 10.25] 병렬 주차 시의 물체인식과 거리 측정

7 영상이해

최근 신경망을 통한 2차원의 영상인식에 대한 많은 연구가 이루어지고 있으며 향상된 결과를 보여주고 있다. 그러나 3차원 영상의 경우에는 감춰진 부분이나 그림자 등으로 인해 많은 어려움이 존재한다.

영상이해(Image understanding)란 주어진 영상을 보고 그 내용까지 이해할 수 있는 상당히 지능적인 단계이다. 이것은 영상인식과 지식처리 기술이 융합되어야만 가능하다.

3차원 영상에서는 [그림 10.26]처럼 보이지 않는 부분도 있으므로 영상이해가 어려우나, 인공지능 기술을 이용한 영상이해를 위한 노력은 계속되고 있다.

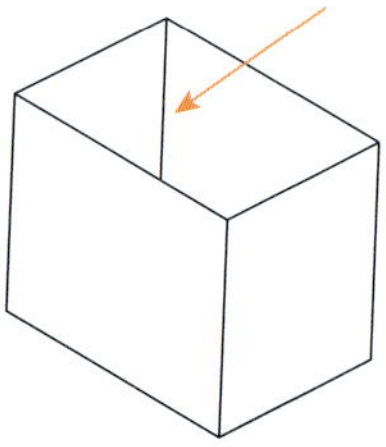

[그림 10.26] 가려진 부분도 포함하는 영상인식

SECTION

10.4 인공지능의 자연어 처리

1 자연어와 형식 언어

자연어(natural language)란 인간이 태어날 때부터 익혀 일상생활에서 사용하고 있는 언어로서, 우리나라 사람에게는 우리말, 중국인에겐 중국어, 미국인에겐 영어가 된다.

그런데 자연어에는 상당한 융통성이 있다. 말의 순서가 바뀌거나, 중간에 일부가 생략되더라도 사람들끼리의 일상적인 소통에는 문제가 없는 경우가 많다. 가령 명사 앞에는 여러 개의 형용사가 올 수 있고, 부사는 문장 내의 여러 군데에 위치할 수도 있으며, 주어가 생략되기도 한다.

이에 비해 형식 언어(formal language)는 일정한 문법에 맞춰 만들어진 컴퓨터용 언어로서, Python이나 C와 같은 프로그래밍 언어가 이에 해당한다. 이 경우 콤마 하나만 빠져도 실행될 수 없으며, 문법에 따라 매우 정확해야 하며, 애매한 점이 전혀 없어야 한다.

2 자연어 처리 기술

자연어 처리는 인공지능 연구의 초기 단계에서부터 주요 관심의 대상이었다. 인공지능이 인간의 지능을 닮은 컴퓨터 기술을 추구하다 보니 인간이 사용하는 언어를 컴퓨터로 처리하는 기술을 연구하기 시작한 것이다.

사람들끼리의 대화에서는 서로가 기본적인 상식에 바탕을 두고 있어서, 간혹 예외적인 말이 나오더라도 능히 추측할 수 있으므로 별 어려움이 없다. 그러나 컴퓨터의 경우에는 그런 추측이 적용되지 않는다. 그러므로 우리 인간과 의사를 소통할 수 있는 컴퓨터 시스템의 구현은 결코 쉬운 일이 아니며, 이를 위한 연구가 바로 [그림 10.27]과 같은 자연어 처리 연구인 것이다.

[그림 10.27] 자연어 처리

자연어 처리에서 보다 높은 수준의 응용은 자연어의 이해와 기계번역을 들 수 있다. 자연어 이해(understanding)란 글을 이해하여 요약하거나 주어진 자연어를 통해 상황을 이해하는 수준을 말한다. 이런 수준에 도달하기 위해서는 인공지능 기법을 효과적으로 적용하는 것이 필요한데, 현재로는 구현이 어려운 실정이지만 자연어 이해를 위한 연구가 진행 중이다.

자연어 이해의 또 다른 응용으로는 기계번역(machine translation)이 있는데, 컴퓨터를 통해 서로 다른 언어들을 번역하는 일이다.

3 구문론과 의미론

자연어를 이해하는 방법에는 두 가지가 있다. 하나는 문법적인 지식에 토대를 둔 구문론적(syntax) 이해이며, 다른 하나는 문맥 정보나 상식에 따른 추론에 의한 의미론적(semantic) 이해이다. 현재 문법적 지식에다 의미를 부여하는 방향으로 진행되고 있다.

자연어 처리 기술이 직면하고 있는 가장 큰 문제는 사람들이 일상생활에서 쓰는 말은 문법적이지 못한 경우가 많으므로 인간의 지식을 체계적으로 나타내기가 매우 어렵다는 점이다. 현재로서는 약 90% 정도의 자연어 문장을 원만하게 처리할 수 있다면 만족할만한 수준이다.

따라서 자연어 처리와 이해에 있어 구문론과 의미론을 함께 연구하는 것이 필요할 것이다. 효과적인 자연어 처리를 위해서는 우선 해당 언어에 대한 정확한 문장의 분석이 필요하다. 즉 [그림 10.28]과 같은 구문적인 분석과 의미적인 해석이 필요하다.

[그림 10.28] 구문 분석

영어의 구문을 분석하는 문법은 문장 트리(tree)의 구조로 나누는 방식을 적용한다. 예를 들어 "A lady saw delicious apples."란 문장이 있다고 하자. 이 문장은 [그림 10.29]와 같이 주어와 술어로 나누어지고, 각각은 명사구와 동사구로 나누어진다. 명사구는 관사인 The와 명사인 lady로 대체되고, 동사구는 동사인 saw와 다른 명사구로 나뉜다. 이 명사구는 다시 형용사인 delicious와 apples로 대체된다.

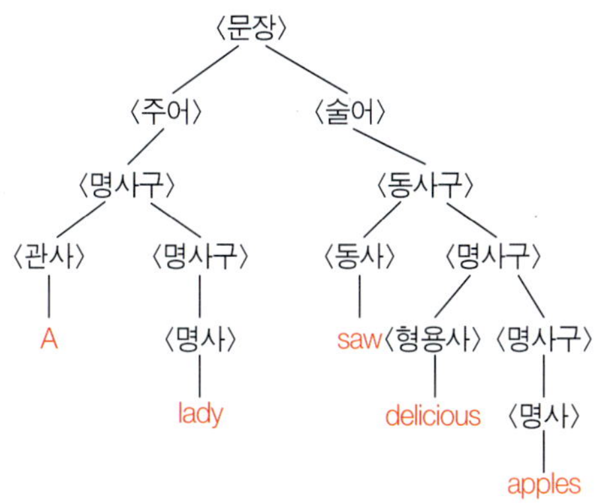

[그림 10.29] 문장 트리

구문 분석의 단계를 거치고 나면 적어도 문법적으로는 적합한 문장이 될 것이다. 그 이후에는 그 문장의 의미를 알기 위한 해석 단계로 넘어간다. 자연어 처리에서의 대부분의 어려움은 이 단계 속에 포함되어 있다.

여러 개의 뜻을 가진 단어의 경우에는 과연 어떤 의미를 부여할 것인가의 어려움이 따르기도 한다. 영어의 'spring'은 '봄'이라는 의미가 가장 많이 쓰이지만 '용수철'이나 '온천' 등의 뜻도 함께 가지고 있기 때문이다. 의미의 최종 선택은 문맥의 흐름에 의해 판단된다.

4 자연어 이해

그 외에도 자연어를 이해하기에는 어려운 관문이 많다. 애매한 표현의 경우 이것이 어느 단어를 수식하는지를 정확하게 알 수 없는 경우도 흔하다. 자연어 문장을 정확하게 이해하기 위해서는 풍부한 상식이 필요할 것이며, 전체적으로 이해할 수 있는 문맥 정보가 필요하다. 간단한 예를 들면, "Time flies like an arrow."란 문장은 [그림 10.30]의 2가지 문장 트리에 따라 두 가지로 해석될 수 있다.

"시간은 화살과 같이 날아간다."와 "시간 파리들은 화살을 좋아한다."란 뜻으로 번역될 수 있다. 상식이 있는 사람이라면 '화살처럼 지나가는 시간'을 의미하는 격언인 줄 알겠지만, 컴퓨터를 통한 번역에서는 상황이 다르므로 자연어의 기계번역은 어려울 수밖에 없다.

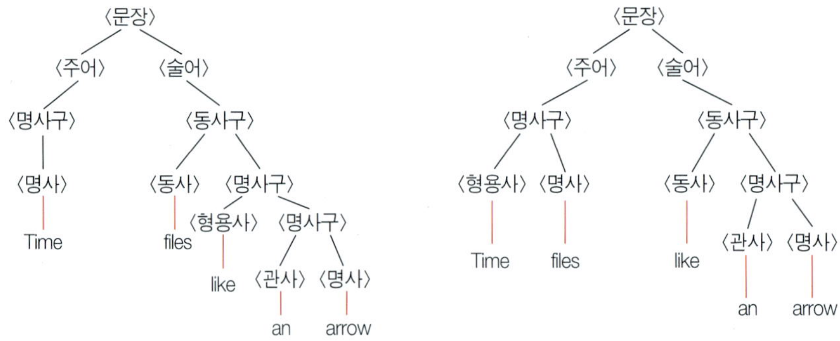

[그림 10.30] 문장 트리

5 자연어 자동 번역기

자연어 자동 번역 프로그램은 컴퓨터와 인공지능 기술을 이용하여 문맥과 의미를 파악하여 한글, 영어, 중국어, 아랍어 등 다양한 언어로 번역해주는 프로그램이다.

최근에는 스마트폰 카메라로 외국어를 비추면 설정해 놓은 언어로 즉석에서 번역되는 기능인 '이미지 번역'이 이용되고 있다. 이것은 한글과컴퓨터, 삼성전자, 네이버, 구글 등이 스마트폰 카메라를 통해 촬영한 텍스트를 인식하여 번역하는 기능을 제공하고 있다. 그 외에도 네이버와 카카오는 스마트폰 상에서 채팅로봇을 이용한 번역 서비스도 제공하고 있다.

[그림 10.31]은 네이버의 파파고 이미지 번역의 예다.

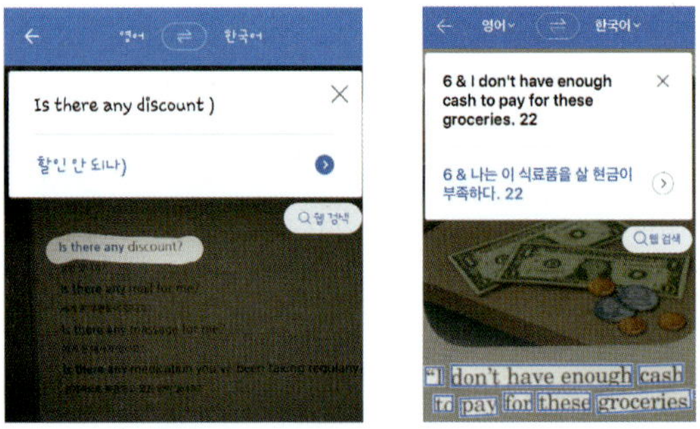

[그림 10.31] 파파고 이미지 번역의 예

6 한글과 영어 번역의 어려움

우리나라 사람들은 초등학생 때부터 대학생에 이르기까지 수많은 시간을 할애하여 영어를 공부하지만, 영어 시험인 TOEIC, TOEFL, TEPS 등의 성적은 비교적 부진한 편이다. 그 이유 중에는 [그림 10.32]와 같이 우리말이 영어와 어순이 다르다는 점의 영향도 클 것이다.

이러한 점은 우랄-알타이 계열의 일본어, 핀란드도 우리와 비슷한 편이다. 반면에 인류의 대부분을 차지하는 언어들은 영어나 중국어와 비슷한 어순을 가지고 있다.

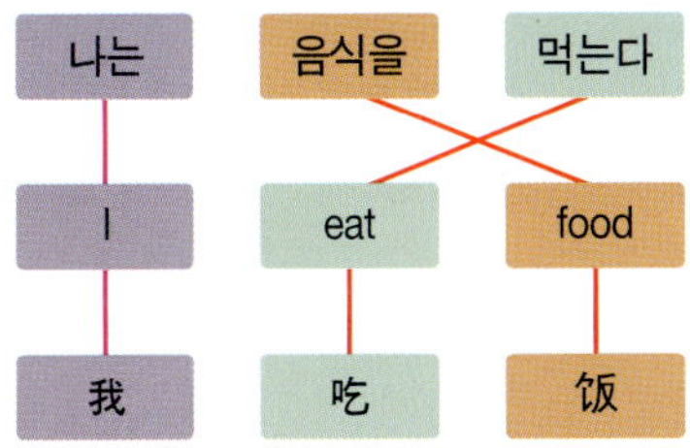

[그림 10.32] 우리말, 영어, 중국어의 어순 차이

예를 들어 "나는 음식을 먹는다."를 영어로 나타내면 "I eat food."가 되고 중국어로는 '워치판(我吃饭)'이 된다. 즉 우리말은 '주어 + 목적어 + 동사'의 순서로 표현하지만, 영어나 중국어는 '주어 + 동사 + 목적어'의 순서가 되는 것이다.

따라서 외국어 학습이나 번역에 있어 이와 같은 문법 구조의 근본적인 차이를 이해하고 이에 잘 적응하는 것이 필요할 것이다.

7 현재의 언어 번역 기술 수준

인공지능 시대를 맞이하여 세계 각국의 많은 IT 기업들이 대표적인 인공지능 응용 기술 중의 하나인 번역 서비스 개발에 뛰어들어 다양한 번역 기술을 축적해나가고 있다.

구글은 세계에서 가장 많이 사용하는 기계번역 서비스를 2007년에 처음 공개했다. 그 후 지원 언어를 103개로 늘리는 등 꾸준히 번역 분야를 육성해 왔는데, 매일 1,000억 회의 번역을 수행하고 있다. 구글은 머신러닝 알고리즘을 번역기에도 적용하고 있으나 한국어 번역의 경우 그 성능이 다소 아쉬운 수준이다.

구글 번역기에서 한국어를 영어로 번역하거나 영어를 한국어로 문장을 번역할 때 대부분 적절하게 번역한다. 그러나 가끔 단어를 직역하여 단순하게 엮어놓은 결과 틀리게 번역하거나 의미 전달이 매끄럽지 못한 경우도 많다.

예를 들어 "나는 어젯밤에 맛있는 밤을 먹었다."를 원래 의미인 '밤(chestnut)'을 '밤

(night)'으로 인식해 [그림 10.33]과 같이 'I had a good night last night'로 번역하는 식이다. 더군다나 '맛있는'이란 단어는 어디 갔는지 알 수가 없다.

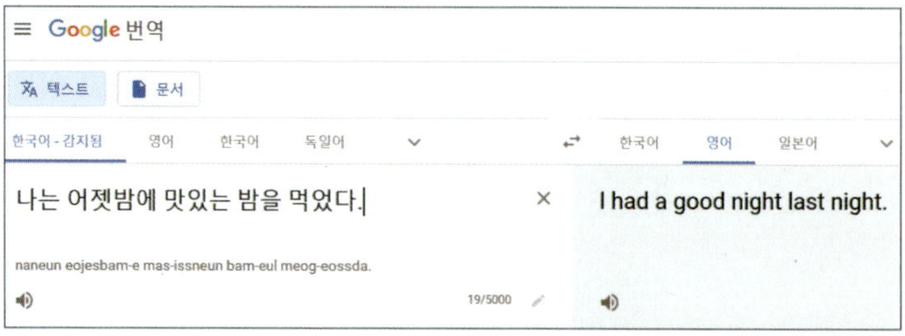

[그림 10.33] 구글 번역기의 번역

또 "일이 돌아가는 형편을 잘 모른다."란 뜻의 "영문을 모르겠어."의 경우 "I don't know what's going on."을 기대했다. 그러나 구글은 [그림 10.34]와 같이 "I don't know English."로 번역한 것이다.

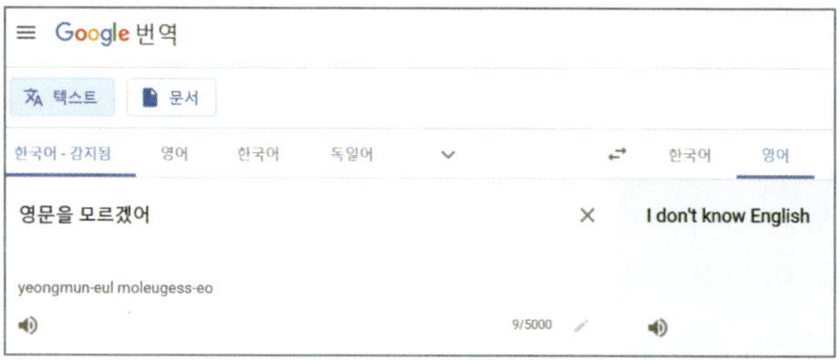

[그림 10.34] "영문을 모르겠어."의 구글 번역기의 번역

언어 번역에 있어 아직도 머신러닝과 통계적 기법을 함께 사용하고 있는 것으로 추측된다. 정확한 번역을 위해서는 대량의 정보를 분석하고, 사용자 데이터를 많이 학습하여 오류를 수정할수록 번역의 정확성이 향상된다.

한편 네이버 랩에서 자체 개발하여 무료로 제공 중인 국내 토종 인공지능 번역기로는 [그림 10.35]의 파파고(Papago)가 잘 알려져 있다. 네이버의 신경망 기반 번역 서비스인 파파고는 2018년 8월에 출시되었는데 14개 언어 번역 서비스를 제공 중이다.

파파고는 현재 스마트폰뿐만 아니라 PC에서도 사용할 수 있다. 최근 파파고의 월간 활성 사용자 수가 구글보다 많은 1,000만 명을 돌파했다. 최근에는 번역문에 높임말을 추가하고 있다.

[그림 10.35] 파파고 번역기

파파고에서도 구글 번역기와 같은 "나는 어젯밤에 맛있는 밤을 먹었다."를 넣었더니 비슷한 결과가 나왔다. [그림 10.36]과 같이 'I had a delicious night last night'로 번역된 것이다.

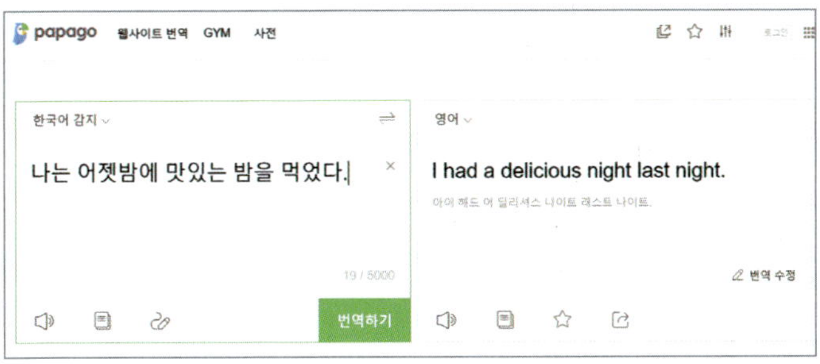

[그림 10.36] 파파고의 번역

구글 번역기와 네이버의 파파고는 대부분 상당한 수준의 번역이 가능하다. 그러나 여기서 어색한 번역의 예를 든 이유는 자연어 번역이 그만큼 어렵다는 것을 보여주기 위함이다.

8 ChatGPT로 작문하기

ChatGPT 기술을 이용하여 컴퓨터로 작문할 수 있는 시대가 열렸다. 1장에서 소개한 바와 같이 인공지능이 시를 쓰고 간단한 문장을 문법에 맞게 쓰기 시작한 것이다. 이런 것은 자연어 처리와 인공지능 기술이 발달한 덕분일 것이다.

시는 감성적인 글이지만 시에도 나름대로 문법과 의미가 있다. 가령 "하늘에는 구름이 둥실둥실 떠다니네."란 구절은 자연스럽지만 "하늘에는 돌이 둥실둥실 떠다니네."란 말은 아무리 시라도 적절하지 않다. 위의 문장은 문법적으로는 틀린 것이 없으나, 의미론적으로는 맞지 않는다는 뜻이다.

이러한 제약 조건을 극복할 수 있는 기법이 최근에 개발되었다. ChatGPT는 사용자의 요청에 따라 [그림 10.37]과 같은 적절한 문장을 만들어낸다.

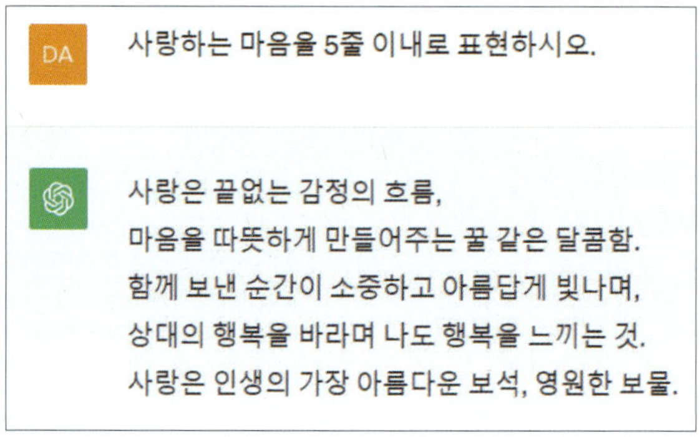

[그림 10.37] ChatGPT가 만들어낸 작문

가까운 곳에서 인공지능 경험하기

캡차에서 OCR을 인식하는 인공지능

캡차(CAPTCHA)는 '사람과 컴퓨터를 구별하기 위한 자동 테스트'다. 여기서 말하는 컴퓨터란 대개 프로그램을 지칭한다. 웹페이지에서 사람과 프로그램을 구별해야 하는 이유는 악의적으로 사용되는 프로그램 '봇(bot)'을 막기 위해서다.

- https://huggingface.co/spaces/keras-io/ocr-for-captcha

주어진 예시에서 이미지를 끌어놓으면 오른쪽에 제대로 인식한 글자가 나타난다.

물론 파일에 저장된 것도 사용할 수 있다. 이 경우에는 "클리어"를 누른 후 점선 박스를 클릭하여 물론 "클리어"를 누른 후 점선 박스를 클릭하여 컴퓨터에 저장된 디렉토리/파일을 찾아 업로드하여 실습할 수도 있다.

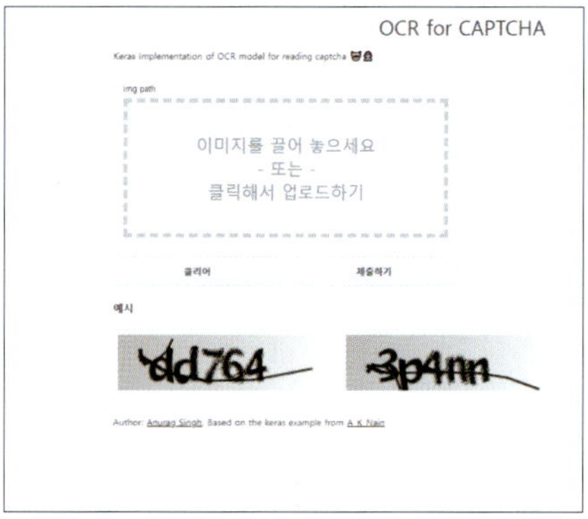

그 결과 오른쪽에 제대로 인식한 글자가 나타난다.

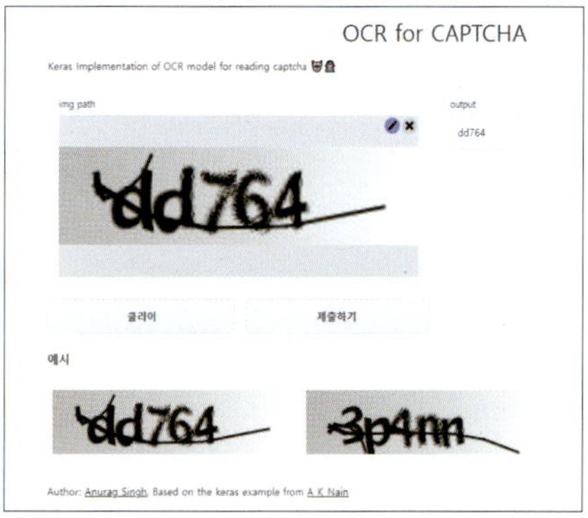

생각하고 토론하기

1. 만약 얼굴인식 기술의 발달로 모든 사람들의 얼굴을 인식할 수 있는 시대가 온다면 그 부작용은 어떤 것들일지 생각하고 토의해보자.

✔ **아이디어 포인트** 개인정보 노출, 드론에 의한 테러 등

2. 제5장에 나온 두루미가 좁고 긴 유리관에 들어있는 물을 마시는 4개의 장면의 상황인식이 어려운 이유를 영상인식과 영상이해의 측면에서 생각해보고 의견을 나누어보자.

✔ **아이디어 포인트** 여러 개의 영상을 인식할 때 난이도, 영상이해의 어려움 등

인공지능 실습하기

실습 10 잡음이 있는 음향 데이터에서 음질을 향상하는 인공지능

주어진 음향 데이터에서 딥러닝 방법으로 잡음을 제거함으로써 음질을 향상시킨다.

(Speech Enhancement Generative Adversarial Network) (Noise Reducer)

- http://veu.talp.cat/segan/

| 실행방법 | 재생 버튼을 눌러 들어보도록 하자.

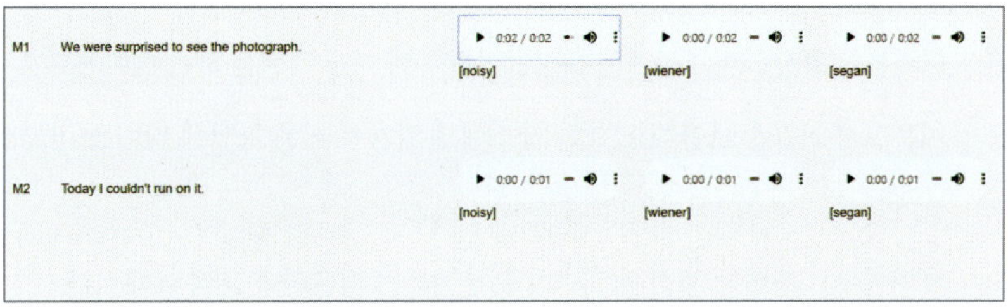

| 실행결과 | 향상된 품질의 음질을 들을 수 있다. 여러 가지 타입으로 음향 개선 효과를 살펴보자.

연습문제

진위 문제

1. 음성인식은 발성자의 성별이나 나이, 지속 시간 등에 따라 인식 결과가 다르다.( )
2. 영상인식은 2차원이나 3차원의 영상 정보를 다루므로 인식 시간이 상당히 빠른 편이다.( )
3. 화자종속 음성인식 기술이 화자독립 음성인식 기술보다 훨씬 더 어려우며 실제 생활에 널리 활용될 수 있다.( )
4. 음성합성 시스템은 주어진 문장을 음성으로 들을 수 있는 편리함을 제공해줄 수 있다.( )
5. 대부분의 최신 스마트폰에는 음성인식을 통해 비서 역할을 하는 에이전트가 적용된다.( )
6. 지문인식 기술은 보안이 필요한 장소에 출입자의 신분 확인에 많이 쓰이고 있다.( )
7. 문자인식은 영상인식의 영역에 속하지 않는다.( )
8. 자연어에서 문법적 지식에다 의미를 부여하는 것은 구문론적 이해이다.( )
9. 자연어 이해란 글을 이해하여 자연어 표현의 상황을 이해하는 수준을 말한다.( )
10. 네이버의 번역 서비스인 파파고는 10여 개 언어의 번역 서비스를 제공 중이다.( )

단답식/선택식 문제

1. 키보드 없이 말하는 음성을 인식하여 마치 타자기를 치듯이 문서로 바꾸는 장치는?
2. 눈동자의 홍채 정보를 이용하여 사람을 인식하는 기술은 무엇인가?
3. 문자로 된 정보를 사람이 알아들을 수 있게 음성으로 만들어주는 기술은?
4. 음성인식 기술은 화자의 대상에 따라 화자종속과 (　　)의 2가지로 나눌 수 있다.
5. (　　)이란 영상 파일을 신경망이나 딥러닝 기술로 분석하여 인식하는 기술이다.
6. (　　)란 주어진 영상을 보고 그 내용까지 이해할 수 있는 상당히 지능적인 단계이다. 이것은 영상인식과 지식처리 기술이 융합되어야만 가능하다.
7. 인공지능 목소리는 (　　)과 인공지능 기술의 결합으로 이루어질 수 있다.
8. 컴퓨터를 통해 서로 다른 언어들을 번역하는 일을 (　　)이라 한다.

9. 인간이 태어날 때부터 익혀 일상생활에 사용하는 언어를 (   )라 하고, 컴퓨터용으로 만들어진 언어를 형식 언어라 한다,

10. 음성인식에는 특정한 사람의 말만 인식하는 화자종속과 일반적인 발음을 대부분 인식할 수 있는 (   )이 있다.

11. 자연어를 이해하는 방법에는 두 가지가 있는데, 문법적인 구조에 토대를 둔 (   ) 이해와 의미를 부여하는 의미론적 이해가 있다.

12. 작문하기가 가능한 비교적 최근에 발표된 생성형 인공지능은 (   )이다.

13. 다음의 인식 중 접촉식 인식방법에 해당되는 것은?

① 홍채인식 ② 지문인식
③ 얼굴인식 ④ 자동차 번호판 인식

14. 다음 중 현재의 패턴인식 기술과 관계가 비교적 적은 것은?

① 문자인식 ② 음성인식
③ 감정인식 ④ 얼굴인식

15. 다음 중 현재 기술 수준으로 난이도가 가장 높은 것은?

① 문자인식 ② 음성인식
③ 얼굴인식 ④ 영상이해

주관식 문제

1. 패턴인식에서 응용되는 대표적인 종류를 몇 가지 적으시오.
2. 음성인식을 위해 많이 쓰이는 몇 가지 방법을 말하시오.
3. 출입자의 신분을 확인하는데 많이 쓰이고 있는 3가지 인식 방법을 말하시오.
4. 형식 언어의 정의와 특징을 간단히 설명하시오.
5. 자연어 처리에서 구문론과 의미론의 차이점을 설명하시오.

CHAPTER

11

인공지능을 위한 기초 수학과 프로그래밍

Basic Mathematics and Programming for AI

Contents

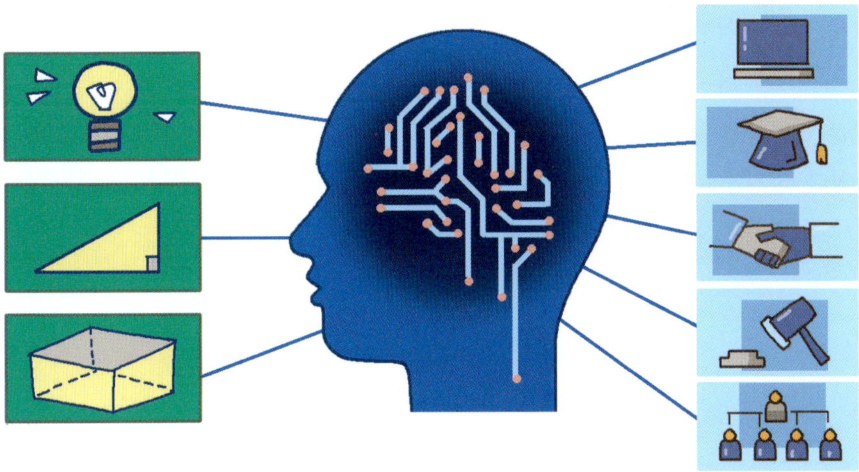

단원의 주요 목표

인공지능을 위한 수학적 배경 지식과 인공지능용 프로그래밍 언어들을 고찰한다.

- 인공지능을 위한 여러 가지 기초적인 수학적 바탕을 살펴본다.
- 인공지능과 함수 그리고 미분과 델타 규칙을 알아본다.
- 벡터의 개념과 표현 그리고 행렬과 행렬의 연산을 다룬다.
- 확률, 통계 그리고 회귀직선의 기초적인 사항들을 파악한다.
- 인공지응용 프로그래밍 언어들의 특징들을 알아본다.
- Python 다운로드를 단계별로 살펴보고 프로그램 실행 예를 살펴본다.

SECTION 11.1 인공지능을 위한 수학적 바탕

1 인공지능과 수학

인공지능에서 수학의 역할은 무엇이고, 수학 문제 해결에서 인공지능의 역할은 무엇일까? 수학은 일반적인 현상들을 상징적인 기호를 통하여 그 관계를 규명하는 것으로 정의될 수 있다. 따라서 [그림 11.1]과 같이 수학에서 쓰이는 기호는 엄밀한 약속으로 통용되며, 수준 높은 인공지능 탐구를 위해서는 수학적 바탕이 필요할 것이다.

[그림 11.1] 인공지능 탐구를 위한 수학적 바탕

인공지능과 관련된 연구에서 괄목할만한 업적을 이룩한 사람 중에는 수학과 관련 있는 사람들이 많다. 그중 튜링 머신을 디자인하여 현대의 디지털 컴퓨터를 이론적으로 체계화하고 인공지능 개념을 처음으로 제시한 앨런 튜링도 수학자이다. 또 인공지능의 대가로 인정받은 민스키 등도 수학자 출신이다.

인공지능은 수학적 모델링과 관계가 깊다. 인공지능과 관련된 연구의 도약을 위해서는 인간의 지능적인 행위를 수학적인 방정식과 적절하게 매치시키는 방법의 고안이 필요

하다. 이를 통하여 인공지능 연구는 새로운 도약의 가능성을 내포하게 될 것이다.

2 인공지능 연구에 필요한 수학적 기초와 프로그래밍

인공지능에 관한 기본 지식은 현대 사회에서 주요 이슈 중의 하나이다. 인공지능은 4차 산업혁명의 가장 핵심이 되는 기술로서 빠르게 변화하는 현대 지식기반 사회의 가장 중요한 과제이다. 상식 수준의 인공지능 지식이 필요한 일반인의 경우에는 인공지능의 간략한 원리와 응용을 이해하는 정도만 알아도 무난하겠으나, 인공지능 연구나 개발에 관심이 있는 학생들의 경우에는 기초적인 수학 지식이 필요하다.

그중 행렬과 벡터는 인공지능에서 매우 필요한 핵심적인 수학적 개념이다. 특히 행렬은 인공지능에서 데이터의 공간 변환, 인공지능 최적 설계, 확률의 추출 과정에서 필수적인 도구이다.

인공지능에 필요한 주요 수학적 지식을 요약하면 다음과 같다.

① 고등학교에서 배운 기초 수학에 대한 지식이 필요하다. 함수의 개념, 지수함수, 로그함수, 삼각함수, 시그모이드 함수, 유클리드 기하 등이다. [그림 11.2]는 기본적인 함수를 나타낸다.

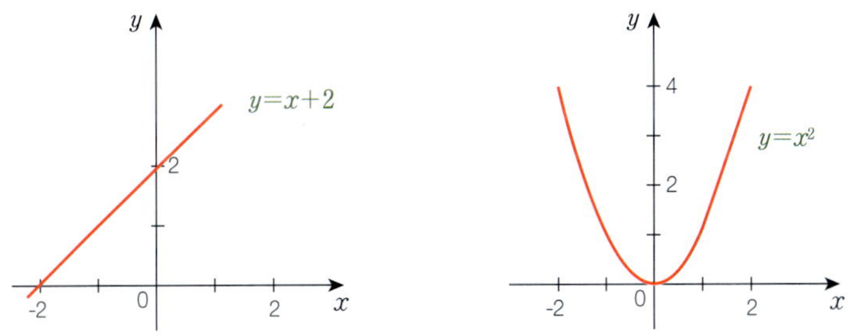

[그림 11.2] 기본적인 함수

② 미분과 도함수 개념 등이 중요하다. 미분 개념은 인공지능의 최적화 과정에서 사용되는데, 미분은 신경망 학습 이론에서 델타 규칙과 역전파 알고리즘 등을 적용할 때 꼭 필요한 기초 지식이다. [그림 11.3]은 신경망 학습에서 사용되는 체인(chain) 규칙을 나타낸 것이다.

$$\frac{dy}{dx} = \frac{dy}{du} \times \frac{du}{dx}$$

[그림 11.3] 체인 규칙

③ 벡터와 관련된 기초 지식과 개념 이해가 중요하다. 벡터는 신경망의 입력으로 들어갈 데이터 사용에 필요하며, 벡터의 내적과 직교 조건, 벡터들 사이의 거리 측정 방법, 선형 변환 등에 필요하다. [그림 11.4]는 방향성이 있는 벡터의 기본 개념과 신경망 학습에서 자주 사용되는 두 벡터 사이의 곱의 합을 나타낸 것이다.

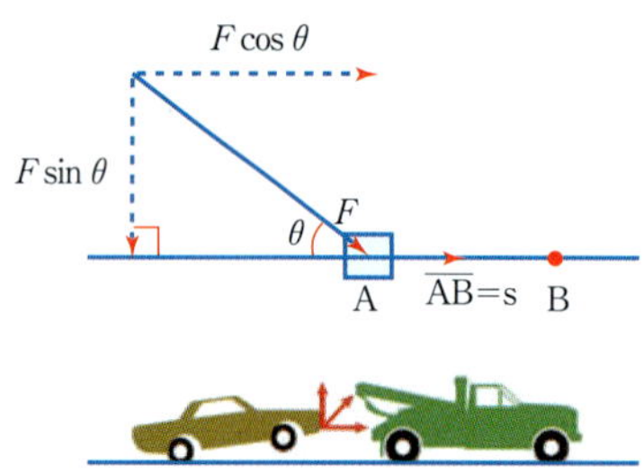

$$a_1\boldsymbol{u}+a_2\boldsymbol{v}+a_3\boldsymbol{w}=a_1\begin{bmatrix}1\\1\end{bmatrix}+a_2\begin{bmatrix}1\\0\end{bmatrix}+a_3\begin{bmatrix}2\\3\end{bmatrix}=\begin{bmatrix}a_1+a_2+2a_3\\a_1\quad\quad+3a_3\end{bmatrix}$$

[그림 11.4] 벡터의 개념과 벡터의 계산

④ 행렬과 행렬식에 관한 기본 지식이 요구된다. 행렬의 곱셈과 선형 변환 등에 관련된 지식이 필요하다. 특히 신경망에서는 [그림 11.5]와 같은 행렬의 곱셈이 기본적으로 사용된다. 즉 신경망에서 주어진 입력과 연결강도를 곱할 때 행렬 연산의 이해와 활용은 필수적이다.

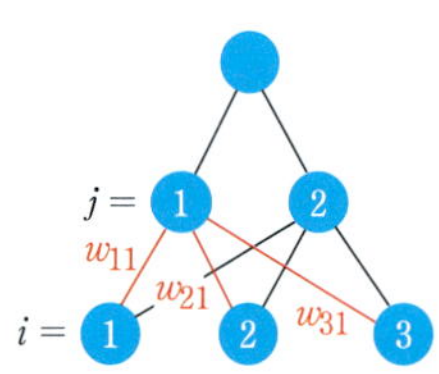

$$[x_1\ \ x_2\ \ x_3]\times\begin{bmatrix}w_{11} & w_{12}\\w_{21} & w_{22}\\w_{31} & w_{32}\end{bmatrix}$$

$$\begin{bmatrix}6 & 5\\-4 & -3\\7 & 6\end{bmatrix}\begin{bmatrix}2\\-3\end{bmatrix}=\begin{bmatrix}6\cdot2+5\cdot(-3)\\(-4)\cdot2+(-3)\cdot(-3)\\7\cdot2+6\cdot(-3)\end{bmatrix}=\begin{bmatrix}-3\\1\\-4\end{bmatrix}$$

[그림 11.5] 신경망에서의 행렬의 곱셈

⑤ 통계와 확률, 그리고 회귀 분석에 관한 기초 지식이 필요하다. 인공지능의 최종 결과물은 확률로 표시될 수도 있는데, 인공지능은 정답을 구하기보다는 정답일 확률이 가장 높은 답을 제시하기 때문이다.

통계에서 평균, 분산, 표준편차, 상관 계수 등에 관련된 지식과 확률에 관한 지식이 필요하다. 인공지능 영역의 한 분야인 머신러닝에서는 분류를 위한 회귀 분석에 대한 기초가 필요하고, 선형 회귀, K-mean, K-NN 분류 등의 기반 지식이 필요하다.

⑥ 신경망과 심층신경망의 구현을 위해 경사하강법, 역전파 알고리즘, 임계값, 손실 함수, 선형 함수 등의 기초 지식이 필요하다. 또 이산수학(discrete mathematics)에 관한 지식과 영상인식이나 음성인식을 위해 이들을 다루는 픽셀(pixel) 정보 등에 관한 기본 지식이 필요하다.

인공지능과 수학과의 관계는 [그림 11.6]에 요약되어 있다.

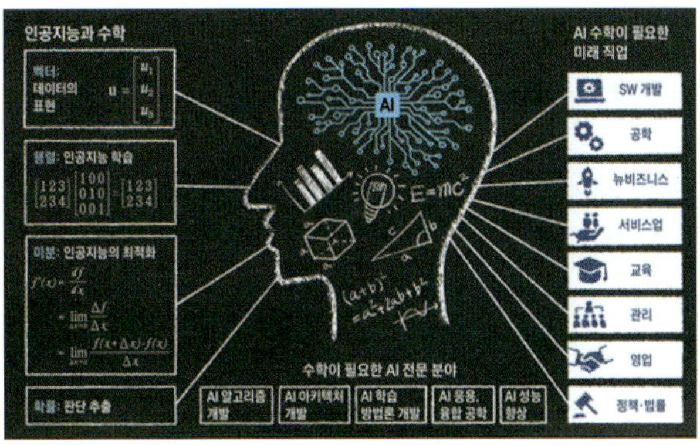

[그림 11.6] 인공지능과 수학과의 관계

모든 사람들이 인공지능 수학을 깊이 있게 익힐 필요는 없다. 최근에는 텐서플로(TensorFlow)와 같은 편리한 라이브러리들이 많이 나와 있으므로 상당한 수학적 지식이 없이도 인공지능 구현이나 활용은 가능하다.

그러나 인공지능 연구와 관련이 있는 컴퓨터공학을 비롯한 IT 관련 학과에서는 위에서 언급한 내용을 1학년 교양과목에서 두루 다루므로 착실하게 기초를 다지는 것이 필요할 것이다. 특히 인공지능을 전공할 학생들은 수학적 배경과 프로그래밍 기초가 매우 중요할 것이다.

SECTION

11.2 인공지능과 함수

1 지수함수

지수함수(exponential function)란 변수가 거듭제곱의 지수에 포함되어 있는 함수를 말한다. 지수함수는 a가 1이 아닌 양의 상수이고 x가 모든 실수값을 취하는 변수라 할 때, 다음과 같은 형태의 함수를 말한다.

$$y = a^x$$

함수 y를 a를 밑으로 하는 지수함수라고 하는데, [그림 11.7]과 같이 a의 값에 따라 2가지 경우가 있다.

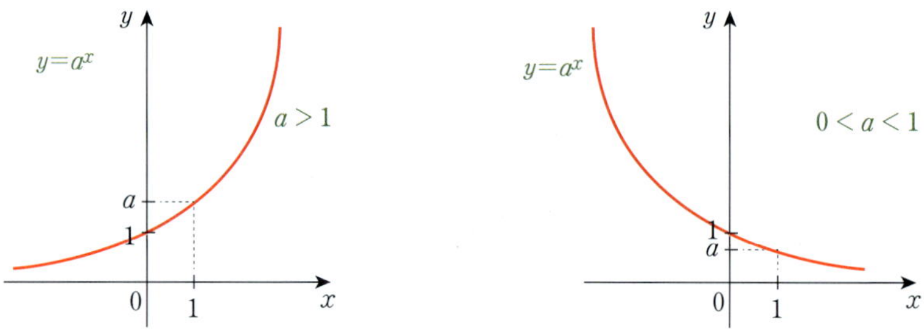

(1) a가 1보다 클 때　　(2) $0 < a < 1$일 때

[그림 11.7] 지수함수

a가 1보다 클 때 지수함수 $y = a^x$는 증가함수가 되고, $0 < a < 1$일 경우 지수함수 $y = a^x$는 감소함수가 된다. 두 경우 모두 그래프는 $y = 0$에 가까워지는 점근선을 가진다.

2 로그함수

지수함수 $y = a^x(a > 0,\ a \neq 1)$의 역함수 $y = \log_a x(a > 0,\ a \neq 1)$를 a를 밑으로 하는 로그함수라고 한다. 이 경우 [그림 11.8]과 같이 a의 값에 따라 2가지로 구분되는데, 모두 (1, 0) 점을 통과한다.

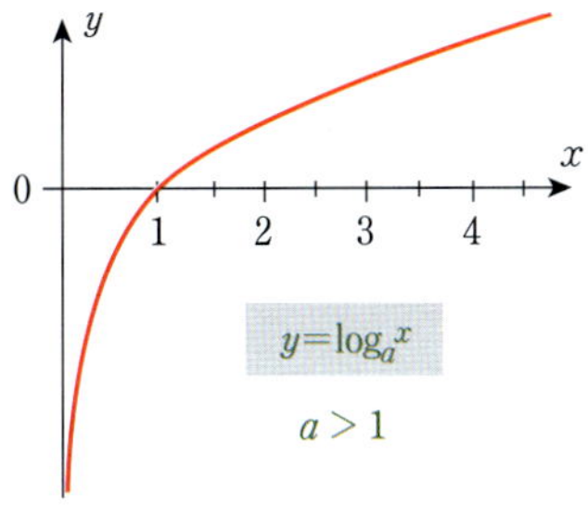

(1) a가 1보다 클 때

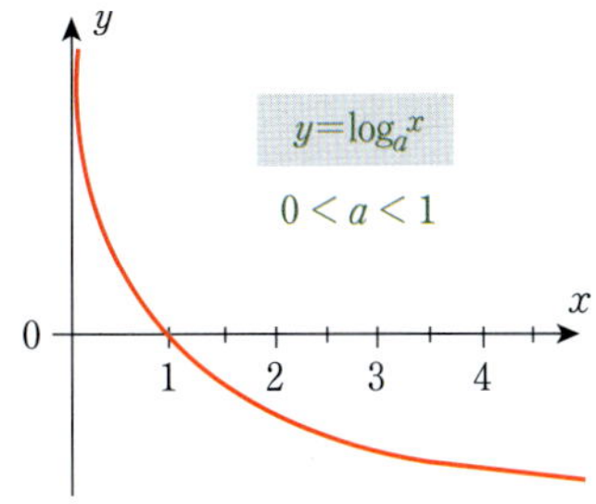

(2) $0<a<1$일 때

[그림 11.8] 로그함수

로그함수는 다음과 같은 성질을 가지고 있다.

$$\log_a a = 1$$
$$\log_b(x^p) = p\log_b x$$
$$\log_b(xy) = \log_b x + \log_b y$$
$$\log_b \frac{x}{y} = \log_b x - \log_b y$$

예를 들면 $\log_2 16 = 4$ 인데, 그 이유는 $16 = 2\times2\times2\times2 = 2^4$ 이고 $\log_2 2 = 1$ 이기 때문이다. 또 이와 같은 방법으로 $\log_2 \frac{1}{2} = -1$ 이 된다.

3 삼각함수

삼각함수(Trigonometric functions)는 각의 크기에 따라 값이 달라지는 함수를 말하는데, 대표적인 삼각함수로는 $\sin(x)$, $\cos(x)$, $\tan(x)$ 등이 있다. 통상 180°, 360°와 같은 일반적인 각도 표현 대신에 π 나 2π 를 사용하는 호도법을 사용한다.

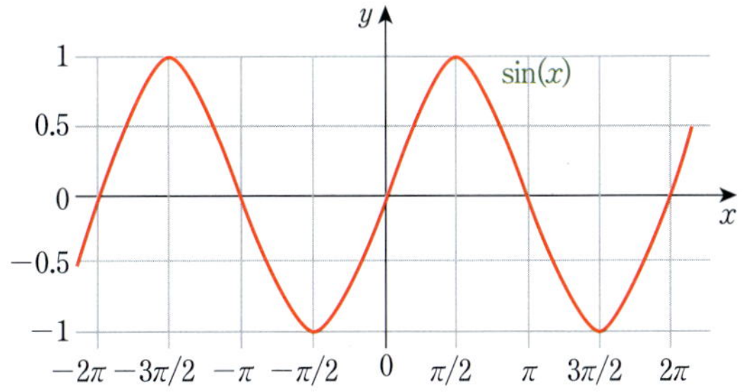

[그림 11.9] $y=\sin(x)$

$y=\sin(x)$와 $y=\cos(x)$의 값은 각각 [그림 11.9]와 [그림 11.10]에서와 같이 -1에서 $+1$ 사이의 값을 가지며, 2π를 주기로 같은 모양으로 순환한다. 즉 $\sin(0)=\sin(2\pi)=0$이고, $\cos(0)=\cos(2\pi)=1$이다. 또한 $\sin(\pi/2)=1$이고 $\sin(\pi)=0$이다. 한편 $\cos(\pi/2)=0$이고 $\cos(\pi)=-1$이다.

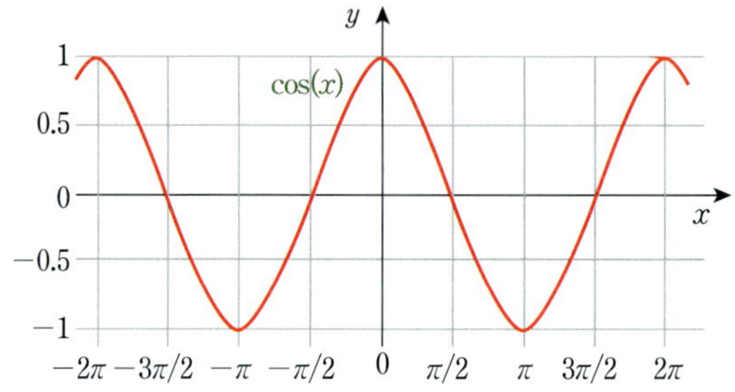

[그림 11.10] $y=\cos(x)$

$y=\tan(x)$의 값은 [그림 11.11]에 나타난 바와 같으며, $y=\tan(x)$ 그래프는 π를 주기로 같은 모양으로 순환한다.

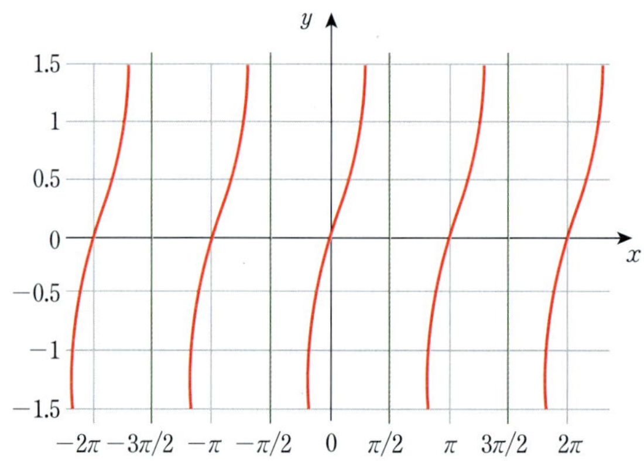

[그림 11.11] $y=\tan(x)$

4 대표적인 비선형 활성 함수들

신경망에서 뉴런에 해당하는 노드는 비선형적(non-linear)이다. 신경망에서는 n개의 입력을 받아 n개의 연결강도 벡터들과 각각 곱해진 결과가 합해져서 특정한 활성 함수(activation function)를 거쳐 출력을 낸다.

그중 0과 1 사이의 완만한 값을 가지는 시그모이드(sigmoid) 함수가 많이 쓰이는 편인데, [그림 11.12]와 같은 식과 그래프가 주로 사용된다. 시그모이드 함수는 신경망에서 출력을 결정할 때 많이 쓰이는 함수이다.

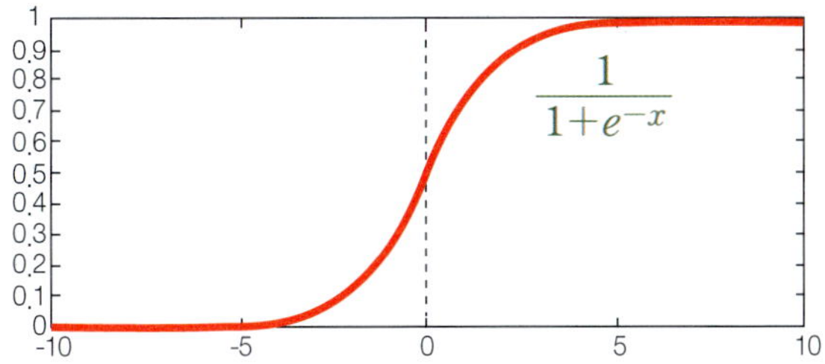

[그림 11.12] 시그모이드 함수의 식과 그래프

그 외의 활성 함수로는 [그림 11.13]과 같은 계단 함수, 임계논리 함수 등이 많이 쓰이고 있다.

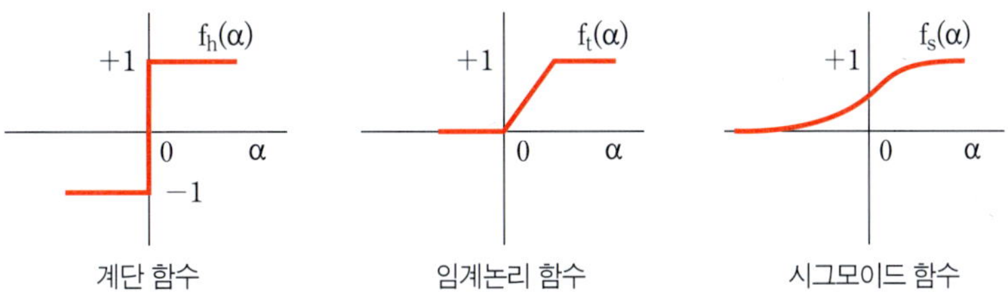

[그림 11.13] 3가지 대표적인 활성 함수

계단 함수에서는 x축의 값이 음수일 때는 함수의 값이 모두 -1이고, 양수인 경우에는 모두 $+1$이 된다. 임계논리 함수에서는 x축의 값이 음수일 때는 모두 0이고, 0과 1 사이에서는 $y = x$와 같은 선형의 값을, 그리고 1 이상에서는 모두가 $+1$의 값을 가진다.

5 손실 함수

손실 함수(loss function)란 예상한 값과 실제값과의 차이를 함수로 정의한 것이다. 신경망의 경우 손실 함수는 신경망이 출력한 값과 실제값과의 오차에 대한 함수이다. 따라서 신경망의 학습 과정은 이 오차를 최소로 줄이는 방향으로 진행하는 것이 중요하다.

대표적인 손실 함수로는 평균제곱오차(MSE: Mean Squared Error)가 많이 쓰이는데, 예측값과 실제값 사이의 오차의 제곱에 대한 평균값으로서 다음과 같은 식으로 구할 수 있다.

$$\text{MSE} = \frac{1}{n}\sum_{i=1}^{n}(\hat{Y}_i - Y_i)^2$$

통상 MSE의 값이 작으면 추정된 값이 정답에 가까운 것이고, MSE의 값이 크면 정답과 멀리 떨어져 있다고 볼 수 있다.

그 외 자주 쓰이는 손실 함수로는 교차 엔트로피 오차(CEE: Cross entropy error) 등의 방법이 있다.

SECTION

11.3 미분과 델타 규칙

1 미분과 도함수

미분(differentiation)이란 어떤 운동이나 함수의 순간적인 움직임을 서술하는 방법이다. 어떤 함수의 미분이란 그것의 도함수를 도출해내는 과정을 말한다. 미분 공식을 이용하면 다항함수, 지수함수, 로그함수, 삼각함수 등 우리가 알고 있는 다양한 함수들에 대해 도함수(derivative)를 어렵지 않게 구할 수 있다.

기하학적 관점에서 보면 미분은 주어진 곡선의 접선을 구하는 문제와 같은 의미이며, 접선의 기하학적 의미는 곡선과 스치듯이 만나는 직선이다.

2 도함수의 정의

정의역의 모든 x에 대해 함수 $f(x)$의 미분계수로 대응시키는 새로운 함수를 $f(x)$의 도함수라고 한다. 기호로는 y', $f'(x)$, dy/dx로 나타내며 다음과 같이 도함수를 정의한다.

$$f'(x) = \lim_{h \to 0} \frac{f(x+h) - f(x)}{h}$$

함수 $f(x)$의 도함수 $f'(x)$를 구하는 것을 미분한다고 하며, 그 계산법을 미분법이라 한다. 함수 f가 입력값 x에 따라 변할 때, 각 입력값 x에서 f의 순간변화율을 구할 수 있다. 이때 이 함수를 f의 도함수라고 한다. 함수의 순간변화율은 함수의 그래프의 각 점에서의 접선의 기울기를 의미하므로, 도함수는 입력값 x마다 그 점에서 함수의 그래프의 접선의 기울기를 대응시켜 주는 함수이다. [그림 11.14]는 $x=c$에서의 도함수를 나타낸다.

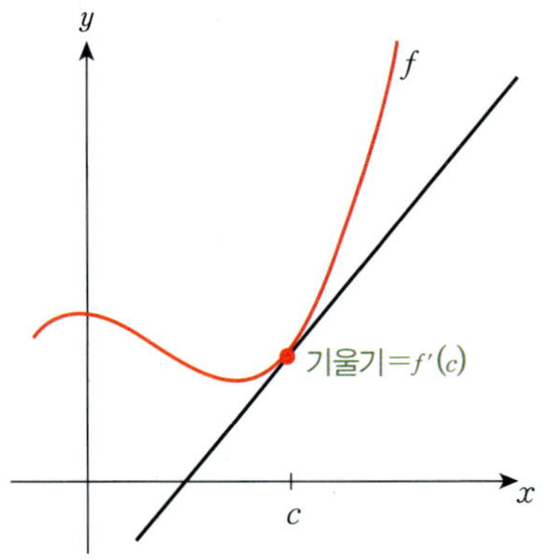

[그림 11.14] $x=c$ 에서의 도함수

3 미분의 체인 규칙

미분의 체인 규칙(chain rule)은 합성함수의 미분에 적용되는데 마치 양파를 까는 것처럼 바깥의 함수를 먼저 미분한 다음, 다시 안쪽 함수를 미분하여 곱하는 방법이다.

가령 y를 x에 관해 미분할 경우 먼저 y를 u에 관해 미분하고, 다시 u를 x에 관해 미분한 후 둘을 곱하면 된다. 이것은 3개 이상의 변수에 대해서도 연쇄적으로 적용하면 된다.

$$\frac{dy}{dx} = \frac{dy}{du} \cdot \frac{du}{dx}$$
$$\frac{dy}{dx} = \frac{dy}{du} \cdot \frac{du}{dv} \cdot \frac{dv}{dx}$$

미분의 체인 규칙은 신경망에서 학습 이론을 유도하는 바탕이 된다.

4 델타 규칙과 경사하강법

델타 규칙(delta rule)이란 단층 신경망 모델에서 사용되는 학습 방법 중 하나로서, 실제 출력과 기대되는 출력 간의 차이를 최소화하기 위해 뉴런들 사이의 연결강도를 변화시키는데 쓰이는 방법이다.

델타 규칙을 확장한 것이 일반화 델타 규칙(generalized delta rule)인데, 1986년 Rumelhart에 의해 만들어진 다층 신경망을 학습시킬 수 있는 규칙으로, 오늘날 가장 유명해진 신경망 학습 규칙 중의 하나이다.

델타 규칙에 의해 연결강도의 변화가 연결강도 공간상에 주어지는 오차의 제곱을 높이로 하는 곡면에 대해 경사하강법(gradient descent)을 따른다. 즉 오차의 제곱이 가장 많이 감소하는 방향으로 변화한다.

5 인공지능과의 관련성

① 인공지능 중 신경망에 대한 연구는 초기의 단층 퍼셉트론의 학습 기법에 바탕을 두고 있다. 따라서 신경망의 근본적인 이해가 필요한 사람은 이와 관련된 수학적 지식 중 미분의 도함수 개념과 델타 규칙 및 체인 규칙에 대한 기초적인 이해가 필요하다.

② 일반화 델타 규칙과 관련된 도함수 전개에는 저자의 신경망 이론과 응용(I) 편에 여섯 페이지에 걸쳐 유도되어 있을 정도로 복잡하다. 따라서 전문가 코스가 아닌 분들은 수학적 지식의 필요성에 대해 너무 스트레스 받지 않기를 바란다.

③ 델타 규칙과 경사하강법은 신경망의 학습 규칙의 기반을 이해하는데 필요하다.

SECTION 11.4 벡터의 개념과 표현

1 벡터의 정의

우리는 일상생활에서 여러 가지 측정값을 다루게 된다. 속력, 압력, 원의 지름, 삼각형의 면적 등과 같은 물리적 양을 스칼라(scalar)라고 한다. 한편 단 하나의 수만으로는 나타낼 수 없는 속도, 힘 그리고 가속도 등은 그들의 크기뿐만 아니라 방향까지도 포함한다. 이러한 것들을 벡터(vector)라고 부르는데 통상 $\boldsymbol{u}, \boldsymbol{v}, \boldsymbol{w}$와 같이 굵은 글씨체의 소문자로 나타낸다.

스칼라 → 크기

벡터 → 크기 + 방향

2 벡터의 개념과 표기법

벡터는 방향 정보를 가지고 있으므로 그래프를 이용하여 표현할 수 있는데, 일반적으로 벡터는 화살표(arrow)를 이용하여 표기한다. 화살표는 벡터의 방향을 나타내고 화살표의 길이는 벡터의 크기가 된다. 화살표의 시작점인 P를 시점이라고 하고, 끝나는 점인 Q를 종점이라고 한다. 이러한 벡터는 [그림 11.15]와 같이 $\overrightarrow{PQ}$ 또는 간단히 진한 글씨인 알파벳 $\boldsymbol{a}, \boldsymbol{b}, \boldsymbol{u}, \boldsymbol{v}, \cdots$ 등으로 나타낸다.

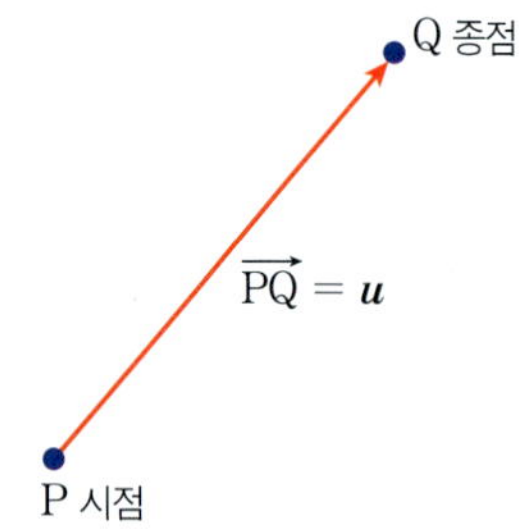

[그림 11.15] 시점과 종점이 있는 벡터

3 벡터의 크기와 기하학적 표현

우리는 x, y 평면으로 표현되는 유클리드(Euclid)의 2차원 공간 R^2에 익숙해져 있다. R^2 상에 있는 벡터 $\boldsymbol{v} = (v_1, v_2)$는 [그림 11.16]과 같이 원점을 시점으로 하여 종점

(v_1, v_2) 에 이르는 화살표로 표현된다. 벡터의 크기는 화살표의 길이로 정의된다.

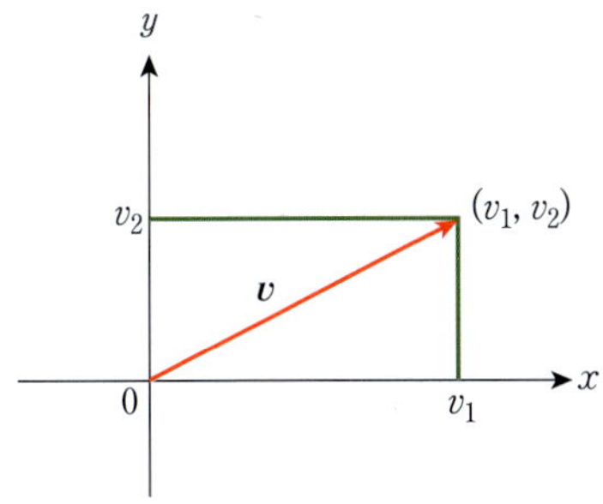

[그림 11.16] R^2 상의 벡터 $\boldsymbol{v}$ 의 표현

4 벡터의 연산

R^n 상에서 $\boldsymbol{v}=(v_1, v_2, \cdots, v_n)$ 와 $\boldsymbol{w}=(w_1, w_2, \cdots, w_n)$ 가 주어졌을 때, 벡터의 합(sum)은 대응하는 각 성분들끼리 서로 더한 것으로 다음과 같다.

$$\boldsymbol{v}+\boldsymbol{w}=(v_1+w_1,\ v_2+w_2, \cdots, v_n+w_n)$$

R^n 상에서의 벡터 $\boldsymbol{v}+\boldsymbol{w}$ 의 표현은 [그림 11.17]과 같다.

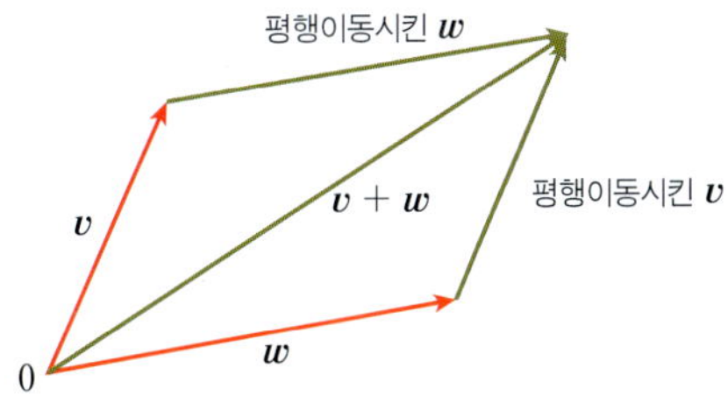

[그림 11.17] R^n 상에서의 벡터 $\boldsymbol{v}+\boldsymbol{w}$ 의 표현

5 벡터의 내적

$\boldsymbol{u}, \boldsymbol{v}$ 가 다음과 같은 R^n 상의 벡터라고 할 때

$$\boldsymbol{u}=\begin{bmatrix} u_1 \\ u_2 \\ \vdots \\ u_n \end{bmatrix},\quad \boldsymbol{v}=\begin{bmatrix} v_1 \\ v_2 \\ \vdots \\ v_n \end{bmatrix}$$

R^n 상의 벡터의 내적(inner product, 內積)은 다음과 같은 스칼라 값으로 정의되며 $\boldsymbol{u}\cdot\boldsymbol{v}$로 나타낸다.

$$[u_1 \ u_2 \ \cdots \ u_n]\begin{bmatrix} v_1 \\ v_2 \\ \vdots \\ v_n \end{bmatrix} = u_1v_1 + u_2v_2 + \cdots + u_nv_n$$

예를 들면, $\boldsymbol{u} = \begin{bmatrix} u_1 \\ u_2 \end{bmatrix}$와 $\boldsymbol{v} = \begin{bmatrix} v_1 \\ v_2 \end{bmatrix}$가 R^2 상의 벡터라고 할 때, R^2 상의 내적은 다음과 같이 정의되며 $\boldsymbol{u}\cdot\boldsymbol{v}$로 나타낸다.

$$\boldsymbol{u}\cdot\boldsymbol{v} = u_1v_1 + u_2v_2$$

또한 $\boldsymbol{u} = \begin{bmatrix} u_1 \\ u_2 \\ u_3 \end{bmatrix}$와 $\boldsymbol{v} = \begin{bmatrix} v_1 \\ v_2 \\ v_3 \end{bmatrix}$가 R^3 상의 벡터라고 할 때, R^3 상의 내적은 같은 맥락으로 정의되며 $\boldsymbol{u}\cdot\boldsymbol{v}$로 나타내며 스칼라 값을 가진다.

$$\boldsymbol{u}\cdot\boldsymbol{v} = u_1v_1 + u_2v_2 + u_3v_3$$

6 유클리드 거리

유클리드 거리(Euclidean distance)는 [그림 11.18]과 같이 두 점 사이의 거리를 계산할 때 흔히 쓰는 방법이다. 이 거리를 사용하여 유클리드 공간을 정의할 수 있으며, 이 거리에 대응하는 노름(norm)을 유클리드 노름(Euclidean norm)이라고 부른다.

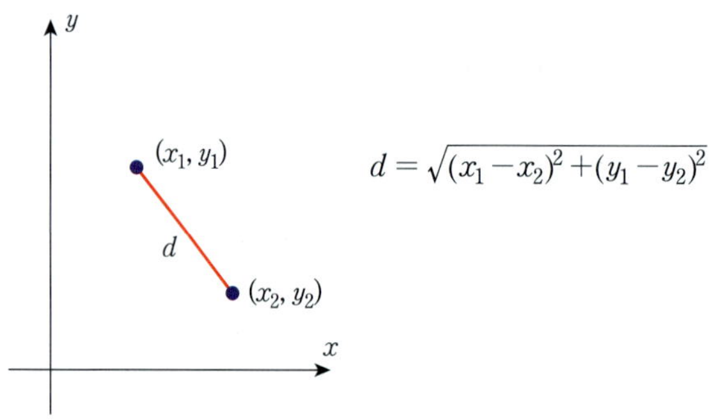

[그림 11.18] 두 점 사이의 거리

이것을 n차원 공간의 거리로 일반화하면 $P(p_1, p_2, \cdots, p_n)$와 $Q(q_1, q_2, \cdots, q_n)$ 사이의

거리는 다음과 같다.

$$\sqrt{(q_1-p_1)^2+(q_2-p_2)^2+\cdots+(q_n-p_n)^2}$$
$$=\sqrt{\sum_{i=1}^{n}(q_i-p_i)^2}$$

이러한 거리 개념을 활용하여 K-mean, K-NN 등의 분류를 위한 클러스터링(clustering) 등에 활용할 수 있다.

7 인공지능과의 관련성

① 신경망 학습에서 특정 뉴런으로 들어오는 입력과 연결강도와의 곱은 주로 벡터의 내적으로 연산된다. 따라서 벡터 개념에 대한 기초적인 이해가 필요하다.

② 특히 문과 계열에 속했던 사람들에게는 벡터가 생소할지 모르나 인공지능 관련 지식에는 문과 이과의 구별이 없으므로 벡터에 대한 기초적인 개념이 필요하다.

③ 유클리드 거리는 각 점 사이의 거리를 측정함으로써 신경망의 분류(classification) 작업에 활용된다.

SECTION

11.5 행렬과 행렬의 연산

1 행렬의 표현과 정의

행렬(matrix, 行列)은 수 또는 문자를 배열의 형태로 나타내는 것을 말한다. m, n을 양의 정수라고 할 때 다음과 같은 배열을 행렬이라 부른다.

$$A=\begin{bmatrix} a_{11} & a_{12} & \cdots & a_{1n} \\ a_{21} & a_{22} & \cdots & a_{2n} \\ \vdots & \vdots & & \vdots \\ a_{i1} & a_{i2} & \cdots & a_{in} \\ \vdots & \vdots & & \vdots \\ a_{m1} & a_{m2} & \cdots & a_{mn} \end{bmatrix} \leftarrow \text{행}$$

↑ 열

$m \times n$

이 행렬을 간단하게 $A=[a_{ij}],\ i=1, \cdots, m,\ j=1, \cdots, n$이라 적고, $m \times n$ 행렬 또는 (m, n) 행렬이라고 부른다. 이 행렬은 m개의 행(row)과 n개의 열(column)을 가지고 있다. 예를 들면, 제1행은 다음과 같고

$$[a_{11},\ a_{12,}\ \cdots,\ a_{1n}]$$

제2열은 다음과 같다.

$$\begin{bmatrix} a_{12} \\ a_{22} \\ \vdots \\ a_{m2} \end{bmatrix}$$

a_{ij}를 이 행렬의 ij-항(ij-entry) 또는 ij-성분(ij-component)이라고 부르는데, a_{ij}는 위로부터 i번째의 행과 j번째의 열이 만나는 항의 값이다.

j번째 열

↓

$$A=\begin{bmatrix} a_{11} & \cdots & a_{1j} & \cdots & a_{1n} \\ \vdots & & \vdots & & \vdots \\ a_{i1} & \cdots & a_{ij} & \cdots & a_{in} \\ \vdots & & \vdots & & \vdots \\ a_{m1} & \cdots & a_{mj} & \cdots & a_{mn} \end{bmatrix} \leftarrow i\text{번째 열}$$

다음은 행렬들의 크기를 나타내는데 $A=\begin{bmatrix}1\\-2\\3\end{bmatrix}$는 3×1 행렬이고, $B=\begin{bmatrix}1&2\\3&4\\5&6\end{bmatrix}$는 3×2 행렬이며, $C=\begin{bmatrix}1&-2\\3&-6\\7&-1\\4&5\end{bmatrix}$는 4×2 행렬이다.

예제 11.1 다음의 행렬 A가 2×3 행렬임을 알아보자.

$$A=\begin{bmatrix}1&1&-2\\-1&4&-5\end{bmatrix}$$

풀이 이 행렬은 2개의 행과 3개의 열을 가진다. 행은 $[1, 1, -2]$, $[-1, 4, -5]$이고, 열은 $\begin{bmatrix}1\\-1\end{bmatrix}, \begin{bmatrix}1\\4\end{bmatrix}, \begin{bmatrix}-2\\-5\end{bmatrix}$ 이다.

이와 같이 행렬의 각 행은 가로의 n 순서쌍으로 볼 수 있고, 각 열은 세로의 m 순서쌍으로 볼 수 있다. 가로의 n 순서쌍을 행벡터(row vector), 세로의 m 순서쌍을 열벡터(column vector)라고도 부른다.

여기서 행벡터 $[x_1, \cdots, x_n]$은 $1\times n$ 행렬이고, 열벡터 $\begin{bmatrix}x_1\\\vdots\\x_m\end{bmatrix}$은 $m\times1$ 행렬이다.

2 행렬의 합

행렬의 합은 그들이 같은 크기의 행렬일 때에만 정의되는데, 같은 크기의 행렬을 각각의 성분끼리 합하는 것이다.

예제 11.2 $A=\begin{bmatrix}3&-1\\2&4\end{bmatrix}$, $B=\begin{bmatrix}2&1\\-3&2\end{bmatrix}$일 때 $A+B$를 구해보자.

풀이

$$A+B=\begin{bmatrix}3+2&(-1)+1\\2+(-3)&4+2\end{bmatrix}=\begin{bmatrix}5&0\\-1&6\end{bmatrix}$$

3 행렬의 곱

$A=[a_{ij}]$가 $m \times n$ 행렬이고, $B=[b_{ij}]$가 $n \times p$ 크기의 행렬일 때 행렬 A와 B의 행렬의 곱(multiplication)은 $AB=C=[c_{ij}]$로써 다음과 같이 정의되는 $m \times p$ 행렬이 된다.

$$c_{ij}=\sum_{k=1}^{n} a_{ik}b_{kj}=a_{i1}b_{1j}+a_{i2}b_{2j}+\cdots+a_{in}b_{nj}$$
$$(i=1, 2, \cdots, m,\ \ j=1, 2, \cdots, p)$$

$$AB=\underset{m \times n}{\begin{bmatrix} a_{11} & a_{12} & \cdots & a_{1n} \\ a_{21} & a_{22} & \cdots & a_{2n} \\ \vdots & \vdots & & \vdots \\ a_{i1} & a_{i2} & \cdots & a_{in} \\ \vdots & \vdots & & \vdots \\ a_{m1} & a_{m2} & \cdots & a_{mn} \end{bmatrix}} \underset{n \times p}{\begin{bmatrix} b_{11} & b_{12} & \cdots & b_{1j} & \cdots & b_{1q} \\ b_{21} & b_{22} & \cdots & b_{2j} & \cdots & b_{2q} \\ \vdots & \vdots & & \vdots & & \vdots \\ b_{n1} & b_{n2} & \cdots & b_{nj} & \cdots & b_{nq} \end{bmatrix}}$$

$$=\underset{m \times p}{\begin{bmatrix} c_{11} & c_{12} & \cdots & c_{1p} \\ c_{21} & c_{22} & \cdots & c_{2p} \\ \vdots & \vdots & c_{ij} & \vdots \\ c_{m1} & c_{m2} & \cdots & c_{mp} \end{bmatrix}}=C$$

예제 11.3 행렬 A, B, C가 다음과 같이 주어졌을 때, AB와 AC를 구해보자.

$$A=\begin{bmatrix} 1 & 1 & 0 \\ 2 & 0 & 1 \end{bmatrix},\ B=\begin{bmatrix} 2 & 0 \\ 0 & 1 \\ 1 & 3 \end{bmatrix},\ C=\begin{bmatrix} 1 & -2 \\ -1 & 2 \\ -2 & 4 \end{bmatrix}$$

풀이

(1) $AB=\begin{bmatrix} 1 & 1 & 0 \\ 2 & 0 & 1 \end{bmatrix}\begin{bmatrix} 2 & 0 \\ 0 & 1 \\ 1 & 3 \end{bmatrix}=\begin{bmatrix} \text{row1} \times \text{col1} & \text{row1} \times \text{col2} \\ \text{row2} \times \text{col1} & \text{row2} \times \text{col2} \end{bmatrix}$

$$=\begin{bmatrix} (1)(2)+(1)(0)+(0)(1) & (1)(0)+(1)(1)+(0)(3) \\ (2)(2)+(0)(0)+(1)(1) & (2)(0)+(0)(1)+(1)(3) \end{bmatrix}=\begin{bmatrix} 2 & 1 \\ 5 & 3 \end{bmatrix}$$

(2) $AC=\begin{bmatrix} 1 & 1 & 0 \\ 2 & 0 & 1 \end{bmatrix}\begin{bmatrix} 1 & -2 \\ -1 & 2 \\ -2 & 4 \end{bmatrix}=\begin{bmatrix} 0 & 0 \\ 0 & 0 \end{bmatrix}$

4 인공지능과의 관련성

① 행렬은 신경망에서 벡터와 같은 형태의 연산을 매우 빠르게 처리할 수 있다.

② 신경망 학습에서 특정 뉴런으로 들어오는 입력과 연결강도와의 곱은 주로 벡터의 내적으로 연산된다. 이 경우 주로 행렬 연산을 이용하기 때문에 행렬에 대한 기초적인 이해가 필요하다.

SECTION

11.6 확률, 통계, 회귀직선

1 확률

확률(Probability)이란 어떤 사건 A가 나타날 가능성을 수로 나타낸 것을 말하는데, 사건 A가 나타날 경우의 수를 전체의 경우의 수로 나눈 값이다.

[정의 11.1] 확률에 있어서 기본적인 법칙은 다음과 같다.

① 어떤 사건 A에 대하여 $0 \le P(A) \le 1$

② 전사건 S의 확률 $P(S)=1$

③ 공사건 ϕ의 확률 $P(\phi)=0$

④ 사건 A가 일어날 확률과 사건 A의 여사건 A^c가 일어날 확률 사이의 관계는 다음과 같다.

$$P(A)+P(A^c)=1, \quad P(A^c)=1-P(A)$$

예제 11.4 주사위 2개를 동시에 던져서 나온 수의 합이 3 또는 4가 될 확률을 구해보자.

풀이 수의 합이 3이 될 경우의 수는 (1, 2), (2, 1)이므로 확률은 $\frac{2}{36}$이고, 수의 합이 4가 될 경우의 수는 (1, 3), (2, 2), (3, 1)이므로 확률은 $\frac{3}{36}$이다. 따라서 확률은 $\frac{2}{36}+\frac{3}{36}=\frac{5}{36}$가 된다.

예제 11.5 주사위 2개를 동시에 던져서 나온 수의 합이 3 이상일 경우의 확률을 구해보자.

풀이 이 경우에는 여사건으로 문제를 푸는 것이 훨씬 간단하다. 수의 합이 3 미만인 경우, 즉 2인 경우는 $\frac{1}{36}$이다. 따라서 $1-\frac{1}{36}=\frac{35}{36}$이다.

[정의 11.2] 변수 X가 취할 수 있는 모든 값이 $x_1, x_2, x_3, x_4, \cdots, x_n$이고 X가 이들 값을 취할 확률 $p_1, p_2, p_3, p_4, \cdots, p_n$이 정해져 있을 때, 변수 X를 확률 변수라고 한다. 또 확률 변수 X가 이산적인 값을 취할 때 이러한 확률을 이산적 확률이라 한다.

예를 들어 한 개의 주사위를 던져서 나타나는 수를 X라 하면 X가 취할 수 있는 값은 $1, 2, 3, 4, 5, 6$이고 $P(x \le 2)$는 X가 1 또는 2의 값을 취하는 확률을 뜻한다.

[정의 11.3] 확률 변수 X가 취하는 값 x_1와 X가 x_i를 취할 확률 p_i와의 대응 관계를 확률 변수 X의 확률 분포라고 한다.

2 평균, 분산, 표준편차

[정의 11.4] 확률 변수 X의 확률 분포가 다음과 같을 때, 평균(mean)이란 자료 전체의 합을 자료의 개수로 나눈 값을 말한다. 즉 $\sum_{i=1}^{n} x_i p_i = x_1 p_1 + x_2 p_2 + x_3 p_3 + x_4 p_4 + \cdots + x_n p_n$을 X의 평균 또는 기대값(expectation)이라 하고, m 또는 $E(X)$로 나타낸다.

[정의 11.5] 확률 변수 X의 평균이 m일 때 $E((X-m)^2)$을 X의 분산(variance, 分散)이라 하고, $V(X)$ 또는 $\sigma^2(X)$로 나타낸다.

$$V(X) = \sum_{i=1}^{n} (x_i - m)^2 P_i$$

분산이란 통계에서 주어진 변량이 평균으로부터 떨어져 있는 정도를 나타내는 값을 표현하는 한 종류이다. 분산은 음의 값을 가질 수 없으며 분산이 크면 클수록 확률 분포는 평균에서 멀리 퍼져 있고, 분산 값이 작을수록 평균 부근에 집중된다.

[정의 11.6] 분산의 양의 제곱근을 표준편차(standard deviation)라 하고, $\sigma(X)$로 나타낸다. 표준편차 역시 평균으로부터 얼마나 퍼져 있는가를 알려주는 수치로 사용된다.

예제 11.6 주사위를 하나 던질 때 나오는 숫자를 확률 변수 X 라고 할 때 X 의 평균, 분산, 표준편차를 각각 구해보자.

풀이 주사위 하나를 던질 때 경우의 수는 1, 2, 3, 4, 5, 6 인데, 확률 변수를 X 라 하면 X 는 1부터 6 사이의 값을 가지게 된다. 이에 대응하는 확률 분포는 모든 경우에 $\frac{1}{6}$ 이 된다.

따라서 평균 m 은

$$m = \sum_{i=1}^{n} x_i P_i = 1\times\frac{1}{6}+2\times\frac{1}{6}+3\times\frac{1}{6}+4\times\frac{1}{6}+5\times\frac{1}{6}+6\times\frac{1}{6}=\frac{7}{2}$$

그리고 분산은

$$\begin{aligned} V(X) &= \sum_{i=1}^{n}(x_i - m)^2 P_i \\ &= \left\{\left(1-\frac{7}{2}\right)^2+\left(2-\frac{7}{2}\right)^2+\left(3-\frac{7}{2}\right)^2+\left(4-\frac{7}{2}\right)^2+\left(5-\frac{7}{2}\right)^2+\left(6-\frac{7}{2}\right)^2\right\}\times\frac{1}{6}=\frac{35}{12} \end{aligned}$$

따라서 표준편차는 $\sigma(X)=\sqrt{\frac{35}{12}}=\sqrt{\frac{105}{6}}$ 이 된다.

3 회귀직선

회귀직선(regression line)이란 두 변수 X, Y 간의 관계를 나타내는 직선 $Y = a + bX$ 를 말한다. 회귀직선의 계수 a, b 는 각 점의 직선에서의 수직 거리의 제곱의 총합이 가장 작아지도록 결정된다.

즉 [그림 11.19]와 같이 점 (x_i, y_i) 에서 회귀직선까지의 y 축 방향의 거리 제곱의 총합을 최소로 해서 얻어지는 직선이다. 이때 직선 $y = a + bx$ 를 x 에 대한 y 의 회귀직선이라 하는데, 여기서 a 는 y 절편이고 b 는 회귀직선의 기울기를 나타낸다.

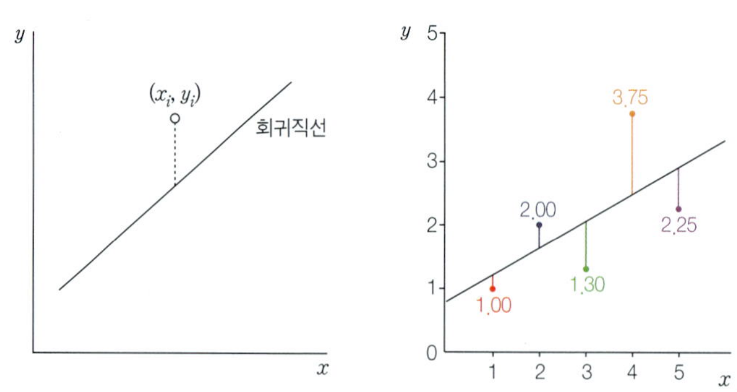

[그림 11.19] 회귀직선

그 결과 [그림 11.20]과 같은 완성된 회귀직선을 구할 수 있으며, 이를 바탕으로 8장에서 회귀 분석(regression analysis)을 할 수 있다. 또 K-mean, K-NN 분류 등의 기반 지식은 8장에서 다루었다.

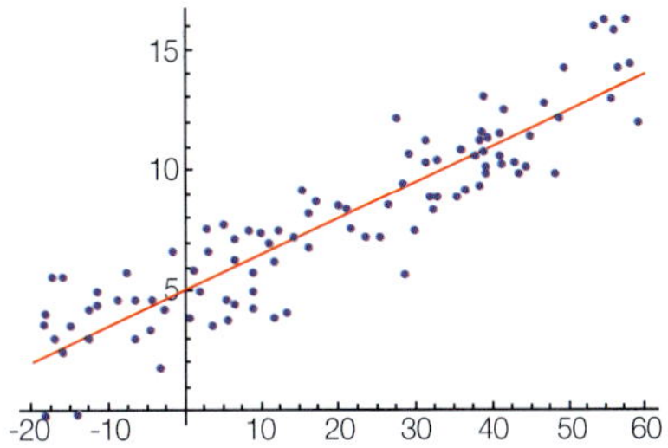

[그림 11.20] 완성된 회귀직선의 예

4 인공지능과의 관련성

① 인공지능 특히 신경망에서는 학습을 통한 결과가 확률적으로 나오기 때문에 확률과 통계에 대한 기초적인 지식이 필요하다.

② 회귀직선의 경우에는 인공지능의 예측 기능과 직접적인 관련이 있다. 회귀직선을 이용한 회귀분석 기능을 인공지능과 접합함으로써 날씨나 경제적 지표에 대한 예측 등 활용도가 매우 크다.

SECTION

11.7 인공지능용 프로그래밍 언어들

1 인공지능용 프로그래밍 언어

프로그래밍 언어(Programming Languages: PL)란 주어진 문제를 해결하기 위해 인간과 컴퓨터 사이의 의사소통을 가능하게 하는 [그림 11.21]과 같은 인공적인 언어를 말한다. 프로그래밍 언어는 우리가 일상생활에서 사용하는 자연어(Natural language)와는 달리 미리 정해진 규칙에 따라 엄밀하게 정의되는데, 그 규칙에 따라 작성된 프로그램은 컴퓨터 내의 번역기를 거쳐 구현되고 그 결과가 사용자에게 전달된다.

[그림 11.21] 다양한 프로그래밍 언어들

인공지능용 프로그래밍 언어는 인공지능의 일을 적절하게 해결할 수 있는 프로그래밍 언어를 말한다. 인공지능의 초기 응용 분야로는 기호를 처리하는 일이 많았으므로 Lisp이 많이 사용되었고, 그 후 논리를 처리하는데 편리한 Prolog도 많이 이용되고 있다.

그러나 신경망이나 딥러닝 프로그래밍의 경우에는 구글이 딥러닝을 위해 개발한 텐서플로를 Python 언어로 구현함에 따라 최근에는 Python이 많이 쓰이고 있다.

2 Lisp

Lisp(리습으로 발음) 언어는 List processing의 약자로 1960년 MIT의 존 매카시에 의해 개발된 인공지능 언어 중 하나로서 지금도 활용되고 있다. [그림 11.22]의 Lisp은 기본적인 자료형을 기호 형태로 나타낸 리스트(list)와 트리(tree) 형태로 복잡한 자료 구조를 비교적 쉽게 처리할 수 있으므로 인공지능 언어에 많이 쓰이고 있다.

[그림 11.22] Lisp 로고

저명한 인공지능 관련 인물 탐구

존 매카시(John McCarthy, 1927년~2011년) 박사는 미국의 컴퓨터과학자이자 인지과학자이다. 1948년 캘리포니아 공과대학교에서 수학 학사학위를 받고, 1951년에 프린스턴 대학교에서 수학박사 학위를 받았다. 그는 MIT와 스탠퍼드 교수로 재직했다.

1956년 다트머스 회의에서 처음으로 인공지능(Artificial Intelligence)이라는 용어를 창안했다. 그는 인공지능 프로그래밍 언어인 Lisp을 설계하고 구현하였으며, 인공지능에 관한 연구 업적을 인정받아 1971년 튜링상을 받았다. 그는 민스키와 더불어 인공지능 발전에 가장 큰 역할을 하였다.

Lisp의 주요 특징들을 요약하면 다음과 같다.

① 대화식으로 구성된 인터프리터 방식의 언어이다.
② 프로그램과 자료가 같은 형태로 취급된다.
③ 프로그램하기 편리한 소프트웨어들이 Lisp으로 많이 개발되어 있어 활용도가 높다.

Lisp에 쓰이는 리스트(list)는 [그림 11.23]과 같이 공백(blank)에 의해 원소가 분리되며 전체는 괄호의 쌍으로 이루어진다. 따라서 Lisp에서는 A + B 대신에 (PLUS A B)로 나타낸다.

(+ 3 4)	7	; 3 + 4 = 7
(PLUS 3 4)	7	; 3 + 4 = 7
(setq a 5)	5	; a에 5를 설정한다.
(car '(a b c))	a	; 리스트 중 가장 앞의 것을 리스트하라.
(cons 'a '(b c))	(a b c)	; 두 리스트를 결합하라.

[그림 11.23] Lisp의 간단한 예

3 Prolog

Prolog(프롤로그)는 1972년 영국의 코왈스키(R. Kowalski)와 프랑스 연구진에 의해 공동 개발된 논리형 인공지능 언어이다. Prolog는 논리에 기반을 둔 인공지능용 프로그래밍 언어로서, 자연어 처리나 전문가 시스템 개발에 매우 유용하다.

[그림 11.24]와 같은 로고를 가진 Prolog는 지식을 서술 논리로 표현하고 규칙(rule)에 따라 추론한다.

[그림 11.24] Prolog 프로그래밍 언어

Prolog의 주요 특징들을 요약하면 다음과 같다.

① 프로그램이 사실(fact), 규칙(rule), 질문(question)들로 이루어진다.
② 인터프리터 언어이며 대화식의 명령 방식으로 작동한다.
③ 사실과 규칙들의 데이터베이스로 구성되며, 질문에 응답하는 형식으로 진행된다.
④ 사용자의 질문에 답하기 위해 추론 엔진(inference engine)을 사용한다.

4 Python

최근 들어 Python이 매우 인기 있는 프로그래밍 언어로 주목받기 시작했으며, 특히 코딩의 중요성이 강조되면서 사용자가 꾸준히 늘어나는 추세이다.

[그림 11.25]의 Python은 일반 프로그래밍 언어들보다 문법이 비교적 간단하여 빠르고 쉽게 배울 수 있다는 장점을 가지고 있다. 또한, 인터프리터 언어로서 실행결과를 즉석에서 확인할 수 있으며, 플랫폼 독립적이며 동적 타이핑 대화형 언어란 점 등이 주요 특징이다.

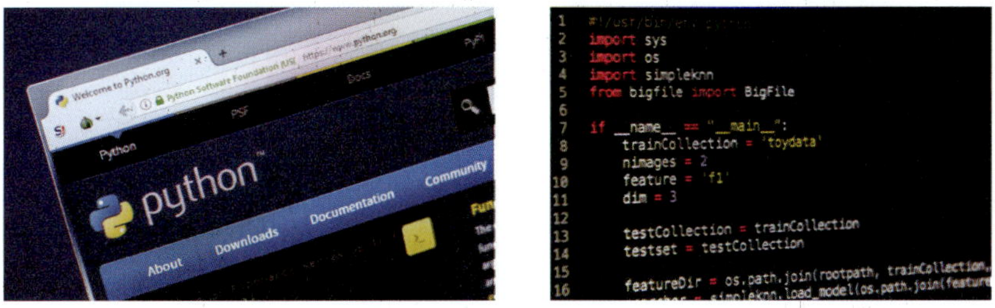

[그림 11.25] Python 화면

Python은 1991년 귀도 반 로섬(Guido van Rossum)이란 프로그래머가 발표한 고급 프로그래밍 언어인데, 비영리의 Python 소프트웨어 재단이 관리하는 개방적인 프리웨어이다. [그림 11.26]은 주어진 값의 절대값을 구하여 프린트하는 Python 프로그램의 예와 또 다른 Python 스크립트를 나타낸다.

Python

```
# absolute value

n = int(argv[1])
if n < 0:
    abs = -n
else:
    abs = n
print(abs)
```

Python script

```
def azureml_main(dataframe1 = None, data
# Code to populate the result
    result = pandas.DataFrame(...)
    return result,
```

[그림 11.26] Python 프로그램의 예

프로그래밍 언어는 통상 C와 같은 절차적 언어, Java와 같은 객체지향 언어, 그리고 Lisp과 같은 함수적 언어로 분류되는데, Python은 이 세 가지 특징들을 모두 가지고 있다.

[그림 11.27]은 Python 개발자 귀도 반 로섬과 Python 다운로드 화면을 나타낸다.

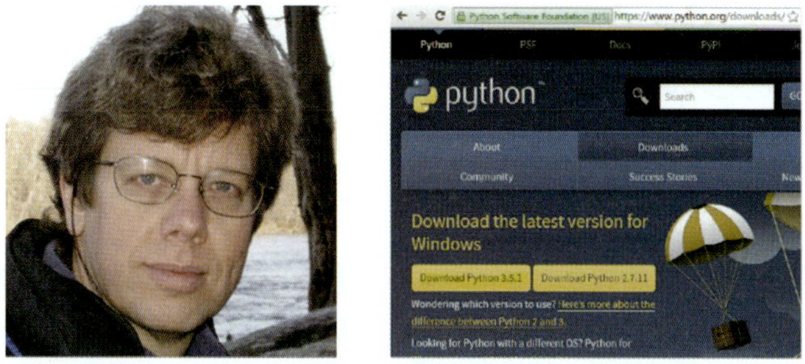

[그림 11.27] Python 개발자 귀도 반 로섬과 다운로드 화면

Python의 주요 특징은 다음과 같다.

- 인터프리터 언어로서 실행결과를 즉석에서 확인할 수 있다.
- 일반 프로그래밍 언어들보다 문법이 비교적 간단하다.
- 함수의 정의는 함수형 언어의 형태를 취하고 있다.
- 문장의 끝을 표시하는 세미콜론(;) 기호가 없다.
- 들여쓰기를 사용하여 블록을 구분하는 독특한 문법을 채용하고 있다.
- 플랫폼 독립적이며 동적 타이핑 대화형 언어이다.
- C언어와는 달리 초보자들이 어려워하는 포인터 개념이 쓰이지 않는다.
- C언어로 구현된 C 파이썬이 사실상의 표준이다.

5 R과 C

R은 통계적 계산과 그래픽을 위한 프로그래밍 언어이자 오픈소스 소프트웨어다. 따라서 R은 통계와 시각화에 특히 강점이 있다. [그림 11.28]의 R은 인공지능의 머신러닝 등에서도 활용되며 빅데이터와 데이터 사이언스에도 사용된다.

R은 전문가 전용이 아니며 프로그래밍 언어를 모르는 사람들도 R에 입문해 데이터를 다룰 수도 있다. R에서 활용할 수 있는 다양한 패키지가 개발되어 있으므로 패키지를 내려받아 다양한 기능 확장을 꾀할 수 있다.

```
> sum(2,7,5)
[1] 14
> x
[1]  2 NA  3  1  4
> sum(x)      # if any element is NA or NaN, result is NA or NaN
[1] NA
> sum(x, na.rm=TRUE)      # this way we can ignore NA and NaN values
[1] 10
> mean(x, na.rm=TRUE)
[1] 2.5
> prod(x, na.rm=TRUE)
[1] 24
```

[그림 11.28] R 로고와 합과 평균을 구하는 프로그램

한편 C언어는 어느 분야에서나 쓰이는 범용 언어이므로 인공지능에서도 쓰이고 있으며, Python 언어의 기반이 된 언어이다.

6 텐서플로와 파이토치

인공지능 관련 주요 프로그래밍 언어로는 Python, C, Lisp, Prolog 등이 있다. 한편 딥러닝의 효율적인 실행을 위해 [그림 11.29]와 같은 텐서플로(TensorFlow)나 파이토치(PyTorch) 등의 인기 있는 신경망 라이브러리의 활용 방법도 매우 중요하다. 텐서플로와 파이토치는 9장에서 다루었다.

[그림 11.29] 텐서플로와 파이토치

7 인공지능과의 관련성

① 규칙기반 인공지능을 위해서는 Lisp과 Prolog가 유용하고, 신경망 계열의 구현을 위해서는 Python 언어가 많이 쓰인다.

② R은 통계적 분석과 인공지능의 머신러닝 등에서도 활용되며 빅데이터와 데이터 사이언스에도 사용된다.

③ 주요 라이브러리로는 텐서플로와 파이토치를 활용하는 것이 효율적이다.

SECTION

11.8 Python 다운로드 및 프로그램 실행 예

1 Python의 다운로드

Python 프로그래밍 언어의 공식 홈페이지인 https://www.python.org/에 들어가서 다운로드를 시작한다.

빨간 표식을 한 다운로드를 누르고 난 화면에서 최신 버전인 Python 3.12.0 다운로드를 클릭한다.

그 후 Install Now가 나오면 그 칸을 클릭한다.

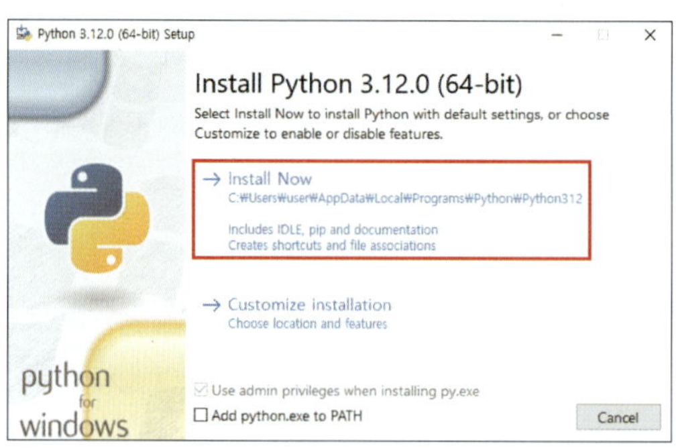

이제 다운로드 과정이 끝났다.

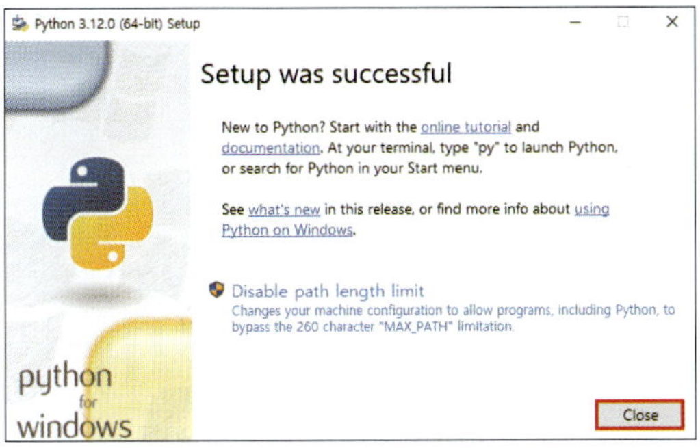

다운로드가 끝난 후 컴퓨터 화면의 가장 왼쪽 하단에 있는 4개의 네모 모양( )의 윈도우 시작 버튼을 눌러 '최근에 추가한 앱' 또는 리스트의 "Python 3.12(새로 설치됨)"에서 서브바의 IDLE (Python 3.12 64bit)를 클릭하면 다음과 같은 화면이 나오면서 Python 프로그램의 작동이 시작된다.

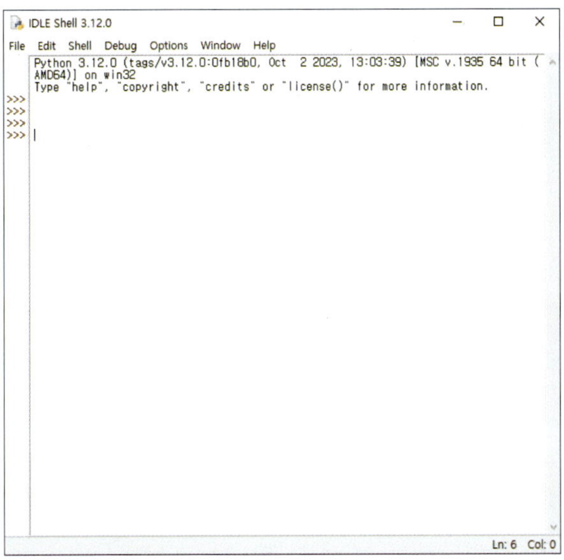

2 Python 프로그램의 실행 예

다음은 간단한 python 프로그램의 작동을 보여준다.

먼저 print("Welcome to The Python World")의 결과는 "Welcome to The Python World"를 보여준다.

그 다음 a 값이 10이고 b의 값을 20으로 주었을 때 a, b, a * b, a / b의 연산 결과를 한꺼번에 계산하여 10, 20, 200, 0.5를 나타내주는 예이다.

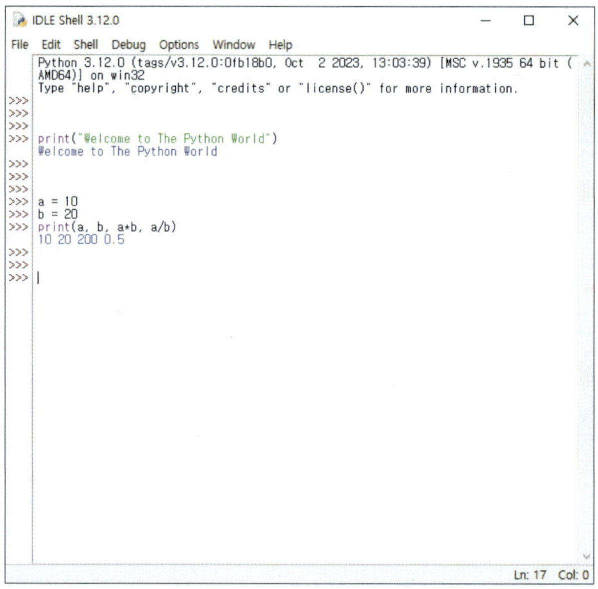

만약 새 실행화면에서 프로그래밍을 원하면 왼쪽 하단의 윈도우 시작 버튼( )을 눌러 이미 저장된 실행 파일인 DLE (Python 3.12 64bit)를 찾아 클릭한 후 작업하면 된다. 이 방법은 나중에 컴퓨터를 켜서 다시 Python 프로그래밍 작업을 할 경우에도 그대로 적용하면 된다.

4 인공지능과의 관련성

① 인공지능의 구현에는 여러 가지 프로그래밍 언어들이 사용된다. 그중 규칙기반 인공지능인 경우에는 Lisp과 Prolog가 많이 사용되어왔다.

② 비교적 최근에는 Python이 인공지능의 다방면에 활용되고 있다. 더군다나 신경망 학습을 위한 강력한 소프트웨어인 텐서플로와 파이토치가 Python 라이브러리로 만들어져 있으므로 Python의 다운로드와 기초적인 활용에 대한 이해가 필요하다.

가까운 곳에서 인공지능 경험하기

QR 코드/Bar 코드로 정보 알아내기

QR 코드는 2차원 매트릭스 형태로 이루어진 정보 표시 방법이고, Bar 코드는 막대기(bar)로 된 코드로서, 굵기가 다른 흑백 막대로 조합하여 만든 코드이다.

[QR 코드와 Bar 코드]

1) Naver창의 하단 초록색 동그라미 부분을 누른다.
2) 7시 방향의 QR 바코드 부분을 누른다.
3) QR 코드와 바코드를 인식할 수 있는 창이 나온다,
4) QR 코드나 바코드를 카메라 포커스에 위치시킨다.

5) 코드를 인식하여 상품 정보나 해당 코드를 인식하여 상품 정보나 해당 웹페이지를 확인할 수 있다.

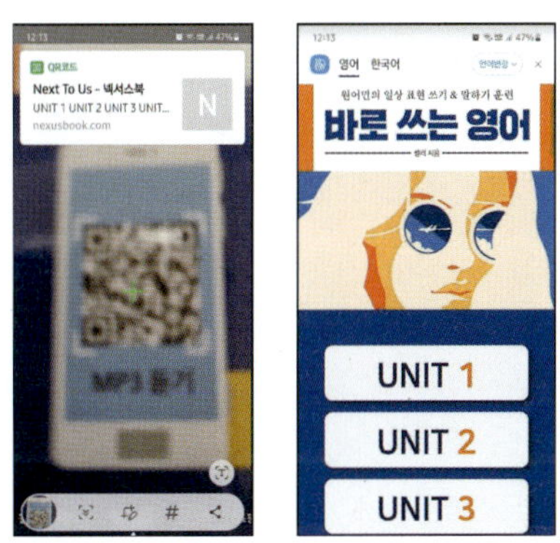

생각하고 토론하기

1. 인공지능을 탐구하기 위해서는 수학적 바탕이 필요하다고 한다. 그러나 인공지능을 접하는 모든 사람에게 깊이 있는 수학적 지식이 반드시 필요한 것은 아니라는 의견도 있다. 인공지능에서 수학적 바탕이 필요한 이유는 무엇인가를 생각해보고 논의하시오.

✔ **아이디어 포인트** 인공지능 중 신경망은 뉴런의 수학적 모델링을 통해 만들어졌기 때문, 교양에서는 기초 수학 개념만으로도 가능 등

2. 인공지능용 프로그래밍 언어에는 Lisp, Prolog, Python, R 등이 있다. 그런데 이런 언어들을 두루 익히기가 그리 쉽지 않다. 이에 대한 대안은 무엇일까?

✔ **아이디어 포인트** 텐서플로나 파이토치 같은 라이브러리 활용, 원하는 응용에 적절한 언어의 선택 등

인공지능 실습하기

실습 11 이미지에 자동으로 색칠하는 인공지능

인공지능 기술을 이용하여 사용자가 살짝만 칠해도 인공지능이 전체 이미지 부분에 균형 있게 자동으로 모두 색칠한다. (Image Colorization)

- https://paintschainer.preferred.tech/index_en.html

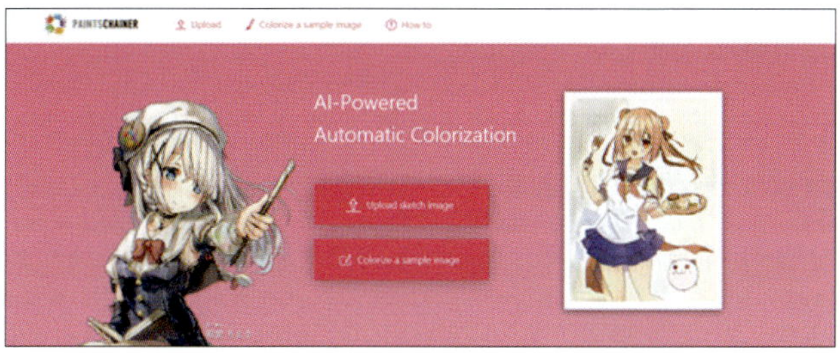

| 실행방법 |

- 스케치 데이터를 업로드하거나 샘플 이미지를 색칠할 수 있다.
- 사용자가 원하는 색을 지정해줄 수 있다

| 실행결과 | 왼쪽의 이미지에다 색상과 펜 등의 도구를 선택하고 약간만 터치해도 오른쪽과 같은 이미지가 자동으로 완성된다.

연습문제

진위 문제

1. 신경망 연산에서는 행렬의 곱셈이 기본적으로 사용된다. ( )
2. 미분은 기하학적 관점에서 보면 주어진 곡선의 접선을 구하는 문제와 동치이다. ( )
3. 우리가 일상생활에서 사용하는 자연어는 프로그래밍 언어와는 달리 미리 정해진 규칙에 따라 엄밀하게 사용된다. ( )
4. Prolog는 논리에 기반을 둔 인공지능용 프로그래밍 언어인데, 지식을 서술 논리로 표현하고 규칙에 따라 추론한다. ( )
5. 미분의 체인 규칙은 3개까지의 변수에 대해서만 연쇄적으로 적용된다. ( )
6. 경사하강법은 오차의 제곱이 가장 많이 증가하는 방향으로 변화한다. ( )
7. 델타 규칙과 경사하강법은 신경망의 학습 규칙의 기반을 이해하는데 필요하다. ( )
8. 벡터나 행렬과 같은 수학적 바탕이 없이도 인공지능 연구는 가능하다. ( )
9. 벡터의 내적은 성분들끼리 곱한 결과의 합이므로 스칼라 값이다. ( )
10. 행렬은 인공지능의 신경망에서 입력과 연결강도 사이의 곱의 합을 구할 경우에 특히 중요한 역할을 한다. ( )

단답식/선택식 문제

1. 삼각함수에서는 일반적인 각도 표현 대신에 π 나 2π 를 사용하는 ( )을 사용한다.
2. 1960년대에 개발된 인공지능 언어 중 하나인 ( )은 기본적인 자료형이 기호 형태로 나타낸 리스트와 트리 형태로 되어 있다.
3. 구글이 딥러닝을 위해 개발한 텐서플로는 ( ) 언어로 구현되었다.
4. 통계에서 표준편차의 제곱은 ( )이다.
5. ( )의 계수 a, b 는 각 점의 직선에서의 수직 거리의 제곱의 총합이 가장 작아지도록 결정된다.
6. 최근에 신경망 라이브러리로 많이 활용되고 있는 것은 ( )와 ( )이다.

7. 신경망 학습에서 특정 뉴런으로 들어오는 입력과 연결강도와의 곱은 주로 벡터의 (　　) 으로 연산된다.

8. 단층 신경망 모델에서 사용되는 학습 방법 중 하나로서, 실제 출력과 기대되는 출력 간의 차이를 최소화하기 위해 뉴런들 사이의 연결강도를 변화시키는데 쓰이는 규칙은 무엇인가?

9. 다음 중 활성 함수로 비교적 많이 쓰이지 않는 함수는?

① 계단 함수　② 임계논리 함수
③ 시그모이드 함수　④ 코사인 함수

10. 다음 중 인공지능과 관련이 상대적으로 적은 프로그래밍 언어는?

① Python　② Ruby
③ Lisp　④ Prolog

11. 다음의 인공지능 관련 중 가장 오래 전부터 사용되던 것은?

① Python　② 텐서플로
③ 파이토치　④ Lisp

12. 다음 중 Python의 주요 특징이라 볼 수 없는 것은?

① 인터프리터 언어로서 실행결과를 즉석에서 확인할 수 있다.
② 들여쓰기를 사용하여 블록을 구분하는 문법을 채용하고 있다.
③ 프리웨어가 아니므로 비싸지는 않으나 프로그램을 구입해야 한다.
④ 플랫폼 독립적이다.

주관식 문제

1. 인공지능의 탐구에 필요한 주요 수학적 지식 4가지 정도를 말하시오.

2. 회귀직선을 간단히 설명하고 회귀분석과의 관계를 말하시오.

3. 신경망 학습에서 행렬과 벡터에 대한 지식이 필요한 주요 이유는 무엇인가?

4. 다음 행렬의 곱을 구해보자.

$$\begin{bmatrix} 1 & 2 & -1 \\ 0 & -5 & 3 \end{bmatrix} \begin{bmatrix} 4 \\ 3 \\ 7 \end{bmatrix}$$

5. 인공지능용 언어로 많이 쓰이는 Python의 주요 특징을 말하시오.

CHAPTER

12

인공지능과 데이터 사이언스

Artificial Intelligence and Data Science

Contents

단원의 주요 목표

데이터 사이언스 영역에서의 응용이나 분석과 관련된 다양한 논제들을 고찰한다.

- 데이터 사이언스의 발전 배경과 기본적인 사항들을 알아본다.
- 데이터의 수집 등 데이터 사이언스 작업의 흐름을 살펴본다.
- 분석 단계인 분류와 클러스터링을 이용한 다양한 응용 분야를 파악한다.
- 빅데이터의 개념, 특징, 요소 기술, 활용 과정 등을 요약해본다.
- 빅데이터의 다양한 응용 분야와 빅데이터 수집의 문제점을 알아본다.
- 데이터 마이닝과 데이터 사이언스의 미래를 예상해본다.

SECTION

12.1 데이터 사이언스 개요

1 데이터 사이언스란 무엇인가?

인터넷의 폭넓은 보급으로 수많은 데이터가 빠르게 전파되고, 컴퓨터 기술의 발달로 엄청난 양의 데이터가 저장되고 처리될 수 있는 시대가 되었다.

과거에 사람이 일일이 입력하고 관리하는 데이터베이스 수준에서 지금은 컴퓨터가 자동으로 데이터들을 수집하고 통계적으로 처리하는 시대가 된 것이다. 이러한 업무를 효율적으로 관리하고 분석하는 학문적 바탕이 바로 [그림 12.1]과 같은 데이터 사이언스인 것이다.

데이터 사이언스(Data Science)는 통계 방법을 사용하여 대량의 데이터를 처리하는 여러 학문 분야가 관련된 과학으로서, 데이터에 대한 직관력을 획득할 수 있게 해주는 학문 분야이다. 따라서 데이터 사이언스는 다양한 데이터를 다루는 방법론, 프로세스, 알고리즘, 시스템을 다루게 된다.

[그림 12.1] 데이터 사이언스

또 데이터 사이언스는 인공지능, 컴퓨터 사이언스, 통계적 수학, 패턴인식, 정보공학, 머신러닝, 데이터베이스, 빅데이터, 데이터 마이닝, 그리고 비즈니스 등 다양한 분야들이 융합된 학문 영역이라 볼 수 있다.

[그림 12.2]에서 보는 바와 같이 컴퓨터 사이언스와 통계적 수학 영역의 교집합이 머신러닝이고, 컴퓨터 사이언스와 비즈니스의 결합이 소프트웨어 개발이고, 그리고 비즈니스와 통계적 수학의 교집합이 비즈니스 분석이다. 가장 가운데 있는 데이터 사이언스는 이들 3가지 영역의 결합임을 알 수 있다.

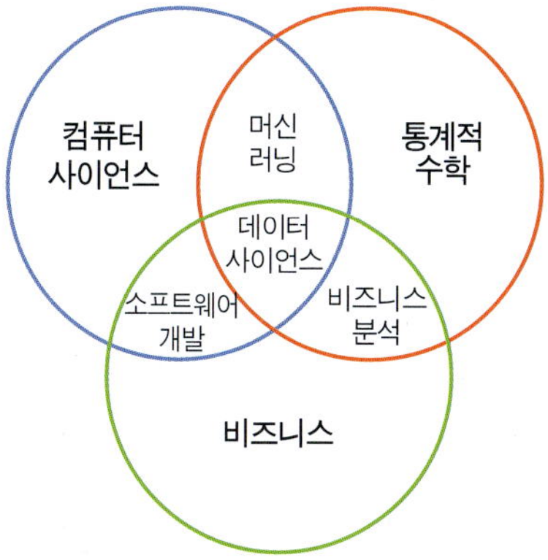

[그림 12.2] 데이터 사이언스의 3가지 영역의 결합

데이터 사이언스는 데이터로부터 의미 있는 패턴을 찾아내고 통찰력을 획득하는 목적으로 연구하는 학문 분야이다. 따라서 데이터를 통해 실제 현상을 분석하고 활용하며, 통계학, 데이터 분석, 머신러닝 등의 방법론을 사용한다.

데이터 사이언스의 탐구 영역은 [그림 12.3]과 같이 상당히 다양한 편인데, 통계적 모델링, 통계적 컴퓨팅, 가시화 등으로 나누어진다.

[그림 12.3] 데이터 사이언스의 탐구 영역

최근 들어 데이터 사이언스가 큰 관심을 끌면서 여러 분야에 폭넓게 활용되고 있는 이유는, 첫째, 처리 속도가 빠르고 널리 보급되어 활용되고 있는 컴퓨터 기술이며, 둘째, 인터넷을 통해 손쉽게 접할 수 있는 풍부하고 다양한 데이터 덕분이다. 셋째 이유로는 인공지능에서 머신러닝을 이용하여 빠르고 편리하게 구현할 수 있기 때문이다.

데이터 사이언스는 경영, 인공지능, 사회학, 의학, 생물학, 인문학 등 다양한 분야에 활용되고 있으며, 최근 들어 응용의 분야와 폭이 점차 넓어지고 있다.

2 데이터 사이언스의 발전 배경

데이터 사이언스를 잘 이해하기 위해 데이터 사이언스가 언제부터 시작되었는지를 살펴보자. 데이터 사이언스는 수십 년 동안 통계학과 컴퓨터 사이언스가 밀접하게 융합되어 생겨난 분야로 볼 수 있다.

1950년대 중반에 시작된 컴퓨터 사이언스는 통계학자들에게 데이터를 보다 빨리 분석할 수 있는 도구를 제공했으며, 1980년대 중반부터 시작된 개인용 컴퓨터의 보급으로 기업들이 경영에 필요한 데이터들을 수집하기 시작했다.

1990년대에는 [그림 12.4]의 엑셀(EXCEL)과 같은 소프트웨어를 이용하여 컴퓨터를 이용한 통계적 분석을 시작했으며, 이를 바탕으로 한 데이터 사이언스를 통해 시장 전략을 짜서 경영에도 반영하기 시작했다.

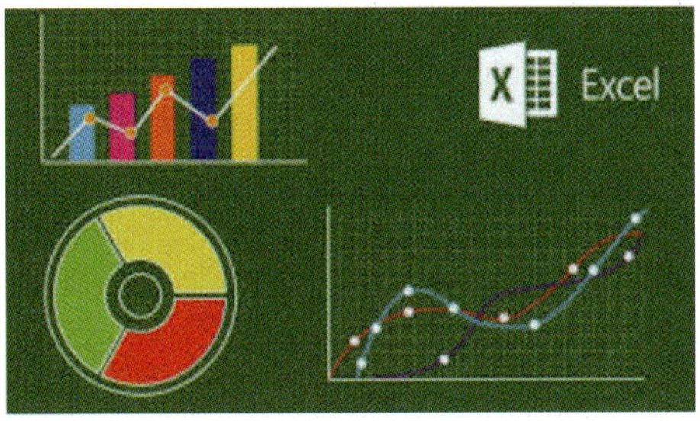

[그림 12.4] 엑셀

2000년대 초에는 인터넷의 등장으로 기업들이 규모가 매우 큰 데이터에도 접근할 수 있었으며, 이와 함께 컴퓨터 처리 능력의 급격한 발전은 복잡한 빅데이터에 대한 분석을 가능하게 했다. 그 후 데이터들을 수집하여 처리한 후 통계적으로 분석하는 기술들이 데이터 사이언스의 주류가 되었으며, 머신러닝을 이용한 예측 분석 같은 기술도 발전하게 되었다.

3 데이터 사이언스의 비즈니스에의 접목

최근 들어 데이터 사이언스는 다양한 분야에 활용되고 있는데, 특히 [그림 12.5]와 같이 비즈니스의 분석 및 활용과 밀접한 관계를 맺고 있다.

- **의사 결정의 향상**: 장기와 단기 전략을 수립하여 의사를 결정할 수 있는 정보를 제공한다.

- **경영상의 문제 개선**: 경영상의 비효율적인 문제들을 제거하거나 개선할 수 있도록 한다.
- **미래에 대한 예측**: 머신러닝 기법으로 인간이 하기 어려운 미래에 대한 예측을 도와준다.
- **경영 목표 개선**: 회사의 판매 목표 설정, 고객의 이해, 고객이 원하는 것을 예측하게 한다.
- **새로운 기회 창출**: 데이터 분석을 통해 새로운 비즈니스 기회를 창출한다.
- **위험 평가 향상**: 위험도를 미리 테스트하여 잠재적 위험이나 실수를 피하거나 줄인다.
- **데이터 기반 습관**: 데이터에 기반하여 의사 결정을 하는 습관을 기른다.

[그림 12.5] 데이터 사이언스와 비즈니스

4 데이터 사이언스에 필요한 지식과 기술

데이터 사이언스에서는 컴퓨터 사이언스, 인공지능, 통계학의 방법론들을 모두 활용한다. 따라서 데이터 사이언스와 관련된 업무를 원활하게 수행하기 위해서는 다음과 같은 지식과 기술을 갖추는 것이 필요하다.

- 인터넷을 통해 필요한 데이터를 효율적으로 수집하는 컴퓨터 지식이 필요하다.
- 대규모 데이터를 다룰 때 프로그래밍 기술이 필요할 수가 있다.
- 데이터 분석 과정에서 통계처리의 기초 지식이 필요하다.
- 분류와 클러스터링 등 머신러닝과 관련된 지식과 기술이 필요하다.
- 데이터를 분석한 결과를 시각화할 수 있어야 더욱 효과적이다.

데이터 사이언스의 전반적인 개론과 세부 강의는 다음의 유튜브에서 시청을 권한다.

- https://www.youtube.com/watch?v=-ETQ97mXXF0 (10시간, 선별적 시청 가능)

5 데이터 사이언스 관련 직업

우리는 [그림 12.6]과 같이 데이터 사이언스와 관련된 업무의 전문가를 데이터 과학자(Data Scientist)라 부른다. 그들은 통계적 지식, 프로그래밍 능력, 그리고 머신러닝 기술 등을 사용하여 대규모 데이터 집합으로부터 과거를 분석하거나 미래를 예측하는 일에 쓰일 수 있는 패턴을 찾아낸다. 즉, 데이터 전문가로서 데이터를 수집하고, 분석하며, 결과를 보고하는 등 데이터 사이언스와 관련된 전반적인 일에 책임 있게 관여한다. 따라서 상당한 수준의 전문성을 갖추어야만 한다.

[그림 12.6] 데이터 과학자

데이터 사이언스는 최근 들어 매우 빠르게 성장하는 분야로, 데이터 과학자의 수요가 급격히 늘어나고 있다. 특히 미국에서는 데이터 사이언스 관련 직업에 대한 수요가 매우 크고 대우도 다른 직종에 비해 상당히 좋은 편이다. 데이터 과학자를 채용하려는 채용공고의 업무 내용에는 컴퓨터과학, 통계학, 데이터 시각화 등에 익숙한 전문성을 요구한다.

데이터 과학자가 되는 과정으로는, 처음에는 데이터 분석가로 시작하다가 전문적인 경험을 쌓고 나서 데이터 과학자로 활동하는 경우가 많다. 데이터 분석가는 2019년 통계를 기준으로 미국에서 연봉이 평균 $65,000이고, 데이터 과학자는 평균 $120,000의 연봉을 받는데, 베테랑 데이터 과학자나 머신러닝 엔지니어는 그 이상의 연봉을 받는다고 한다.

앞으로 우리나라에서도 수요가 많을 것으로 판단되며, 인기 있는 직업 중의 하나가 될 것이다. 그러나 장기적으로는 대부분의 비즈니스맨들이 데이터 사이언스에 관한 기초 지식이 필수적일 것이므로 데이터 사이언스가 기본 업무 능력이 될 것이란 전망도 있다.

6 데이터 사이언스 도구

데이터 사이언스에 사용되는 주요 도구(tool)는 다음과 같다. [그림 12.7]은 R과 Python 언어의 로고를 나타낸다.

[그림 12.7] R과 Python 언어

① Python: Python은 데이터 사이언스에 사용되는 인기 있는 오픈소스 프로그래밍 언어인데, 데이터 사이언스의 연산을 지원하는 수많은 라이브러리를 활용할 수 있다.
② R: R은 오픈소스 통계적 프로그래밍 언어인데, 데이터를 분석하고 가시화하는데 도움을 줄 수 있는 다양한 패키지를 제공한다.
③ SAS: 다양한 통계적 연산을 편리하게 처리할 수 있는 통계적 소프트웨어로서 안정성과 신뢰성을 가진 도구이다.
④ Apache Spark: 데이터 처리와 분석 능력을 동시에 가진 빅데이터 도구이다.
⑤ TensorFlow: 딥러닝 알고리즘의 수행에 사용되는 강력한 머신러닝 도구이다.

SECTION

12.2 데이터의 수집, 관리, 분석, 보고

1 데이터 사이언스 작업의 흐름

데이터 사이언스에서 데이터와 관련된 작업의 수행 방법은 분야에 따라 약간 다른 경우가 많다. 그러나 데이터 과학자들이 일반적으로 수행하는 [그림 12.8]과 같은 6단계 작업 과정을 거치게 된다. 우리는 이것을 데이터 사이언스 작업의 흐름(workflow)이라고 한다.

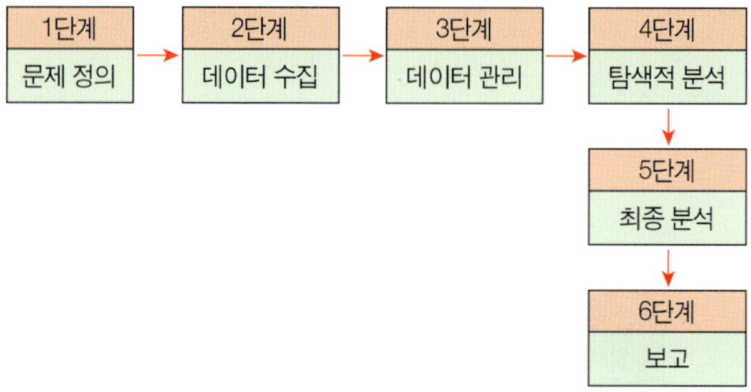

[그림 12.8] 데이터 사이언스 6단계 작업의 흐름

데이터 사이언스 작업의 일반적인 흐름은 다음과 같다.

[1단계] 문제 정의(Define the problem)

- 명확한 문제 정의와 반드시 이루어져야 할 목표값을 설정한다.
- 새로운 구상을 위한 수요자나 의뢰자의 요구를 확인한다.

[2단계] 데이터 수집(Collect data)

- 필요한 데이터들을 데이터베이스나 웹 사이트 등으로부터 수집한다.
- 각종 매체를 이용한 시장 유용성을 조사한다.
- 설정된 목표값에 부합하는 데이터들을 수집한다.

[3단계] 데이터 관리(Manage data)

- 데이터를 적절하게 저장한다.
- 데이터를 적절하게 관리한다.

[4단계] 탐색적 분석(Exploratory analysis)

- 데이터로부터 패턴을 찾아내고, 탐색적 분석을 수행한다.
- 탐색적 분석의 결과를 시각화한다.

[5단계] 최종 분석(Final analysis)

- 구체적인 비즈니스 질문에 대해 최종적으로 데이터 분석을 한다.
- 정확한 결과를 위해 예측 모델을 미세 조정하기도 한다.

[6단계] 보고(Reporting)

- 최종 분석의 결과를 바탕으로 보고 문서를 만든다.
- 결과를 팀 구성원이나 의뢰인에게 보고하고 필요한 결정을 권고한다.

2 문제 정의 단계

데이터 사이언스의 첫 단계는 [그림 12.9]와 같은 '문제 정의' 단계로서 그 중요성이 매우 크다. 만약 문제 정의가 정확하게 설정되지 않을 경우 분석 과정이 아무리 잘 진행되더라도 잘못된 결과를 초래할 수도 있을 것이다. 사실 가정이 틀리면 결론의 의미가 없듯이 잘못된 문제 정의에 대한 결과물은 아무런 의미가 없는 것이다.

어떤 문제를 정의한다는 것은 마음속의 막연하거나 추상적인 아이디어를 구체적으로 나타내는 것이다. 우리가 문제를 잘 이해한 상태에서 문제를 정의한 후 여러 단계의 과정을 거치게 되면 보다 효율적인 워크플로우가 가능해질 것이다.

[그림 12.9] 문제 정의 단계

문제 정의는 우리가 여행을 떠나기 전에 목적지를 정하는 것과 유사하다. 우리가 문제 정의를 할 때 질문을 통한 방법이 매우 유용한데, 문제 정의를 위해서는 명확한 목표 설정과 배경 파악이 중요하다.

이것을 위한 기본적인 질문은 다음과 같다.

- 이 워크플로우의 목표는 무엇인가?
- 구체적으로 무엇을 이루고 싶은가?
- 어떤 방법으로 목표를 달성할 것인가?
- 문제와 관련된 배경 지식과 환경을 파악한다.
- 이 문제를 해결한 기존의 방법들은 무엇인가를 파악한다.
- 성공적인 수행의 판단 기준을 설정한다.

여기서 잠깐! 문제 정의의 중요성

"문제의 정의는 가끔 문제의 해결책보다 훨씬 더 중요하다" - 아인슈타인(Albert Einstein, 1879~1955)

"만약 문제를 정확하게 정의한다면 문제를 거의 해결한 셈이다" – 스티브 잡스(Steve Jobs)

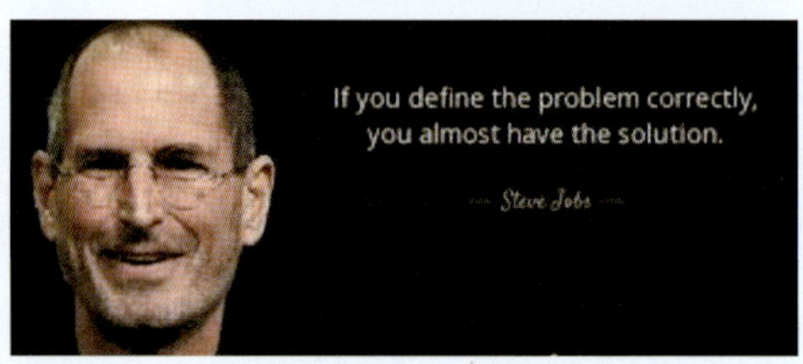

3 데이터 수집 단계

최근에는 데이터 수집의 방법 중 컴퓨터의 정보 검색을 통한 데이터 수집이 대세를 이루고 있다. 특히 인터넷에서는 다양한 출처로부터 수많은 데이터를 찾을 수 있다. 네이버(naver.com), 다음(daum.net), 그리고 구글(www.google.com)과 같은 사이트를 통해 검색할 수 있다.

데이터 수집 단계에서는 프로젝트의 수행에 필요한 관련 데이터를 충분히 수집하며, 시장 유연성에 대한 조사도 이루어진다. 주요 수집 수단은 인터넷 검색, 인터뷰, 관련 서적, 데이터베이스 등이 있다. 그중 인터넷 검색은 현재의 정보화 시대에서 가장 강력한 데이터 수집 방법으로서, [그림 12.10]과 같이 수많은 자료를 쉽고 빠르게 찾을 수 있다. 그러나 검증되지 않은 내용도 포함되어 있다는 점을 명심해야 한다.

[그림 12.10] 인터넷을 통한 데이터 수집

데이터 수집은 다음과 같은 기초적인 질문을 함으로써 시작하는 것이 효율적이다.

- 어떤 데이터가 필요하고 어떤 처리 과정을 거칠 것인가?
- 누가 얼마 동안 데이터를 수집해야 할까?
- 그 문제를 해결하는 현재의 방법에서 무엇을 개선해야 할까?
- 그 문제의 해결법에서 중요한 요소는 무엇인가?
- 그 해결법을 지배하는 경제적인 요소는 무엇인가?

4 데이터 관리 단계

데이터 관리 단계에서는 [그림 12.11]과 같이 수집된 데이터를 적절하게 저장하고 관리한다. 체계화되어 있는 데이터는 데이터베이스 형태로 저장한다. 만약 여러 데이터가 섞여 있는 경우에는 꼭 필요한 데이터만을 따로 분리하여 저장한다.

[그림 12.11] 수집된 데이터의 저장과 관리

이때 만약을 위해 다른 저장 장치에 따로 백업(backup)으로 저장해두는 것이 좋다.

5 탐색적 분석 단계

탐색적 분석 단계에서는 [그림 12.12]에서와 같이 데이터로부터 패턴을 찾아내고 탐색적 분석을 수행하는데, 분류나 클러스터링을 통해 데이터의 특정 패턴을 찾아내어 분석한다. 이 경우 전통적인 통계 방식으로 분석할 수도 있고, 머신러닝의 기법들을 적용할 수도 있다. 만약 필요한 경우에는 다양한 방식의 분석 기법을 적용할 수도 있다.

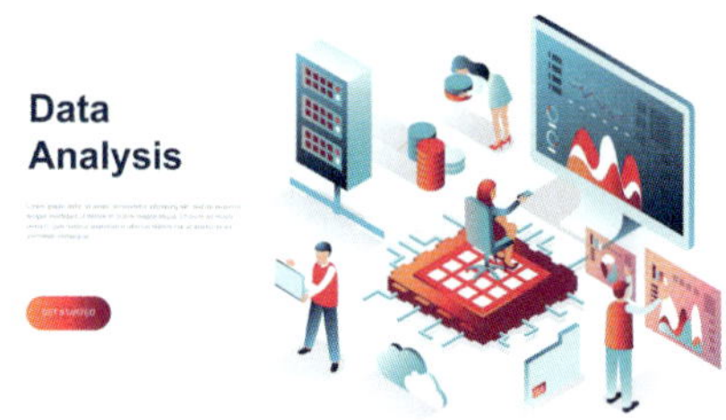

[그림 12.12] 데이터의 탐색적 분석

탐색적 분석의 결과가 나오면 그 결과를 사람들이 보기 쉽고 잘 이해할 수 있도록 시각화한다. 시각화(visualization)란 [그림 12.13]과 같이 분석의 결과를 눈에 잘 띄도록 그래프나 표로 표현하는 것을 말한다. 이것은 분석한 결과를 빠르게 이해할 수 있게 해주는 것 외에도, 고객에게 분석의 결과를 설명하는 데에도 매우 유용하다.

[그림 12.13] 시각화의 예

기본적인 시각화 모델로는 자료의 위치, 길이, 부피, 명암, 색상 등의 특징을 표현하는 방법들이 있다. 시각화 도구로는 기존의 통계적 방법인 막대그래프, 파이그래프, 히스토그램(histogram), 상관관계 등이 있으며, 명암이나 색상을 적절하게 사용하여 분포를 한눈에 알게 해준다. [그림 12.14]는 히스토그램인데 수직의 막대를 이용하여 출현 빈도를 나타낸다.

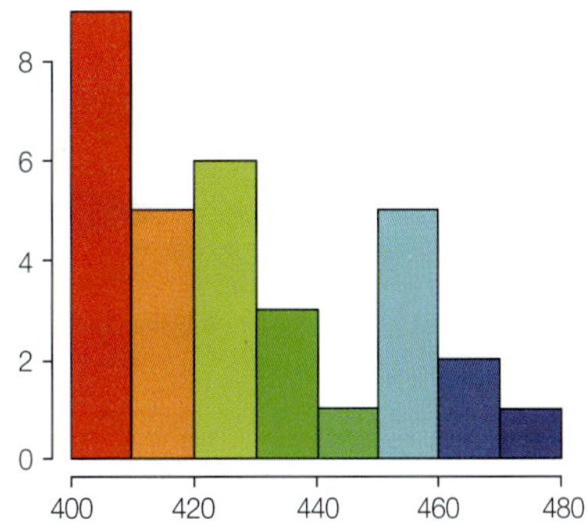

[그림 12.14] 히스토그램

시각화 기술은 어떤 변수를 분석에 포함시킬 것인지의 판단, 적당한 구간의 크기, 변수들의 그룹화 여부 등의 결정에 도움을 준다.

컴퓨터를 활용할 경우 데이터를 전문적으로 다루는 도구인 R, 차트(chart)를 제공하는 엑셀, 그리고 데이터 분석 전문 소프트웨어인 SAS, SPSS, MATLAB 등을 활용할 수 있다. [그림 12.15]는 다양한 차트를 그릴 수 있는 엑셀 온라인을 나타낸다.

[그림 12.15] 엑셀 온라인

6 최종 분석 단계

최종 분석 단계에서는 탐색적 분석 단계에서 수행했던 과정을 [그림 12.16]과 같은 다양한 항목의 체크 리스트를 이용하여 최종적으로 점검한다. 우리가 문제 정의에서 설정했던 구체적인 비즈니스적 목표에 부합하는지에 대해 최종적으로 심도 있게 분석한다. 만약 기대했던 만큼의 결과가 나오지 않으면 정확한 결과를 위해 예측 모델을 미세 조정하기도 한다.

[그림 12.16] 다양한 항목의 체크 리스트

(7) 보고 단계

보고 단계에서는 최종 분석의 결과를 바탕으로 [그림 12.17]과 같은 보고서를 작성하여 제출한다. 이때 시각화도 반드시 포함해야 하는데, 보고서는 워크플로우의 최종적 결과를 일정한 형식에 따라 항목별로 기술한다. 그 후 이 보고서를 팀 구성원이나 의뢰인에게 보고하고 필요한 결정을 권고한다.

[그림 12.17] 보고서

SECTION
12.3 데이터 분석 단계 – 분류와 클러스터링

1 데이터 사이언스에서의 분류와 클러스터링

데이터 사이언스에서의 분석은 머신러닝의 경우 분류, 회귀, 그리고 클러스터링에 의한 경우가 많다. 머신러닝의 경우에는 [그림 12.18]과 같이 지도 학습과 비지도 학습으로 나누어지는데 기본적인 개념은 제8장 머신러닝 부분에서 자세하게 설명했으므로 참조하면 좋을 것이다.

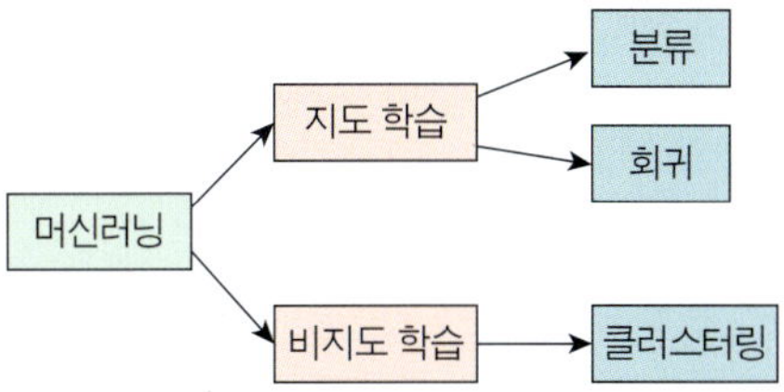

[그림 12.18] 머신러닝에서의 분류와 클러스터링

분류와 클러스터링의 차이점은 [그림 12.19]에 나타나 있다.

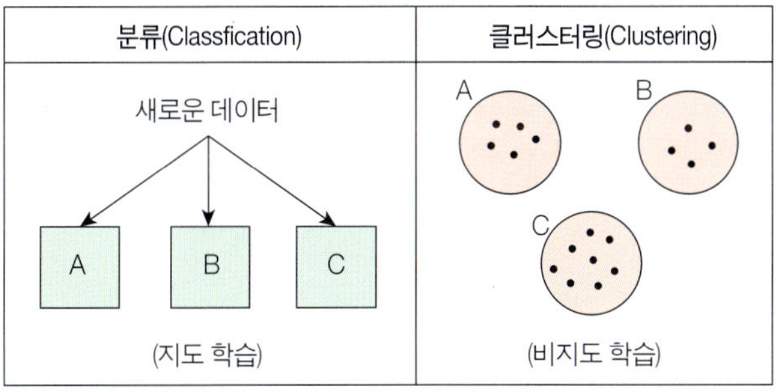

[그림 12.19] 분류와 클러스터링의 차이점

2 분류의 방법과 응용 예

분류란 주어진 많은 데이터 중에서 비슷한 특성을 가진 것들끼리 묶어서 나누는 것을 말하는데, 데이터 사이언스의 분석 단계에서 매우 중요한 역할을 한다.

분류에 있어서 몇 가지 주요 방법은 다음과 같은데, 분류에 관한 보다 자세한 사항은 제8장에서 참조할 수 있다.

- Naive Bayes 분류기
- 의사결정 트리
- SVM
- K-Nearest Neighbor(K-NN)

데이터 사이언스 영역에서 활용되는 몇 가지 분류의 응용 예는 다음과 같다.

- 영화나 음악 추천에 대한 개인별 선호 예측
- 수표에 적힌 광학 글자 인식
- 얼굴 인식과 같은 컴퓨터 비전
- 유방암 등 질병의 진단
- 유전자 데이터의 인식
- 재정적인 위험성의 파악과 관리
- 주식 시장의 예측

3 클러스터링과 응용 예

클러스터링이란 데이터의 집합을 유사도에 따라 비슷한 클래스나 클러스터들로 나누는 것인데, 데이터 사이언스의 분석 단계에서 매우 중요한 역할을 한다. 클러스터링에 관한 자세한 설명은 제8장에서 참조할 수 있다.

클러스터링의 주요 방법으로는 K-means 클러스터링 알고리즘, 퍼지 c-means 알고리즘 등이 있다. 그 후 이들 방식에다 애매한 정보를 다루는 퍼지(fuzzy) 개념을 접합하여 더욱 정교한 퍼지 c-means 알고리즘이 개발되었으며, 이에 대응하는 퍼지 신경망인 SONN 모델은 1990년 저자(D. S. Kim)에 의해 개발되어 발표되었다.

데이터 사이언스 영역에서 활용되는 몇 가지 클러스터링의 응용 예는 다음과 같다.

- 클러스터링은 판매자에게 특정 상품에 대한 고객의 성향, 나이, 성별, 적극성, 구매력과 같은 기준에 따라 고객을 그룹으로 묶는데 도움을 준다.
- 클러스터링은 주택의 가치, 형태, 그리고 지리적 위치에 따라 그룹으로 묶는데 도움을 준다.
- 클러스터링은 지진을 연구하는데에도 활용된다. 지진이 일어났던 지역들의 특징에 의거하여 다음에 지진이 일어날 가능성의 예측에 도움이 된다.

가령 피자 체인 본부에서 어느 도시의 배달 센터를 개설하려고 할 때 클러스터링을 통한 가능한 데이터 분석은 다음과 같다.

- 피자 배달을 자주 주문하는 지역을 분석한다.
- 그 도시에서 배달할 수 있는 피자 가게가 몇 개나 가능할지를 파악한다.
- 모든 피자 가게의 주문에 대해 배달할 수 있는 적절한 배달 센터의 위치를 선정한다.

그 외 클러스터링을 이용한 데이터 분석 응용으로는 응급 병원의 위치 선정, 야간 약국의 위치 선정 등이 있다.

SECTION
12.4 빅데이터

1 빅데이터의 개요

데이터는 '4차 산업혁명의 쌀'이라고 불리는데, 다양한 데이터를 많이 모아 놓은 것이 바로 빅데이터(Big Data)이다. 최근 들어 빠르게 변화하는 정보통신 기술 환경에서 빅데이터가 IT 영역의 10대 핵심기술로 주목받고 있으며, 많은 기업들이 빅데이터를 통하여 새로운 성장 동력을 찾고 있다.

예를 들어 미국의 포드자동차 회사는 차량에 설치된 센서로 운전자의 주행 습관 데이터를 수집하여 분석한 후, 고객의 숨은 요구(needs)를 찾아 신제품에 반영하여 좋은 결과를 도출하고 있다.

또 세계적인 햄버거 체인인 맥도널드에서는 자체 고객 데이터를 수집한 빅데이터에다 맥도널드에서 햄버거를 구매하고 카드로 지출한 정보 등의 빅데이터를 활용하여 경영 전략을 세운다고 한다. 따라서 빅데이터의 영향력이 점차 커지고 있다.

빅데이터란 기존의 데이터베이스 관리 도구를 이용하여 데이터를 수집, 저장, 관리, 분석할 수 있는 범위를 넘어서는 엄청난 양의 데이터 집합으로부터 가치 있는 정보를 빠르고 효율적으로 추출하고 결과를 분석하는 최신 기술을 말하는데, [그림 12.20]에 나타나 있다.

[그림 12.20] 빅데이터

빅데이터는 정형화된 데이터뿐만 아니라 다양한 형태의 사진, 동영상, 행동 패턴, 위치 정보, 센서 데이터 등 멀티미디어 정보와 비정형 데이터들을 망라한다. 빅데이터는 '21

세기의 새로운 원유'로도 불리는데, [그림 12.21]과 같이 저장, 분석, 인터넷 등 다양한 기술과 연관성을 가진다.

[그림 12.21] 빅데이터와 여러 관계들

빅데이터 기술의 발전은 다변화된 현대 사회를 더욱 정확하게 예측하여 효율적으로 작동케 한다. 또 정치, 사회, 경제, 문화, 과학 기술 등 전 영역에 걸쳐서 사회와 인류에게 가치 있는 정보를 제공할 가능성을 제시하면서 빅데이터의 중요성이 부각되고 있다. [그림 12.22]는 빅데이터의 몇 가지 활용 분야를 나타낸다.

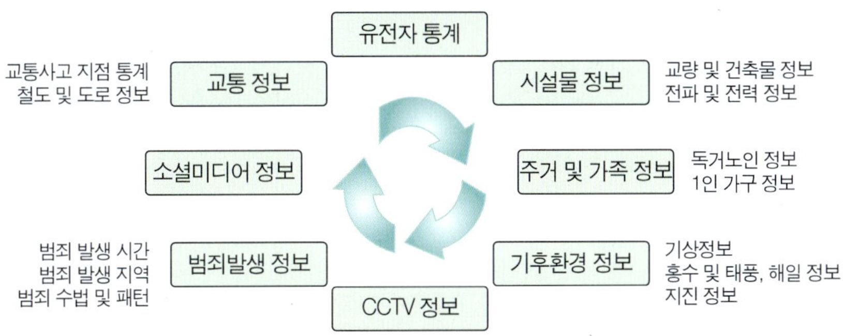

[그림 12.22] 빅데이터의 활용 분야

그러나 빅데이터는 사생활 침해와 보안 측면의 문제점을 내포하고 있다. 따라서 데이터를 수집하거나 분석할 때 개인의 사적인 민감한 정보까지 다룰 수 있으므로 각별한 주의가 필요하다.

국내 빅데이터 시장 규모는 2020년에 약 9억 달러(약 1.2조 원), 2023년에는 14억 달러를 넘어섰고, 이후에도 급격히 증가하고 있다.

빅데이터를 위해서는 엄청난 양의 데이터 저장 장치가 필요한데, [그림 12.23]은 미국의 페이스북이 보유하고 있는 데이터 센터의 전경이다.

[그림 12.23] 페이스북의 데이터 센터

빅데이터 기술은 엄청난 양의 정보를 빠르게 분석하여 의미 있는 결론을 도출해내는 것으로, 이를 통해 항공권 가격부터 웹에 있는 사람들의 의견까지 다양한 현상을 검색 가능한 형태로 바꿀 수 있다. 앞으로 빅데이터는 비즈니스, 정치, 교육, 건강 등 전반에 걸쳐 사람들이 생각하는 방식 자체를 바꾸어 놓을 것이다.

2 빅데이터의 특징, 요소 기술, 활용 과정

① 빅데이터의 특징

미국의 시장조사기관인 가트너(Gartner)는 데이터의 부피가 큰 점, 변화의 속도가 빠른 점, 그리고 속성이 매우 다양한 데이터인 점을 빅데이터의 주된 특징으로 꼽았다. 즉, 빅데이터는 크기(Volume), 변화의 다양성(Variety), 속도(Velocity)라는 3가지 특징을 이용하여, 기존의 데이터로부터 효과적인 결과물을 창출해 낼 수 있다. [그림 12.24]는 빅데이터의 3가지 특징(3V)을 나타낸다.

[그림 12.24] 빅데이터의 3가지 특징

최근에는 의미 있는 정보, 가치 있는 정보를 찾아 활용하는 것이 중요하다는 뜻에서 기존의 3V 요소에 데이터의 진실성(Veracity), 시각화(Visualization), 가치(Value)에 추가하여 빅데이터 기술 요소를 〈표 12.1〉과 같이 '6V'로 확대하였다.

〈표 12.1〉 빅데이터 기술의 6가지 요소

구분	내용
크기(Volume)	엄청난 양의 데이터(1PB 페타바이트 = 10^{15}Byte) 수준
다양성(Variety)	정형 데이터 + 비정형 데이터 (소셜 미디어의 동영상, 사진, 대화 내용 등)
속도(Velocity)	실시간으로 생산되며 빠른 속도로 분석, 유통됨
진실성(Veracity)	의사 결정이나 활동의 배경을 고려하여 이용됨으로써 신뢰성 높임
시각화(Visualization)	사용자 친화적인 시각적 기능을 통해 빅데이터의 모든 잠재력 활용
가치(Value)	비즈니스에 실현될 궁극적 가치에 중점을 둠

② 빅데이터의 활용 과정

빅데이터로부터 사용자가 필요한 지식을 발굴하여 활용하는 단계는 다음과 같다.

- 기업의 비즈니스 요구사항을 확인한다.
- 필요한 빅데이터를 검색하여 수집한다.
- 수집한 데이터를 적절한 형태로 가공한다.
- 처리된 데이터를 분석하고 시각화하여 이용한다.

데이터 사이언스 외에 빅데이터를 다루고 분석하는 전문가도 '데이터 과학자'라고 부르는데, 통계학, 컴퓨터과학, 머신러닝 등 기본적인 데이터 분석에 대한 이해뿐만 아니라 프로그래밍 실력과 특정 도메인에 대한 비즈니스 지식도 갖춘 사람을 말한다.

빅데이터의 요소 기술은 〈표 12.2〉와 같이 6가지로 분류되어 설명될 수 있다.

〈표 12.2〉 빅데이터의 요소 기술 구성과 분류

요소 기술	설명	해당 기술
빅데이터 수집	필요한 데이터를 검색하여 수집하는 기술	ETL, RSS, Open API 등
빅데이터 공유	서로 다른 시스템 간의 데이터 공유	멀티 데이터 공유 등
빅데이터 저장	데이터를 실시간으로 저장하는 기술	하둡(Hadoop)
빅데이터 처리	엄청난 양의 데이터 저장, 수집, 관리, 유통을 처리하는 기술	실시간 데이터베이스 처리
빅데이터 분석	데이터를 효율적으로 정확하게 분석하여 비즈니스 등의 영역에 적용하기 위한 기술	통계분석, 데이터 마이닝, 예측 분석, SNS 분석 등
빅데이터 시각화	자료를 시각적으로 나타내는 기술	시간, 분포, 관계, 비교, 공간 시각화, 인포그래픽 등

3 빅데이터의 활용 사례

① 한국석유공사의 국내 유가 예측 서비스

한국석유공사는 데이터 분석 전문기업과 협력하여 유가 예보 시스템을 개발하였다. 유가의 단기 미래가격을 예측하는 오피스넷 시스템을 구축하여 국내 1,300여 개의 주유소로부터 하루 6차례씩 수집된 휘발유 가격 정보를 활용하였다.

국내외 빅데이터를 기반으로 국내 정유사와 주유소의 판매 가격을 추정하는 예측 모델을 개발하여 소비자들이 지역별, 상표별로 상승, 소폭상승, 보합, 소폭하락, 하락으로 구별되는 시각화 자료를 확인하여 유리한 곳에서 구매할 수 있게 하였다.

[그림 12.25]와 같은 유가 예보 서비스의 효과로는 사용자에게 현재의 차량 위치를 중심으로 최저가의 유가 서비스를 제공할 수 있고, 인근 주유소 간에도 유가 정보를 공유하여 건전한 경쟁을 유도하여 유가를 낮출 수 있었으며, 이를 통하여 국제유가에 민감한 국내 물가 안정에도 기여하고 있다.

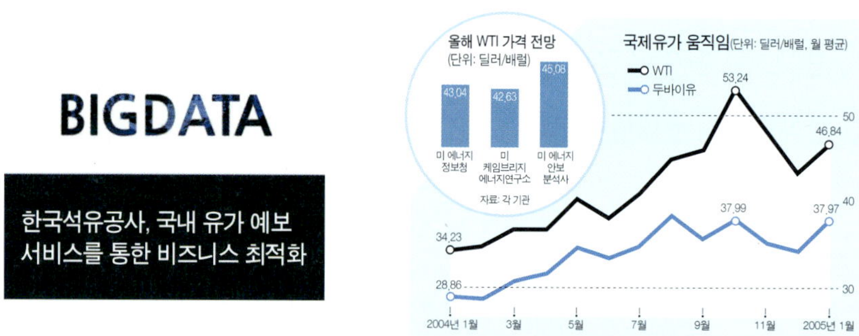

[그림 12.25] 한국석유공사의 빅데이터에 의한 유가 전망

② 구글의 검색어 분석을 통한 독감 예보 서비스

구글은 홈페이지에서 독감이라는 단어를 포함하여 기침, 인플루엔자, 오한 등 독감과 관련된 빅데이터 검색어 분석을 통하여 '구글 독감 동향(Google Flu Trends)'이라는 독감 확산 조기 경보체계를 마련하였다.

이를 통하여 독감 환자의 발병 시간, 분포 및 지역별 확산 정보를 예측하는데, 미국 질병통제 예방센터의 데이터와 비교결과 실제 독감 증세를 보인 환자 수와 매우 밀접한 상관관계가 있는 독감 예보 서비스임이 확인되었다. [그림 12.26]은 구글 독감 동향의 빅데이터 분석을 나타낸다.

Google flu Trends

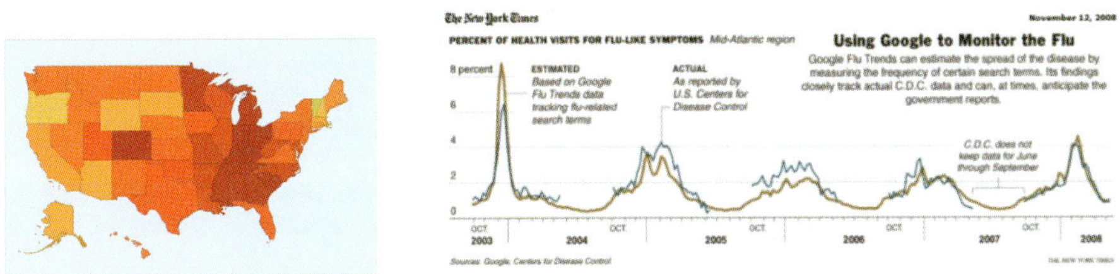

[그림 12.26] 구글 독감 동향의 빅데이터 분석

③ 싱가포르와 영국의 빅데이터 활용

싱가포르는 스마트시티 구현을 위해 빅데이터를 활용하여 교통, 물류, 공해 등의 문제를 해결하는 프로젝트를 실시 중이다, 영국 런던의 교통국에서는 교통, 환경, 공해 문제를 해결하기 위해 빅데이터를 적극적으로 활용하고 있다.

④ 주차장에서의 차량인식

수많은 차량이 출입하는 대형 주차장의 경우에는 차량의 모습을 보고도 경차와 승용차를 구분해내는 것이 필요하다. 그 이유는 경차와 일반 승용차의 주차 요금이 다르기 때문이다. 더군다나 사람이 일일이 요금을 계산하지 않고 각자가 신용카드로 결제할 경우 차량 번호의 인식뿐만 아니라 카메라에 찍힌 사진을 통해 경차와 일반 승용차를 정확하게 구분하는 기술이 꼭 필요하다.

현재 과천에 있는 한국마사회를 비롯한 주요 주차장에서 실시하고 있는 차량 자동인식 장치도 신경망과 빅데이터를 결합한 기술을 활용하고 있다.

⑤ 버스 노선의 신설과 배차 간격

서울시에서는 심야의 교통 문제를 해결하기 위해 심야버스 노선 신설을 기획하였다. 그러나 심야버스 노선을 결정하기 위해서는 기존의 승객 수요를 충분히 검토해야 한다. 따라서 여러 가지 가능성 중에서 가장 승객이 많은 노선을 선택하기 위해 빅데이터를 활용하고 있다. 또 [그림 12.27]과 같이 대중교통의 신설과 변경, 그리고 배차 간격의 결정에서도 빅데이터가 활용되고 있다.

[그림 12.27] 버스 노선 신설의 빅데이터 활용

⑥ 기타 빅데이터의 응용

현재 우리나라의 빅데이터 활용 순위는 세계 31위 정도로서 IT 강국에 비해 다소 미흡하지만, 빅데이터가 응용되는 분야는 최근 들어 급속도로 늘어나고 있다.

가령 범죄와 관련된 순찰 횟수, 용의자 감시 등에도 빅데이터가 응용되고 있다. 신입사원 면접 시에도 빅데이터에 의한 면접 문항이 선정되어 활용되고 있다. 지난 60년간의 양력과 음력에 따른 날짜별 기온을 빅데이터로 활용할 수 있으며, [그림 12.28]과 같이 태풍이나 허리케인과 관련된 빅데이터를 활용하여 재해 예방에 활용하고 있다.

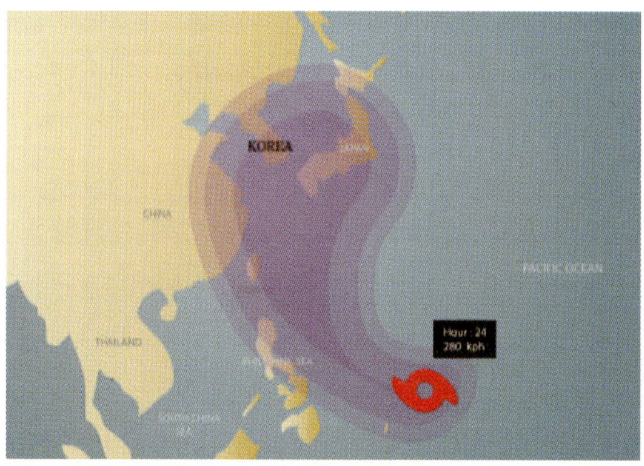

[그림 12.28] 빅데이터에 의한 태풍의 진로 예상

4 빅데이터 수집의 문제점

데이터의 이용이 많아질수록 그 부작용도 만만치가 않다. 특히 대규모 데이터 중에는 개인정보가 포함되어 있으며, 이에 따라 [그림 12.29]와 같은 데이터 프라이버시(privacy) 침해 문제가 발생하고 있다.

[그림 12.29] 데이터 프라이버시

예를 들면 스마트폰에 수시로 날아드는 정체불명의 대출 안내와 무차별적 광고 등은 개인의 전화번호가 해킹 등으로 정보가 누출되거나, 불법으로 거래된 것으로 볼 수 있다. 따라서 빅데이터의 활용이 더욱 활성화되기 위해서는 이와 같은 개인정보보호 문제가 반드시 해결되어야 할 과제이다.

한편 우리나라의 경우 개인정보 중 주민등록번호와 같은 식별 정보에 관한 규정이 너무 엄격해서 많은 데이터의 수집이 어렵다는 의견도 있다.

SECTION
12.5 데이터 마이닝과 데이터 사이언스의 미래

1 데이터 마이닝

데이터 마이닝(data mining)은 대규모 데이터 집합으로부터 통계적 규칙이나 패턴을 체계적으로 찾아내는 과정이다. 즉 데이터 마이닝은 [그림 12.30]과 같이 통계학, 인공지능, 머신러닝 등의 기법을 활용하여 데이터베이스로부터 지식을 발견하는 분석 과정이다.

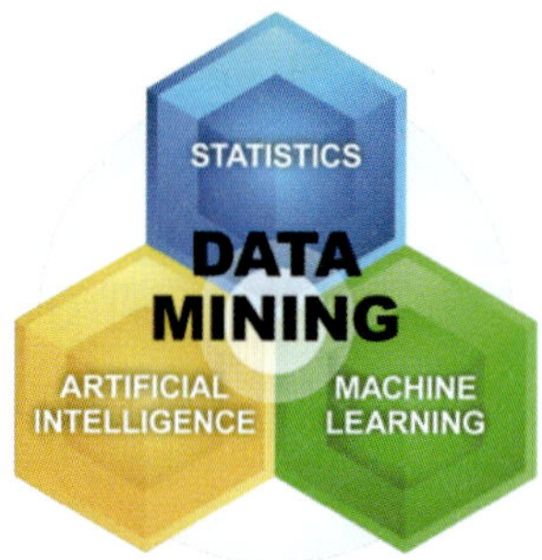

[그림 12.30] 데이터 마이닝의 구성

여기서 마이닝(mining)이란 단어를 사용하게 된 이유는 데이터에서 정보를 분석하여 추출하는 과정이 마치 [그림 12.31]과 같이 탄광에서 석탄을 캐는 것과 비슷한 원리라는 뜻에서 유래된 것이다.

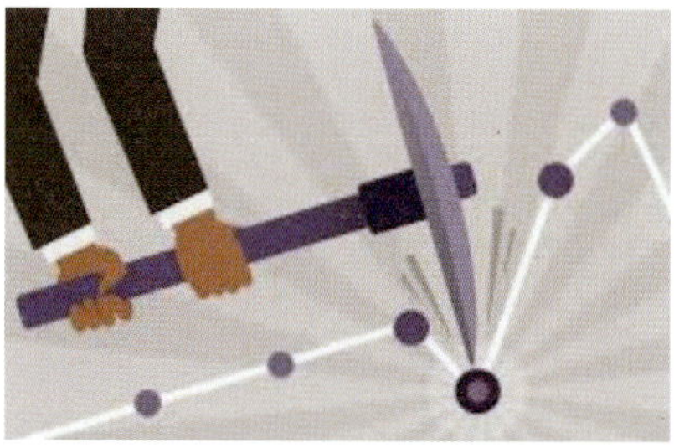

[그림 12.31] 데이터에서 정보를 캐내는 데이터 마이닝

데이터 마이닝은 컴퓨터 사이언스와 통계학의 학제간 연구 분야로서 데이터 집합으로부터 지능적인 방법으로 정보를 추출하고, 그 정보를 변환하여 활용할 수 있도록 만드는 총괄적인 구조이다.

특히 인터넷의 발달로 인해 엄청나게 많이 생성되는 대규모 데이터를 다루는 빅데이터의 등장에 따라 데이터 마이닝의 기법이 다양해지고 적용 범위도 더욱 커지고 있다.

데이터 마이닝은 [그림 12.32]와 같이 데이터 사이언스의 부분집합에 속하는데, 다음과 같은 업무에 중점을 둔다.

- 데이터로부터 정보를 추출하는 일
- 감춰진 패턴들을 발견해 내는 일
- 예측 모델을 개발하는 일

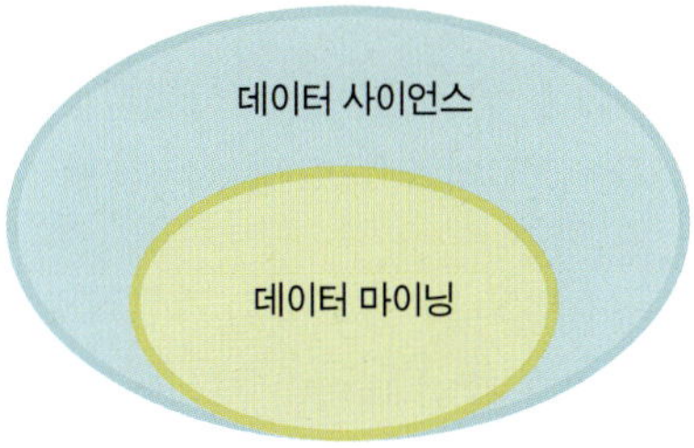

[그림 12.32] 데이터 마이닝과 데이터 사이언스의 관계

데이터 마이닝과 통계학의 차이는 통계학은 한정된 개수의 데이터를 대상으로 추정하거나 검정하는데 목적이 있는데 비해, 데이터 마이닝은 대규모 데이터를 분석하여 가치 있는 정보를 추출하려는데 목적이 있다.

데이터 마이닝은 기업 경영 활동 과정에서 발생하는 데이터를 분석하기 위한 목적으로 개발되었기 때문에 다양한 산업 분야에 공통으로 적용되는 표준화 처리 과정이 제시되었다.

2 데이터 마이닝의 기능과 활용 분야

데이터 마이닝은 데이터 분석을 통해 다음과 같은 기능들을 가지고 있다.

- **분류 기능**: 특정 집단에 대해 분류한다.
- **클러스터링 기능**: 유사한 패턴끼리 묶는다.
- **연관성 기능**: 동시에 발생한 사건 간의 관계를 정의한다.
- **연속성 기능**: 특정 기간에 걸쳐 연속적으로 발생하는 관계를 규명한다.
- **예측 기능**: 대규모 데이터로부터 패턴을 추출하여 미래를 예측한다.

데이터 마이닝은 다양한 분야에서 활용되는데, 특히 데이터 마이닝을 유용하고 적극적으로 이용하는 기업 관련 업무의 경우에 많이 적용된다.

- 기업의 생산 과정에서 불량률을 줄이는 품질관리 분야
- 패턴인식 기법을 적용한 의료 진단 분야
- 고객의 신용을 평가하는 금융 관리 분야

3 데이터 사이언스의 미래와 문제점

인터넷의 발달과 함께 데이터의 규모가 날로 커지고 있다. 문자와 같은 정형의 데이터뿐만 아니라 음성, 영상, 동영상 등 비정형의 멀티미디어 데이터들도 날로 증가하고 있다. 또 데이터를 처리할 수 있는 CPU의 속도도 엄청나게 빨라지고 있다.

이에 따라 데이터 사이언스의 기법도 다양해지고, 머신러닝을 이용한 인공지능적인 기법도 많이 적용되어 [그림 12.33]과 같이 데이터 사이언스의 미래 전망은 매우 밝은 편이다. 몇 가지로 요약하면 다음과 같다.

- 데이터 사이언스의 역할 증대
- 데이터 사이언스의 영역이 명확히 정의됨
- 관련 직업이 많아짐
- 데이터 사이언스 교육이 일반화됨
- 데이터 사이언스를 위한 머신러닝의 발전

[그림 12.33] 데이터 사이언스의 미래 전망

4 데이터 거래소의 필요성

일반적으로 중소기업들은 데이터를 활용하기도 어렵고, 쓸 만한 인재를 확보하기도 힘들기 때문에 정보기술 선진국은 데이터 거래소 설립과 운영에 박차를 가하고 있다. 기업이 손쉽게 필요한 데이터를 얻고 사업에 활용할 수 있기 때문이다.

미국에서는 데이터 거래소(Data dealer)가 650개나 운영되고 있으며 시장 규모는 184조원에 달한다. 덴마크도 3년 전 정부 차원에서 데이터 거래소를 설립했고 일본 역시 지난해 10월 민간 데이터 거래소를 가동하기 시작했다. 중국 역시 최근 상하이에 데이터 거래소를 설립했다. 이처럼 해외에서는 [그림 12.34]와 같은 데이터 거래소가 빅데이터를 거래할 수 있는 주요 중개소의 역할을 담당하고 있다.

[그림 12.34] 데이터 거래소

우리나라 중소기업 10곳 중 5곳이 빅데이터가 꼭 필요한데 구할 방법 없다는 하소연을 하고 있다. 매일경제, MBN, 중소기업중앙회가 공동으로 중소기업 102곳을 설문 조사한 결과, 56%는 데이터 저장하고도 체계적 정리가 되지 않아 무용지물이라 답했으며 기술인력 확보 · 비용 부담에 비즈니스 활용하기 어렵다고 한다.

우리나라에서도 하루빨리 데이터 거래소가 생겨 데이터 거래가 원활할 수 있어야 할 것이다.

가까운 곳에서 인공지능 경험하기

이미지에서 실루엣을 스케치해주는 인공지능

얼굴과 같은 비교적 단순한 그림부터 다소 복잡한 풍경에 이르기까지 실루엣을 스케치하여 보여준다.

- https://huggingface.co/spaces/awacke1/Image-to-Line-Drawings

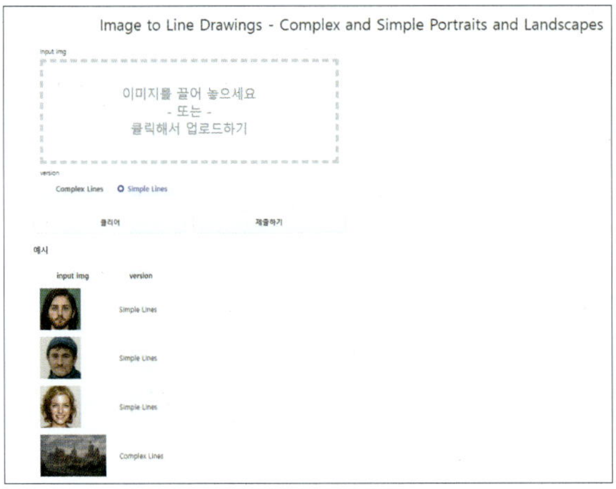

먼저 예시의 세 번째 이미지를 선택하여 제출하기를 누르면 오른쪽에 실루엣 스케치가 나타난다.

생각하고 토론하기

1. 빅데이터는 사생활 침해와 보안 측면의 문제점을 내포하고 있다. 빅데이터 수집의 이런 문제점 해결 방안을 생각해보고 논의해보자.

✔ 아이디어 포인트 데이터 수집 단계에서의 프라이버시 침해 유의 및 공표할 때의 주의점 등

2. 우리나라의 개인정보보호법은 법 규정상 다른 나라에 비해 너무 엄격해서 빅데이터 수집이 어려워 새로운 산업 발전에 방해가 된다는 의견이 많다. 이에 대해 생각해보고 논의해보자.

✔ 아이디어 포인트 새로운 산업 발전이 중요한가, 개인정보가 더 중요한가? 절충점을 찾는 방법? 등

인공지능 실습하기

실습 12 Generative Adversarial Network(GAN)

GAN을 MNIST에 대해 직접 학습시켜, Generator와 Discriminator가 어떻게 서로를 학습시키는지 확인할 수 있다. 참고로 MNIST(Modified National Institute of Standards and Technology)는 손으로 쓴 숫자들로 이루어진 대형 데이터베이스이다.

- https://reiinakano.com/gan-playground/

〈참고: MNIST〉

| 실행방법 | 왼쪽에 있는 각종 하이퍼 파라미터를 바꿔본 뒤 TRAIN 버튼을 눌러본다.

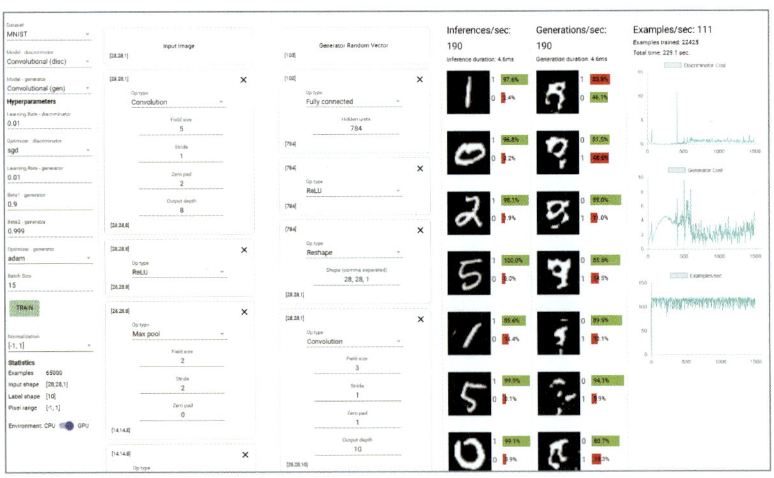

| 실행결과 | 오른쪽에 실제 학습되는 모습을 확인할 수 있다.

연습문제

진위 문제

1. 데이터 사이언스는 통계 방법만을 사용하여 대량의 데이터를 처리하는 전문 분야다.( )
2. 데이터 사이언스는 데이터를 다루는 방법론, 프로세스, 알고리즘 등을 다루게 된다.( )
3. 머신러닝을 전혀 이용하지 않고도 데이터 사이언스가 폭넓게 활용될 수 있다.( )
4. SAS는 편리한 연산을 위한 통계적 소프트웨어로서 안정성과 신뢰성을 가지고 있다.( )
5. 데이터 사이언스에서의 분석은 분류, 회귀, 그리고 클러스터링에 의한 경우가 많다.( )
6. 빅데이터는 구매 패턴 분석과 앱에서의 경향 분석 등에 응용될 수 있다.( )
7. 태풍이나 허리케인과 관련된 빅데이터를 활용하여 재해 예방에 활용하고 있다.( )
8. 개인정보보호 문제는 빅데이터의 자료 수집 문제와 거의 관련이 없다.( )
9. 데이터 마이닝은 데이터로부터 정보를 추출하는 일, 패턴들을 발견해 내는 일, 그리고 예측 모델을 개발하는 등에 중점을 둔다.( )
10. 우리나라에서는 아직까지 데이터 거래소가 별로 필요하지 않다.( )

단답식/선택식 문제

1. 데이터 사이언스나 빅데이터와 관련된 업무의 전문가를 (　　)라 한다.
2. 다양한 형태의 정형 또는 비정형 데이터를 많이 모아 놓은 것이 (　　)이다.
3. 빅데이터의 3가지 특징(3V)은 크기, 변화의 다양성, (　　)이다.
4. (　　)은 대규모 데이터 집합으로부터 통계적 규칙이나 패턴을 체계적으로 찾아내거나 캐내는 뜻을 가진 과정이다.
5. (　　)란 주어진 많은 데이터 중 비슷한 특성을 가진 것들끼리 분리하는 것이다.
6. (　　)이란 데이터의 집합을 유사도에 따라 클러스터들로 나누는 것이다.
7. (　　)란 탐색적 분석의 결과가 나오면 그것을 보기 쉽고 잘 이해할 수 있도록 하는 것이다.

8. (　　)은 오픈소스 통계적 프로그래밍 언어인데, 데이터를 분석하고 가시화하는데 도움을 줄 수 있는 다양한 패키지를 제공한다.

9. 데이터 사이언스에 필요한 지식과 기술 중 중요성이 상대적으로 적은 것은?

① 데이터 수집 기술　　② 컴퓨터 하드웨어 지식
③ 통계처리와 시각화 기술　　④ 머신러닝과 관련된 지식과 기술

10. 다음 중 데이터 사이언스의 도구 중 가장 관계가 먼 것은?

① Python　　② R
③ SAS　　④ Ruby

11. 다음의 데이터 사이언스 작업 흐름 중 가장 빨리 이루어져야 하는 것은?

① 탐색적 분석　　② 데이터 수집
③ 문제 정의　　④ 최종 보고

12. 다음 중 빅데이터의 3대 특징이라 볼 수 없는 것은?

① 공유　　② 크기
③ 다양성　　④ 속도

13. 다음 중 데이터 마이닝의 주요 업무와 거리가 있는 것은?

① 예측 모델을 개발하는 일　　② 데이터로부터 정보를 추출하는 일
③ 빅데이터의 수집　　④ 감춰진 패턴들을 발견해 내는 일

주관식 문제

1. 데이터 사이언스를 간단하게 정의하시오.
2. 데이터 사이언스는 어떤 분야들의 융합으로 이루어지는지 말하시오.
3. 사용자가 빅데이터를 활용하는 단계를 간단히 나열하시오.
4. 데이터 사이언스가 비즈니스에 미치는 좋은 효과를 말하시오.
5. 데이터 마이닝이 많이 활용되는 기업 관련 업무를 3가지 정도 적으시오.

참고문헌

김대수, 처음 만나는 인공지능, 생능출판사, 2020.
김대수, 처음 만나는 인공지능, 생능출판사, 개정판, 2021.
김대수, 김경동, 컴퓨터개론 개정8판, 생능출판사, 2022.
김대수, 신경망 이론과 응용 (I), 하이테크정보, 1992.
김대수, 신경망 이론과 응용 (II), 하이테크정보, 1993.
김대수. 퍼지-뉴럴 특강, 삼성첨단기술연수소, 1992.
김대수, 소프트웨어와 컴퓨팅 사고, 생능출판사, 2016.
김대수, 창의수학 콘서트 개정판, 리더스하우스, 2014.
김대수, 첨단 컴퓨터의 세계, 전자신문사, 1994.
김대수, 이산수학 Express, 생능출판사, 2011.
김대수, 4차 산업혁명 시대의 이산수학, 생능출판사, 2019.
김대수, 선형대수학 Express 개정판, 생능출판사, 2013.
김대수, 오토마타와 계산이론, 생능출판사, 1996.
영화 〈2001 스페이스 오딧세이〉
빅데이타 산업의 현황과 전망, KISTI Market Report, 2013.
빅데이터: 산업 지각변동의 진원, 삼성경제연구소, 2012.
인공지능, 언어장벽 없는 세상을 구현하다. ETRI WEBZINE Vol. 135, August 2019.
한국과학기술기획평가원의 결과분석 자료, 2023년.
McClelland, Rumelhart, and The PDP Research Group. Parallel Distributed Processing, Vol. I. and II, MIT, 1986.
https://www.naver.com/
https://www.google.com/
https://www.daum.net
https://deepdreamgenerator.com/
https://www.shutterstock.com/home
http://www.readersnews.com/news/articleView.html?idxno=78572
https://www.youtube.com/watch?v=T6NjD-Q9FhA
https://www.youtube.com/watch?v=e-Q6phLvJg4
The Turing test: Can a computer pass for a human? - Alex Gendler
https://futureoflife.org/
https://iaae.ai/
http://www.popularmechanics.com/

https://cs15.github.io/ai/lab-7/
https://www.youtube.com/watch?v=qdVjAbt7MvI
https://www.youtube.com/watch?v=GvQwE2OhL8I
https://www.youtube.com/watch?v=IHZwWFHWa-w
https://www.youtube.com/watch?v=GvQwE2OhL8I
https://www.youtube.com/watch?v=JN6H4rQvwgY
https://ai.google/tools
https://pytorch.org
https://www.tensorflow.org
https://www.etri.re.kr/webzine/20190802/sub01.html
translate.google.com
papago.naver.com
https://www.dataquest.io/blog/what-is-data-science/
https://www.youtube.com/watch?v=-ETQ97mXXF0
https://playground.tensorflow.org
https://huggingface.co/spaces/keras-io/ocr-for-captcha
https://reiinakano.com/gan-playground/
https://www.datamine.co.kr/courses
https://blog.naver.com/dbsgns2011/223070909789
https://www.kistep.re.kr/boardDownload.es?bid=0031&list_no=43552&seq=1
https://stablediffusionweb.com/#demo
https://futureoflife.org/
https://www.youtube.com/watch?v=11CLd5kT4rchttps://www.youtube.com/watch?v=uvDecS2kVnc
https://papago.naver.com/
https://cs15.github.io/ai/lab-7/
https://www.youtube.com/watch?v=0qceTGx2bkg
https://www.youtube.com/watch?v=GvQwE2OhL8I
https://www.youtube.com/watch?v=IHZwWFHWa-w
https://www.youtube.com/watch?v=Wf6lIlJZgKg
https://playtictactoe.org/
https://www.youtube.com/watch?v=JN6H4rQvwgY
https://skymind.ai/kr/wiki/generative-adversarial-network-gan
http://veu.talp.cat/segan/
https://www.python.org/
https://www.youtube.com/watch?v=-ETQ97mXXF0

https://www.datamine.co.kr/courses
https://brunch.co.kr/@justinleeanac/2
https://towardsdatascience.com/the-basics-of-deep-neural-networks-4dc39bff2c96
https://www.samsungsemiconstory.com/1966
https://www.youtube.com/watch?v=Wf6lIlJZgKg
https://www.datamine.co.kr/courses
https://www.guru99.com/data-mining-tutorial.html
https://towardsdatascience.com/mnist-vs-mnist-how-i-was-able-to-speed-up-my-deep-learning-11c0787e6935
https://kindsonthegenius.com/blog/2018/01/what-is-the-difference-between-classification-and-regression.html
https://towardsdatascience.com/machine-learning-basics-with-the-k-nearest-neighbors-algorithm-6a6e71d01761
https://towardsdatascience.com/understanding-k-means-clustering-in-machine-learning-6a6e67336aa1
https://aws.amazon.com/ko/blogs/machine-learning/k-means-clustering-with-amazon-sagemaker/
https://www.pyimagesearch.com/2016/09/05/multi-class-svm-loss/
https://www.investopedia.com/terms/d/deep-learning.asp
https://skymind.ai/kr/wiki/generative-adversarial-network-gan
https://erkaman.github.io/regl-cnn/src/demo.html
https://huggingface.co/spaces/stabilityai/stable-diffusion
https://chat.openai.com/auth/login
https://quickdraw.withgoogle.com/http://word2vec.kr/search/
https://paintschainer.preferred.tech/index_en.html
https://carpedm20.github.io/tacotron/

찾아보기